교육학 시험에 딱 맞춘 합격전문가

신명
Arete
아레테
교육관계법령

메가 공무원

머리말

신명 Arete 교육관계법령은 탁월한 전문성을 의미하며, 배움을 통한 성장을 도모한다.
신명 Arete 교육관계법령은 탁월성을 추구하며, 성장과 발달을 통한 역량을 함양한다.
신명 Arete 교육관계법령은 여러분을 탁월한 성장으로 인도하며, 우수성을 갖추게한다.

"Less is More" 간결한 것(단순한 것)이 더 아름답다.
"핵심은 개념" 학습은 현장을 아는 것이고, 사례는 신박하게 제시해야 한다.

교육관계법령은 학교와 학생 및 교육과정을 이해해야 하는 실무분야이다. 교육관계법령 학습은 핵심개념을 이해하고 현장과의 맥락성을 높이도록 노력해야 한다. 따라서 학교와 학생 및 교육과정을 이해할 수 있는 현장 맥락성이 있는 신박한 사례를 제시해야 한다.

러너는 달리는 행위를 말한다. 러너는 달리기 시작하여 피로가 쌓이기 시작하면 포기하려는 마음이 생겨난다. 그런데 일정한 시간이 지나면 러너는 편안함과 안락감을 느끼기 시작한다. 즉, 러너스하이라는 러너들에게 나타나는 일종의 고통을 느끼지 못하고 오히려 편안함을 갖는 지점을 말한다.

달리기는 단순하다. 운동화에 운동복만 있으면 된다. 즉 러너가 된다. 그리고 그 안에서 '달리는 행위'에 최대한 집중하게 된다. 러너는 더 많이 느끼고 '더 많이' 러너로서 존재한다. 존재로서의 *"Less is More."* 의 의미이다.

"Less is More."
더 적은 것을 온전히 즐기려 할 때, 더 많아진다.
교재와 강의를 통해 교육을 보는 안목을 키우고 핵심을 맥락적으로 이해하자.

신명 Arete 교육관계법령 집필 개요

❶ 교육행정직 및 교원임용, 교육전문직 등 교육관계법령 실무 기출문제 적응과 경향 및 방향 파악
기출문제를 통한 교육관계법령 및 교육실무의 학습정리와 경향 파악

❷ 10년 이상('11 ~ '24) 교육관계법령 문제 수록과 자세한 해설 및 강의로 학습력 제고와 적응력 향상
영역별 문제수록과 삼박한 해설을 통한 문제해결력 제고 및 자신감 제고

PREFACE

신명 Arete 교육관계법령 교재 활용

❶ 10년 이상의 모든 문제 + 신박한 해설과 핵심개념
'11 ~ '24년 6-7급, 8-9급 시험 문제 수록 및 명확하고 신박하고 삼빡한 해설

❷ 영역에 관계없이 넘나들며 학습하는 맥락적 분석으로 연계성 제고
흥미와 요구에 따라 어느 영역을 보더라도 맥락적 이해, 교직실무에 관한 문제해결력 제고

❸ 신명 Arete 교육관계법령은 시험을 준비하는 모든 분께 합격의 영광 부여
신명 Arete 교육관계법령과의 만남은 신박하고 삼빡의 합격으로 연결

어려운 환경에서 최선을 다해 출판에 애써주신 메가스터디출판부 직원분들께 감사의 말씀드립니다.

합격을 기원하며
2024년 12월
신명 교수 올림

차례

PART I 기본핵심법령

- CHAPTER 01 헌법/교육관계법규이해 ······ 8
- CHAPTER 02 교육기본법/교원지위법 ······ 13
- CHAPTER 03 초·중등교육법 및 시행령, 시행규칙 ······ 17
- CHAPTER 04 평생교육법 및 시행령 ······ 37

PART II 심화핵심법령

- CHAPTER 01 학교폭력 예방 및 대책에 관한 법률 ······ 56
- CHAPTER 02 학교안전사고 예방 및 보상에 관한 법률 ······ 62
- CHAPTER 03 지방교육자치에 관한 법률 ······ 64
- CHAPTER 04 독학에 의한 학위취득에 관한 법률 및 자격기본법 ······ 72
- CHAPTER 05 기초학력 보장법/고등교육법/대안학교규정 ······ 74

PART III 중점핵심법령

- CHAPTER 01 지방교육재정교부금법 ······ 78
- CHAPTER 02 국가공무원법/복무규정/지방공무원법/교육공무원법 ······ 89
- CHAPTER 03 교원노조법 ······ 101
- CHAPTER 04 공교육 정상화 촉진 및 선행교육 규제에 관한 특별법 및 시행령 ······ 103
- CHAPTER 05 사립학교법 ······ 104
- CHAPTER 06 특수교육법/영재교육진흥법 ······ 105

부록

- 교육기본법 ······ 110
- 교원의 지위 향상 및 교육활동 보호를 위한 특별법 ······ 114
- 초·중등교육법 ······ 121
- 평생교육법 ······ 134
- 독학에 의한 학위취득에 관한 법률 ······ 146
- 기초학력 보장법 ······ 147
- 학교폭력예방 및 대책에 관한 법률 ······ 149
- 학교안전사고 예방 및 보상에 관한 법률 ······ 158
- 지방교육자치에 관한 법률 ······ 169
- 지방교육재정교부금법 ······ 176
- 교육공무원법 ······ 180
- 교원의 노동조합 설립 및 운영 등에 관한 법률 ······ 195
- 공교육 정상화 촉진 및 선행교육 규제에 관한 특별법 ······ 198
- 디지털 기반의 원격교육 활성화 기본법 ······ 201

PART I
기본핵심법령

CHAPTER 01 헌법/교육관계법규이해

CHAPTER 02 교육기본법/교원지위법

CHAPTER 03 초·중등교육법 및 시행령, 시행규칙

CHAPTER 04 평생교육법 및 시행령

헌법/교육관계법규이해

01
24. 국가직 9급

교육과 관련하여 우리나라 헌법에 명문화되어 있지 <u>않은</u> 내용은?

① 국가는 평생교육을 진흥하여야 한다.
② 모든 국민은 능력에 따라 균등하게 교육을 받을 권리를 가진다.
③ 교육의 자주성·전문성·정치적 중립성 및 대학의 자율성은 법률이 정하는 바에 의하여 보장된다.
④ 국가는 특별한 교육적 배려가 필요한 사람의 교육을 지원하기 위하여 필요한 시책을 수립·실시하여야 한다.

> **정답 및 해설** ④
>
> - 헌법 제31조에 해당하는 내용과 교육기본법 및 특수교육에 관한 내용을 구분하는 문제
>
> ⭐ **참고**
>
> ■ 「헌법」 제31조 제1항~제6항
> ① 모든 국민은 능력에 따라 균등하게 교육을 받을 권리를 가진다.
> ② 모든 국민은 그 보호하는 자녀에게 적어도 초등교육과 법률이 정하는 교육을 받게 할 의미를 진다.
> ③ 의무교육은 무상으로 한다.
> ④ 교육의 자주성·전문성·정치적 중립성 및 대학의 자율성은 법률이 정하는 바에 의하여 보장된다.
> ⑤ 국가는 평생교육을 진흥하여야 한다.
> ⑥ 학교교육 및 평생교육을 포함한 교육제도와 그 운영, 교육재정 및 교원의 지위에 관한 기본적인 사항은 법률로 정한다.
>
> ■ 「교육기본법」 제18조
> - 제18조(특수교육)
> 국가와 지방자치단체는 신체적·정신적·지적 장애 등으로 특별한 교육적 배려가 필요한 사람을 위한 학교를 설립·경영하여야 하며, 이들의 교육을 지원하기 위하여 필요한 시책을 수립·실시하여야 한다. 〈개정 2021. 3. 23.〉

02
19. 지방직 9급

헌법 제31조에서 규정하고 있는 교육에 관한 내용으로 옳지 <u>않은</u> 것은?

① 균등하게 교육받을 권리
② 고등학교까지의 의무교육 무상화
③ 교육의 정치적 중립성
④ 교육제도의 법정주의

> **정답 및 해설** ②
>
> - 헌법 제31조 2항: 의무교육의 적용 범위는 '초등교육과 법률이 정하는 교육'
> - 「교육기본법」 제8조(의무교육): 의무교육은 6년의 초등교육과 3년의 중등교육으로 한다.
>
> ⭐ **참고**
>
> ■ 「헌법」 제31조 제1항~제6항
> ① 모든 국민은 능력에 따라 균등하게 교육을 받을 권리를 가진다.
> ② 모든 국민은 그 보호하는 자녀에게 적어도 초등교육과 법률이 정하는 교육을 받게 할 의미를 진다.
> ③ 의무교육은 무상으로 한다.
> ④ 교육의 자주성·전문성·정치적 중립성 및 대학의 자율성은 법률이 정하는 바에 의하여 보장된다.
> ⑤ 국가는 평생교육을 진흥하여야 한다.
> ⑥ 학교교육 및 평생교육을 포함한 교육제도와 그 운영, 교육재정 및 교원의 지위에 관한 기본적인 사항은 법률로 정한다.

03

16. 국가직 7급

헌법 제31조의 일부이다. ㉠~㉢에 들어갈 용어를 바르게 묶은 것은?

> ① 모든 국민은 능력에 따라 (㉠)하게 교육을 받을 권리를 가진다.
> ② 모든 국민은 그 보호하는 자녀에게 적어도 (㉡)교육과 (㉢)이 정하는 교육을 받게 할 의무를 진다.
> ③ 의무교육은 무상으로 한다.
> ④ 교육의 자주성·전문성·정치적 중립성 및 대학의 자율성은 (㉢)이 정하는 바에 의하여 보장된다.

	㉠	㉡	㉢
①	평등	초등	교육법
②	평등	중등	법률
③	균등	중등	교육법
④	균등	초등	법률

정답 및 해설 ④

• 제31조
① 모든 국민은 능력에 따라 균등하게 교육을 받을 권리를 가진다.
② 모든 국민은 그 보호하는 자녀에게 적어도 초등교육과 법률이 정하는 교육을 받게 할 의무를 진다.
③ 의무교육은 무상으로 한다.
④ 교육의 자주성·전문성·정치적 중립성 및 대학의 자율성은 법률이 정하는 바에 의하여 보장된다.
⑤ 국가는 평생교육을 진흥하여야 한다.
⑥ 학교교육 및 평생교육을 포함한 교육제도와 그 운영, 교육재정 및 교원의 지위에 관한 기본적인 사항은 법률로 정한다.

04

22. 국가직 7급

우리나라 의무교육 제도에 대한 설명으로 옳은 것은?

① 교육을 받을 권리를 실효성 있게 보장하기 위하여 의무교육을 헌법에 명문화하였다.
② 취학의무의 이행을 독려받고도 취학의무를 이행하지 아니한 자에 대한 벌금 제도를 두었다.
③ 처음 의무교육이 도입된 이후 의무교육기간은 늘어나지 않았다.
④ 초등학교, 중학교, 고등학교를 대상으로 총 12년간의 의무교육을 시행한다.

정답 및 해설 ①

② 벌금 제도 두고 있지는 않다. (독촉, 경고 및 통보)
③ 초기 6년 후 중등 3년
④ 의무교육은 초등 6년과 중등 3년

★ 참고
■ 「헌법」 제31조 제1항~제3항
• 제31조
① 모든 국민은 능력에 따라 균등하게 교육을 받을 권리를 가진다.
② 모든 국민은 그 보호하는 자녀에게 적어도 초등교육과 법률이 정하는 교육을 받게 할 의무를 진다.
③ 의무교육은 무상으로 한다.

■ 「교육기본법」 제8조 제1항~제2항
• 제8조(의무교육)
① 의무교육은 6년의 초등교육과 3년의 중등교육으로 한다.
② 모든 국민은 제1항에 따른 의무교육을 받을 권리를 가진다.

05

07. 광주, 14. 전직 6급

헌법 제31조의 내용에 해당되는 것으로만 바르게 짝지어진 것은?

| ㉠ 의무교육 | ㉡ 무상교육 |
| ㉢ 홍익인간 | ㉣ 평생교육 |

① ㉠, ㉡
② ㉢, ㉣
③ ㉠, ㉡, ㉣
④ ㉠, ㉡, ㉢, ㉣

정답 및 해설 ③

- 기회균등, ㉠, ㉡, 교육의 자주성·전문성·정치적 중립성·대학의 자율성, ㉣, 교육제도와 그 운영, 교육재정 및 교원의 지위에 관한 법률 제정 촉구 등이 규정되어 있다.
- ㉢은 우리나라의 교육이념으로 「교육기본법」 제2조에 규정되어 있다.

★ 참고

■ 「헌법」 제31조 제1항~제6항
- 제31조
  ① 모든 국민은 능력에 따라 균등하게 교육을 받을 권리를 가진다.
  ② 모든 국민은 그 보호하는 자녀에게 적어도 초등교육과 법률이 정하는 교육을 받게 할 의무를 진다.
  ③ 의무교육은 무상으로 한다.
  ④ 교육의 자주성·전문성·정치적 중립성 및 대학의 자율성은 법률이 정하는 바에 의하여 보장된다.
  ⑤ 국가는 평생교육을 진흥하여야 한다.
  ⑥ 학교교육 및 평생교육을 포함한 교육제도와 그 운영, 교육재정 및 교원의 지위에 관한 기본적인 사항은 법률로 정한다.

06

10. 국가직 9급

다음에 제시하고 있는 헌법의 교육 관계 조항의 변화를 시기순으로 바르게 나열한 것은?

ㄱ. 대학의 자율성 보장을 추가하였다.
ㄴ. 교육의 자주성과 정치적 중립성 보장을 추가하였다.
ㄷ. 의무교육의 범주를 법률이 정하는 교육으로 확대하였다.
ㄹ. 교육의 전문성, 국가의 평생교육진흥 의무, 교육재정 및 교원지위 법정주의를 포함시켰다.

① ㄷ→ㄴ→ㄹ→ㄱ
② ㄴ→ㄱ→ㄷ→ㄹ
③ ㄷ→ㄴ→ㄱ→ㄹ
④ ㄴ→ㄷ→ㄹ→ㄱ

정답 및 해설 ④

1948	교육의 기회균등, 초등교육의무 및 의무교육무상, 교육제도는 법률로 정함
1963	'ㄴ'이 추가됨
1972	'ㄷ' ("초등교육과 법률이 정하는 교육을 받게 할 의무를 진다.")
1980	'ㄹ' 추가
1988	'ㄱ' 추가

07

20. 국가직 9급

교육법의 존재형식과 그 구체적인 예의 연결이 옳지 않은 것은?

① 법률 – 초·중등교육법
② 조약 – 유네스코 헌장
③ 법규명령 – 고등교육법 시행령
④ 규칙 – 학생인권조례

정답 및 해설 ④

- 국회에서 법률이라는 형식으로 제정한 규범을 말한다.
- 조약이란 국가, 국제기구 등 국제법 주체 사이에 권리의무관계를 창출하기 위하여 서면 형식으로 체결되고 국제법에 의하여 규율되는 합의를 말한다.
- 법규명령이란 행정권에 의하여 정립되는 법규의 성질을 가지는 명령이다. 법률의 위임에 의하여 또는 법률의 집행에 필요한 범위 내에서 행정권(行政權)이 법규의 성질을 가지는 명령을 제정할 수 있다.
- 규칙은 헌법이나 법률에 근거하여 정립되는 성문법의 한 형식. 헌법에 의해 그 제정이 인정되는 규칙으로서는 국회규칙·대법원규칙·헌법재판소규칙·중앙선거관리위원회규칙 등이 있으며, 법률에 의해 그 제정이 인정되는 규칙으로서는 감사원규칙·자치규칙·교육규칙·노동위원회규칙·공정거래위원회규칙 등이 있다.

08

19. 국가직 9급

법적용의 우선원칙에 대한 설명으로 옳은 것은?

① 「지방자치법」과 「지방교육자치에 관한 법률」이 충돌할 경우 전자를 우선적으로 적용한다.
② 「초·중등교육법」과 「초·중등교육법 시행령」이 충돌할 경우 후자를 우선적으로 적용한다.
③ 「노동조합 및 노동관계조정법」과 「교원의 노동조합 설립 및 운영 등에 관한 법률」이 충돌할 경우 후자를 우선적으로 적용한다.
④ 신법과 구법이 충돌할 때에는 먼저 제정된 법을 우선적으로 적용한다.

정답 및 해설

③

법적용의 우선원칙: 상위법 우선, 특별법 우선, 신법 우선, 법률 불소급의 원칙 등

⭐ 참고

■ 「법적용의 원칙」

① **상위법 우선의 원칙**: 법에도 일정한 단계가 존재한다는 인식 아래 하위법은 상위법에 위배될 수 없다는 것. 한 나라의 법체계는 근본법으로써 헌법이 존재하고, 헌법의 규정 또는 위임으로부터 의회가 제정하는 법률이 있다. 그 다음으로 법률을 집행하기 위해 행정부의 대통령이나 행정 각 부장이 제정하는 명령이 있다. 명령이 제정될 때에는 법률에 근거하여 위임이 있어야 하고, 특히나 국민의 자유와 기본권을 침해할 때에는 법에서 구체적으로 위임의 범위를 정하여야 하므로 명령은 법률에 종속되는 것이다. 다음으로 지방의회에서 지방민의 고유한 사무에 대하여 조례를 제정할 수 있고, 조례는 그 지역의 사무에 한정된다. 명령은 전국적이 법률과 명령은 전국적인 효력을 가지는 반면에 조례는 지역적 효력을 가질 뿐이므로, 명령의 하위 규범이다. 규칙은 조례를 집행하기 위해서 지방자치단체장이 제정하는 것이므로 조례의 하위법이다. 이렇게 법도 단계를 이루며 하위법의 내용은 상위법의 내용에 위반될 수 없다는 원칙이 상위법 우선의 원칙이다.

② **특별법 우선의 원칙**: 특수한 사항이나 특정한 사람에게 적용되는 법을 말하는 것인데, 이에 대비되는 개념이 일반법이다. 일반법은 그 법의 적용 영역에 있어서 모든 사항과 사람에게 적용되어 영향을 미치는 반면, 특별법은 일반법에 비하여 적용 영역이 한정되어 있는 법이다. 사회가 복잡 전문화됨에 따라 특수한 사정을 규율할 필요성이 날로 증가하고, 이에 따라 특별법도 증가하는 추세이다. 특별법은 일반법에 비하여 우선적으로 적용되는 법이다. 특별법의 입법 목적이 특수한 사항을 규율하는데 있으므로, 특수한 사정이 발생하였을 때에는 특별법이 우선적으로 적용되어야 한다. 특별법은 수 없이 많이 존재하는데 대표적으로 상법이나 주택임대차보호법 등은 민법에 대한 특별법이고, 군형법, 국가보안법, 특정범죄가중처벌에 관한법률은 형법에 대한 특별법이다.

③ **신법우선의 원칙**: 특정한 법률이 개정되거나 하여 그 내용이 바뀔 경우에 이전에 적용되던 구법이 적용되지 않고 새로 개정된 신법이 우선적으로 적용된다는 원칙이다. 다만 신법우선의 원칙은 신법과 구법이 동일한 형태의 법률일 것을 요구한다. 신법우선의 원칙이 타당한 이유는 신법이 구법보다 현실에 좀 더 부합하고 법을 개정하는 과정에서 새로운 사항들에 대해 입법자가 고민하고 발전적인 방법으로 법을 변경했다는 것에 있다. 신법과 구법은 법의 효력발생 순서를 기준으로 판단되며, 법의 효력발생의 우선순위는 공포시를 기준으로 한다.

④ **법률불소급의 원칙**: 기본적으로 법률의 적용은 행위 당시의 법률에 의하여야 한다는 원칙이다. 즉 행위시에 존재하지 않던 법률을 사후에 재정하거나 개정하여 법제정 이전의 행위에 적용해서는 안 된다는 원칙이다. 이는 국민들에 대하여 법적 안정성과 예측가능성을 부여하고 법치국가를 실현하기 위한 원칙이다. 행위시에 존재하지 않던 법률을 제정하여 불이익한 효과를 국민에게 부여한다면 일반 국민의 법적 신뢰와 행동의 자유를 보장할 수 없기 때문이다. 법률불소급의 원칙은 특히 형법에서 강조되며, 이로써 국민의 자유와 권리를 보장하는 기능을 수행한다. 형법 제1조 1항도 '범죄의 성립과 처벌은 행위시 법률에 의한다.'고 규정하여 법률불소급의 원칙을 채택하고 있다. 다만 행위시와 재판시에 법률이 국민에게 유리하게 변경된 경우에는 신법우선의 원칙에 따라 재판시 법률이 적용되고 불소급원칙은 배제된다.

09

08. 국가직 9급

우리나라 의무교육제도에 대한 설명으로 타당한 것은?

① 의무교육제도는 교육이 권리가 아니라 특권이라는 개념에 근거를 두고 있다.
② 「초·중등교육법」에 비추어 볼 때, 의무교육제도는 취학의무가 아니라 교육의무를 의미한다.
③ 현행 교육법제에서는 의무교육제도의 실효성을 보장하기 위하여 보호자와 국가에게 그 책임을 부과하고 있다.
④ 의무교육단계에서도 학생들이 학교규칙을 현저히 위반하였을 때에는 퇴학이 가능하다.

정답 및 해설　　　　　　　　　　　　　　　③

① 특수 계층의 특권이 아니라 누구나 교육받을 권리가 있다는 것이다.
② 「초·중등교육법」 제13조 제1항에서 취학의무로 규정하고 있다.
③ 그렇다. 국가는 의무교육을 실시하여야 하며 이를 위한 시설의 확보 등 필요한 조치를 해야 한다(「초·중등교육법」 제12조 제1항). 또 모든 국민은 그 보호하는 자녀 또는 아동을 취학시켜야 한다고 되어 있다. (동법 제13조)
④ 의무교육을 받고 있는 학생은 퇴학시킬 수 없다. (동법 제18조)

★ 참고

■ 「헌법」 제31조 제1항~제3항
• 제31조
① 모든 국민은 능력에 따라 균등하게 교육을 받을 권리를 가진다.
② 모든 국민은 그 보호하는 자녀에게 적어도 초등교육과 법률이 정하는 교육을 받게 할 의무를 진다.
③ 의무교육은 무상으로 한다.

■ 「교육기본법」 제8조 제1항~제2항
• 제8조(의무교육)
① 의무교육은 6년의 초등교육과 3년의 중등교육으로 한다.
② 모든 국민은 제1항에 따른 의무교육을 받을 권리를 가진다.

CHAPTER 02 교육기본법/교원지위법

01
24. 국가직 7급

「교육기본법」의 내용으로 옳지 <u>않은</u> 것은?

① 모든 국민은 성별, 종교, 신념, 인종, 사회적 신분, 경제적 지위 또는 신체적 조건 등을 이유로 교육에서 차별을 받지 아니한다.
② 국가와 지방자치단체는 교육의 자주성과 전문성을 보장하여야 하며, 국가는 지방자치단체의 교육에 관한 자율성을 존중하여야 한다.
③ 의무교육 기간은 초등학교부터 고등학교까지 12년으로 한다.
④ 전 국민을 대상으로 하는 모든 형태의 평생교육은 장려되어야 한다.

정답 및 해설 ③

- 제8조(의무교육)
① 의무교육은 6년의 초등교육과 3년의 중등교육으로 한다.
② 모든 국민은 제1항에 따른 의무교육을 받을 권리를 가진다.

참고
- 「교육기본법」 제4조, 제5조, 제10조
- 제4조(교육의 기회균등 등)
① 모든 국민은 성별, 종교, 신념, 인종, 사회적 신분, 경제적 지위 또는 신체적 조건 등을 이유로 교육에서 차별을 받지 아니한다.
- 제5조(교육의 자주성 등)
① 국가와 지방자치단체는 교육의 자주성과 전문성을 보장하여야 하며, 국가는 지방자치단체의 교육에 관한 자율성을 존중하여야 한다. 〈신설 2021. 9. 24.〉
- 제10조(평생교육)
① 전 국민을 대상으로 하는 모든 형태의 평생교육은 장려되어야 한다. 〈개정 2021. 9. 24.〉

02
07. 국가직 9급

우리나라 「교육기본법」 제2조에 제시되어 있는 교육이념이 아닌 것은?

① 인격 도야
② 창의적 능력 발휘
③ 민주시민의 자질 구비
④ 인류공영의 이상 실현

정답 및 해설 ②

- 제2조(교육이념)
교육은 홍익인간의 이념 아래 모든 국민으로 하여금 인격을 도야하고 자주적 생활능력과 민주시민으로서의 필요한 자질을 갖추게 함으로써 인간다운 삶을 영위하게 하고 민주국가의 발전과 인류공영의 이상을 실현하는 데에 이바지하게 함을 목적으로 한다.

참고
- 「교육기본법」 제2조(교육이념)
교육은 홍익인간(弘益人間)의 이념 아래 모든 국민으로 하여금 인격을 도야(陶冶)하고 자주적 생활능력과 민주시민으로서 필요한 자질을 갖추게 함으로써 인간다운 삶을 영위하게 하고 민주국가의 발전과 인류공영(人類共榮)의 이상을 실현하는 데에 이바지하게 함을 목적으로 한다.

03
09. 국가직 7급

현행 「교육기본법」에 규정된 교육에서의 차별 금지 이유에 해당되지 <u>않는</u> 것은?

① 신념
② 인종
③ 학벌
④ 성별

> **정답 및 해설** ③
>
> ■ 「교육기본법」 제4조(교육의 기회균등)
> '모든 국민은 ④, 종교, ①, ②, 사회적 신분, 경제적 지위 또는 신체적 조건 등을 이유로 교육에서 차별을 받지 아니한다.'고 규정되어 있다.
>
> **참고**
> ■ 「교육기본법」 제4조 제1항~제3항
> • 제4조(교육의 기회균등 등)
> ① 모든 국민은 성별, 종교, 신념, 인종, 사회적 신분, 경제적 지위 또는 신체적 조건 등을 이유로 교육에서 차별을 받지 아니한다.
> ② 국가와 지방자치단체는 학습자가 평등하게 교육을 받을 수 있도록 지역 간의 교원 수급 등 교육 여건 격차를 최소화하는 시책을 마련하여 시행하여야 한다.
> ③ 국가는 교육여건 개선을 위한 학급당 적정 학생 수를 정하고 지방자치단체와 이를 실현하기 위한 시책을 수립·실시하여야 한다. 〈신설 2021. 9. 24.〉

04
15. 국가직 7급

「교육기본법」 제2조에 명시된 교육이념이 <u>아닌</u> 것은?

① 홍익인간의 이념
② 창의 인재 양성
③ 자주적 생활능력 함양
④ 민주시민으로서 필요한 자질 함양

> **정답 및 해설** ②
>
> • 제2조(교육이념)
> 교육은 홍익인간(弘益人間)의 이념 아래 모든 국민으로 하여금 인격을 도야(陶冶)하고 자주적 생활능력과 민주시민으로서 필요한 자질을 갖추게 함으로써 인간다운 삶을 영위하게 하고 민주국가의 발전과 인류공영(人類共榮)의 이상을 실현하는 데에 이바지하게 함을 목적으로 한다. [전문개정 2007. 12. 21.]

> **참고**
> ■ 「교육기본법」 제4조(교육의 자주성 등) 제1항~제3항
> ① 모든 국민은 성별, 종교, 신념, 인종, 사회적 신분, 경제적 지위 또는 신체적 조건 등을 이유로 교육에서 차별을 받지 아니한다.
> ② 국가와 지방자치단체는 관할하는 학교와 소관 사무에 대하여 지역 실정에 맞는 교육을 실시하기 위한 시책을 수립·실시하여야 한다.
> ③ 국가와 지방자치단체는 학교운영의 자율성을 존중하여야 하며, 교직원·학생·학부모 및 지역주민 등이 법령으로 정하는 바에 따라 학교운영에 참여할 수 있도록 보장하여야 한다.

05
22. 지방직 9급

현행법상 교육의 중립성에 대한 설명으로 옳지 <u>않은</u> 것은?

① 교육은 정치적·파당적 또는 개인적 편견을 전파하기 위한 방편으로 이용되어서는 아니 된다.
② 교원노동조합은 정치활동을 할 수 없다.
③ 교원은 특정한 정당이나 정파를 지지하거나 반대하기 위하여 학생을 지도하거나 선동하여서는 아니 된다.
④ 공립학교에서는 학교운영위원회의 동의가 있는 경우 특정한 종교를 위한 종교교육을 할 수 있다.

> **정답 및 해설** ④
>
> 교육이 정치적 파당, 종교적 파벌, 사상적 노선 등 특정한 가치관 혹은 이데올로기의 실현을 위한 수단으로 이용되지 않고, 모든 가치관적, 이데올로기적 편견이나 입장에 대하여 중립을 유지하는 것
>
> **참고**
> ■ 「교육기본법」 제6조 제1항~제2항
> • 제6조(교육의 중립성)
> ① 교육은 교육 본래의 목적에 따라 그 기능을 다하도록 운영되어야 하며, 정치적·파당적 또는 개인적 편견을 전파하기 위한 방편으로 이용되어서는 아니 된다.
> ② 국가와 지방자치단체가 설립한 학교에서는 특정한 종교를 위한 종교교육을 하여서는 아니 된다.

06
17. 국가직 9급

「교육기본법」에 명시된 교원에 관한 규정이 아닌 것은?

① 교원은 법률로 정하는 바에 따라 다른 공직에 취임할 수 있다.
② 교원은 특정한 정당이나 정파를 지지하거나 반대하기 위하여 학생을 지도하거나 선동하여서는 아니 된다.
③ 교사는 전문성을 바탕으로 학생을 교육한다.
④ 교원은 교원의 경제적·사회적 지위를 향상시키기 위하여 각 지방자치단체와 중앙에 교원단체를 조직할 수 있다.

정답 및 해설
③

- 제14조(교원)
  ① 학교교육에서 교원(敎員)의 전문성은 존중되며, 교원의 경제적·사회적 지위는 우대되고 그 신분은 보장된다.
  ② 교원은 교육자로서 갖추어야 할 품성과 자질을 향상시키기 위하여 노력하여야 한다.
  ③ 교원은 교육자로서의 윤리의식을 확립하고, 이를 바탕으로 학생에게 학습윤리를 지도하고 지식을 습득하게 하며, 학생 개개인의 적성을 계발할 수 있도록 노력하여야 한다.
  ④ 교원은 특정한 정당이나 정파를 지지하거나 반대하기 위하여 학생을 지도하거나 선동하여서는 아니 된다.
  ⑤ 교원은 법률로 정하는 바에 따라 다른 공직에 취임할 수 있다.
  ⑥ 교원의 임용·복무·보수 및 연금 등에 관하여 필요한 사항은 따로 법률로 정한다.

- 제15조(교원단체)
  ① 교원은 상호 협동하여 교육의 진흥과 문화의 창달에 노력하며, 교원의 경제적·사회적 지위를 향상시키기 위하여 각 지방자치단체와 중앙에 교원단체를 조직할 수 있다.
  ② 제1항에 따른 교원단체의 조직에 필요한 사항은 대통령령으로 정한다.

★ 참고
■ 「교육기본법」 제14조(교원) 제1항~제6항
① 학교교육에서 교원(敎員)의 전문성은 존중되며, 교원의 경제적·사회적 지위는 우대되고 그 신분은 보장된다.
② 교원은 교육자로서 갖추어야 할 품성과 자질을 향상시키기 위하여 노력하여야 한다.
③ 교원은 교육자로서 지녀야 할 윤리의식을 확립하고, 이를 바탕으로 학생에게 학습윤리를 지도하고 지식을 습득하게 하며, 학생 개개인의 적성을 계발할 수 있도록 노력하여야 한다.
④ 교원은 특정한 정당이나 정파를 지지하거나 반대하기 위하여 학생을 지도하거나 선동하여서는 아니 된다.
⑤ 교원은 법률로 정하는 바에 따라 다른 공직에 취임할 수 있다.
⑥ 교원의 임용·복무·보수 및 연금 등에 관하여 필요한 사항은 따로 법률로 정한다.

07
18. 국가직 7급

초·중등학교 교원의 정치적 중립성에 대한 설명으로 옳은 것은?

① 의무교육기관이 아니라면 교원이 특정한 정당을 지지·반대하기 위한 학생 지도를 할 수 있다.
② 교원은 정당이 아닌 정치단체에 가입하도록 권유 운동을 할 수 있다.
③ 교원의 노동조합은 정치활동이 넓게 허용된다.
④ 사립학교 교원도 선거에서 특정 정당을 지지하기 위한 행위가 금지된다.

정답 및 해설
④

■ 「교육기본법」
- 제6조(교육의 중립성)
  ① 교육은 교육 본래의 목적에 따라 그 기능을 다하도록 운영되어야 하며, 정치적·파당적 또는 개인적 편견을 전파하기 위한 방편으로 이용되어서는 아니 된다.
  ② 국가와 지방자치단체가 설립한 학교에서는 특정한 종교를 위한 종교교육을 하여서는 아니 된다.
  [전문개정 2007. 12. 21.]

- 제14조(교원)
  ① 학교교육에서 교원(敎員)의 전문성은 존중되며, 교원의 경제적·사회적 지위는 우대되고 그 신분은 보장된다.
  ② 교원은 교육자로서 갖추어야 할 품성과 자질을 향상시키기 위하여 노력하여야 한다.
  ③ 교원은 교육자로서의 윤리의식을 확립하고, 이를 바탕으로 학생에게 학습윤리를 지도하고 지식을 습득하게 하며, 학생 개개인의 적성을 계발할 수 있도록 노력하여야 한다.
  ④ 교원은 특정한 정당이나 정파를 지지하거나 반대하기 위하여 학생을 지도하거나 선동하여서는 아니 된다.
  ⑤ 교원은 법률로 정하는 바에 따라 다른 공직에 취임할 수 있다.
  ⑥ 교원의 임용·복무·보수 및 연금 등에 관하여 필요한 사항은 따로 법률로 정한다.
  [전문개정 2007. 12. 21.]

- 제15조(교원단체)
  ① 교원은 상호 협동하여 교육의 진흥과 문화의 창달에 노력하며, 교원의 경제적·사회적 지위를 향상시키기 위하여 각 지방자치단체와 중앙에 교원단체를 조직할 수 있다.
  ② 제1항에 따른 교원단체의 조직에 필요한 사항은 대통령령으로 정한다.
  [전문개정 2007. 12. 21.]

08
17. 국가직 7급

교원에 대한 설명으로 옳은 것은?

① 「교육공무원법」상 초·중등 교원의 정년은 60세이다.
② 「교원의 지위 향상 및 교육 활동 보호를 위한 특별법」상 교원은 현행 범인인 경우 외에는 소속 학교의 장의 동의 없이 학원 안에서 체포되지 아니한다.
③ 「교원의 노동조합 설립 운영 등에 관한 법률」상 교원에게는 단결권, 단체교섭권, 단체행동권이 각각 보장된다.
④ 「교육기본법」상 교원은 대통령령으로 정하는 바에 따라 다른 공직에 취임할 수 있다.

> **정답 및 해설** ②
>
> ■ 「교원의 지위 향상 및 교육활동 보호를 위한 특별법」 제4조(교원의 불체포특권)
> 교원은 현행범인인 경우 외에는 소속 학교의 장의 동의 없이 학원 안에서 체포되지 아니한다. [전문개정 2008. 3. 14.]
>
> ■ 「교육기본법」 제14조(교원)
> ① 학교교육에서 교원(教員)의 전문성은 존중되며, 교원의 경제적·사회적 지위는 우대되고 그 신분은 보장된다.
> ② 교원은 교육자로서 갖추어야 할 품성과 자질을 향상시키기 위하여 노력하여야 한다.
> ③ 교원은 교육자로서의 윤리의식을 확립하고, 이를 바탕으로 학생에게 학습윤리를 지도하고 지식을 습득하게 하며, 학생 개개인의 적성을 계발할 수 있도록 노력하여야 한다.
> ④ 교원은 특정한 정당이나 정파를 지지하거나 반대하기 위하여 학생을 지도하거나 선동하여서는 아니 된다.
> ⑤ 교원은 법률로 정하는 바에 따라 다른 공직에 취임할 수 있다.
> ⑥ 교원의 임용·복무·보수 및 연금 등에 관하여 필요한 사항은 따로 법률로 정한다. [전문개정 2007. 12. 21.]
>
> ■ 「교육기본법」 제15조(교원단체)
> ① 교원은 상호 협동하여 교육의 진흥과 문화의 창달에 노력하며, 교원의 경제적·사회적 지위를 향상시키기 위하여 각 지방자치단체와 중앙에 교원단체를 조직할 수 있다.
> ② 제1항에 따른 교원단체의 조직에 필요한 사항은 대통령령으로 정한다. [전문개정 2007. 12. 21.]

09
09. 국가직 9급

각급 학교 교원이 징계처분을 받았을 경우, 이에 불복하여 심사 및 구제절차를 요청할 수 있는 기관은?

① 헌법재판소
② 교원소청심사위원회
③ 고충처리위원회
④ 교원징계재심위원회

> **정답 및 해설** ②
>
> 그 처분이 있었던 것을 안 날로부터 30일 이내에 교육부에 설치된 교원소청심사위원회에 소청심사를 청구할 수 있다. (「교원의 지위 향상 및 교육활동 보호를 위한 특별법」 제9조)
>
> **✪ 참고**
>
> ■ 교원의 지위 향상 및 교육활동 보호를 위한 특별법
> • 제9조(소청심사의 청구 등)
> ① 교원이 징계처분과 그 밖에 그 의사에 반하는 불리한 처분에 대하여 불복할 때에는 그 처분이 있었던 것을 안 날로부터 30일 이내에 심사위원회에 소청심사를 청구할 수 있다. 이 경우에 심사청구인은 변호사를 대리인으로 선임(選任)할 수 있다.
> ② 본인의 의사에 반하여 파면·해임·면직처분을 하였을 때에는 그 처분에 대한 심사위원회의 최종 결정이 있을 때까지 후임자를 보충 발령하지 못한다. 다만, 제1항의 기간 내에 소청심사청구를 하지 아니한 경우에는 그 기간이 지난 후에 후임자를 보충 발령할 수 있다.

CHAPTER 03 초·중등교육법 및 시행령, 시행규칙

01
24. 지방직 9급

「초·중등교육법 시행령」상 (가), (나)에 들어갈 말을 바르게 연결한 것은?

> 제48조의2(자유학기의 수업운영방법 등) ① 중학교 및 특수학교(중학교의 과정을 교육하는 특수학교로 한정한다)의 장은 자유학기에 (가)을 실시하고 학생의 진로탐색 등 다양한 체험을 위한 (나)을 운영해야 한다.

	(가)	(나)
①	학생 참여형 수업	진로교육
②	학생 참여형 수업	체험활동
③	학생 주도형 수업	진로교육
④	학생 주도형 수업	체험활동

정답 및 해설 ②

- 제48조의2(자유학기의 수업운영방법 등)
① 중학교 및 특수학교(중학교의 과정을 교육하는 특수학교로 한정한다)의 장은 자유학기에 학생 참여형 수업을 실시하고 학생의 진로탐색 등 다양한 체험을 위한 체험활동을 운영해야 한다. 〈개정 2020. 2. 25.〉
② 제1항에 따른 학생 참여형 수업 및 체험활동에 관한 세부 사항은 교육부장관이 정한다.

02
10. 지방직 9급

다음의 빈칸을 적절하게 채운 것은?

> 모든 국민은 그가 보호하는 자녀 또는 아동이 만 (㉠)세가 된 날이 속하는 해의 다음 해 (㉡)월 1일부터 만 (㉢)세 (제27조의 규정에 의하여 조기진급 또는 조기졸업을 하는 자의 경우에는 만 (㉢)세에서 해당 연수를 뺀 연령을 말하고, 출석일수의 부족 등으로 인하여 진급 또는 졸업하지 못한 자의 경우에는 해당 연수를 더한 연령을 말한다.)가 되는 날이 속하는 해의 다음 해 (㉣)월 말까지 그 자녀 또는 아동을 초등학교에 취학시켜야 한다(「초·중등교육법」 제13조 제1항).

	㉠	㉡	㉢	㉣
①	6	3	1	12
②	7	1	11	12
③	7	1	12	12
④	6	3	12	2

정답 및 해설 ④

㉠ 6, ㉡ 3, ㉢ 12, ㉣ 2

참고

■ 「초·중등교육법」 제4조(학교의 설립 등) 제1항~제3항
① 학교를 설립하려는 자는 시설·설비 등 대통령령으로 정하는 설립 기준을 갖추어야 한다.
② 사립학교를 설립하려는 자는 특별시·광역시·특별자치시·도·특별자치도 교육감(이하 "교육감"이라 한다)의 인가를 받아야 한다.
③ 사립학교를 설립·경영하는 자가 학교를 폐교하거나 대통령령으로 정하는 중요 사항을 변경하려면 교육감의 인가를 받아야 한다.

■ 「초·중등교육법」 제13조(취학 의무) 제1항~제4항
① 모든 국민은 보호하는 자녀 또는 아동이 6세가 된 날이 속하는 해의 다음 해 3월 1일에 그 자녀 또는 아동을 초등학교에 입학시켜야 하고, 초등학교를 졸업할 때까지 다니게 하여야 한다.
② 모든 국민은 제1항에도 불구하고 그가 보호하는 자녀 또는 아동이 5세가 된 날이 속하는 해의 다음 해 또는 7세가 된 날이 속하는 해의 다음 해에 그 자녀 또는 아동을 초등학교에 입학시킬 수 있다. 이 경우에도 그 자녀 또는 아동이 초등학교에 입학한 해의 3월 1일부터 졸업할 때까지 초등학교에 다니게 하여야 한다.
③ 모든 국민은 보호하는 자녀 또는 아동이 초등학교를 졸업한 학년의 다음 학년 초에 그 자녀 또는 아동을 중학교에 입학시켜야 하고, 중학교를 졸업할 때까지 다니게 하여야 한다.
④ 제1항부터 제3항까지의 규정에 따른 취학 의무의 이행과 이행 독려 등에 필요한 사항은 대통령령으로 정한다.

03

11. 국가직 7급

「초·중등교육법」에 포함되어 있는 것으로만 묶인 것은?

ㄱ. 의무교육대상자의 범위
ㄴ. 교원의 자격에 관한 일반 기준
ㄷ. 기초자치단체의 학교 설립 기준
ㄹ. 사립학교 설립 및 폐지의 인가 주체

① ㄱ, ㄴ, ㄷ
② ㄱ, ㄴ, ㄹ
③ ㄱ, ㄷ, ㄹ
④ ㄴ, ㄷ, ㄹ

정답 및 해설

②

- ㄱ: 동법 제13조(취학의무)
- ㄴ: 동법 제21조(교원의 자격)
- ㄹ: 동법 제4조(학교의 설립 등)
- ㄷ: 학교설립 기준은 따로 대통령령(「고등학교 이하 각급 학교 설립·운영 규정」)으로 정하고 있다.

★참고

■ 「초·중등교육법」 제21조(교원의 자격) 제1항~제3항
① 교장과 교감은 별표 1의 자격 기준에 해당하는 사람으로서 대통령령으로 정하는 바에 따라 교육부장관이 검정(檢定)·수여하는 자격증을 받은 사람이어야 한다.
② 교사는 정교사(1급·2급), 준교사, 전문상담교사(1급·2급), 사서교사(1급·2급), 실기교사, 보건교사(1급·2급) 및 영양교사(1급·2급)로 나누되, 별표 2의 자격 기준에 해당하는 사람으로서 대통령령으로 정하는 바에 따라 교육부장관이 검정·수여하는 자격증을 받은 사람이어야 한다.
③ 수석교사는 제2항의 자격증을 소지한 사람으로서 15년 이상의 교육경력(「교육공무원법」 제2조제1항제2호 및 제3호에 따른 교육전문직원으로 근무한 경력을 포함한다)을 가지고 교수·연구에 우수한 자질과 능력을 가진 사람 중에서 대통령령으로 정하는 바에 따라 교육부장관이 정하는 연수 이수 결과를 바탕으로 검정·수여하는 자격증을 받은 사람이어야 한다.

■ 「고등학교 이하 각급 학교 설립·운영 규정」 제1조(목적)
이 영은 「유아교육법」 제8조, 「초·중등교육법」 제4조, 「사립학교법」 제5조 및 「유아교육법 시행령」 제8조, 「초·중등교육법 시행령」 제2조의 규정에 의하여 유치원·초등학교·중학교·고등학교·공민학교·고등공민학교·고등기술학교와 이에 준하는 각종학교(대안학교는 제외한다)의 설립·운영에 있어서 필요한 시설·설비기준과 학교법인이 설립·경영하는 사립학교의 경영에 필요한 재산의 기준 등에 관한 사항을 규정함을 목적으로 한다.

04

18. 지방직 9급

「초·중등교육법」 및 동법 시행령상 학생 징계의 종류 중 징계처분을 받은 학생 또는 그 보호자가 시·도학생징계조정위원회에 재심을 청구할 수 있는 것은?

① 사회봉사
② 출석정지
③ 퇴학처분
④ 특별교육이수

정답 및 해설

③

「초·중등교육법」 제18조의2(재심청구) 1항에 따르면, 학생 징계 종류 중 퇴학처분에 한하여 학생 또는 그 보호자가 시·도학생징계조정위원회에 재심을 청구할 수 있도록 규정

★참고

■ 「초·중등교육법」 제18조의2(재심청구) 제1항~제4항
① 제18조제1항에 따른 징계처분 중 퇴학 조치에 대하여 이의가 있는 학생 또는 그 보호자는 퇴학 조치를 받은 날부터 15일 이내 또는 그 조치가 있음을 알게 된 날부터 10일 이내에 제18조의3에 따른 시·도학생징계조정위원회에 재심을 청구할 수 있다.
② 제18조의3에 따른 시·도학생징계조정위원회는 제1항에 따른 재심청구를 받으면 30일 이내에 심사·결정하여 청구인에게 통보하여야 한다.
③ 제2항의 심사결정에 이의가 있는 청구인은 통보를 받은 날부터 60일 이내에 행정심판을 제기할 수 있다.
④ 제1항에 따른 재심청구, 제2항에 따른 심사 절차와 결정 통보 등에 필요한 사항은 대통령령으로 정한다.

05
16. 국가직 7급

「초·중등교육법 시행령」상 괄호 안에 공통적으로 들어갈 말은?

> 학교의 장은 학업을 중단할 뜻이 있거나 가능성이 있다고 인정되는 학생에게는 전문상담기관의 상담이나 진로 탐색 프로그램 등을 안내하거나 제공하여 학업 중단에 대하여 (   )할 기회를 주어야 한다. 이 경우 학교의 장은 그 기간을 출석으로 인정할 수 있다.

① 상담
② 생각
③ 지연
④ 대체

정답 및 해설
②

학업중단숙려제는 학업중단 위기 학생 및 학교 부적응 학생들에게 전임 상담원과의 상담 및 체험프로그램 등을 제공해 학교 적응력 향상과 학업 중단 예방을 위해 실시하는 제도이다. 다만 실시되는 세부 프로그램이나 내용은 지역별로 차이가 있다.

참고
- 「초·중등교육법」 제20조(교직원의 임무) 제1항~제5항
  ① 교장은 교무를 총괄하고, 민원처리를 책임지며, 소속 교직원을 지도·감독하고, 학생을 교육한다.
  ② 교감은 교장을 보좌하여 교무를 관리하고 학생을 교육하며, 교장이 부득이한 사유로 직무를 수행할 수 없을 때에는 교장의 직무를 대행한다. 다만, 교감이 없는 학교에서는 교장이 미리 지명한 교사(수석교사를 포함한다)가 교장의 직무를 대행한다.
  ③ 수석교사는 교사의 교수·연구 활동을 지원하며, 학생을 교육한다.
  ④ 교사는 법령에서 정하는 바에 따라 학생을 교육한다.
  ⑤ 행정직원 등 직원은 법령에서 정하는 바에 따라 학교의 행정사무와 그 밖의 사무를 담당한다.

- 「초·중등교육법」 제28조(학업에 어려움을 겪는 학생에 대한 교육) 제7항
  ⑦ 학교의 장은 제1항제3호에 해당하는 학업에 어려움을 겪는 학생에게 학업 중단에 대하여 충분히 생각할 기회를 주어야 한다. 이 경우 학교의 장은 그 기간을 출석으로 인정할 수 있다.

06
13. 국가직 7급

다음 중 학생이나 학부모의 동의 없이 학생 관련 정보를 제공할 수 있는 경우가 아닌 것은?

① 취업과 관련하여 고용기관이 자료를 요청한 경우
② 학교에 대한 감독 권한을 가진 행정기관이 업무 처리상 필요한 경우
③ 법원의 재판업무 수행을 위해 필요한 경우
④ 상급 학교의 학생 선발에 이용하기 위해 필요한 경우

정답 및 해설
①

학교의 장은 학교생활기록과 건강검사기록을 해당 학생(학생이 미성년자인 경우에는 학생과 학생의 부모 등 보호자)의 동의 없이 제3자에게 제공하여서는 아니 된다. 다만, 학교에 대한 감독·감사의 권한을 가진 행정기관이 그 업무를 처리하기 위하여 필요한 경우, 학교생활기록을 상급학교의 학생 선발에 이용하기 위하여 제공하는 경우, 통계작성 및 학술연구 등의 목적을 위한 것으로서 자료의 당사자가 누구인지 알아볼 수 없는 형태로 제공하는 경우, 범죄의 수사와 공소의 제기 및 유지에 필요한 경우, 법원의 재판업무 수행을 위하여 필요한 경우 등은 예외이다. (「초·중등교육법」 제30조의 6)

참고
- 「초·중등교육법」 제30조의6(학생 관련 자료 제공의 제한) 제1항~제3항
  ① 학교의 장은 제25조에 따른 학교생활기록과 「학교보건법」 제7조의3에 따른 건강검사기록을 해당 학생(학생이 미성년자인 경우에는 학생과 학생의 부모 등 보호자)의 동의 없이 제3자에게 제공하여서는 아니 된다. 다만, 다음 각 호의 어느 하나에 해당하는 경우에는 그러하지 아니하다.
    1. 학교에 대한 감독·감사의 권한을 가진 행정기관이 그 업무를 처리하기 위하여 필요한 경우
    2. 제25조에 따른 학교생활기록을 상급학교의 학생 선발에 이용하기 위하여 제공하는 경우
    3. 통계작성 및 학술연구 등의 목적을 위한 것으로서 자료의 당사자가 누구인지 알아볼 수 없는 형태로 제공하는 경우
    4. 범죄의 수사와 공소의 제기 및 유지에 필요한 경우
    5. 법원의 재판업무 수행을 위하여 필요한 경우
    6. 그 밖에 관계 법률에 따라 제공하는 경우
  ② 학교의 장은 제1항 단서에 따라 자료를 제3자에게 제공하는 경우에는 그 자료를 받은 자에게 사용목적, 사용방법, 그 밖에 필요한 사항에 대하여 제한을 하거나 그 자료의 안전성 확보를 위하여 필요한 조치를 하도록 요청할 수 있다.
  ③ 제1항 단서에 따라 자료를 받은 자는 자료를 받은 본래 목적 외의 용도로 자료를 이용하여서는 아니 된다.

07

학교회계 등 교육재정에 대한 설명으로 옳은 것은?

① 시·도의 교육·학예에 관한 경비를 따로 경리하기 위하여 해당 지방자치단체에 학교회계를 둔다.
② 초·중·고 학교회계는 지방자치단체의 심의·의결을 거쳐 성립되며, 회계연도는 매년 1월 1일에 시작하여 12월 31일에 끝난다.
③ 학교회계는 국가의 일반회계나 지방자치단체의 교육비특별회계로부터 받은 전입금, 학교운영위원회 심의를 거쳐 학부모가 부담하는 경비, 학교발전기금으로부터 받은 전입금, 국가나 지방자치단체의 보조금 및 지원금, 사용료 및 수수료, 이월금, 물품매각대금, 그 밖의 수입을 세입으로 한다.
④ 의무교육에 종사하는 교원의 보수와 그 밖의 의무교육에 관련되는 경비는 「지방교육재정교부금법」에서 정하는 바에 따라 학부모가 부담한다.

정답 및 해설 ③

- 제30조의2(학교회계의 설치)
  ② 학교회계는 다음 각 호의 수입을 세입(歲入)으로 한다.
    1. 국가의 일반회계나 지방자치단체의 교육비특별회계로부터 받은 전입금
    2. 제32조제1항에 따라 학교운영위원회 심의를 거쳐 학부모가 부담하는 경비
    3. 제33조의 학교발전기금으로부터 받은 전입금
    4. 국가나 지방자치단체의 보조금 및 지원금
    5. 사용료 및 수수료
    6. 이월금
    7. 물품매각대금
    8. 그 밖의 수입

★참고

- 「초·중등교육법」
- 제30조의2(학교회계의 설치)
  ① 국립·공립의 초등학교·중학교·고등학교 및 특수학교에 각 학교별로 학교회계(學校會計)를 설치한다.
- 제30조의3(학교회계의 운영)
  ① 학교회계의 회계연도는 매년 3월 1일에 시작하여 다음 해 2월 말일에 끝난다.
- 「지방교육재정교부금법」
- 제11조(지방자치단체의 부담)
  ① 시·도의 교육·학예에 필요한 경비는 해당 지방자치단체의 교육비특별회계에서 부담하되, 의무교육과 관련된 경비는 교육비특별회계의 재원 중 교부금과 제2항에 따른 일반회계로부터의 전입금으로 충당하고, 의무교육 외 교육과 관련된 경비는 교육비특별회계 재원 중 교부금, 제2항에 따른 일반회계로부터의 전입금, 수업료 및 입학금 등으로 충당한다. 〈개정 2019. 12. 31.〉

08
17. 국가직 9급

「초·중등교육법」상 우리나라 국·공립 초등학교·중학교·고등학교 및 특수학교의 학교회계제도에 대한 설명으로 옳지 않은 것은?

① 학교회계의 회계연도는 매년 3월 1일에 시작하여 다음 해 2월 말일에 끝난다.
② 학교운영위원회 심의를 거쳐 학부모가 부담하는 경비는 학교회계의 세입으로 한다.
③ 학교의 장은 회계연도마다 학교회계 세입세출예산안을 편성하여 학교운영위원회에 제출하여야 한다.
④ 지방자치단체의 교육비특별회계의 전입금은 학교회계의 세입항목이 아니다.

정답 및 해설
④

- 제30조의2(학교회계의 설치)
① 국립·공립의 초등학교·중학교·고등학교 및 특수학교에 각 학교별로 학교회계(學校會計)를 설치한다.
② 학교회계는 다음 각 호의 수입을 세입(歲入)으로 한다.
  1. 국가의 일반회계나 지방자치단체의 교육비특별회계로부터 받은 전입금
  2. 제32조 제1항에 따라 학교운영위원회 심의를 거쳐 학부모가 부담하는 경비
  3. 제33조의 학교발전기금으로부터 받은 전입금
  4. 국가나 지방자치단체의 보조금 및 지원금
  5. 사용료 및 수수료
  6. 이월금
  7. 물품매각대금
  8. 그 밖의 수입

★참고
■ 「초·중등교육법」 제30조의3(학교회계의 운영) 제1항~제6항
① 학교회계의 회계연도는 매년 3월 1일에 시작하여 다음 해 2월 말일에 끝난다.
② 학교의 장은 회계연도마다 학교회계 세입세출예산안을 편성하여 회계연도가 시작되기 30일 전까지 제31조에 따른 학교운영위원회에 제출하여야 한다.
③ 학교운영위원회는 학교회계 세입세출예산안을 회계연도가 시작되기 5일 전까지 심의하여야 한다.
④ 학교의 장은 제3항에 따른 예산안이 새로운 회계연도가 시작될 때까지 확정되지 아니하면 다음 각 호의 경비를 전년도 예산에 준하여 집행할 수 있다. 이 경우 전년도 예산에 준하여 집행된 예산은 해당 연도의 예산이 확정되면 그 확정된 예산에 따라 집행된 것으로 본다.
  1. 교직원 등의 인건비
  2. 학교교육에 직접 사용되는 교육비
  3. 학교시설의 유지관리비
  4. 법령상 지급 의무가 있는 경비
  5. 이미 예산으로 확정된 경비
⑤ 학교의 장은 회계연도마다 결산서를 작성하여 회계연도가 끝난 후 2개월 이내에 학교운영위원회에 제출하여야 한다.
⑥ 학교회계의 운영에 필요한 사항은 국립학교의 경우에는 교육부령으로, 공립학교의 경우에는 시·도의 교육규칙으로 정한다.

09
17. 국가직 9급

「초·중등교육법」상 우리나라 국·공립 초등학교·중학교·고등학교 및 특수학교의 학교회계제도에 대한 설명으로 옳지 않은 것은?

① 학교회계의 회계연도는 매년 3월 1일에 시작하여 다음 해 2월 말일에 끝난다.
② 학교운영위원회 심의를 거쳐 학부모가 부담하는 경비는 학교회계의 세입으로 한다.
③ 학교의 장은 회계연도마다 학교회계 세입세출예산안을 편성하여 학교운영위원회에 제출하여야 한다.
④ 지방자치단체의 교육비특별회계의 전입금은 학교회계의 세입항목이 아니다.

정답 및 해설
④

- 제30조의2(학교회계의 설치)
① 국립·공립의 초등학교·중학교·고등학교 및 특수학교에 각 학교별로 학교회계(學校會計)를 설치한다.
② 학교회계는 다음 각 호의 수입을 세입(歲入)으로 한다.
  1. 국가의 일반회계나 지방자치단체의 교육비특별회계로부터 받은 전입금
  2. 제32조 제1항에 따라 학교운영위원회 심의를 거쳐 학부모가 부담하는 경비
  3. 제33조의 학교발전기금으로부터 받은 전입금
  4. 국가나 지방자치단체의 보조금 및 지원금
  5. 사용료 및 수수료
  6. 이월금
  7. 물품매각대금
  8. 그 밖의 수입

10
23. 국가직 9급

「초·중등교육법」상 학교운영위원회 심의사항에 해당하지 않는 것은?

① 학교급식
② 자유학기제 실시 여부
③ 교과용 도서와 교육 자료의 선정
④ 대학입학 특별전형 중 학교장 추천

정답 및 해설
②

• 제32조(기능)
① 학교에 두는 학교운영위원회는 다음 각 호의 사항을 심의한다. 다만, 사립학교에 두는 학교운영위원회의 경우 제7호 및 제8호의 사항은 제외하고, 제1호의 사항에 대하여는 자문한다. 〈개정 2021. 9. 24.〉
  1. 학교헌장과 학칙의 제정 또는 개정
  2. 학교의 예산안과 결산
  3. 학교교육과정의 운영방법
  4. 교과용 도서와 교육 자료의 선정
  5. 교복·체육복·졸업앨범 등 학부모 경비 부담 사항
  6. 정규학습시간 종료 후 또는 방학기간 중의 교육활동 및 수련활동
  7. 「교육공무원법」 제29조의3 제8항에 따른 공모 교장의 공모 방법, 임용, 평가 등
  8. 「교육공무원법」 제31조 제2항에 따른 초빙교사의 추천
  9. 학교운영지원비의 조성·운용 및 사용
  10. 학교급식
  11. 대학입학 특별전형 중 학교장 추천
  12. 학교운동부의 구성·운영
  13. 학교운영에 대한 제안 및 건의 사항
  14. 그 밖에 대통령령이나 시·도의 조례로 정하는 사항
② 삭제 〈2021. 9. 24.〉
③ 학교운영위원회는 제33조에 따른 학교발전기금의 조성·운용 및 사용에 관한 사항을 심의·의결한다. [전문개정 2012. 3. 21.]

★ 참고
■ 「초·중등교육법」 제32조(기능) 제1항~제3항
① 학교에 두는 학교운영위원회는 다음 각 호의 사항을 심의한다. 다만, 사립학교에 두는 학교운영위원회의 경우 제7호 및 제8호의 사항은 제외하고, 제1호의 사항에 대하여는 자문한다.
  1. 학교헌장과 학칙의 제정 또는 개정
  2. 학교의 예산안과 결산
  3. 학교교육과정의 운영방법
  4. 교과용 도서와 교육 자료의 선정
  5. 교복·체육복·졸업앨범 등 학부모 경비 부담 사항
  6. 정규학습시간 종료 후 또는 방학기간 중의 교육활동 및 수련활동
  7. 「교육공무원법」 제29조의3제8항에 따른 공모 교장의 공모 방법, 임용, 평가 등
  8. 「교육공무원법」 제31조제2항에 따른 초빙교사의 추천
  9. 학교운영지원비의 조성·운용 및 사용
  10. 학교급식
  11. 대학입학 특별전형 중 학교장 추천
  12. 학교운동부의 구성·운영
  13. 학교운영에 대한 제안 및 건의 사항
  14. 그 밖에 대통령령이나 시·도의 조례로 정하는 사항
② 삭제
③ 학교운영위원회는 제33조에 따른 학교발전기금의 조성·운용 및 사용에 관한 사항을 심의·의결한다.

11
17. 지방직 9급

국·공립학교의 학교운영위원회에 대한 옳은 설명만을 〈보기〉에서 있는 대로 고른 것은?

―― 보기 ――
㉠ 학칙의 제정 또는 개정 사항을 심의한다.
㉡ 학교운동부의 구성·운영 사항을 심의한다.
㉢ 학부모위원은 교직원전체회의에서 선출한다.
㉣ 학교의 장은 운영위원회의 당연직 교원위원이다.

① ㉠, ㉢
② ㉠, ㉡, ㉣
③ ㉡, ㉢, ㉣
④ ㉠, ㉡, ㉢, ㉣

정답 및 해설
②
㉢ 학부모위원은 민주적 대의절차에 따라 학부모 전체회의를 통하여 학부모 중에서 투표로 선출

12
07. 국가직 7급

학교운영위원회에 대한 설명으로 옳은 것은?

① 국·공립학교의 장은 학교운영위원회의 당연직 위원장이다.
② 국·공립 및 사립학교 학교운영위원회는 학교의 예산안 및 결산에 관한 사항을 심의한다.
③ 국·공립학교에 두는 학교운영위원회는 당해 학교의 교원대표, 학부모대표, 지역사회 인사로 구성한다.
④ 지역위원은 교원위원의 추천을 받아 학교의 장이 임명한다.

정답 및 해설 ③

① 당연직 교직원이다.
② 사립학교 학교운영위원회는 자문기구이다.
④ 학부모 위원 또는 교원위원의 추천을 받아 학부모 위원 및 교원위원이 무기명 투표로 선출한다.

참고
- 초·중등교육법
- 제31조(학교운영위원회의 설치)
② 국립·공립 학교에 두는 학교운영위원회는 그 학교의 교원 대표, 학부모 대표 및 지역사회 인사로 구성한다.

13
10. 국가직 9급

학교운영위원회에 대한 설명으로 옳지 않은 것은?

① 국·공립학교에서는 대학입학과 관련된 사항을 심의할 수 없다.
② 학교발전기금을 조성할 수 있다.
③ 사립의 특수학교도 구성·운영하여야 한다.
④ 15인을 초과하여 구성할 수 없다.

정답 및 해설 ①

① 심의할 수 있다.
② 운영위원회의 위원장의 명의로 조성·운영하여야 한다.
③ 법정 필수기구이다.
④ 5인 이상 15인 이내이어야 하기 때문이다.

참고
- 초·중등교육법
- 제32조(기능)
① 학교에 두는 학교운영위원회는 다음 각 호의 사항을 심의한다. 다만, 사립학교에 두는 학교운영위원회의 경우 제7호 및 제8호의 사항은 제외하고, 제1호의 사항에 대하여는 자문한다. 11. 대학입학 특별전형 중 학교장 추천

14

06. 지방직 9급

다음 중 학교운영위원회에 관한 설명 중 옳은 것은?

① 국·공립학교에 두는 학교운영위원회의 구성·운영에 관하여 필요한 사항은 대통령령이 정하는 범위 안에서 시·도의 조례로 정한다.
② 학교운영위원회의 구성은 교원위원, 학부모위원, 지역위원의 구성비를 민주적으로 동일하게 구성한다.
③ 학교운영위원회의 위원장은 학교운영위원회에 제출된 예산안을 회의 개최 14일 전까지 학교운영위원회 위원에게 통지하여야 한다.
④ 학교운영위원회에서 심의된 결과를 학교장은 반드시 그 내용에 따라 시행하여야 한다.
⑤ 학부모 위원은 학부모 중에서 민주적 대의절차에 따라 학부모 전체 회의에서 직접 선출한다.

정답 및 해설   ⑤

① 공립학교의 경우는 맞다. 그러나 국립학교의 경우는 대통령령으로 정한다. (「초·중등교육법」제34조)
② 학부모 위원(40~50%), 교원위원(30~40%), 지역위원(10~30%)의 순이다. 단, 국·공립의 전문계고등학교운영위원회 위원의 구성비율은 지역위원(30~50%) > 학부모위원(30~40%) > 교원위원(20~30%)의 순으로 되어 있다. (동법 시행령 제58조)
③ 7일 전까지 통지하여야 한다. (「국립 초·중등학교 회계규칙」제4조)
④ 국·공립학교의 장은 운영위원회의 심의결과를 최대한 존중하여야 하며, 그 심의결과와 다르게 시행하고자 하는 경우에는 이를 운영위원회와 관할청에 서면으로 보고하여야 한다. (동법 시행령 제60조)
⑤ 동법 시행령 제59조

참고

■ 초·중등교육법 시행령
• 제59조(위원의 선출 등)
① 국·공립학교의 장은 운영위원회의 당연직 교원위원이 된다.
② 학부모위원은 민주적 대의절차에 따라 학부모 전체회의를 통하여 학부모 중에서 투표로 선출한다. 이 경우 학부모 전체회의에 직접 참석할 수 없는 학부모는 학부모 전체회의 개최 전까지 가정통신문에 대한 회신, 우편투표, 전자적 방법(「전자문서 및 전자거래 기본법」제2조제2호에 따른 정보처리시스템을 사용하거나 그 밖에 정보통신기술을 이용하는 방법을 말한다)에 의한 투표 등 위원회규정으로 정하는 방법 및 절차에 따라 후보자에게 투표할 수 있다. 〈개정 2015. 9. 15., 2020. 2. 25.〉
③ 제2항에도 불구하고 학교의 규모·시설 등을 고려하여 학부모 전체회의를 통하여 학부모위원을 선출하기 곤란하다고 위원회규정으로 정한 사유에 해당하는 경우에는 위원회규정으로 정하는 바에 따라 학급별 대표로 구성된 학부모대표회의에서 학부모위원을 선출할 수 있다. 〈신설 2015. 9. 15.〉
④ 당연직 교원위원을 제외한 교원위원은 교원 중에서 선출하되, 교직원 전체회의에서 무기명투표로 선출한다. 〈개정 2000. 2. 28., 2015. 9. 15., 2020. 4. 7.〉

15

06. 지방직 9급

다음의 내용은 「초·중등교육법 시행령」 제58조 국·공립학교운영위원회의 구성에 관한 내용이다. 어떤 학교의 학생이 1,000명 이상일 때 교원위원의 최대 인원수는?

1. 학부모 위원: 100분의 40 내지 100분의 50
2. 교원 위원: 100분의 30 내지 100분의 40
3. 지역 위원: 100분의 10 내지 100분의 30

① 4   ② 5
③ 6   ④ 7

정답 및 해설   ③

학생수가 200명 미만인 학교는 5인 이상 8인 이내, 학생수가 200명 이상 1천명 미만인 학교는 9인 이상 12인 이내, 학생수가 1천명 이상인 학교는 13인 이상 15인 이내에서 구성할 수 있다. 그런데 교원위원은 30~40%의 구성비율이므로 15인×0.4 = 6명이다.

참고

■ 초·중등교육법 시행령
• 제58조(국·공립 학교운영위원회의 구성)
1. 학생수가 200명미만인 학교: 5인이상 8인이내
2. 학생수가 200명이상 1천명미만인 학교: 9인이상 12인이내
3. 학생수가 1천명이상인 학교: 13인이상 15인이내

16
06. 지방직 9급

학교운영위원회의 기능으로 볼 수 없는 것은?

① 학교교육과정의 운영 방법에 관한 사항
② 학교헌장 및 학칙의 제정 및 개정에 관한 사항
③ 교육자료 및 교과용 도서의 집필 사항 관여
④ 교복, 체육복, 졸업앨범에 관한 사항
⑤ 학교급식에 관한 사항

> **정답 및 해설** ③
> ③은 심의 및 자문의 대상이 아니다.
> cf. 교과용 도서 및 교육자료의 선정에 관한 사항은 관여한다.
>
> ★ 참고
> - 초·중등교육법
> - 제32조(기능)
>   4. 교과용 도서와 교육 자료의 선정

17
14. 국가직 7급

학교운영위원회의 의결 사항은?

① 교과용 도서 및 교육 자료의 선정에 관한 사항
② 학교발전기금의 조성·운용 및 사용에 관한 사항
③ 학교헌장과 학칙의 제정 또는 개정에 관한 사항
④ 교복·체육복·졸업앨범 등 학부모가 경비를 부담하는 사항

> **정답 및 해설** ②
> ①, ③, ④ 국·공립의 경우는 심의사항이고, 사립학교의 경우는 자문사항이다.
> ② 국·공·사립의 경우 모두 의결사항이다. '(국·공·사립의)학교운영위원회는 학교발전기금의 조성·운용 및 사용에 관한 사항을 심의·의결한다.'
>
> ★ 참고
> - 초·중등교육법
> - 제32조(기능)
>   ① 학교에 두는 학교운영위원회는 다음 각 호의 사항을 심의한다. 다만, 사립학교에 두는 학교운영위원회의 경우 제7호 및 제8호의 사항은 제외하고, 제1호의 사항에 대하여는 자문한다.
>   ③ 학교운영위원회는 제33조에 따른 학교발전기금의 조성·운용 및 사용에 관한 사항을 심의·의결한다.

18
22. 지방직 9급

학교운영위원회에 대한 설명으로 옳지 않은 것은?

① 교원위원, 학부모위원, 지역위원으로 구성된다.
② 국·공립학교의 장은 당연직 위원이다.
③ 사립학교 학교운영위원회는 학교의 예산안과 결산에 대한 의결권을 가진다.
④ 학교운영의 자율성을 높이고 지역의 실정과 특성에 맞는 다양하고도 창의적인 교육을 하기 위한 것이다.

> **정답 및 해설** ③
> ③ 국·공립학교의 학교운영위원회는 필수적 심의기구이고, 사립학교의 경우는 필수적 자문기구이다. 다만, 학교헌장 및 학칙의 제정·개정에 관한 사항은 학교법인 요청 시 자문사항이고, 공모교장의 공모방법·임용·평가, 초빙교원의 추천에 관한 사항은 자문사항에서 제외된다.
>
> ★ 참고
> - 초·중등교육법
> - 제32조(기능)
>   ① 학교에 두는 학교운영위원회는 다음 각 호의 사항을 심의한다. 다만, 사립학교에 두는 학교운영위원회의 경우 제7호 및 제8호의 사항은 제외하고, 제1호의 사항에 대하여는 자문한다.
>   1. 학교헌장과 학칙의 제정 또는 개정
>   2. 학교의 예산안과 결산

19
12. 국가직 7급

현행 학교운영위원회에 대한 설명으로 옳지 <u>않은</u> 것은?

① 학교운영위원회의 법적 근거는 「초·중등교육법」에 명시되어 있다.
② 국·공립학교의 경우 심의기구, 사립학교의 경우 자문기구의 역할을 수행한다.
③ 사립학교에서 학칙을 개정하기 위해서는 학교운영위원회에서 논의해야 한다.
④ 학교운영위원회는 학교발전기금을 조성할 수 있다.

정답 및 해설 ③

학교운영위원회는 학교현황 및 규정의 개정, 교육과정의 운영방법, 교과용 도서 및 부교재의 선정, 정규학습시간 종료 후 또는 방학중 학생의 교육활동, 교복 및 체육복의 선정, 수학여행·극기훈련 등 학부모가 경비를 부담하는 사항, 학교운영지원비, 교육회계 등의 예산 및 결산, 교원(교장·교사)을 초빙하는 경우 그 추천대상자의 선정, 학교운영 등과 관련된 건의사항, 기타 학교운영에 관한 위원들의 제안 사항과 학교장이 심의 요청한 사항 등의 학교운영에 관한 사항을 심의하도록 되어 있다.

★ 참고
■ 초·중등교육법
· 제32조(기능)
① 학교에 두는 학교운영위원회는 다음 각 호의 사항을 심의한다. 다만, 사립학교에 두는 학교운영위원회의 경우 제7호 및 제8호의 사항은 제외하고, 제1호의 사항에 대하여는 자문한다.
 1. 학교헌장과 학칙의 제정 또는 개정
 2. 학교의 예산안과 결산

20
21. 국가직 7급

초·중등교육법령상 학교운영위원회의 구성 및 운영에 대한 설명으로 옳은 것만을 모두 고르면?

ㄱ. 국립·공립학교에 두는 학교운영위원회는 그 학교의 교원대표, 학부모 대표 및 지역사회 인사로 구성한다.
ㄴ. 국립·공립학교뿐만 아니라 사립학교도 학교운영위원회를 구성·운영하여야 한다.
ㄷ. 국립·공립학교의 학교운영위원회는 학교 교육과정의 운영 방법 및 교과용 도서의 선정 등을 심의한다.
ㄹ. 학생회는 법적 기구가 아니므로 학교운영위원회는 학생 대표 등을 회의에 참석하게 하여 의견을 들을 수 없다.

① ㄱ, ㄴ
② ㄱ, ㄹ
③ ㄱ, ㄴ, ㄷ
④ ㄴ, ㄷ, ㄹ

정답 및 해설 ③

· 법 제17조(학생자치활동)
학생의 자치활동은 권장·보호되며, 그 조직과 운영에 관한 기본적인 사항은 학칙으로 정한다.

★ 참고
■ 초·중등교육법
· 제31조(학교운영위원회의 설치)
① 학교운영의 자율성을 높이고 지역의 실정과 특성에 맞는 다양하고도 창의적인 교육을 할 수 있도록 초등학교·중학교·고등학교·특수학교 및 각종학교에 학교운영위원회를 구성·운영하여야 한다.
② 국립·공립 학교에 두는 학교운영위원회는 그 학교의 교원 대표, 학부모 대표 및 지역사회 인사로 구성한다.

· 제34조(학교운영위원회의 구성·운영)
① 제31조에 따른 학교운영위원회 중 국립학교에 두는 학교운영위원회의 구성과 운영에 필요한 사항은 대통령령으로 정하고, 공립학교에 두는 학교운영위원회의 구성과 운영에 필요한 사항은 대통령령으로 정하는 범위에서 시·도의 조례로 정한다.
② 사립학교에 두는 학교운영위원회의 위원 구성에 관한 사항은 대통령령으로 정하고, 그 밖에 운영에 필요한 사항은 해당 학교법인의 정관으로 정한다.

21

08. 지방직 9급

다음 중 학교발전기금에 대한 내용으로 옳은 것은?

① 학교운영위원회 위원장을 기금의 출납명령기관으로 한다.
② 기금의 회계연도는 1월 1일부터 12월 31일이다.
③ 기금의 결산상 잉여금은 반납해야 한다.
④ 운영위원회 위원장은 매 회계연도마다 기금운용계획을 수립하고 이를 직접 사용할 수 있다.

정답 및 해설

①

① 「학교발전기금의 조성·운영 및 회계 관리에 관한 규칙」 제10조 제1항
② 3월 1일에 시작하여 다음연도 2월 말일에 종료 (동규칙 제5조)
③ 반납하지 않고 다음 연도 예산에 세입조치 하여야 한다. (동규칙 제8조)
④ 직접 사용할 수 없다. 운영위원회의 심의를 거쳐 시행하여야 한다. (동규칙 제3조)

⊕ 참고

- **초·중등교육법 시행규칙**
- **제46조(기금운용계획의 수립 등)**
운영위원회 위원장은 회계연도마다 다음 각 호의 사항이 포함된 기금운용계획을 수립하고 운영위원회의 심의를 거쳐 시행하여야 한다. 기금운용계획을 변경하려는 경우에도 또한 같다.
  1. 사업 목적
  2. 기금 조성방법
  3. 수입 및 지출 계획
  4. 그 밖에 기금의 운용 및 관리에 필요한 사항

- **제48조(회계연도)**
기금의 회계연도는 매년 3월 1일부터 다음 연도 2월 말일까지로 한다.

- **제51조(잉여금의 처리)**
기금의 결산 결과 잉여금이 생겼을 때에는 다음 회계연도의 세입으로 하여야 한다.

- **제53조(회계기관)**
① 기금의 출납명령기관은 운영위원회 위원장이 되고, 기금의 출납원은 해당 학교의 서무책임자가 된다.

22

10. 지방직 9급

학교발전기금에 대한 설명으로 옳지 <u>않은</u> 것은?

① 학교의 교육활동을 지원하기 위하여 기부한 기부금품, 학부모 등으로 구성된 학교 내외의 조직 단체 등이 그 구성원으로부터 자발적으로 갹출하거나 구성원 외의 자로부터 모금한 금품을 말한다.
② 과거 기부금품 대신 학교운영위원회가 설치된 공립학교에서 교육환경 개선과 교육활동 내실화를 위한 명목으로 학부모들로부터 모금할 수 있는 제도이다.
③ 학교발전기금 모금을 위해서는 운영위원회위원장이 사업 목적, 기금 조성 방법, 수입 및 지출 계획 등이 포함된 '기금운용계획'을 수립하여 운영위원회의 심의를 거쳐야 한다.
④ 기금은 학생복지와 학생자치활동 지원, 교육용 기자재와 도서 구입 등 3가지 사항에만 사용할 수 있다.

정답 및 해설

기금은 ④외에도 학교교육시설의 보수 및 확충, 학교체육활동 기타 학예활동 지원 등을 위해 사용한다.

⊕ 참고

- **초·중등교육법 시행령**
- **제64조(학교발전기금)**
② 발전기금은 다음 각호의 목적을 위하여 사용한다.
  1. 학교교육시설의 보수 및 확충
  2. 교육용 기자재 및 도서의 구입
  3. 학교체육활동 기타 학예활동의 지원
  4. 학생복지 및 학생자치활동의 지원

23
18. 지방직 9급

학교운영위원회에 대한 설명으로 옳지 않은 것은?

① 위원 수는 5명 이상 20명 이하의 범위에서 학교의 규모 등을 고려하여 교육부령으로 정한다.
② 국립·공립 학교의 경우 학교의 예산안과 결산, 학교교육과정의 운영방법, 학교급식 등을 심의한다.
③ 국립·공립 학교의 경우 「교육공무원법」 제29조의3 제8항에 따른 공모 교장의 공모 방법, 임용, 평가 등을 심의한다.
④ 학교운영의 자율성을 높이고 지역의 실정과 특성에 맞는 다양하고도 창의적인 교육을 할 수 있도록 하는 데 그 목적이 있다.

> **정답 및 해설** ①
>
> 학교운영위원회는 학부모위원, 교원위원, 지역위원으로 구성한다. 5명 이상 15명 이하의 범위에서 학교의 규모 등을 고려하여 정한다.
>
> ★ 참고
>
> ■ 초·중등교육법
> • 제31조(학교운영위원회의 설치)
> ① 학교운영의 자율성을 높이고 지역의 실정과 특성에 맞는 다양하고도 창의적인 교육을 할 수 있도록 초등학교·중학교·고등학교·특수학교 및 각종학교에 학교운영위원회를 구성·운영하여야 한다. 〈개정 2022. 10. 18.〉
> ② 국립·공립 학교에 두는 학교운영위원회는 그 학교의 교원 대표, 학부모 대표 및 지역사회 인사로 구성한다.
> ③ 학교운영위원회의 위원 수는 5명 이상 15명 이하의 범위에서 학교의 규모 등을 고려하여 대통령령으로 정한다.

24
15. 국가직 9급

우리나라 학교운영위원회의 구성 및 운영에 대한 설명으로 옳은 것은?

① 국·공립학교의 교감은 운영위원회의 당연직 교원위원이 된다.
② 국·공립에 두는 운영위원회의 회의는 학교장이 소집한다.
③ 국·공립학교에 두는 운영위원회는 학교교육과정의 운영방법에 대해서 심의한다.
④ 사립학교에 두는 운영위원회는 학교발전기금의 조성·운영 및 사용에 관한 사항을 심의할 수 없다.

> **정답 및 해설** ③
>
> • 제32조(기능)
> ① 국립·공립 학교에 두는 학교운영위원회는 다음 각 호의 사항을 심의한다.
>   1. 학교헌장과 학칙의 제정 또는 개정
>   2. 학교의 예산안과 결산
>   3. 학교교육과정의 운영방법
>   4. 교과용 도서와 교육 자료의 선정
>   5. 교복·체육복·졸업앨범 등 학부모 경비 부담 사항
>   6. 정규학습시간 종료 후 또는 방학기간 중의 교육활동 및 수련활동
>   7. 「교육공무원법」 제29조의3 제8항에 따른 공모 교장의 공모 방법, 임용, 평가 등
>   8. 「교육공무원법」 제31조 제2항에 따른 초빙교사의 추천
>   9. 학교운영지원비의 조성·운용 및 사용
>   10. 학교급식
>   11. 대학입학 특별전형 중 학교장 추천
>   12. 학교운동부의 구성·운영
>   13. 학교운영에 대한 제안 및 건의 사항
>   14. 그 밖에 대통령령이나 시·도의 조례로 정하는 사항
> ② 사립학교의 장은 제1항 각 호의 사항(제7호 및 제8호의 사항은 제외한다)에 대하여 학교운영위원회에 자문하여야 한다. 다만, 제1호의 사항에 대하여는 학교법인이 요청하는 경우에만 자문한다.
> ③ 학교운영위원회는 제33조에 따른 학교발전기금의 조성·운용 및 사용에 관한 사항을 심의·의결한다.

25

23. 국가직 9급

「초·중등교육법」상 학교운영위원회 심의사항에 해당하지 않는 것은?

① 학교급식
② 자유학기제 실시 여부
③ 교과용 도서와 교육 자료의 선정
④ 대학입학 특별전형 중 학교장 추천

정답 및 해설 ②

- 제32조(기능)
① 학교에 두는 학교운영위원회는 다음 각 호의 사항을 심의한다. 다만, 사립학교에 두는 학교운영위원회의 경우 제7호 및 제8호의 사항은 제외하고, 제1호의 사항에 대하여는 자문한다. 〈개정 2021. 9. 24.〉
  1. 학교헌장과 학칙의 제정 또는 개정
  2. 학교의 예산안과 결산
  3. 학교교육과정의 운영방법
  4. 교과용 도서와 교육 자료의 선정
  5. 교복·체육복·졸업앨범 등 학부모 경비 부담 사항
  6. 정규학습시간 종료 후 또는 방학기간 중의 교육활동 및 수련활동
  7. 「교육공무원법」 제29조의3 제8항에 따른 공모 교장의 공모 방법, 임용, 평가 등
  8. 「교육공무원법」 제31조 제2항에 따른 초빙교사의 추천
  9. 학교운영지원비의 조성·운용 및 사용
  10. 학교급식
  11. 대학입학 특별전형 중 학교장 추천
  12. 학교운동부의 구성·운영
  13. 학교운영에 대한 제안 및 건의 사항
  14. 그 밖에 대통령령이나 시·도의 조례로 정하는 사항
② 삭제 〈2021. 9. 24.〉
③ 학교운영위원회는 제33조에 따른 학교발전기금의 조성·운용 및 사용에 관한 사항을 심의·의결한다.
[전문개정 2012. 3. 21.]

26

17. 지방직 9급

국·공립학교의 학교운영위원회에 대한 옳은 설명만을 〈보기〉에서 있는 대로 고른 것은?

보기

㉠ 학칙의 제정 또는 개정 사항을 심의한다.
㉡ 학교운동부의 구성·운영 사항을 심의한다.
㉢ 학부모위원은 교직원전체회의에서 선출한다.
㉣ 학교의 장은 운영위원회의 당연직 교원위원이다.

① ㉠, ㉢
② ㉠, ㉡, ㉣
③ ㉡, ㉢, ㉣
④ ㉠, ㉡, ㉢, ㉣

정답 및 해설 ②

㉢ 학부모위원은 민주적 대의절차에 따라 학부모 전체회의를 통하여 학부모 중에서 투표로 선출

★ 참고

■ 초·중등교육법
- 제32조(기능)
① 학교에 두는 학교운영위원회는 다음 각 호의 사항을 심의한다. 다만, 사립학교에 두는 학교운영위원회의 경우 제7호 및 제8호의 사항은 제외하고, 제1호의 사항에 대하여는 자문한다. 〈개정 2021. 9. 24.〉
  1. 학교헌장과 학칙의 제정 또는 개정
  12. 학교운동부의 구성·운영

■ 초·중등교육법 시행령
- 제59조(위원의 선출 등)
① 국·공립학교의 장은 운영위원회의 당연직 교원위원이 된다.
② 학부모위원은 민주적 대의절차에 따라 학부모 전체회의를 통하여 학부모 중에서 투표로 선출한다. 이 경우 학부모 전체회의에 직접 참석할 수 없는 학부모는 학부모 전체회의의 개최 전까지 가정통신문에 대한 회신, 우편투표, 전자적 방법(「전자문서 및 전자거래 기본법」 제2조제2호에 따른 정보처리시스템을 사용하거나 그 밖에 정보통신기술을 이용하는 방법을 말한다)에 의한 투표 등 위원회규정으로 정하는 방법 및 절차에 따라 후보자에게 투표할 수 있다. 〈개정 2015. 9. 15., 2020. 2. 25.〉
③ 제2항에도 불구하고 학교의 규모·시설 등을 고려하여 학부모 전체회의를 통하여 학부모위원을 선출하기 곤란하다고 위원회규정으로 정한 사유에 해당하는 경우에는 위원회규정으로 정하는 바에 따라 학급별 대표로 구성된 학부모대표회의에서 학부모위원을 선출할 수 있다. 〈신설 2015. 9. 15.〉
④ 당연직 교원위원을 제외한 교원위원은 교원 중에서 선출하되, 교직원 전체회의에서 무기명투표로 선출한다. 〈개정 2000. 2. 28., 2015. 9. 15., 2020. 4. 7.〉

27

13. 국가직 7급

다음 중 학생이나 학부모의 동의 없이 학생 관련 정보를 제공할 수 있는 경우가 아닌 것은?

① 취업과 관련하여 고용기관이 자료를 요청한 경우
② 학교에 대한 감독 권한을 가진 행정기관이 업무 처리상 필요한 경우
③ 법원의 재판업무 수행을 위해 필요한 경우
④ 상급 학교의 학생 선발에 이용하기 위해 필요한 경우

정답 및 해설 ①

학교의 장은 학교생활기록과 건강검사기록을 해당 학생(학생이 미성년자인 경우에는 학생과 학생의 부모 등 보호자)의 동의 없이 제3자에게 제공하여서는 아니 된다. 다만, 학교에 대한 감독·감사의 권한을 가진 행정기관이 그 업무를 처리하기 위하여 필요한 경우, 학교생활기록을 상급학교의 학생 선발에 이용하기 위하여 제공하는 경우, 통계작성 및 학술연구 등의 목적을 위한 것으로서 자료의 당사자가 누구인지 알아볼 수 없는 형태로 제공하는 경우, 범죄의 수사와 공소의 제기 및 유지에 필요한 경우, 법원의 재판업무 수행을 위하여 필요한 경우 등은 예외이다. (「초·중등교육법」 제30조의 6)

★ 참고

■ 초·중등교육법
• 제30조의6(학생 관련 자료 제공의 제한)
① 학교의 장은 제25조에 따른 학교생활기록과 「학교보건법」 제7조의3에 따른 건강검사기록을 해당 학생(학생이 미성년자인 경우에는 학생과 학생의 부모 등 보호자)의 동의 없이 제3자에게 제공하여서는 아니 된다. 다만, 다음 각 호의 어느 하나에 해당하는 경우에는 그러하지 아니하다.
  1. 학교에 대한 감독·감사의 권한을 가진 행정기관이 그 업무를 처리하기 위하여 필요한 경우
  2. 제25조에 따른 학교생활기록을 상급학교의 학생 선발에 이용하기 위하여 제공하는 경우
  3. 통계작성 및 학술연구 등의 목적을 위한 것으로서 자료의 당사자가 누구인지 알아볼 수 없는 형태로 제공하는 경우
  4. 범죄의 수사와 공소의 제기 및 유지에 필요한 경우
  5. 법원의 재판업무 수행을 위하여 필요한 경우
  6. 그 밖에 관계 법률에 따라 제공하는 경우
② 학교의 장은 제1항 단서에 따라 자료를 제3자에게 제공하는 경우에는 그 자료를 받은 자에게 사용목적, 사용방법, 그 밖에 필요한 사항에 대하여 제한을 하거나 그 자료의 안전성 확보를 위하여 필요한 조치를 하도록 요청할 수 있다.
③ 제1항 단서에 따라 자료를 받은 자는 자료를 받은 본래 목적 외의 용도로 자료를 이용하여서는 아니 된다. [전문개정 2012. 3. 21.]

28

15. 국가직 9급

「초·중등교육법」 및 동법 시행령상 학교에 대한 설명으로 옳지 않은 것은?

① 자율고등학교는 자율형 사립고와 자율형 공립고, 자율학교로 구분된다.
② 교육감이 특성화중학교를 지정·고시하고자 하는 경우에는 미리 교육부장관의 동의를 받아야 한다.
③ 교육감이 특성화중학교의 지정을 취소하는 경우에는 미리 교육부장관의 동의를 받아야 한다.
④ 교육감이 외국어 계열의 특수목적고등학교를 지정·고시하고자 하는 경우에는 미리 교육부장관의 동의를 받아야 한다.

정답 및 해설 ①

• 제105조(학교 및 교육과정 운영의 특례)
① 교육감은 다음 각 호의 어느 하나에 해당하는 국립·공립·사립의 초등학교·중학교·고등학교 및 특수학교를 대상으로 법 제61조에 따라 학교 또는 교육과정을 자율적으로 운영할 수 있는 학교(이하 "자율학교"라 한다)를 지정·운영할 수 있다. 다만, 국립학교 및 제77조 제2항에 따라 교육감이 입학전형을 실시하는 지역의 후기학교를 자율학교로 지정하려는 경우에는 미리 교육부장관과 협의하여야 한다. 〈개정 2011. 1. 17., 2013. 3. 23., 2016. 8. 2., 2019. 9. 24.〉
  1. 학습부진아등에 대한 교육을 실시하는 학교
  2. 개별학생의 적성·능력 개발을 위한 다양하고 특성화된 교육과정을 운영하는 학교
  3. 학생의 창의력 계발 또는 인성함양 등을 목적으로 특별한 교육과정을 운영하는 학교
  4. 특성화중학교
  5. 산업수요 맞춤형 고등학교 및 특성화고등학교
  6. 「농어업인 삶의 질 향상 및 농어촌지역 개발촉진에 관한 특별법」 제3조 제4호에 따른 농어촌학교
  7. 그 밖에 교육감이 특히 필요하다고 인정하는 학교

★ 참고

■ 「초·중등교육법 시행령」 제76조의3(고등학교의 구분)
고등학교는 교육과정 운영과 학교의 자율성을 기준으로 다음 각 호의 학교로 구분한다.
  1. 일반고등학교(특정분야가 아닌 다양한 분야에 걸쳐 일반적인 교육을 실시하는 고등학교를 말하되, 제2호부터 제4호까지의 규정에 따른 고등학교에 해당하지 않는 고등학교를 포함한다. 이하 같다)
  2. 제90조에 따른 특수목적고등학교
  3. 제91조에 따른 특성화고등학교

4. 자율고등학교(제91조의3에 따른 자율형 사립고등학교 및 제91조의4에 따른 자율형 공립고등학교를 말한다)

- 「초·중등교육법 시행령」 제76조(특성화중학교) 제1항, 제6항
① 교육감은 교육과정의 운영 등을 특성화하기 위한 중학교(이하 "특성화중학교"라 한다)를 지정·고시할 수 있다. 이 경우 미리 교육부장관의 동의를 받아야 한다.
⑥ 교육감이 특성화중학교의 지정을 취소하는 경우에는 미리 교육부장관의 동의를 받아야 한다.

- 「초·중등교육법 시행령」 제90조(특수목적고등학교) 제1항
① 교육감은 다음 각 호의 어느 하나에 해당하는 학교중에서 특수분야의 전문적인 교육을 목적으로 하는 고등학교(이하 "특수목적고등학교"라 한다)를 지정·고시할 수 있다. 다만, 제10호의 학교 중 국립의 고등학교는 교육부장관이 지정·고시한다.

29

15. 국가직 9급

「초·중등교육법」 및 동법 시행령상 학교에 대한 설명으로 옳지 <u>않은</u> 것은?

① 자율고등학교는 자율형 사립고와 자율형 공립고, 자율학교로 구분된다.
② 교육감이 특성화중학교를 지정·고시하고자 하는 경우에는 미리 교육부장관의 동의를 받아야 한다.
③ 교육감이 특성화중학교의 지정을 취소하는 경우에는 미리 교육부장관의 동의를 받아야 한다.
④ 교육감이 외국어 계열의 특수목적고등학교를 지정·고시하고자 하는 경우에는 미리 교육부장관의 동의를 받아야 한다.

정답 및 해설

①

- 제105조(학교 및 교육과정 운영의 특례)
① 교육감은 다음 각 호의 어느 하나에 해당하는 국립·공립·사립의 초등학교·중학교·고등학교 및 특수학교를 대상으로 법 제61조에 따라 학교 또는 교육과정을 자율적으로 운영할 수 있는 학교(이하 "자율학교"라 한다)를 지정·운영할 수 있다. 다만, 국립학교 및 제77조 제2항에 따라 교육감이 입학전형을 실시하는 지역의 후기학교를 자율학교로 지정하려는 경우에는 미리 교육부장관과 협의하여야 한다. 〈개정 2011. 1. 17., 2013. 3 .23., 2016. 8. 2., 2019. 9. 24.〉
1. 학습부진아등에 대한 교육을 실시하는 학교
2. 개별학생의 적성·능력 개발을 위한 다양하고 특성화된 교육과정을 운영하는 학교
3. 학생의 창의력 계발 또는 인성함양 등을 목적으로 특별한 교육과정을 운영하는 학교
4. 특성화중학교
5. 산업수요 맞춤형 고등학교 및 특성화고등학교
6. 「농어업인 삶의 질 향상 및 농어촌지역 개발촉진에 관한 특별법」 제3조 제4호에 따른 농어촌학교
7. 그 밖에 교육감이 특히 필요하다고 인정하는 학교

30
19. 국가직 7급

「초·중등교육법 시행령」상 교육감이 자율학교로 지정·운영할 수 있는 학교만을 모두 고르면?

ㄱ. 특성화중학교
ㄴ. 산업수요 맞춤형 고등학교 및 특성화중학교
ㄷ. 학습부진아 등에 대한 교육을 실시하는 학교
ㄹ. 「농어업인 삶의 질 향상 및 논어촌지역 개발촉진에 관한 특별법」 제3조 제4호에 따른 농어촌학교

① ㄱ, ㄴ
② ㄷ, ㄹ
③ ㄱ, ㄴ, ㄹ
④ ㄱ, ㄴ, ㄷ, ㄹ

정답 및 해설
④

자율학교는 초·중등 교육에 모두 적용되며, '제61조 학교 및 교육과정 운영의 특례 규정'에 따라 학교 운영과 관련된 교원의 임용, 교육과정의 편성 및 운영, 교과서 사용, 학생 선발 등에 대하여 자율성이 보장된다. 그러나 자립형 사립학교와 달리 재정지원을 받을 수 있다. 자율학교는 전국 단위로 학생을 선발하고 있으며, 등록금 책정은 일반계 고교와 비슷한 수준이다. 자율고등학교에는 자율형 공립 고등학교, 자율형 사립 고등학교, 과학 중점 고등학교, 개방형 자율학교 등이 있으며 시·도교육감(공·사립), 교육부장관(국립)의 지정을 받아 운영된다.

★참고
■ 「초·중등교육법 시행령」 제76조(특성화중학교) 제1항
① 교육감은 교육과정의 운영 등을 특성화하기 위한 중학교(이하 "특성화중학교"라 한다)를 지정·고시할 수 있다. 이 경우 미리 교육부장관의 동의를 받아야 한다.

■ 「초·중등교육법 시행령」 제90조(특수목적고등학교) 제1항
① 교육감은 다음 각 호의 어느 하나에 해당하는 학교중에서 특수분야의 전문적인 교육을 목적으로 하는 고등학교(이하 "특수목적고등학교"라 한다)를 지정·고시할 수 있다. 다만, 제10호의 학교 중 국립의 고등학교는 교육부장관이 지정·고시한다.
10. 산업계의 수요에 직접 연계된 맞춤형 교육과정을 운영하는 고등학교(이하 "산업수요 맞춤형 고등학교"라 한다)

■ 「초·중등교육법 시행령」 제105조(학교 및 교육과정 운영의 특례) 제1항
① 교육감은 다음 각 호의 어느 하나에 해당하는 국립·공립·사립의 초등학교·중학교·고등학교 및 특수학교를 대상으로 법 제61조에 따라 학교 또는 교육과정을 자율적으로 운영할 수 있는 학교(이하 "자율학교"라 한다)를 지정·운영할 수 있다. 다만, 국립학교를 자율학교로 지정하려는 경우에는 미리 교육부장관과 협의해야 한다.

1. 학업에 어려움을 겪는 학생에 대한 교육을 실시하는 학교
2. 개별학생의 적성·능력 개발을 위한 다양하고 특성화된 교육과정을 운영하는 학교
3. 학생의 창의력 계발 또는 인성함양 등을 목적으로 특별한 교육과정을 운영하는 학교
4. 특성화중학교
5. 산업수요 맞춤형 고등학교 및 특성화고등학교
6. 「농어업인 삶의 질 향상 및 농어촌지역 개발촉진에 관한 특별법」 제3조제4호에 따른 농어촌학교
7. 그 밖에 교육감이 특히 필요하다고 인정하는 학교

31
06. 지방직 9급

현행 「초·중등교육법」 제20조 교직원의 임무에 대한 내용이다. 옳지 않은 것은?

① 행정직원은 법령에서 정하는 바에 따라 학교의 행정사무와 그 밖의 사무를 담당한다.
② 교장은 교무를 통할하고, 소속교직원을 지도·감독하며, 학생을 교육한다.
③ 교사는 교장이 정하는 바에 따라 학생을 교육한다.
④ 교감은 교장을 보좌하여 교무를 관리하고 학생을 교육하며, 교장이 부득이한 사유로 직무를 수행할 수 없는 때에는 그 직무를 대행한다.

정답 및 해설
③

교장이 정하는 바 ⇨ 법령에서 정하는 바

★참고
■ 「초·중등교육법」 제20조(교직원의 임무)
① 교장은 교무를 총괄하고, 민원처리를 책임지며, 소속 교직원을 지도·감독하고, 학생을 교육한다. 〈개정 2021. 3. 23., 2023. 9. 27.〉
② 교감은 교장을 보좌하여 교무를 관리하고 학생을 교육하며, 교장이 부득이한 사유로 직무를 수행할 수 없을 때에는 교장의 직무를 대행한다. 다만, 교감이 없는 학교에서는 교장이 미리 지명한 교사(수석교사를 포함한다)가 교장의 직무를 대행한다.
③ 수석교사는 교사의 교수·연구 활동을 지원하며, 학생을 교육한다.
④ 교사는 법령에서 정하는 바에 따라 학생을 교육한다.
⑤ 행정직원 등 직원은 법령에서 정하는 바에 따라 학교의 행정사무와 그 밖의 사무를 담당한다.
[전문개정 2012. 3. 21.]

32

04. 지방직 9급

다음 중 「초·중등교육법」상의 학교에 대한 설명으로 옳지 않은 것은?

① 유치원도 포함된다.
② 고등기술학교도 포함된다.
③ 고등공민학교는 중학교 과정에 해당한다.
④ 특수학교, 각종학교도 포함된다.
⑤ 공민학교는 초등학교 과정에 해당한다.

정답 및 해설 ①

유치원은 2004. 1. 29일 이후 「유아교육법」상의 학교임을 주의하여야 한다.

> **참고**
> - 초·중등교육법
> - 제2조(학교의 종류)
> 초·중등교육을 실시하기 위하여 다음 각 호의 학교를 둔다. 〈개정 2019. 12. 3.〉
>   1. 초등학교
>   2. 중학교·고등공민학교
>   3. 고등학교·고등기술학교
>   4. 특수학교
>   5. 각종학교

33

11. 국가직 9급

「초·중등교육법 시행령」(2014. 6. 11. 개정)의 고등학교 구분에서 특성화 고등학교에 해당하는 것은?

① 자연현장실습 등 체험위주의 교육을 전문적으로 실시하는 고등학교
② 특수 분야의 전문적인 교육을 목적으로 하는 고등학교
③ 학교 또는 교육과정을 자율적으로 운영할 수 있는 고등학교
④ 특정 분야가 아닌 다양한 분야에 걸쳐 일반적인 교육을 실시하는 고등학교

정답 및 해설 ①

① 또는 소질과 적성 및 능력이 유사한 학생을 대상으로 특정 분야의 인재 양성을 목적으로 하는 학교를 말한다.
   예 정보고, 디자인고, 만화고 등(제91조, 특성화고등학교)
② 특수목적고
   예 과학고, 예술고, 외국어고 등(제90조, 특수목적고등학교)
③ 자율학교(제91조의3, 자율형사립고등학교)(제91조의4, 자율형공립고등학교)
④ 일반계고

> **참고**
> - 초·중등교육법 시행령
> - 제90조(특수목적고등학교)
> ① 교육감은 다음 각 호의 어느 하나에 해당하는 학교중에서 특수분야의 전문적인 교육을 목적으로 하는 고등학교(이하 "특수목적고등학교"라 한다)를 지정·고시할 수 있다. 다만, 제10호의 학교 중 국립의 고등학교는 교육부장관이 지정·고시한다. – "산업수요 맞춤형 고등학교"
>
> - 제91조(특성화고등학교)
> ① 교육감은 소질과 적성 및 능력이 유사한 학생을 대상으로 특정분야의 인재양성을 목적으로 하는 교육 또는 자연현장실습 등 체험위주의 교육을 전문적으로 실시하는 고등학교(이하 "특성화고등학교"라 한다)를 지정·고시할 수 있다. 〈개정 2001. 1. 29., 2001. 10. 20.〉

34

10. 국가직 9급

다음은 「초·중등교육법 시행령」 제91조의 규정이다. ㉠과 ㉡에 들어갈 말은?

> ㉠ _____은 소질과 적성 및 능력이 유사한 학생을 대상으로 특정 분야의 인재 양성을 목적으로 하는 교육 또는 자연현장실습 등 체험위주의 교육을 전문적으로 실시하는 고등학교(이하 "㉡ _____"라 한다)를 지정·고시할 수 있다.

	㉠	㉡
①	교육부장관	전문계고등학교
②	교육부장관	특성화고등학교
③	교육감	전문계고등학교
④	교육감	특성화고등학교

정답 및 해설

④

특성화고등학교나 특수목적고는 교육감이 지정·고시한다.

> ★ 참고
>
> ■ 초·중등교육법 시행령
> • 제91조(특성화고등학교)
> ① 교육감은 소질과 적성 및 능력이 유사한 학생을 대상으로 특정분야의 인재양성을 목적으로 하는 교육 또는 자연현장실습 등 체험위주의 교육을 전문적으로 실시하는 고등학교(이하 "특성화고등학교"라 한다)를 지정·고시할 수 있다. 〈개정 2001. 1. 29., 2001. 10. 20.〉

35

10. 국가직 7급

현재 운영 중인 우리나라의 자율형 사립고등학교에 대한 설명으로 옳지 않은 것은?

① 사립 고등학교 가운데 교육감이 추천하여 교육부장관이 지정·고시한다.
② 국가 또는 지방자치단체로부터 「지방교육재정교부금법 시행령」에 따른 교직원 인건비 및 학교·교육과정운영비를 지급받지 않아야 한다.
③ 교육부령으로 정하는 법인전입금기준 및 교육과정 운영기준을 충족하여야 한다.
④ 5년 이내로 지정·운영하되, 시·도 교육규칙으로 정하는 바에 따라 5년의 범위에서 연장할 수 있다.

정답 및 해설

①

일정한 요건을 갖춘 사립의 고등학교를 대상으로 교육감이 지정·고시한다(「초·중등교육법 시행령」 제91조의 3).

> ★ 참고
>
> ■ 초·중등교육법 시행령
> • 제91조의3(자율형 사립고등학교)
> ① 교육감은 다음 각 호의 요건에 모두 해당하는 사립의 고등학교를 대상으로 법 제61조에 따라 학교 또는 교육과정을 자율적으로 운영할 수 있는 고등학교(이하 "자율형 사립고등학교"라 한다)를 지정·고시할 수 있다. 이 경우 미리 교육부장관의 동의를 받아야 한다.
>   1. 국가 또는 지방자치단체로부터 「지방교육재정교부금법 시행령」 별표 1에 따른 교직원 인건비(교원의 명예퇴직 수당은 제외한다) 및 학교·교육과정운영비를 지급받지 아니할 것
>   2. 교육부령으로 정하는 법인전입금기준 및 교육과정운영기준을 충족할 것
>
> ■ 초·중등교육법 시행령
> 교육감이 5년마다 시·도 교육규칙으로 정하는 바에 따라 해당 학교 운영 성과 등을 평가하여 지정 목적의 달성이 불가능하다고 인정되는 경우, 교육감은 자율형 사립고등학교 지정을 취소할 수 있다.

36

13. 국가직 7급

현행 고등학교 유형에 대한 설명으로 옳지 않은 것은?

① 고등학교 유형에는 크게 일반고, 특수목적고, 특성화고, 자율고가 있다.
② 특수목적고에는 과학고, 외국어고, 국제고, 예술고, 체육고 등이 있다.
③ 특성화고는 특정 분야의 인재 양성을 목적으로 하는 교육 또는 자연현장실습 등 체험위주의 교육을 전문적으로 실시하는 고등학교를 말한다.
④ 자율고는 자율형 사립고와 자율형 공립고로 구성되는데, 3년마다 교육감이 평가 후 그 지정을 취소할 수 있다.

> **정답 및 해설** ④
> 자율고는 5년 단위로 평가

37

18. 지방직 9급

「초·중등교육법」상 수석교사의 역할을 〈보기〉에서 모두 고른 것은?

— 보기 —
ㄱ. 학생을 교육한다.
ㄴ. 교사의 교수·연구 활동을 지원한다.
ㄷ. 교무를 통합하고, 소속 교직원을 지도·감독한다.

① ㄱ
② ㄱ, ㄴ
③ ㄴ, ㄷ
④ ㄱ, ㄴ, ㄷ

> **정답 및 해설** ②
> 수석교사는 교사의 교수 연구 활동을 지원하며, 학생을 교육한다.
> ㄷ. 교장의 임무
>
> ★ 참고
> ■ 초·중등교육법
> • 제20조(교직원의 임무)
> ① 교장은 교무를 총괄하고, 민원처리를 책임지며, 소속 교직원을 지도·감독하고, 학생을 교육한다. 〈개정 2021. 3. 23., 2023. 9. 27.〉
> ② 교감은 교장을 보좌하여 교무를 관리하고 학생을 교육하며, 교장이 부득이한 사유로 직무를 수행할 수 없을 때에는 교장의 직무를 대행한다. 다만, 교감이 없는 학교에서는 교장이 미리 지명한 교사(수석교사를 포함한다)가 교장의 직무를 대행한다.
> ③ 수석교사는 교사의 교수·연구 활동을 지원하며, 학생을 교육한다.
> ④ 교사는 법령에서 정하는 바에 따라 학생을 교육한다.
> ⑤ 행정직원 등 직원은 법령에서 정하는 바에 따라 학교의 행정사무와 그 밖의 사무를 담당한다.
> [전문개정 2012. 3. 21.]

38

09. 국가직 7급

교육과정운영상 필요한 경우, 정규교원 이외에 학교에 둘 수 있도록 「초·중등교육법」 제22조에 규정되어 있지 않은 자는?

① 산학겸임교사
② 명예교사
③ 기간제교사
④ 강사

> **정답 및 해설** ③
> 「초·중등교육법」 제22조에 '학교에는 교육과정운영상 필요한 경우에 제19조 제1항의 규정(학교에 두는 교원)에 의한 교원 외에 ①, ② 또는 ④ 등을 두어 학생의 교육을 담당하게 할 수 있다.'고 되어 있다.
> ③「교육공무원법」 제32조에 규정되어 있다.
>
> ★ 참고
> ■ 초·중등교육법
> • 제22조(산학겸임교사 등)
> ① 교육과정을 운영하기 위하여 필요하면 학교에 제19조제1항에 따른 교원 외에 산학겸임교사·명예교사 또는 강사 등을 두어 학생의 교육을 담당하게 할 수 있다.

39

13. 국가직 7급

다음은 「초·중등교육법」상의 교원 자격 기준에 관한 설명이다. ㉠~㉣에 들어갈 숫자를 모두 합하면?

- 2급 정교사가 1급 정교사가 되기 위해서는 (㉠)년 이상의 교육경력을 가지고 소정의 재교육을 받거나, 교육대학원에서 석사학위를 받고 (㉡)년 이상의 교육경력이 있어야 한다.
- 교감이 되기 위해서는 정교사(1급) 자격증을 가지고 (㉢)년 이상의 교육경력과 소정의 재교육을 받아야 한다.
- 교장이 되기 위해서는 교감 자격증을 가지고 (㉣)년 이상의 교육경력과 소정의 재교육을 받아야 한다.

① 10
② 15
③ 20
④ 30

정답 및 해설 ①

법 제 21조의 자격 기준에 의하면 ㉠ 3년, ㉡ 1년, ㉢ 3년, ㉣ 3년으로 되어 있다.

★참고

■ 초·중등교육법
• 중등학교
1. 중등학교의 정교사(2급) 자격증을 가지고 교육대학원 또는 교육부장관이 지정하는 대학원 교육과에서 석사학위를 받은 사람으로서 1년 이상의 교육경력이 있는 사람
2. 중등학교 정교사 자격증을 가지지 아니하고 교육대학원 또는 교육부장관이 지정하는 대학원 교육과에서 석사학위를 받은 후 교육부장관으로부터 중등학교 정교사(2급) 자격증을 받은 사람으로서 3년 이상의 교육경력이 있는 사람
3. 중등학교의 정교사(2급) 자격증을 가진 사람으로서 3년 이상의 교육경력을 가지고 일정한 재교육을 받은 사람
4. 교육대학·전문대학의 교수·부교수로서 3년 이상의 교육경력이 있는 사람

40

22. 국가직 7급

「초·중등교육법」상 교직원의 임무에 대한 설명으로 옳지 않은 것은?

① 교사는 법령에서 정하는 바에 따라 학생을 교육한다.
② 수석교사는 교장을 보좌하여 교무를 관리하고, 교사의 교수·연구 활동을 감독한다.
③ 교장은 교무를 총괄하고, 소속 교직원을 지도·감독하며, 학생을 교육한다.
④ 행정직원 등 직원은 법령에서 정하는 바에 따라 학교의 행정사무와 그 밖의 사무를 담당한다.

정답 및 해설 ②

② 수석교사는 교사의 교수 연구 활동을 지원하며, 학생을 교육한다. 교감은 교장을 보좌하며 교무를 관리하고 학생을 교육하며, 교장이 부득이한 사유로 직무를 수행할 수 없을 때에는 교장의 직무를 대행한다.

★참고

■ 초·중등교육법
• 제20조(교직원의 임무)
① 교장은 교무를 총괄하고, 민원처리를 책임지며, 소속 교직원을 지도·감독하고, 학생을 교육한다. 〈개정 2021. 3. 23., 2023. 9. 27.〉
② 교감은 교장을 보좌하여 교무를 관리하고 학생을 교육하며, 교장이 부득이한 사유로 직무를 수행할 수 없을 때에는 교장의 직무를 대행한다. 다만, 교감이 없는 학교에서는 교장이 미리 지명한 교사(수석교사를 포함한다)가 교장의 직무를 대행한다.
③ 수석교사는 교사의 교수·연구 활동을 지원하며, 학생을 교육한다.
④ 교사는 법령에서 정하는 바에 따라 학생을 교육한다.
⑤ 행정직원 등 직원은 법령에서 정하는 바에 따라 학교의 행정사무와 그 밖의 사무를 담당한다.
[전문개정 2012. 3. 21.]

CHAPTER 04 평생교육법 및 시행령

01
24. 국가직 9급

학교의 평생교육을 규정한 「평생교육법」 제29조에 대한 설명으로 옳지 <u>않은</u> 것은?

① 학교의 평생교육을 실시하기 위하여 각급학교의 교실·도서관·체육관, 그 밖의 시설을 활용하여야 한다.
② 학교의 장은 학교를 개방할 경우 개방시간 동안의 해당 시설의 관리·운영에 필요한 사항을 정할 수 있다.
③ 각급학교의 장은 해당 학교의 교육여건을 고려하여 학생·학부모와 지역 주민의 요구에 부합하는 평생교육을 직접 실시하거나 지방자치단체 또는 민간(영리를 목적으로 하는 법인 및 단체는 제외)에 위탁하여 실시할 수 있다.
④ 「초·중등교육법」 및 「고등교육법」에 따른 각급학교의 장은 평생교육을 실시하는 경우 평생교육의 이념에 따라 교육과정과 방법을 수요자 관점으로 개발·시행하도록 하며 학교를 중심으로 공동체 및 지역문화 개발에 노력하여야 한다.

정답 및 해설
②

① 제29조 3항   ② 조례, 제29조 4항
③ 제29조 2항   ④ 제29조 1항

참고

- 「평생교육법」 제29조(학교의 평생교육)
- 제29조(학교의 평생교육)
① 「초·중등교육법」및 「고등교육법」에 따른 각급학교의 장은 평생교육을 실시하는 경우 평생교육의 이념에 따라 교육과정과 방법을 수요자 관점으로 개발·시행하도록 하며, 학교를 중심으로 공동체 및 지역문화 개발에 노력하여야 한다. 〈개정 2021. 3. 23.〉
② 각급학교의 장은 해당 학교의 교육여건을 고려하여 학생·학부모와 지역 주민의 요구에 부합하는 평생교육을 직접 실시하거나 지방자치단체 또는 민간에 위탁하여 실시할 수 있다. 다만, 영리를 목적으로 하는 법인 및 단체는 제외한다.
③ 제2항에 따른 학교의 평생교육을 실시하기 위하여 각급학교의 교실·도서관·체육관, 그 밖의 시설을 활용하여야 한다.
④ 제2항 및 제3항에 따라 학교의 장이 학교를 개방할 경우 개방시간 동안의 해당 시설의 관리·운영에 필요한 사항은 해당 지방자치단체의 조례로 정한다.

02
24. 지방직 9급

「평생교육법」상 (가), (나)에 들어갈 말을 바르게 연결한 것은?

> "평생교육"이란 학교의 정규교육과정을 (가) 학력보완교육, 성인 문해교육, 직업능력 향상교육, 성인 진로개발역량 향상교육, 인문교양교육, 문화예술교육, 시민참여교육 등을 포함하는 모든 형태의 (나) 교육활동을 말한다.

	(가)	(나)
①	포함한	조직적인
②	포함한	비조직적인
③	제외한	조직적인
④	제외한	비조직적인

정답 및 해설
③

- 제2조(정의)
1. "평생교육"이란 학교의 정규교육과정을 제외한 학력보완교육, 성인 문해교육, 직업능력 향상교육, 성인 진로개발역량 향상교육, 인문교양교육, 문화예술교육, 시민참여교육 등을 포함하는 모든 형태의 조직적인 교육활동을 말한다.

03

24. 국가직 7급

「평생교육법」의 내용으로 옳지 않은 것은?

① 교육부장관은 매년 평생교육진흥기본계획을 수립하여야 한다.
② 유치원 및 학교의 장은 평생교육프로그램 운영에 필요할 때에는 평생교육사를 채용할 수 있다.
③ 국가·지방자치단체와 공공기관의 장 또는 각종 사업의 경영자는 소속 직원의 평생학습기회를 확대하기 위하여 유급 또는 무급의 학습휴가를 실시하거나 도서비·교육비·연구비 등 학습비를 지원할 수 있다.
④ 시·도교육감 및 시장·군수·자치구의 구청장은 관할 구역 안의 주민을 대상으로 평생교육프로그램 운영과 평생교육 기회를 제공하기 위하여 평생학습관을 설치 또는 지정·운영하여야 한다.

정답 및 해설

①

① 교육부장관은 5년마다 평생교육진흥기본계획(이하 "기본계획"이라 한다)을 수립하여야 한다.

참고

- 「평생교육법」 제9조
- 제9조(평생교육진흥기본계획의 수립)
① 교육부장관은 5년마다 평생교육진흥기본계획(이하 "기본계획"이라 한다)을 수립하여야 한다. 〈개정 2008. 2. 29., 2013. 3. 23.〉

- 「평생교육법」 제26조
- 제26조(평생교육사의 배치 및 채용)
① 평생교육기관에는 제24조제1항에 따른 평생교육사를 배치하여야 한다.
② 「유아교육법」, 「초·중등교육법」 및 「고등교육법」에 따른 유치원 및 학교의 장은 평생교육프로그램 운영에 필요할 때에는 평생교육사를 채용할 수 있다. 〈개정 2021. 3. 23.〉

- 「평생교육법」 제8조
- 제8조(학습휴가 및 학습비 지원)
국가·지방자치단체와 공공기관의 장 또는 각종 사업의 경영자는 소속 직원의 평생학습기회를 확대하기 위하여 유급 또는 무급의 학습휴가를 실시하거나 도서비·교육비·연구비 등 학습비를 지원할 수 있다.

- 「평생교육법」 제21조
- 제21조(시·군·구평생학습관 등의 설치·운영 등)
① 시·도교육감 및 시장·군수·자치구의 구청장은 관할 구역 안의 주민을 대상으로 평생교육프로그램 운영과 평생교육 기회를 제공하기 위하여 평생학습관을 설치 또는 지정·운영하여야 한다. 〈개정 2023. 4. 18.〉

04

15. 국가직 9급

다음은 「평생교육법」 조항의 일부이다. 괄호 안에 공통으로 들어가는 말은?

제3조(정의) 이 법에서 사용하는 용어의 정의는 다음과 같다.
1. "평생교육"이란 학교의 정규교육과정을 제외한 학력보완교육, 성인 (   )교육, 직업능력 향상교육, 인문교양교육, 문화예술교육, 시민참여교육 등을 포함하는 모든 형태의 조직적인 교육활동을 말한다.
제39조 … ① 국가 및 지방자치단체는 성인의 사회생활에 필요한 (   ) 능력 등 기초능력을 높이기 위하여 노력하여야 한다.

① 취업
② 문해
③ 의사소통
④ 정보통신

정답 및 해설

②

- 제2조(정의) 이 법에서 사용하는 용어의 정의는 다음과 같다. 〈개정 2014. 1. 28.〉
1. "평생교육"이란 학교의 정규교육과정을 제외한 학력보완교육, 성인 문자해득교육, 직업능력 향상교육, 인문교양교육, 문화예술교육, 시민참여교육 등을 포함하는 모든 형태의 조직적인 교육활동을 말한다.(참고, 성인진로개발역량 향상교육)
2. "평생교육기관"이란 다음 각 목의 어느 하나에 해당하는 시설·법인 또는 단체를 말한다.
   가. 이 법에 따라 인가·등록·신고된 시설·법인 또는 단체
   나. 「학원의 설립·운영 및 과외교습에 관한 법률」에 따른 학원 중 학교교과교습학원을 제외한 평생직업교육을 실시하는 학원
   다. 그 밖에 다른 법령에 따라 평생교육을 주된 목적으로 하는 시설·법인 또는 단체
3. "문자해득교육"(이하 "문해교육"이라 한다)이란 일상생활을 영위하는데 필요한 문자해득(文字解得)능력을 포함한 사회적·문화적으로 요청되는 기초생활능력 등을 갖출 수 있도록 하는 조직화된 교육프로그램을 말한다.

- 제39조(문해교육의 실시 등)
① 국가 및 지방자치단체는 성인의 사회생활에 필요한 문자해득능력 등 기초능력을 높이기 위하여 노력하여야 한다.
② 교육감은 대통령령으로 정하는 바에 따라 관할 구역 안에 있는 초·중학교에 성인을 위한 문해교육 프로그램을 설치·운영하거나 지방자치단체·법인 등이 운영하는 문해교육 프로그램을 지정할 수 있다. 〈개정 2014. 1. 28.〉
③ 국가 및 지방자치단체는 문해교육 프로그램을 위하여 대통령령으로 정하는 바에 따라 우선적으로 재정적 지원을 할 수 있다. 〈개정

2014. 1. 28.〉
[제목개정 2014. 1. 28.]

> ★ 참고
> ■ 「평생교육법」 제2조(정의)
> 1. "평생교육"이란 학교의 정규교육과정을 제외한 학력보완교육, 성인 문해교육, 직업능력 향상교육, 성인 진로개발역량 향상교육, 인문교양교육, 문화예술교육, 시민참여교육 등을 포함하는 모든 형태의 조직적인 교육활동을 말한다.
> ■ 「평생교육법」 제39조(문해교육의 실시 등) 제1항
> ① 국가 및 지방자치단체는 성인의 사회생활에 필요한 문해능력 등 기초능력을 높이기 위하여 노력하여야 한다.
> ■ 「평생교육법」 제4조(평생교육의 이념) 제1항~제4항
> ① 모든 국민은 평생교육의 기회를 균등하게 보장받는다.
> ② 평생교육은 학습자의 자유로운 참여와 자발적인 학습을 기초로 이루어져야 한다.
> ③ 평생교육은 정치적·개인적 편견의 선전을 위한 방편으로 이용되어서는 아니 된다.
> ④ 일정한 평생교육과정을 이수한 자에게는 그에 상응하는 자격 및 학력인정 등 사회적 대우를 부여하여야 한다.

05
10. 지방직 9급

「평생교육법」 제4조에 제시된 평생교육의 이념으로 볼 수 없는 것은?

① 모든 국민은 평생교육의 기회를 균등하게 보장받는다.
② 평생교육은 학습자의 자유로운 참여와 자발적인 학습을 기초로 이루어져야 한다.
③ 평생교육은 정치적·개인적 편견의 선전을 위한 방편으로 이용되어서는 아니 된다.
④ 일정한 평생교육과정을 이수한 자에게는 그에 상응하는 자격 및 학력인정 등 사회적 대우를 부여하여야 한다.
⑤ 성인교육을 위해서는 기업체 및 산업체의 교육적 역할이 강조되어야 하며, 교육기회를 상실한 사람에게는 보충교육을 하여야 한다.

> **정답 및 해설** ⑤
> 법 제4조(평생교육의 이념)는 ①, ②, ③, ④의 4개항으로 되어 있다.

06
12. 국가직 7급

우리나라 평생교육제도에 대한 설명으로 옳은 것은??

① 학점은행제에서는 표준교육과정을 정하고 있지 않다.
② 독학학위제에서는 일정한 학습 수준을 보장할 수 있는 자격이나 학점을 취득한 경우 부분적으로 시험을 면제받을 수 있다.
③ 평생교육사 자격증은 평생교육 업무를 전문적으로 수행하는 데 필요한 자격이지만, 국가에서 부여하는 자격증은 아니다.
④ 우리나라 평생학습도시 운동은 중앙정부 수준에서 먼저 진행되었다.

> **정답 및 해설** ②
> 독학학위제는 독학자에게 학사 학위 취득의 기회를 부여하기 위해 국가가 시험에 합격한 사람에게 학사 학위를 수여하는 제도이다. 이 제도로 취득한 학사 학위를 독학사라 한다. 영어로는 Bachelor's Degree Examination for Self-Education라고 한다. 중국의 고등교육자학고시를 모델로 하여 한국에 도입되었다.
> 2001 유성구, 진안군, 광명시(1999)
>
> ★ 참고
> ■ 「평생교육법」 제15조(평생학습도시) 제1항
> ① 국가는 지역사회의 평생교육 활성화를 위하여 특별자치시, 시(「제주특별자치도 설치 및 국제자유도시 조성을 위한 특별법」 제10조제2항에 따른 행정시를 포함한다. 이하 이 조 및 제15조의2에서 같다)·군 및 자치구를 대상으로 평생학습도시를 지정 및 지원할 수 있다. 이 경우 이미 지정된 평생학습도시에 대하여 평가를 거쳐 재지정 여부를 결정할 수 있다.

07

14. 국가직 7급

다음 ㉠, ㉡에 들어갈 말로 옳은 것은?

- 「평생교육법」상 (㉠)은 학교형태의 평생교육시설 중 일정 기준 이상의 요건을 갖춘 평생교육시설에 대하여는 이를 고등학교졸업 이하의 학력이 인정되는 시설로 지정할 수 있다.
- 「평생교육법 시행령」상 학력인정시설로 지정된 기관은 관할청의 승인을 받아 매학년도를 (㉡)로 나누어 운영할 수 있다.

	㉠	㉡
①	교육부장관	4학기
②	교육부장관	3학기
③	교육감	4학기
④	교육감	3학기

정답 및 해설 ④

법 제31조 2항, 동법 시행령 제27조 2항에 나와 있다.

⭐ 참고

■ 「평생교육법」 제31조(학교형태의 평생교육시설)
① 학교형태의 평생교육시설을 설치·운영하고자 하는 자는 대통령령으로 정하는 시설·설비를 갖추어 교육감에게 등록하여야 한다.
② 교육감은 제1항에 따른 학교형태의 평생교육시설 중 일정 기준 이상의 요건을 갖춘 평생교육시설에 대하여는 이를 고등학교졸업 이하의 학력이 인정되는 시설로 지정할 수 있다. 다만, 제6항에 따라 지방자치단체로부터 지원받은 보조금을 목적 외 사용, 부당집행하였을 경우에는 그 지정을 취소할 수 있다.

■ 「평생교육법 시행령」 제27조(학력인정시설의 지정기준) 제2항
② 제1항제1호의 학기는 관할청의 승인을 받아 매 학년도를 3학기로 나누어 운영할 수 있다. 이 경우 수업연한은 초등학교과정은 2년, 중학교 및 고등학교과정은 1년의 범위에서 단축할 수 있도록 하되, 단축된 고등학교과정에 입학할 수 있는 자는 제3항의 입학자격을 갖춘 자 중에서 다음 각 호의 어느 하나에 해당하는 자로 한다.

08

16. 국가직 9급

초·중등교육법」에 따른 각급학교의 장이 「평생교육법」에 의거하여 학교의 평생교육을 실시하고자 할 때, 그 방법으로 옳지 않은 것은?

① 평생교육을 직접 실시하거나 영리를 목적으로 하는 법인 및 단체에 위탁하여 실시할 수 있다.
② 학교의 평생교육을 실시하기 위하여 각급학교의 교실·도서관·체육관, 그 밖의 시설을 활용하여야 한다.
③ 평생교육을 실시함에 있어서 평생교육의 이념에 따라 교육과정과 방법을 수요자 관점으로 개발·시행하도록 한다.
④ 학교를 개방할 경우 개방시간 동안의 해당 시설의 관리·운영에 필요한 사항은 해당 지방자치단체의 조례로 정한다.

정답 및 해설 ①

- 제29조(학교의 평생교육)
① 「초·중등교육법」 및 「고등교육법」에 따른 각급학교의 장은 평생교육을 실시함에 있어서 평생교육의 이념에 따라 교육과정과 방법을 수요자 관점으로 개발·시행하도록 하며, 학교를 중심으로 공동체 및 지역문화 개발에 노력하여야 한다.
② 각급학교의 장은 해당 학교의 교육여건을 고려하여 학생·학부모와 지역 주민의 요구에 부합하는 평생교육을 직접 실시하거나 지방자치단체 또는 민간에 위탁하여 실시할 수 있다. 다만, 영리를 목적으로 하는 법인 및 단체는 제외한다.
③ 제2항에 따른 학교의 평생교육을 실시하기 위하여 각급학교의 교실·도서관·체육관, 그 밖의 시설을 활용하여야 한다.
④ 제2항 및 제3항에 따라 학교의 장이 학교를 개방할 경우 개방시간 동안의 해당 시설의 관리·운영에 필요한 사항은 해당 지방자치단체의 조례로 정한다.

⭐ 참고

■ 「평생교육법」 제29조(학교의 평생교육) 제1항~4항
① 「초·중등교육법」 및 「고등교육법」에 따른 각급학교의 장은 평생교육을 실시하는 경우 평생교육의 이념에 따라 교육과정과 방법을 수요자 관점으로 개발·시행하도록 하며, 학교를 중심으로 공동체 및 지역문화 개발에 노력하여야 한다.
② 각급학교의 장은 해당 학교의 교육여건을 고려하여 학생·학부모와 지역 주민의 요구에 부합하는 평생교육을 직접 실시하거나 지방자치단체 또는 민간에 위탁하여 실시할 수 있다. 다만, 영리를 목적으로 하는 법인 및 단체는 제외한다.
③ 제2항에 따른 학교의 평생교육을 실시하기 위하여 각급학교의 교실·도서관·체육관, 그 밖의 시설을 활용하여야 한다.
④ 제2항 및 제3항에 따라 학교의 장이 학교를 개방할 경우 개방시간 동안의 해당 시설의 관리·운영에 필요한 사항은 해당 지방자치단체의 조례로 정한다.

09

07. 국가직 9급

인터넷과 웹의 등장으로 이러닝(e-learning)의 활용이 급속하게 확대되고 있다. 이러닝의 개념 및 정의는 학자마다 다를 수 있지만, 흔히 컴퓨터와 네트워크를 기반으로 이루어지는 학습형태를 총칭한다. 이러닝의 활용 동향에 대한 설명으로 가장 적합하지 않은 것은?

① 이러닝의 활용은 초·중등학교, 대학, 기업 등 교육의 전 분야에서 광범위하게 활용되고 있다.
② 우리나라의 경우 현재 이러닝을 통해 학사 및 석사학위를 받을 수 있다.
③ 이러닝을 이용한 사이버교육의 운영 방식은 각 국가별 교육문화, 정책 및 제도, 비전 등에 따라 다르다.
④ 대학의 이러닝은 현재 「초·중등교육법」에 근거하여 설립된 원격대학에서 활용되고 있다.

정답 및 해설

④

④ 출제 당시에는 「평생교육법」(제33조)에만 규정이 있었으나 지금 (2007. 10. 17 이후)은 「고등교육법」(제2조, 제53조)에도 근거가 있다.

참고

■ 「평생교육법」 제33조(원격대학형태의 평생교육시설) 제1항~제3항
① 누구든지 정보통신매체를 이용하여 특정 또는 불특정 다수인에게 원격교육을 실시하거나 다양한 정보를 제공하는 등의 평생교육을 실시할 수 있다.
② 제1항에 따라 불특정 다수인을 대상으로 학습비를 받고 교육을 실시하고자 하는 경우(「학원의 설립·운영 및 과외교습에 관한 법률」 제2조의2제1항제1호의 학교교과교습학원에 해당하는 경우는 제외한다)에는 대통령령으로 정하는 바에 따라 교육감에게 신고하여야 한다. 이를 폐쇄하고자 하는 경우에는 그 사실을 교육감에게 통보하여야 한다.
③ 제1항에 따라 전문대학 또는 대학졸업자와 동등한 학력·학위가 인정되는 원격대학형태의 평생교육시설을 설치하고자 하는 경우에는 대통령령으로 정하는 바에 따라 교육부장관의 인가를 받아야 한다. 이를 폐쇄하고자 하는 경우에는 교육부장관에게 신고하여야 한다.

■ 「고등교육법」 제52조(목적)
원격대학은 국민에게 정보·통신 매체를 통한 원격교육(遠隔敎育)으로 고등교육을 받을 기회를 제공하여 국가와 사회에 필요한 인재를 양성함과 동시에 열린 학습사회를 구현함으로써 평생교육의 발전에 이바지함을 목적으로 한다.

10

07. 국가직 7급

「평생교육법」 제30조 학교 부설 평생교육시설에 관한 규정으로 옳지 않은 것은?

① 각급 학교의 장은 당해 학교의 교육환경을 고려하여 그 특성에 맞는 평생교육을 실시할 수 있다.
② 각급 학교의 장은 평생교육 실시자가 당해 학교의 도서관, 박물관, 기타 시설을 이용하고자 하더라도 사정이 여의치 않을 경우 이를 거부할 수 있다.
③ 대학의 장은 대학생 또는 대학생 외의 자를 대상으로 자격 취득을 위한 직업교육과정 등 다양한 평생교육과정을 운영할 수 있다.
④ 각급 학교의 시설은 다양한 평생교육을 실시하기에 편리한 형태의 구조와 설비를 갖추어야 한다.

정답 및 해설

②

② 거부해서는 안 된다. 「평생교육법」 제29조 제3항에 '학교의 평생교육을 실시하기 위하여 각급 학교의 교실·도서관·체육관 그 밖의 시설을 활용하여야 한다.'고 되어 있다.

참고

■ 「평생교육법」 제30조(학교 부설 평생교육시설) 제1~3항
① 각급학교의 장은 학생·학부모와 지역 주민을 대상으로 교양의 증진 또는 직업교육을 위한 평생교육시설을 설치·운영할 수 있다. 평생교육시설을 설치하는 경우 각급학교의 장은 관할청에 보고하여야 한다.
② 대학의 장은 대학생 또는 대학생 외의 사람을 대상으로 자격 취득을 위한 직업교육과정 등 다양한 평생교육과정을 운영할 수 있다.
③ 각급학교의 시설은 다양한 평생교육을 실시하기에 편리한 형태의 구조와 설비를 갖추어야 한다.

11

09. 국가직 7급

현행 「평생교육법 시행령」에 명시된 평생교육사의 직무범위에 해당되지 <u>않는</u> 것은?

① 평생교육 프로그램의 요구분석·개발·운영·평가·컨설팅
② 프로그램에 소요되는 인적·물적 자원과 예산 확보
③ 학습자에 대한 학습정보 제공, 생애능력개발 상담·교수
④ 평생교육 진흥 관련 사업계획 업무

정답 및 해설   ②

「평생교육법 시행령」 제17조에 ①, ③, ④로 규정되어 있다.

- **평생교육사 배치 대상 기관**(11. 7급 전직)
  1. 진흥원, 시·도 진흥원
  2. 시·군·구 평생학습관
  3. 「평생교육법」 제30조에서 제38조까지의 평생교육시설(학력인정 평생교육시설은 제외), 「학점 인정 등에 관한 법률」의 제3조 제1항에 따라 평가인정을 받은 학습과정을 운영하는 교육훈련기관 및 법 제2조 제2호 다목의 시설·법인 또는 단체

★참고

■ 「평생교육법 시행령」 제17조(직무범위)
평생교육사는 평생교육 진흥을 위하여 다음 각 호에 해당하는 직무를 수행한다.
  1. 평생교육 프로그램의 요구분석·개발·운영·평가·컨설팅
  2. 학습자에 대한 학습정보 제공, 생애능력개발 상담·교수
  3. 그 밖에 평생교육 진흥 관련 사업계획 등 관련 업무

■ 「평생교육법」 제24조(평생교육사) 제1항
① 교육부장관은 평생교육 전문인력을 양성하기 위하여 다음 각 호의 어느 하나에 해당하는 사람에게 평생교육사의 자격을 부여하며, 자격을 부여받은 사람에게는 자격증을 발급하여야 한다.
  1. 「고등교육법」 제2조에 따른 학교(이하 "대학"이라 한다) 또는 이와 같은 수준 이상의 학력이 있다고 인정되는 기관에서 교육부령으로 정하는 평생교육 관련 교과목을 일정 학점 이상 이수하고 학위를 취득한 사람
  2. 「학점인정 등에 관한 법률」 제3조제1항에 따라 평가인정을 받은 학습과정을 운영하는 교육훈련기관(이하 "학점은행기관"이라 한다)에서 교육부령으로 정하는 평생교육 관련 교과목을 일정 학점 이상 이수하고 학위를 취득한 사람
  3. 대학을 졸업한 사람 또는 이와 같은 수준 이상의 학력이 있다고 인정되는 사람으로서 대학 또는 이와 같은 수준 이상의 학력이 있다고 인정되는 기관, 제25조에 따른 평생교육사 양성기관, 학점은행기관에서 교육부령으로 정하는 평생교육 관련 교과목을 일정 학점 이상 이수한 사람
  4. 그 밖에 대통령령으로 정하는 자격요건을 갖춘 사람

12

20. 국가직 7급

다음 설명에 해당하는 평생교육제도는?

> 학교 안팎에서 이루어지는 다양한 형태의 학습경험과 자격을 학점으로 인정하여, 일정 기준을 충족하면 대학졸업학력 또는 전문대학졸업학력을 인정하는 제도

① 독학학위제
② 학점은행제
③ 평생학습계좌제
④ 국가직무능력표준제

정답 및 해설   ②

- 학점은행제는 「학점인정 등에 관한 법률」에 의거하여 학교에서 뿐만 아니라 학교 밖에서 이루어지는 다양한 형태의 학습 및 자격을 학점으로 인정받을 수 있도록 하고, 학점이 누적되어 일정 기준을 충족하면 학위취득을 가능하게 함으로써 궁극적으로 열린 학습사회, 평생학습사회를 구현하기 위한 제도입니다. 또한 학점은행제는 평생학습체제 실현을 위한 제도적 기반으로서 학교교육은 물론 다종다양한 평생교육의 학습결과를 사회적으로 공정하게 평가인정하고, 그 교육의 결과를 학교교육과 평생교육 간에 상호 인정하며, 이들이 상호 유기적으로 연계를 맺도록 함으로써 개개인의 학습력을 극대화할 수 있도록 하는 제도입니다.
- 독학학위제: 단계별 시험에 합격
- 평생학습계좌제: 온라인 학습이력관리시스템
- 국가직무능력표준제: 지식, 기술, 소양, 산업부문별, 수준별 체계화

★참고

■ 「평생교육법」 제23조(학습계좌) 제1항~2항
① 교육부장관은 국민의 평생교육을 촉진하고 인적자원의 개발·관리를 위하여 학습계좌(국민의 개인적 학습경험을 종합적으로 집중 관리하는 제도를 말한다)를 도입·운영할 수 있도록 노력하여야 한다.
② 교육부장관은 제1항의 학습계좌에서 관리할 학습과정을 대통령령으로 정하는 바에 따라 평가인정할 수 있다.

■ 「평생교육법 시행령」 제41조(학점, 학력 등의 인정) 제1항~2항
① 이 법에 따라 학력이 인정되는 평생교육과정 외에 이 법 또는 다른 법령의 규정에 따른 평생교육과정을 이수한 사람은 「학점인정 등에 관한 법률」로 정하는 바에 따라 학점 또는 학력을 인정받을 수 있다.
② 다음 각 호의 어느 하나에 해당하는 사람은 「학점인정 등에 관한 법률」로 정하는 바에 따라 그에 상응하는 학점 또는 학력을 인정받을 수 있다.
  1. 각급학교 또는 평생교육시설에서 각종 교양과정 또는 자격취득에 필요한 과정을 이수한 사람

2. 산업체 등에서 일정한 교육을 받은 후 사내인정자격을 취득한 사람
3. 국가·지방자치단체·각급학교·산업체 또는 민간단체 등이 실시하는 능력측정검사를 통하여 자격을 인정받은 사람
4. 「무형유산의 보전 및 진흥에 관한 법률」에 따라 인정된 국가무형유산의 보유자와 그 전수교육을 받은 사람
5. 대통령령으로 정하는 시험에 합격한 사람

- 「학점인정법」 제1조(목적)
이 법은 평가인정을 받은 학습과정(學習課程)을 마친 자 등에게 학점인정을 통하여 학력인정과 학위취득의 기회를 줌으로써 평생교육의 이념을 구현하고 개인의 자아실현과 국가사회의 발전에 이바지함을 목적으로 한다.

- 「학점인정법」 제2조(정의)
1. "평가인정"이란 교육부장관이 제3조제1항에 따른 학습과정에 대하여 같은 조 제5항의 기준을 갖추었는지를 평가하여 학점인정 학습과정으로 인정하는 행위를 말한다.

정답 및 해설

④

① 「학점 인정 등에 관한 법률」
② 평생교육진흥원에서 운영
③ 일종의 '국민종합교육학습기록부'
④ 학력은 포함되지 않는다. 국가직무능력표준(NCS: National Competency Standards)은 한 개인이 산업현장에서 자신의 업무를 성공적으로 수행하기 위해 요구되는 직업능력(지식·기술·소양)을 과학적이고 체계적으로 도출하여 표준화한 것으로, 직무기초소양과 직무수행능력으로 구분할 수 있다. 2002년에 한국산업인력공단이 추진하여 현재까지 총 260직종이 개발됐다.

13
11. 국가직 7급

학습경험의 평가인증방안에 대한 설명으로 옳지 않은 것은?

① 학점은행제는 학교 내·외에서 이루어지는 다양한 형태의 학습경험과 자격을 학점으로 인정하고 기준이 충족되면 학위취득이 가능한 제도이다.
② 독학학위제는 학습자의 자기주도적 학습 정도가 학사학위취득의 수준에 도달하였는지를 평가하여 국가가 학위를 수여하는 제도이다.
③ 학습계좌제는 국민의 개인적 학습경험을 국가가 집중적으로 관리하는 제도로 평생교육과 인적자원 개발을 위한 제도이다.
④ 국가직무능력표준은 직무 수행에 필요한 지식·기술·소양 등의 표준을 국가가 규정한 것으로 개인의 학력과 경력을 기초로 작성된다.

14
10. 국가직 7급

현행 「평생교육법」과 「평생교육법 시행령」에 규정된 '학습계좌' 제도에 대한 설명으로 옳지 않은 것은?

① 국민의 평생교육을 촉진하고 인적자원의 개발·관리를 위하여 국민의 개인적 학습경험을 종합적으로 집중 관리하는 제도이다.
② 교육부장관은 학습계좌에서 관리할 학습과정을 교육부령으로 정하는 바에 따라 평가인정할 수 있다.
③ 학습계좌의 개설은 본인이 신청한 경우에만 할 수 있다.
④ 학습계좌에 수록된 정보의 열람 또는 증명서의 발급 신청은 본인 또는 본인의 위임을 받은 자만 할 수 있다.

정답 및 해설

②

교육부령 ⇨ 대통령령(법 제23조)

15

12. 지방직 9급

학점은행제에 대한 설명으로 옳은 것은?

① 평가인정의 기준, 학점인정의 기준, 학위 수여요건에 대한 사항은 기관운영의 편이성 차원에서 해당 대학의 장이 정한다.
② 평생교육훈련기관이나 독학사 시험 및 독학시험 면제교육과정 이수 등의 학습경험을 학점으로 인정하지만, 국가기술자격은 학점으로 인정하지 않는다.
③ 표준교육과정은 학위의 종류에 따른 전공별로 정하되, 전문학사과정의 학위취득 최소이수 학점은 140학점이다.
④ 학교뿐 아니라 학교 밖에서 이루어지는 다양한 형태의 학습경험을 제도적 인정기준과 절차에 따라 평가하여 학점이나 학력 또는 국가자격 등과 같이 사회적으로 공인된 교육 결과를 인정하는 제도이다.

정답 및 해설

④

④ 그렇게 함으로써 열린교육사회, 평생학습사회를 구현하기 위한 제도이다.
① 교육부령(교육부장관)으로 정한다. (「학점인증 등에 관한 법률 시행령」 제17조)
② 「국가기술자격법」에 따라 국가기술자격을 취득한 사람은 학점으로 인정받는다. (「독학에 의한 학위취득에 관한 법률 시행령」 제9조)
③ 아니다. 대학 졸업학력(학사학위)은 140학점 이상, 전문대학 졸업학력(전문학사학위)은 80학점 이상이어야 한다. (동법 시행령 제13조)

16

12. 지방직 9급

「학점인정 등에 관한 법률」상 교육부장관이 그에 상당하는 학점을 인정할 수 있는 자에 해당하지 않는 것은?

① 외국이나 군사분계선 이북 지역에서 중등교육에 상응하는 교육과정을 마친 자
② 대통령령으로 정하는 자격을 취득하거나 그 자격 취득에 필요한 교육과정을 마친 자
③ 「고등교육법」 제36조 제1항, 「평생교육법」 제32조 또는 제33조에 따라 시간제로 등록하여 수업을 받은 자
④ 「무형문화재 보전 및 진흥에 관한 법률」 제17조에 따라 국가무형문화재의 보유자로 인정된 사람과 그 전수교육을 받은 사람으로서 대통령령으로 정하는 사람

정답 및 해설

①

① 외국이나 군사분계선 이북 지역에서 대학교육에 상응하는 교육과정을 마친 자

참고

■ 「독학에 의한 학위취득에 관한 법률」 제1조(목적)
이 법은 독학자(獨學者)에게 학사학위(學士學位) 취득의 기회를 줌으로써 평생교육의 이념을 구현하고 개인의 자아실현과 국가·사회의 발전에 이바지하는 것을 목적으로 한다.

■ 「자격기본법」 제5조(국가직무능력표준) 제1항~3항
① 정부는 국제기준 및 산업기술의 변화 등을 고려하여 국가직무능력표준을 개발·개선하여야 한다.
② 국가직무능력표준에는 다음 각 호의 사항이 포함되어야 한다.
  1. 직무의 범위·내용·수준
  2. 직무수행에 필요한 지식·기술·소양 및 평가의 기준과 방법
  3. 그 밖에 직무수행에 필요한 사항
③ 정부는 정부가 정하는 교육훈련과정, 국가자격의 검정 및 출제기준, 민간자격의 공인기준 등이 국가직무능력표준에 따라 마련되도록 노력하여야 한다.
④ 국가직무능력표준의 개발·개선 및 활용에 관한 세부적인 사항은 대통령령으로 정한다.

17

09. 국가직 9급

평생학습 결과를 인정하는 우리나라의 학습인증 시스템에 속하지 <u>않은</u> 것은?

① 민간자격인증제
② 성인학습인증제
③ 학점은행제
④ 독학학위제

> **정답 및 해설** ②
>
> ①, ③, ④ 외에 학습계좌제, 문하생 학점·학력 인정제, 직업능력 인증제, 시간제 등록제 등이 있다.

18

12. 지방직 9급

평생학습사회에서 학력은 전통적인 학교체제를 통해서 뿐만 아니라 다양한 학습과 경험을 통해서도 얻을 수 있다. 우리나라가 시행하고 있는 평생학습인증 시스템이 <u>아닌</u> 것은?

① 학점은행제
② 평생교육사 자격제
③ 독학학위제
④ 문하생 학점·학력 인정제

> **정답 및 해설** ②
>
> 평생학습인증 시스템이란 학교의 공식적 교육과정 이외의 다양한 경로를 통하여 습득한 다양한 학습과 경험을 인정해 주는 제도로 ①, ③, ④, 직무능력 인증제, 민간자격 인증제, 시간제 등록제 등이 있고, 여기에 ②는 포함되지 않는다. 평생교육사는 평생교육의 기획·진행·분석·평가 및 교수업무를 수행하는 평생교육 전문인력이다.

19

14. 지방직 9급

평생교육 제도에 대한 설명으로 옳은 것은?

① 학점은행제는 다양한 학습 경험을 학점으로 인정하나 학위 취득은 불가능한 제도이다.
② 학습계좌제는 학습자에게 교육비를 무상으로 지원해주기 위한 제도이다.
③ 시간제 등록제는 대학의 입학 자격이 있는 사람이 시간제로 등록하여 수업을 받을 수 있게 하는 제도이다.
④ 산업대학은 원격교육을 통해 정식 학위를 수여하는 제도이다.

> **정답 및 해설** ③
>
> ③ 「학점인정 등에 관한 법률」에 의거 학점은행제의 일환으로 운영되는 시간제등록제는 적령기에 고등교육의 기회를 갖지 못한 직장인, 대학을 다니다가 중퇴 또는 포기한 뒤 계속 교육을 받고자 하는 사람 등을 대상으로 하는 평생학습체제이다.
> ①, ② 위에서 여러 번 보았다.
> ④ 원격대학에 대한 설명이다. 산업대학은 근로청소년 및 일정한 교육과정을 마친 사람들에게 평생교육의 하나로 고등교육의 기회를 부여하는 대학이다.

20

17. 국가직 9급

우리나라 평생교육제도에 대한 설명으로 옳지 않은 것은?

① 국가무형문화재의 보유자로 인정된 사람과 그 전수교육을 받은 사람으로서 대통령령으로 정하는 사람은 그에 상당하는 학점을 인정받을 수 있다.
② 헌법은 "국가가 평생교육을 진흥하여야 한다"라고 규정하고 있다.
③ 평생교육사는 평생교육의 기획·진행·분석·평가 및 교수 업무를 수행한다.
④ 대표적인 평생교육제도인 독학학위제, 학점은행제, 평생학습계좌제, 내일배움카드제는 국가평생교육진흥원에서 운영하고 있다.

정답 및 해설 ④

「자격기본법」에 의거 한국직업능력개발원에 정식 등록된 '47'종의 자격증을 교육 중인 '한국능률교육평가원'에서는 구인구직사이트와 고용노동부 HRD-net, 국민내일배움카드에 관심을 가진 이들의 취업스펙업에 용이한 온라인강의를 누구에게나 무료로 제공하고 있다.

★ 참고
- 「자격기본법」 제2조(정의)
  5. "민간자격"이란 국가 외의 자가 신설하여 관리·운영하는 자격을 말한다.
- 「자격기본법」 제4조(국가의 책무) 제5항
  ⑤ 국가는 민간자격을 활성화하고 공신력을 높이기 위하여 필요한 시책을 강구하여야 한다.

21

19. 국가직 7급

「평생교육법」상 평생교육시설에 대한 설명으로 옳은 것은?

① 학교 부설 평생교육시설은 대학을 제외한 각급학교의 장이 설치·운영할 수 있다.
② 학교형태의 평생교육시설을 설치·운영하고자 하는 자는 대통령령으로 정하는 시설·설비를 갖추어 교육부장관에게 등록하여야 한다.
③ 사내대학형태의 평생교육시설은 해당 사업장에 고용된 종업원만을 대상으로 한다.
④ 사업장 부설 평생교육시설은 대통령령으로 정하는 규모 이상 사업장의 경영자가 해당 사업장의 고객 등을 대상으로 설치·운영할 수 있다.

정답 및 해설 ④

- **제30조(학교 부설 평생교육시설)**
① 각급학교의 장은 학생·학부모와 지역 주민을 대상으로 교양의 증진 또는 직업교육을 위한 평생교육시설을 설치·운영할 수 있다. 평생교육시설을 설치하는 경우 각급학교의 장은 관할청에 보고하여야 한다.
② 대학의 장은 대학생 또는 대학생 외의 자를 대상으로 자격취득을 위한 직업교육과정 등 다양한 평생교육과정을 운영할 수 있다.

- **제31조(학교형태의 평생교육시설)**
① 학교형태의 평생교육시설을 설치·운영하고자 하는 자는 대통령령으로 정하는 시설·설비를 갖추어 교육감에게 등록하여야 한다.
② 교육감은 제1항에 따른 학교형태의 평생교육시설 중 일정 기준 이상의 요건을 갖춘 평생교육시설에 대하여는 이를 고등학교졸업 이하의 학력이 인정되는 시설로 지정할 수 있다. 다만, ③ 제2항에 따른 학력인정 평생교육시설에는 「초·중등교육법」 제19조 제1항의 교원을 둘 수 있다. 이 경우 교원의 복무·국내연수와 재교육에 관하여는 국·공립학교의 교원에 관한 규정을 준용한다. 「초·중등교육법」 제54조 제4항에 따라 전공과를 설치·운영하는 고등기술학교는 교육부장관의 인가를 받아 전문대학졸업자와 동등한 학력·학위가 인정되는 평생교육시설로 전환·운영할 수 있다. 이 경우 전공대학의 명칭을 사용할 수 있다. 〈개정 2013. 3. 23.〉 ⑤ 제2항에 따른 학력인정 평생교육시설의 지정 및 지정취소 기준·절차, 입학자격, 교원자격 등과 제4항에 따른 평생교육시설의 인가 기준·절차, 학사관리 등의 운영 방법 등에 필요한 사항은 대통령령으로 정한다. 〈개정 2015. 3. 27.〉 ⑦ 제2항에 따른 학력인정 평생교육시설로 지정을 받은 자가 그 시설을 폐쇄하고자 하는 때에는 재학생 처리방안 등 대통령령으로 정하는 사항을 갖추어 관할 교육감의 인가를 받아야 한다.

- **제32조(사내대학형태의 평생교육시설)**
① 대통령령으로 정하는 규모 이상의 사업장(공동으로 참여하는 사업장도 포함한다)의 경영자는 교육부장관의 인가를 받아 전문대학 또는 대학졸업자와 동등한 학력·학위가 인정되는 평생교육시설을 설치·운영할 수 있다. 〈개정 2008. 2. 29., 2009. 5. 8., 2013. 3. 23.〉
② 제1항에 따른 사내대학형태의 평생교육시설은 다음 각 호의 어느 하나에 해당하는 사람을 대상으로 한다. 〈개정 2013. 12 .30.〉
  1. 해당 사업장에 고용된 종업원
  2. 해당 사업장에서 일하는 다른 업체의 종업원
  3. 해당 사업장과 하도급 관계에 있는 업체 또는 부품·재료 공급 등을 통하여 해당 사업장과 협력관계에 있는 업체의 종업원

22

18. 국가직 7급

평생교육을 촉진하고 인적자원의 개발·관리를 위하여 국민의 개인적 학습경험을 종합적으로 집중 관리하는 제도는?

① 입학사정관제 ② 학습계좌제
③ 편입학제도   ④ 조기이수제

정답 및 해설 ②

국가가 국민의 평생교육을 촉진하기 위하여 정규 학교교육 이후 모든 국민의 개인별 교육정보를 수록해 개인의 교육정도를 종합적으로 누적 관리하는 제도이다. 성인용 종합생활기록부라 생각할 수 있겠다. 경제협력개발기구(OECD) 국가들은 대부분 평생교육체제 확립을 위해 학습계좌제를 중기 정책과제로 설정, 추진 중이다. 프랑스는 모든 국민의 교육정도를 체계적으로 수록·관리할 수 있도록 개인수첩제를 1993년부터 입법화해 운용하고 있으며, 영국은 재정지원을 통해 근로자의 평생학습을 지원하는 개인학습계좌제를 운용 중이다. 우리나라는 교육계좌제의 내용이 담긴 「평생교육법 시행령」을 마련, 2000년부터 시행에 들어갔다. 이후 2007년 12월 「평생교육법」이 개정됨에 따라 교육계좌제를 학습계좌제로 명칭 변경하고, 국민의 평생교육을 촉진과 인적자원의 개발 및 관리를 위하여 국민의 개인적 학습경험을 종합적으로 집중 관리하도록 하는 학습계좌제를 도입·시행하고 있다.

★ 참고
■ 평생교육법 제23조 학습계좌
- **제23조(학습계좌)**
① 교육부장관은 국민의 평생교육을 촉진하고 인적자원의 개발·관리를 위하여 학습계좌(국민의 개인적 학습경험을 종합적으로 집중 관리하는 제도를 말한다)를 도입·운영할 수 있도록 노력하여야 한다. 〈개정 2009. 5. 8., 2013. 3. 23.〉
② 교육부장관은 제1항의 학습계좌에서 관리할 학습과정을 대통령령으로 정하는 바에 따라 평가인정할 수 있다. 〈신설 2009. 5. 8., 2013. 3. 23.〉
③ 교육부장관은 제2항에 따라 평가인정을 받은 학습과정의 이수결과를 학점이나 학력 또는 자격으로 인정할 수 있다. 이 경우 그 인정 절차 및 방식 등에 필요한 사항은 대통령령으로 정한다. 〈신설 2023. 4. 18.〉
④ 교육부장관은 제2항에 따라 평가인정을 받은 학습과정을 설치·운영하는 평생교육기관이 다음 각 호의 어느 하나에 해당하면 그 평가인정을 취소할 수 있다. 다만, 제1호에 해당하는 경우에는 평가인정을 취소하여야 한다. 〈신설 2009. 5. 8., 2013. 3. 23., 2023. 4. 18.〉
  1. 거짓이나 그 밖의 부정한 방법으로 평가인정을 받은 경우
  2. 제2항에 따라 평가인정 받은 내용을 위반하여 학습과정을 운영한 경우
  3. 제2항에 따른 평가인정의 기준에 이르지 못하게 된 경우
⑤ 교육부장관은 제4항제2호 및 제3호에 따라 평가인정을 취소하고자 할 경우에는 대통령령으로 정하는 기간과 절차에 따라 평생교육기관의 장에게 시정을 명하여야 한다. 〈신설 2009. 5. 8., 2013. 3. 23., 2023. 4. 18.〉
⑥ 교육부장관은 제5항에 따라 시정명령을 하는 경우에는 평생교육기관의 장에게 시정명령을 받은 사실을 공표할 것을 명할 수 있다. 〈신설 2013. 12. 30., 2023. 4. 18.〉
⑦ 교육부장관 및 지방자치단체의 장은 제16조의2에 따른 평생교육이용권으로 수강한 교육이력을 학습계좌를 통해 관리할 수 있다. 〈신설 2021. 6. 8., 2023. 4. 18.〉
⑧ 교육부장관은 학습계좌의 운영을 위하여 필요한 경우에는 관계 행정기관등의 장에게 필요한 자료의 제공을 요청할 수 있다. 이 경우 자료의 제공을 요청받은 관계 행정기관등의 장은 특별한 사유가 없으면 이에 따라야 한다. 〈신설 2021. 6. 8., 2023. 4. 18.〉

23

평생교육 제도에 대한 설명으로 옳지 않은 것은?

① 학습휴가제 – 평생학습 기회를 확대하기 위하여 소속 직원에게 유급 또는 무급의 학습휴가를 실시할 수 있다.
② 평생교육이용권 – 국민에게 평생교육의 기회를 제공하기 위하여 신청을 받아 평생교육이용권을 발급할 수 있다.
③ 학습계좌제 – 평생교육을 촉진하고 인적자원의 개발·관리를 위해 국민의 개인적 학습경험을 종합적으로 집중 관리한다.
④ 독학학위제 – 고등학교 졸업이나 이와 같은 수준 이상의 학력을 인정받지 못한 경우에도 학사학위 취득시험의 응시 자격이 있다.

정답 및 해설

④

「독학에 의한 학위취득에 관한 법률」에 의거하여 국가에서 실시하는 학위취득시험에 합격한 독학자(獨學者)에게 학사학위를 수여함으로써 평생교육의 이념을 구현하고 개인의 자아실현과 국가사회의 발전에 이바지하는 것을 목적으로 하는 제도. 고등학교 졸업 이상의 학력을 가진 사람이면 누구나 시험에 응시할 수 있다. 학위취득시험은 4개의 과정(교양과정, 전공기초과정, 전공심화과정, 학위취득 종합시험)으로 이루어져 있으며 각 과정별 시험을 모두 거쳐 학위취득 종합시험에 합격하면 학사학위를 취득할 수 있다.

참고

■ 독학에 의한 학위취득에 관한 법률
• 제4조(응시자격)
① 시험에 응시할 수 있는 사람은 고등학교 졸업이나 이와 같은 수준 이상의 학력(學力)이 있다고 인정된 사람이어야 한다. 〈개정 2015. 3. 27.〉

■ 평생교육법
• 제8조(학습휴가 및 학습비 지원)
국가·지방자치단체와 공공기관의 장 또는 각종 사업의 경영자는 소속 직원의 평생학습기회를 확대하기 위하여 유급 또는 무급의 학습휴가를 실시하거나 도서비·교육비·연구비 등 학습비를 지원할 수 있다.

• 제16조의2(평생교육이용권의 발급 등)
① 국가 및 지방자치단체는 모든 국민에게 평생교육의 기회를 제공할 수 있도록 신청을 받아 평생교육이용권을 발급할 수 있다.

24

다음에 해당하는 우리나라의 평생교육 제도는?

• 국민의 학력·자격이수 결과에 대한 사회적 인정 및 활용 기반을 확대하기 위한 제도이다.
• 학교교육, 비형식교육 등 국민의 다양한 개인적 학습 경험을 학습이력관리시스템으로 누적·관리한다.

① 학습휴가제   ② 학습계좌제
③ 시간제 등록제   ④ 평생교육 바우처

정답 및 해설

②

① 학습휴가제는 재직자 등 성인의 자발적 평생학습을 지원하기 위해 실시되는 것이다.
③ 시간제 등록제는 고등학교를 졸업하거나 법령에 의하여 이와 같은 수준 이상의 학력이 있다고 인정된 사람이 시간제로 등록하여 대학의 교육과정을 수강하는 제도를 말한다.
④ 평생교육 바우처는 학습자가 자신의 여건, 교육수준 등에 따라 평생교육 수단을 자율적으로 결정할 수 있도록 정부가 제공하는 평생교육이용권이다.

참고

■ 평생교육법
• 제8조(학습휴가 및 학습비 지원)
국가·지방자치단체와 공공기관의 장 또는 각종 사업의 경영자는 소속 직원의 평생학습기회를 확대하기 위하여 유급 또는 무급의 학습휴가를 실시하거나 도서비·교육비·연구비 등 학습비를 지원할 수 있다.

• 제23조(학습계좌)
① 교육부장관은 국민의 평생교육을 촉진하고 인적자원의 개발·관리를 위하여 학습계좌(국민의 개인적 학습경험을 종합적으로 집중 관리하는 제도를 말한다)를 도입·운영할 수 있도록 노력하여야 한다.

25
17. 국가직 7급

「평생교육법」 제4조에 규정된 평생교육의 이념에 해당하지 않는 것은?

① 일정한 평생교육 과정을 이수한 자에게는 그에 상응하는 자격 및 학력 인정 등 사회적 대우를 부여하여야 한다.
② 평생교육은 학습자의 자유로운 참여와 자발적인 학습을 기초로 이루어져야 한다.
③ 평생교육은 정치적·개인적 편견의 선전을 위한 방편으로 이용되어서는 아니 된다.
④ 평생교육은 학습자의 필요와 실용성을 존중하여야 한다.

> **정답 및 해설** ④
>
> • 제4조(평생교육의 이념)
> ① 모든 국민은 평생교육의 기회를 균등하게 보장받는다.
> ② 평생교육은 학습자의 자유로운 참여와 자발적인 학습을 기초로 이루어져야 한다.
> ③ 평생교육은 정치적·개인적 편견의 선전을 위한 방편으로 이용되어서는 아니 된다.
> ④ 일정한 평생교육과정을 이수한 자에게는 그에 상응하는 자격 및 학력인정 등 사회적 대우를 부여하여야 한다.
>
> ★ 참고
> ■ 평생교육법
> • 제4조(평생교육의 이념)
> ① 모든 국민은 평생교육의 기회를 균등하게 보장받는다.
> ② 평생교육은 학습자의 자유로운 참여와 자발적인 학습을 기초로 이루어져야 한다.
> ③ 평생교육은 정치적·개인적 편견의 선전을 위한 방편으로 이용되어서는 아니 된다.
> ④ 일정한 평생교육과정을 이수한 자에게는 그에 상응하는 자격 및 학력인정 등 사회적 대우를 부여하여야 한다.

26
18. 지방직 9급

「평생교육법」상 학습휴가제에 대한 설명으로 옳은 것은?

① 도서비·교육비·연구비 등 학습비를 지원할 수 있다.
② 공공기관 소속 직원의 경우에는 무급으로만 가능하다.
③ 100인 이상의 사업장에서는 의무적으로 실시해야 한다.
④ 지방자치단체 소속 직원의 경우에는 적용 대상에서 제외한다.

> **정답 및 해설** ①
>
> 학습휴가제는 국가·지방자치단체와 공공기관의 장 또는 각종 사업의 경영자가 소속 직원의 평생학습 기회 확대를 위해 유급 또는 무급의 학습 휴가를 실시하는 제도를 말한다.
> ② 유급 또는 무급으로 실시
> ③ 의무조항이 아닌 권장 사항
> ④ 지자체 소속 직원도 적용
>
> ★ 참고
> ■ 평생교육법
> • 제8조(학습휴가 및 학습비 지원)
> 국가·지방자치단체와 공공기관의 장 또는 각종 사업의 경영자는 소속 직원의 평생학습기회를 확대하기 위하여 유급 또는 무급의 학습휴가를 실시하거나 도서비·교육비·연구비 등 학습비를 지원할 수 있다.

27

20. 지방직 9급

평생교육의 6대 영역 중 인문교양교육에 해당하는 것은?

① 건강심성 프로그램
② 시민참여활동 프로그램
③ 생활문화예술 프로그램
④ 레저생활스포츠 프로그램

> **정답 및 해설** ①
>
> 인문교육과 교양교육을 결합한 용어로, 전문적인 능력보다는 전인적인 성품과 소양을 계발하고 배움 자체를 즐길 수 있는 신체적, 정신적 건강을 겸비하는 것을 지원하는 평생교육을 의미하며, 건강심성프로그램, 기능적 소양 프로그램, 인문학적 교양 프로그램이 있다.
> ② 시민참여교육, ③ 문화예술교육, ④ 문화예술교육
>
> ★ 참고
> ■ 평생교육법
> • 제2조(정의)
>   1. "평생교육"이란 학교의 정규교육과정을 제외한 학력보완교육, 성인 문해교육, 직업능력 향상교육, 성인 진로개발역량 향상교육, 인문교양교육, 문화예술교육, 시민참여교육 등을 포함하는 모든 형태의 조직적인 교육활동을 말한다.

28

21. 국가직 9급

다음 중 우리나라의 현행 평생교육사 제도에 대한 설명으로 옳은 것만을 모두 고르면?

> ㄱ. 평생교육사의 등급은 1급부터 3급까지로 구분한다.
> ㄴ. 평생교육사 2급은 대학 수준에서, 평생교육사 3급은 전문대학 수준에서 각각 양성한다.
> ㄷ. 「학점인정 등에 관한 법률」에 따라 평가인정을 받은 학습과정을 운영하는 교육훈련기관에서도 평생교육사 자격 취득에 필요한 학점을 이수할 수 있다.

① ㄱ
② ㄱ, ㄷ
③ ㄴ, ㄷ
④ ㄱ, ㄴ, ㄷ

> **정답 및 해설** ②
>
> • 평생교육사 등급별 자격요건
> - 평생교육사 2급은 대학 또는 이와 같은 수준 이상의 학력을 인정할 수 있는 기관에서 관련과목을 30학점 이상 이수하고 학위를 취득한 자(이하 법령 참조)
> - 평생교육사 3급은 대학 또는 이와 같은 수준 이상의 학력을 인정할 수 있는 기관에서 관련과목을 21학점 이상 이수하고 학위를 취득한 자(이하 법령 참조)
>
> ★ 참고
> ■ 평생교육법
> • 제24조(평생교육사)
> ① 교육부장관은 평생교육 전문인력을 양성하기 위하여 다음 각 호의 어느 하나에 해당하는 사람에게 평생교육사의 자격을 부여하며, 자격을 부여받은 사람에게는 자격증을 발급하여야 한다.
>   1. 「고등교육법」 제2조에 따른 학교(이하 "대학"이라 한다) 또는 이와 같은 수준 이상의 학력이 있다고 인정되는 기관에서 교육부령으로 정하는 평생교육 관련 교과목을 일정 학점 이상 이수하고 학위를 취득한 사람
>   2. 「학점인정 등에 관한 법률」 제3조제1항에 따라 평가인정을 받은 학습과정을 운영하는 교육훈련기관(이하 "학점은행기관"이라 한다)에서 교육부령으로 정하는 평생교육 관련 교과목을 일정 학점 이상 이수하고 학위를 취득한 사람
>   3. 대학을 졸업한 사람 또는 이와 같은 수준 이상의 학력이 있다고 인정되는 사람으로서 대학 또는 이와 같은 수준 이상의 학력이 있다고 인정되는 기관, 제25조에 따른 평생교육사 양성기관, 학점은행기관에서 교육부령으로 정하는 평생교육 관련 교과목을 일정 학점 이상 이수한 사람
>   4. 그 밖에 대통령령으로 정하는 자격요건을 갖춘 사람
> ② 평생교육사는 평생교육의 기획·진행·분석·평가 및 교수업무를 수행한다.
>
> ■ 평생교육법 시행령
> • 제16조(평생교육사의 등급 등)
> ① 법 제24조제4항에 따른 평생교육사의 등급은 1급부터 3급까지로 구분한다.

29

10. 국가직 9급

평생학습사회에 대한 설명으로 적절하지 않은 것은?

① 사회자체가 변화에 대해 총체적이고 장기간에 걸친 자기혁신을 통해 새로운 생존방식을 추구하는 일련의 작동기제이다.
② 학습에 대한 결정이 주로 학습자들에게 위임되고, 모든 종류의 조직적, 비조직적 사회활동 속에서 일어나는 학습혁명의 사회이다.
③ 학습의 총량이 증대됨에 따라 해당 사회가 정체되지 않고 스스로 자기주도적 성장을 도모할 수 있는 여건을 조성하는 사회이다.
④ 사회가 학습해야 한다고 요구하는 것을 학습하고, 같은 연령의 학습자가 연령에 따라 단계적으로 표준화된 교육과정으로 학습하는 사회이다.

정답 및 해설 ④

④ 학교교육에 대한 설명

30

08. 국가직 9급

다음 내용이 설명하고 있는 것은?

- 1968년 허친스(R. M. Hutchins)의 학습사회론 이후 발전된 개념이다.
- 학습공동체 건설을 도모하는 총체적 도시 재구조화 운동이다.
- OECD의 한 보고서는 지식기반 경제시대를 맞아 도시 및 지역에서의 학습, 생산성, 혁신, 경제 등을 증진시키는 데에 이것의 운영이 매우 긍정적인 작용을 한 것으로 평가한다.
- 산업 혁신형, 학습 파트너형, 지역사회 재생형, 이웃공동체 형성형 등으로 구분할 수 있다.

① 기업도시 ② 혁신도시
③ 평생학습도시 ④ 행정도시

정답 및 해설 ③

평생학습도시는 평생학습사회를 현실화하는 정책수단의 하나로서 주목받고 있는 개념이다. 이는 도시의 총체적 역량을 동원하여 시민의 학습활동과 도시의 활성화라는 두 가지 목적을 동시적으로 추구하는 이상적인 학습사회로서의 도시를 말한다.

참고

■ 평생교육법
• 제15조(평생학습도시)
① 국가는 지역사회의 평생교육 활성화를 위하여 특별자치시, 시(「제주특별자치도 설치 및 국제자유도시 조성을 위한 특별법」 제10조제2항에 따른 행정시를 포함한다. 이하 이 조 및 제15조의2에서 같다)·군 및 자치구를 대상으로 평생학습도시를 지정 및 지원할 수 있다. 이 경우 이미 지정된 평생학습도시에 대하여 평가를 거쳐 재지정 여부를 결정할 수 있다. 〈개정 2021. 6. 8., 2023. 4. 18.〉
② 제1항에 따른 평생학습도시 간의 연계·협력 및 정보교류의 증진을 위하여 전국평생학습도시협의회를 둘 수 있다.
③ 제2항에 따른 전국평생학습도시협의회의 구성·운영에 필요한 사항은 대통령령으로 정한다.
④ 제1항에 따른 평생학습도시의 지정, 지원 및 평가 등에 필요한 사항은 교육부장관이 정한다. 〈개정 2008. 2. 29., 2013. 3. 23., 2023. 4. 18.〉

31

11. 국가직 9급

평생학습도시에 대한 설명으로 옳은 것은?

① 평생학습도시의 효시는 1968년에 애들러(M. Adler)가 학습사회론을 제창하면서부터이다.
② 1979년에 평생학습도시를 최초로 선언한 도시는 영국의 뉴캐슬이다.
③ 평생학습도시의 유형 중 '산업혁신형'은 지방자치단체의 종합적이고 광범위한 재생 전략을 기본 특징으로 하는 도시이다.
④ 우리나라의 경우 1999년에 경기도 광명시가 최초로 평생학습도시를 선언한 후 국가 단위의 학습도시사업이 전개되고 있다.

정답 및 해설
④

① M. Adler ⇨ R. M. Hutchins
② 일본의 가케가와시(市)
③ 산업혁신형 ⇨ 지역사회재생형
④ 1999년 경기도 광명시가 최초로 평생학습도시를 선언하면서 정책적 관심이 유발되었고, 2001년 교육부는 '평생학습진흥종합계획'을 수립하였다.

★ 참고
■ 평생교육법
• 제15조의2(장애인 평생학습도시)
① 국가는 장애인의 평생교육 활성화를 위하여 특별자치시, 시·군 및 자치구를 대상으로 장애인 평생학습도시를 지정 및 지원할 수 있다.
② 제1항에 따른 장애인 평생학습도시 간의 연계·협력 및 정보교류의 증진을 위하여 전국장애인평생학습도시협의회를 둘 수 있다.
③ 제2항에 따른 전국장애인평생학습도시협의회의 구성·운영에 필요한 사항은 대통령령으로 정한다.
④ 제1항에 따른 장애인 평생학습도시의 지정 및 지원에 필요한 사항은 교육부장관이 정한다.
⑤ 국가는 장애인 평생학습도시의 활성화를 위하여 관계 중앙행정기관 및 유관기관 등이 참여하는 협의체를 구성·운영할 수 있으며, 협의체의 구성 및 운영에 필요한 사항은 대통령령으로 정한다.[본조신설 2021. 6. 8.]

32

21. 지방직 9급

「평생교육법」상 평생학습도시에 대한 설명으로 옳지 않은 것은?

① 평생학습도시의 지정 및 지원에 필요한 사항은 교육부장관이 정한다.
② 전국평생학습도시협의회의 구성 및 운영에 필요한 사항은 교육부령으로 정한다.
③ 평생학습도시 간의 연계·협력 및 정보교류의 증진을 위하여 전국평생학습도시협의회를 둘 수 있다.
④ 국가는 지역사회의 평생교육 활성화를 위하여 시·군 및 자치구를 대상으로 평생학습도시를 지정 및 지원할 수 있다.

정답 및 해설
②

전국평생학습도시협의회의 구성·운영에 필요한 사항은 대통령령으로 정한다.

★ 참고
■ 평생교육법 시행령
• 제7조(전국평생학습도시협의회)
① 법 제15조제2항에 따른 전국평생학습도시협의회(이하 "도시협의회"라 한다)는 교육부장관이 평생학습도시로 지정한 특별자치시, 시(「제주특별자치도 설치 및 국제자유도시 조성을 위한 특별법」 제10조제2항에 따른 행정시를 포함한다)·군·자치구의 장 및 교육장으로 구성한다. 〈개정 2008. 2. 29., 2013. 3. 23., 2021. 12. 9.〉
② 국가 및 지방자치단체는 도시협의회의 운영 및 활동에 필요한 인력 및 경비를 지원할 수 있다.

33

23. 국가직 7급

다음 설명에 해당하는 우리나라의 평생교육 제도는?

- 학습자가 자기 주도적으로 공부한 정도가 학사학위를 취득할 수 있는 수준에 이르렀는지를 오직 시험만으로 평가해 국가가 학위를 수여하는 제도이다.
- 학위취득을 위해서 교양과정 인정시험, 전공기초과정 인정시험, 전공심화과정 인정시험, 학위취득 종합시험을 모두 거쳐야 한다.
- 7급 이상의 공무원 공개경쟁 채용시험 합격자, 국가기술자격 취득자, 공인회계사, 세무사, 관세사, 유치원·초중등학교 준교사 및 특수학교 교사 등과 같이 일정한 자격이나 면허를 취득한 자에게는 시험 일부를 면제할 수 있다.

① 검정고시
② 독학학위제
③ 학점은행제
④ 평생학습계좌제

위취득 종합시험에 응시하려는 사람은 제1호부터 제3호까지의 각 과정별 시험을 모두 거쳐야 한다. 다만, 대통령령으로 정하는 바에 따라 일정한 학력(學歷)이나 자격이 있는 사람에 대하여는 제1호부터 제3호까지의 각 과정별 인정시험 또는 시험과목의 전부 또는 일부를 면제할 수 있다. 〈개정 2015. 3. 27.〉
1. 교양과정 인정시험
2. 전공기초과정 인정시험
3. 전공심화과정 인정시험
4. 학위취득 종합시험

② 제1항에 따른 과정별 시험과목은 교육부장관이 정한다. 〈개정 2008. 2. 29., 2013. 3. 23.〉
③ 제1항에 따른 시험에 응시하는 사람은 교육부령으로 정하는 수수료를 내야 한다. 〈신설 2015. 3. 27.〉[전문개정 2007. 12. 21.]

정답 및 해설

②

① 정부가 정한 정규 교육과정을 이수하지 않거나 중간에 그만두었던 사람들이 정규 학교에 입학하여 정규 교육과정을 이수한 사람들과 동등한 학력을 인정받을 수 있도록 평가하는 시험 제도
③ 학점은행제는 「학점인정 등에 관한 법률」에 의거하여 학교에서 뿐만 아니라 학교 밖에서 이루어지는 다양한 형태의 학습 및 자격을 학점으로 인정받을 수 있도록 하고, 학점이 누적되어 일정 기준을 충족하면 학위취득을 가능하게 함으로써 궁극적으로 열린 학습사회, 평생학습사회를 구현하기 위한 제도
④ 「평생교육법」 제23조에 따라 국민의 다양한 학습경험을 온라인 학습계좌에 누적·관리하고, 이를 학력·자격인정과 연계하거나 고용정보로 활용함으로써, 학습이수 결과에 대한 사회적 인정 및 활용 기반을 확대하기 위한 제도

★ 참고

■ 독학에 의한 학위취득에 관한 법률
- 제1조(목적)
이 법은 독학자(獨學者)에게 학사학위(學士學位) 취득의 기회를 줌으로써 평생교육의 이념을 구현하고 개인의 자아실현과 국가·사회의 발전에 이바지하는 것을 목적으로 한다.

- 제2조(국가의 임무)
국가는 독학자가 학사학위(이하 "학위"라 한다)를 취득하는 데에 필요한 편의를 제공하여야 한다.

■ 독학에 의한 학위취득에 관한 법률
- 제5조(시험의 과정 및 과목)
① 시험은 다음 각 호의 과정별 시험을 거쳐야 하며, 제4호의 학

PART II
심화핵심법령

CHAPTER 01	학교폭력 예방 및 대책에 관한 법률
CHAPTER 02	학교안전사고 예방 및 보상에 관한 법률
CHAPTER 03	지방교육자치에 관한 법률
CHAPTER 04	독학에 의한 학위취득에 관한 법률 및 자격기본법
CHAPTER 05	기초학력 보장법/고등교육법/대안학교규정

학교폭력 예방 및 대책에 관한 법률

01
23. 국가직 9급

「학교폭력 예방 및 대책에 관한 법률」상 학교폭력의 예방 및 대책에 대한 설명으로 옳지 <u>않은</u> 것은?

① 학교 안뿐만 아니라 학교 밖에서 발생한 학생 간의 상해, 폭행, 협박, 따돌림 등도 이 법의 적용대상이다.
② 경미한 학교폭력사건의 경우 가해학생 및 그 보호자가 학교폭력대책심의위원회의 개최를 원하지 않으면 학교의 장은 자체적으로 해결할 수 있다.
③ 학교의 장은 학교폭력의 예방 및 대책 등을 위한 교직원 및 학부모에 대한 교육을 학기별로 1회 이상 실시하여야 한다.
④ 피해학생의 보호를 위한 조치에는 학내외 전문가에 의한 심리상담 및 조언, 일시보호, 치료 및 치료를 위한 요양, 학급교체 등이 있다.

정답 및 해설
②

① 제2조(정의) 이 법에서 사용하는 용어의 정의는 다음 각 호와 같다. 〈개정, 2021. 3. 23.〉 1. "학교폭력"이란 학교 내외에서 학생을 대상으로 발생한 상해, 폭행, 감금, 협박, 약취·유인, 명예훼손·모욕, 공갈, 강요·강제적인 심부름 및 성폭력, 따돌림, 사이버 따돌림, 정보통신망을 이용한 음란·폭력 정보 등에 의하여 신체·정신 또는 재산상의 피해를 수반하는 행위를 말한다.
② 제13조의2(학교의 장의 자체해결) ① 피해학생 및 그 보호자가 심의위원회의 개최를 원하지 아니하는 경미한 학교폭력의 경우 학교의 장은 학교폭력사건을 자체적으로 해결할 수 있다. 이 경우 학교의 장은 지체 없이 이를 심의위원회에 보고하여야 한다. 〈개정 2021. 3. 23.〉
③ 제15조(학교폭력 예방교육 등) ① 학교의 장은 학생의 육체적·정신적 보호와 학교폭력의 예방을 위한 학생들에 대한 교육(학교폭력의 개념·실태 및 대처방안 등을 포함하여야 한다)을 학기별로 1회 이상 실시하여야 한다. 〈개정 2012. 1. 26.〉 ② 학교의 장은 학교폭력의 예방 및 대책 등을 위한 교직원 및 학부모에 대한 교육을 학기별로 1회 이상 실시하여야 한다. 〈개정 2012. 3. 21.〉
④ 제16조(피해학생의 보호) ① 심의위원회는 피해학생의 보호를 위하여 필요하다고 인정하는 때에는 피해학생에 대하여 다음 각 호의 어느 하나에 해당하는 조치(수 개의 조치를 동시에 부과하는 경우를 포함한다)를 할 것을 교육장에게 요청할 수 있다. 다만, 학교의 장은 학교폭력사건을 인지한 경우 피해학생의 반대의사 등 대통령령으로 정하는 특별한 사정이 없으면 지체 없이 가해자(교사를 포함한다)와 피해학생을 분리하여야 하며, 피해학생이 긴급보호를 요청하는 경우에는 제1호, 제2호 및 제6호의 조치를 할 수 있다. 이 경우 학교의 장은 심의위원회에 즉시 보고하여야 한다. 〈개정, 2021.3.23.〉 1. 학내외 전문가에 의한 심리상담 및 조언 2. 일시보호 3. 치료 및 치료를 위한 요양 4. 학급교체 5. 삭제 〈2012. 3. 21.〉 6. 그 밖에 피해학생의 보호를 위하여 필요한 조치

참고

■ 「학교폭력예방법」 제2조(정의)
"학교폭력"이란 학교 내외에서 학생을 대상으로 발생한 상해, 폭행, 감금, 협박, 약취·유인, 명예훼손·모욕, 공갈, 강요·강제적인 심부름 및 성폭력, 따돌림, 사이버폭력 등에 의하여 신체·정신 또는 재산상의 피해를 수반하는 행위를 말한다.

■ 「학교폭력예방법」 제15조의2(학교의 장의 자체해결) 제1항
① 제13조제2항제4호 및 제5호에도 불구하고 다음 각 호에 모두 해당하는 경미한 학교폭력에 대하여 피해학생 및 그 보호자가 심의위원회의 개최를 원하지 아니하는 경우 학교의 장은 학교폭력사건을 자체적으로 해결할 수 있다. 이 경우 학교의 장은 지체 없이 이를 심의위원회에 보고하여야 한다.
1. 2주 이상의 신체적·정신적 치료가 필요한 진단서를 발급받지 않은 경우
2. 재산상 피해가 없는 경우 또는 재산상 피해가 즉각 복구되거나 복구 약속이 있는 경우
3. 학교폭력이 지속적이지 않은 경우
4. 학교폭력에 대한 신고, 진술, 자료제공 등에 대한 보복행위(정보통신망을 이용한 행위를 포함한다)가 아닌 경우

■ 「학교폭력예방법」 제15조(학교폭력 예방교육 등) 제2항
② 학교의 장은 학교폭력의 예방 및 대책 등을 위한 교직원 및 학부모에 대한 교육을 학기별로 1회 이상 실시하여야 한다.

■ 「학교폭력예방법」 제16조(피해학생의 보호) 제1항
① 심의위원회는 피해학생의 보호를 위하여 필요하다고 인정하는 때에는 피해학생에 대하여 다음 각 호의 어느 하나에 해당하는 조치(수 개의 조치를 동시에 부과하는 경우를 포함한다)를 할 것을 교육장(교육장이 없는 경우 제12조제1항에 따라 조례로 정한 기관의 장으로 한다. 이하 같다)에게 요청할 수 있다. 다만, 학교의 장은 학교폭력사건을 인지한 경우 피해학생의 반대의사 등 대통령령으로 정하는 특별한 사정이 없으면 지체 없이 가해자(교사를 포함한다)와 피해학생을 분리하여야 하며, 피해학생이 긴급보호를 요청하는 경우에는 제1호부터 제3호까지 및 제6호의 조치를 할 수 있다. 이 경우 학교의 장은 심의위원회에 즉시 보고하여야 한다.
1. 학내외 전문가에 의한 심리상담 및 조언
2. 일시보호
3. 치료 및 치료를 위한 요양
4. 학급교체
5. 삭제
6. 그 밖에 피해학생의 보호를 위하여 필요한 조치

02

23. 국가직 7급

「학교폭력예방 및 대책에 관한 법률」의 내용으로 옳지 않은 것은?

① 교육부장관은 학교폭력의 예방 및 대책에 관한 기본계획을 5년마다 수립하고 시행해야 한다.
② 학교폭력의 예방 및 대책에 관한 기본계획의 수립 및 시행에 대한 평가 등을 심의하기 위하여 국무총리 소속으로 학교폭력대책위원회를 둔다.
③ 교육감은 시·도교육청에 학교폭력의 예방과 대책을 담당하는 전담부서를 설치하고 운영하여야 한다.
④ 학교폭력대책심의위원회는 의무교육과정에 있는 가해학생일지라도 그 가해 정도가 심각한 경우에는 그 학생에 대해 퇴학처분의 조치를 취할 수 있다.

정답 및 해설

④

퇴학처분은 의무교육과정에 있는 가해학생에 대하여는 적용하지 아니한다. 〈개정 2021. 3. 23.〉

★참고

- 「학교폭력예방법」 제6조(기본계획의 수립 등) 제2항
② 기본계획은 다음 각 호의 사항을 포함하여 5년마다 수립하여야 한다. 이 경우 교육부장관은 관계 중앙행정기관 등의 의견을 수렴하여야 한다.
  1. 학교폭력의 근절을 위한 조사·연구·교육 및 계도
  2. 피해학생에 대한 치료·재활 등의 지원
  3. 학교폭력 관련 행정기관 및 교육기관 상호 간의 협조·지원
  4. 제14조제1항에 따른 전문상담교사의 배치 및 이에 대한 행정적·재정적 지원
  5. 학교폭력의 예방과 피해학생 및 가해학생의 치료·교육을 수행하는 청소년 관련 단체(이하 "전문단체"라 한다) 또는 전문가에 대한 행정적·재정적 지원
  6. 그 밖에 학교폭력의 예방 및 대책을 위하여 필요한 사항

- 「학교폭력예방법」 제7조(학교폭력대책위원회의 설치·기능)
학교폭력의 예방 및 대책에 관한 다음 각 호의 사항을 심의하기 위하여 국무총리 소속으로 학교폭력대책위원회(이하 "대책위원회"라 한다)를 둔다.

- 「학교폭력예방법」 제11조(교육감의 임무) 제1항
① 교육감은 시·도교육청에 학교폭력의 예방·대책 및 법률지원을 포함한 통합지원을 담당하는 전담부서를 설치·운영하여야 한다.

- 「학교폭력예방법」 제17조(가해학생에 대한 조치) 제1항
① 심의위원회는 피해학생의 보호와 가해학생의 선도·교육을 위하여 가해학생에 대하여 다음 각 호의 어느 하나에 해당하는 조치(수 개의 조치를 동시에 부과하는 경우를 포함한다)를 할 것을 교육장에게 요청하여야 하며, 각 조치별 적용 기준은 대통령령으로 정한다. 다만, 퇴학처분은 의무교육과정에 있는 가해학생에 대하여는 적용하지 아니한다.

03

19. 지방직 9급

「학교폭력 예방 및 대책에 관한 법률」상 중학교에서 발생한 학교폭력 문제 처리과정에서 중학생인 가해학생에 대해 취할 수 있는 조치가 아닌 것은?

① 출석정지   ② 학급교체
③ 전학   ④ 퇴학처분

정답 및 해설

가해학생에 대한 조치는 '피해학생에 대한 서면 사과'부터 '퇴학처분'까지 9단계. 중학생인 의무교육과정의 학생은 퇴학처분을 시행할 수 없다. 출석정지(6단계), 학급교체(7단계), 전학(8단계)

04

14. 지방직 9급

「학교폭력 예방 및 대책에 관한 법률」상 내용으로 옳은 것은?

① 학교폭력 가해 중학생의 경우 퇴학처분이 가능하다.
② 학교의 장은 학교폭력과 관련한 개인정보 등을 경찰청장, 지방경찰청장, 관할 경찰서장 및 관계 기관의 장에게 요청할 수 없다.
③ 교육감은 학교폭력의 실태를 파악하고 학교폭력에 대한 효율적인 예방대책을 수립하기 위하여 학교폭력 실태조사를 연 2회 이상 실시하여야 한다.
④ 교육감은 학교폭력대책자치위원회가 처리한 학교의 학교폭력 빈도를 학교의 장에 대한 업무수행 평가에 부정적 자료로 사용할 수 있다.

정답 및 해설

③

② 요청할 수 있다. (법 제11조의3 1항)
④ 사용해서는 아니 된다. (법 제11조 5항)
① 의무교육을 받고 있는 학생은 퇴학시킬 수 없다.

참고

■ 「학교폭력예방법」 제17조(가해학생에 대한 조치) 제1항
① 심의위원회는 피해학생의 보호와 가해학생의 선도·교육을 위하여 가해학생에 대하여 다음 각 호의 어느 하나에 해당하는 조치(수 개의 조치를 동시에 부과하는 경우를 포함한다)를 할 것을 교육장에게 요청하여야 하며, 각 조치별 적용 기준은 대통령령으로 정한다. 다만, 퇴학처분은 의무교육과정에 있는 가해학생에 대하여는 적용하지 아니한다.
  1. 피해학생에 대한 서면사과
  2. 피해학생 및 신고·고발 학생에 대한 접촉, 협박 및 보복행위(정보통신망을 이용한 행위를 포함한다)의 금지
  3. 학교에서의 봉사
  4. 사회봉사
  5. 학내외 전문가, 교육감이 정한 기관에 의한 특별 교육이수 또는 심리치료
  6. 출석정지
  7. 학급교체
  8. 전학
  9. 퇴학처분

■ 「학교폭력예방법」 제11조의3(관계 기관과의 협조 등) 제1항
① 교육부장관, 교육감, 지역 교육장, 학교의 장은 학교폭력과 관련한 개인정보 등을 경찰청장, 시·도경찰청장, 관할 경찰서장 및 관계 기관의 장에게 요청할 수 있다.

• 제11조(교육감의 임무)
⑤ 교육감은 제12조에 따른 심의위원회가 처리한 학교의 학교폭력빈도를 학교의 장에 대한 업무수행 평가에 부정적 자료로 사용하여서는 아니 된다. 〈개정 2019. 8. 20.〉
⑧ 교육감은 학교폭력의 실태를 파악하고 학교폭력에 대한 효율적인 예방대책을 수립하기 위하여 학교폭력 실태조사를 연 2회 이상 실시하고 그 결과를 공표하여야 한다. 〈신설 2012. 3. 21., 2015. 12. 22.〉

• 제17조(가해학생에 대한 조치)
① 심의위원회는 피해학생의 보호와 가해학생의 선도·교육을 위하여 가해학생에 대하여 다음 각 호의 어느 하나에 해당하는 조치(수 개의 조치를 동시에 부과하는 경우를 포함한다)를 할 것을 교육장에게 요청하여야 하며, 각 조치별 적용 기준은 대통령령으로 정한다. 다만, 퇴학처분은 의무교육과정에 있는 가해학생에 대하여는 적용하지 아니한다. 〈개정 2009. 5. 8., 2012. 1. 26., 2012. 3. 21., 2019. 8. 20., 2021. 3. 23., 2023. 10. 24.〉

05

18. 국가직 7급

「학교폭력 예방 및 대책에 관한 법률」의 내용으로 옳지 <u>않은</u> 것은?

① 학교폭력 현장을 보거나 그 사실을 알게 된 자는 학교 등 관계 기관에 이를 즉시 신고하여야 한다.
② 국가는 학교폭력 예방 및 근절을 위하여 학교폭력 업무 등을 전담하는 경찰관을 둘 수 있다.
③ 학교폭력대책심의위원회는 가해학생이 특별교육을 이수할 경우 해당 학생의 보호자도 함께 교육을 받게 하여야 한다.
④ 학교폭력대책자치위원회는 가해학생에 대한 퇴학처분을 학교 운영위원장에게 요청하여야 한다.

정답 및 해설

• 제17조(가해학생에 대한 조치)
① 심의위원회는 피해학생의 보호와 가해학생의 선도·교육을 위하여 가해학생에 대하여 다음 각 호의 어느 하나에 해당하는 조치(수 개의 조치를 병과하는 경우를 포함한다)를 할 것을 교육장에게 요청하여야 하며, 각 조치별 적용 기준은 대통령령으로 정한다. 다만, 퇴학처분은 의무교육과정에 있는 가해학생에 대하여는 적용하지 아니한다. 〈개정 2009. 5. 8., 2012. 1. 26., 2012. 3. 21., 2019. 8. 20.〉
④ 법률 개정으로 학교폭력대책자치위원회의 업무는 교육지원청 학교폭력대책심의위원회로 이관되었다. (2021. 6. 시행)

06

13. 6급 전직

「학교폭력 예방 및 대책에 관한 법률」의 내용 중 옳은 것은?

① 학교폭력의 예방 및 대책에 관한 사항을 심의하기 위해 교육지원청에 학교폭력대책심의위원회를 둔다.
② 학교폭력대책자치위원회는 위원장 2명을 포함하여 20명 이내의 위원으로 구성한다.
③ 학교폭력 예방 및 대책에 관한 사항을 심의하기 위하여 교육부장관 소속으로 학교폭력대책위원회를 둔다.
④ 학교의 장은 학교폭력의 예방을 위한 학생들에 대한 교육을 학년별로 1회 이상 실시하여야 한다.

정답 및 해설 ①

① 동법 제12조 1항에 나와 있다.
② 본 지문은 국무총리 소속으로 두는 학교폭력대책위원회에 대한 설명
③ 국무총리 소속으로 둔다.
④ 학기별로 1회 이상 실시하여야 한다. (동법 제15조 1항)
★ 법률 개정으로 학교폭력대책자치위원회의 업무는 교육지원청으로 이관되었다. 교육지원청에는 학교폭력대책심의위원회를 둔다. 심의위원회는 10명 이상 50명 이내의 위원으로 구성하되, 전체위원의 3분의 1 이상을 해당 교육지원청 관할 구역 내 학교에 소속된 학생의 학부모로 위촉하여야 한다. 국무총리 소속으로 학교폭력대책위원회를 둔다. 대책위원회는 위원장 2명을 포함하여 20명 이내의 위원으로 구성한다. 학교의 장은 학생의 육체적, 정신적 보호와 학교폭력의 예방을 위한 학생들에 대한 교육을 학기별로 1회 이상 실시하여야 한다. (2021. 6. 시행)

⊕ 참고

- 「학교폭력예방법」 제12조(학교폭력대책심의위원회의 설치·기능) 제1항
  ① 학교폭력의 예방 및 대책에 관련된 사항을 심의하기 위하여 「지방교육자치에 관한 법률」 제34조 및 「제주특별자치도 설치 및 국제자유도시 조성을 위한 특별법」 제80조에 따른 교육지원청(교육지원청이 없는 경우 해당 시·도 조례로 정하는 기관으로 한다. 이하 같다)에 학교폭력대책심의위원회(이하 "심의위원회"라 한다)를 둔다. 다만, 심의위원회 구성에 있어 대통령령으로 정하는 사유가 있는 경우에는 교육감 보고를 거쳐 둘 이상의 교육지원청이 공동으로 심의위원회를 구성할 수 있다.
- 「학교폭력예방법」 제8조(대책위원회의 구성) 제1항
  ① 대책위원회는 위원장 2명을 포함하여 20명 이내의 위원으로 구성한다.
- 「학교폭력예방법」 제7조(학교폭력대책위원회의 설치·기능)
  학교폭력의 예방 및 대책에 관한 다음 각 호의 사항을 심의하기 위하여 국무총리 소속으로 학교폭력대책위원회(이하 "대책위원회"라 한다)를 둔다.
- 「학교폭력예방법」 제15조(학교폭력 예방교육) 제1항
  ① 학교의 장은 학생의 육체적·정신적 보호와 학교폭력의 예방을 위한 학생들에 대한 교육(학교폭력의 개념·실태 및 대처방안 등을 포함하여야 한다)을 학기별로 1회 이상 실시하여야 한다.

07

13. 7급 전직

학교폭력문제를 담당하는 전담기구의 구성원이 <u>아닌</u> 교원은?

① 교장　　　　② 교감
③ 전문상담교사　④ 보건교사

정답 및 해설 ①

학교의 장은 교감, 전문상담교사, 보건교사 및 책임교사(학교폭력문제를 담당하는 교사를 말한다.) 학부모 등으로 학교폭력문제를 담당하는 전담기구를 구성하며, 학교폭력 사태를 인지한 경우 지체 없이 전담기구 또는 소속 교원으로 하여금 가해 및 피해 사실 여부를 확인하도록 한다. (동법 제14조 3항, 4항)

⊕ 참고

- 「학교폭력예방법」 제14조(전문상담교사 배치 및 전담기구 구성) 제3항
  ③ 학교의 장은 교감, 전문상담교사, 보건교사 및 책임교사(학교폭력문제를 담당하는 교사를 말한다), 학부모 등으로 학교폭력문제를 담당하는 전담기구(이하 "전담기구"라 한다)를 구성한다. 이 경우 학부모는 전담기구 구성원의 3분의 1 이상이어야 한다

08

16. 국가직 7급

학교폭력 예방 및 대책에 관한 법령상 학교폭력대책심의위원회에 대한 설명으로 옳지 <u>않은</u> 것은?

① 심의위원회의 위원장은 위원 중에서 교육장이 임명하거나 위촉하는 사람이 된다.
② 심의위원회는 위원장 1인을 포함하여 5인 이상 10인 이하의 위원으로 구성하되, 교육감이 임명하거나 위촉한다.
③ 심의위원회는 학교폭력의 예방 및 대책 등을 위하여 피해학생과 가해학생 간의 분쟁조정 사항을 심의한다.
④ 심의위원회는 해당 지역에서 발생한 학교폭력에 대하여 학교장 및 관할 경찰서장에게 관련 자료를 요청할 수 있다.

정답 및 해설

②

★ 학교에 두는 자치위원회는 법률 개정으로 지역교육청으로 이관되었다. 아래 내용 참조

- 제12조(학교폭력대책심의위원회의 설치·기능)
① 학교폭력의 예방 및 대책에 관련된 사항을 심의하기 위하여 「지방교육자치에 관한 법률」 제34조 및 「제주특별자치도 설치 및 국제자유도시 조성을 위한 특별법」 제80조에 따른 교육지원청(교육지원청이 없는 경우 해당 시·도 조례로 정하는 기관으로 한다. 이하 같다)에 학교폭력대책심의위원회(이하 "심의위원회"라 한다)를 둔다. 다만, 심의위원회 구성에 있어 대통령령으로 정하는 사유가 있는 경우에는 교육감 보고를 거쳐 둘 이상의 교육지원청이 공동으로 심의위원회를 구성할 수 있다. 〈개정 2012. 1. 26., 2019. 8. 20.〉
② 심의위원회는 학교폭력의 예방 및 대책 등을 위하여 다음 각 호의 사항을 심의한다. 〈개정 2012. 1. 26., 2019. 8. 20.〉
  1. 학교폭력의 예방 및 대책
  2. 피해학생의 보호
  3. 가해학생에 대한 교육, 선도 및 징계
  4. 피해학생과 가해학생 간의 분쟁조정
  5. 그 밖에 대통령령으로 정하는 사항
③ 심의위원회는 해당 지역에서 발생한 학교폭력에 대하여 조사할 수 있고 학교장 및 관할 경찰서장에게 관련 자료를 요청할 수 있다. 〈신설 2012. 3. 21., 2019. 8. 20.〉
④ 심의위원회의 설치·기능 등에 필요한 사항은 지역 및 교육지원청의 규모 등을 고려하여 대통령령으로 정한다. 〈개정 2012. 3. 21., 2019. 8. 20.〉 [제목개정 2019. 8. 20.]

✪ 참고

- 「학교폭력예방법」 제12조(학교폭력대책심의위원회의 설치·기능) 제2항~3항
② 심의위원회는 학교폭력의 예방 및 대책 등을 위하여 다음 각 호의 사항을 심의한다.
  1. 학교폭력의 예방 및 대책
  2. 피해학생의 보호
  3. 가해학생에 대한 교육, 선도 및 징계
  4. 피해학생과 가해학생 간의 분쟁조정
  5. 그 밖에 대통령령으로 정하는 사항
③ 심의위원회는 해당 지역에서 발생한 학교폭력에 대하여 조사할 수 있고 학교장 및 관할 경찰서장에게 관련 자료를 요청할 수 있다.

- 「학교폭력예방법」 제15조(심의위원회의 구성·운영) 제1항
① 심의위원회는 10명 이상 50명 이내의 위원으로 구성하되, 전체위원의 3분의 1 이상을 해당 교육지원청 관할 구역 내 학교(고등학교를 포함한다)에 소속된 학생의 학부모로 위촉하여야 한다.

- 「학교폭력예방법 시행령」 제14조(심의위원회의 구성·운영) 제1항~2항
① 심의위원회의 위원은 다음 각 호의 어느 하나에 해당하는 사람 중에서 해당 교육장이 임명하거나 위촉한다.
② 심의위원회의 위원장은 위원 중에서 교육장이 임명하거나 위촉하는 사람이 되며, 위원장이 부득이한 사유로 직무를 수행할 수 없을 때에는 위원장이 미리 지정하는 위원이 그 직무를 대행한다.

16. 국가직 7급

학교폭력 예방 및 대책에 관한 법령상 학교폭력대책자치위원회(이하 자치위원회)에 대한 설명으로 옳지 않은 것은?

① 자치위원회의 위원장은 위원 중에서 호선한다.
② 자치위원회는 위원장 1인을 포함하여 5인 이상 10인 이하의 위원으로 구성하되, 교육감이 임명하거나 위촉한다.
③ 자치위원회는 학교폭력의 예방 및 대책 등을 위하여 피해학생과 가해학생 간의 분쟁조정 사항을 심의한다.
④ 자치위원회는 해당 지역에서 발생한 학교폭력에 대하여 학교장 및 관할 경찰서장에게 관련 자료를 요청할 수 있다.

정답 및 해설

★ 학교에 두는 자치위원회는 법률 개정으로 지역교육청으로 이관되었다. 아래 내용 참조

- 제12조(학교폭력대책심의위원회의 설치·기능)
① 학교폭력의 예방 및 대책에 관련된 사항을 심의하기 위하여 「지방교육자치에 관한 법률」 제34조 및 「제주특별자치도 설치 및 국제자유도시 조성을 위한 특별법」 제80조에 따른 교육지원청(교육지원청이 없는 경우 해당 시·도 조례로 정하는 기관으로 한다. 이하 같다)에 학교폭력대책심의위원회(이하 "심의위원회"라 한다)를 둔다. 다만, 심의위원회 구성에 있어 대통령령으로 정하는 사유가 있는 경우에는 교육감 보고를 거쳐 둘 이상의 교육지원청이 공동으로 심의위원회를 구성할 수 있다. 〈개정 2012. 1. 26., 2019. 8. 20.〉
② 심의위원회는 학교폭력의 예방 및 대책 등을 위하여 다음 각 호의 사항을 심의한다. 〈개정 2012. 1. 26., 2019. 8. 20.〉
  1. 학교폭력의 예방 및 대책
  2. 피해학생의 보호
  3. 가해학생에 대한 교육, 선도 및 징계
  4. 피해학생과 가해학생 간의 분쟁조정
  5. 그 밖에 대통령령으로 정하는 사항
③ 심의위원회는 해당 지역에서 발생한 학교폭력에 대하여 조사할 수 있고 학교장 및 관할 경찰서장에게 관련 자료를 요청할 수 있다. 〈신설 2012. 3. 21., 2019. 8. 20.〉
④ 심의위원회의 설치·기능 등에 필요한 사항은 지역 및 교육지원청의 규모 등을 고려하여 대통령령으로 정한다. 〈개정 2012. 3. 21., 2019. 8. 20.〉
[제목개정 2019. 8. 20.]

CHAPTER 02 학교안전사고 예방 및 보상에 관한 법률

01
13. 7급 전직

「학교안전사고 예방 및 보상에 관한 법률」상 학교안전사고 및 예방교육에 대한 설명으로 옳은 것은?

① 교원은 학교안전교육의 대상이 아니다.
② 등·하교 시 발생하는 사고는 학교안전사고에 포함된다.
③ 학교안전교육은 교원자격증을 갖춘 자가 실시해야 한다.
④ 성매매 예방교육은 학교장이 실시해야 하는 학교안전교육에 포함되지 않는다.

정답 및 해설
②

4. "교육활동"이라 함은 다음 각 목의 어느 하나에 해당하는 활동을 말한다.
   가. 학교의 교육과정 또는 학교의 장(이하 "학교장"이라 한다)이 정하는 교육계획 및 교육방침에 따라 학교의 안팎에서 학교장의 관리·감독하에 행하여지는 수업·특별활동·재량활동·과외활동·수련활동·수학여행 등 현장체험활동 또는 체육대회 등의 활동
   나. 등·하교 및 학교장이 인정하는 각종 행사 또는 대회 등에 참가하여 행하는 활동
   다. 그 밖에 대통령령이 정하는 시간 중의 활동으로서 가목 및 나목과 관련된 활동

참고
- 「학교안전법」 제8조(학교안전교육의 실시) 제1항, 제4항
① 학교장은 학교안전사고를 예방하기 위하여 교육부령으로 정하는 바에 따라 학생·교직원 및 교육활동참여자에게 학교안전사고 예방 등에 관한 다음 각 호의 교육(이하 "안전교육"이라 한다)을 실시하고 그 결과를 학기별로 교육감에게 보고하여야 한다.
  1. 「아동복지법」 제31조에 따른 교통안전교육, 감염병 및 약물의 오남용 예방 등 보건위생관리교육 및 재난대비 안전교육
  2. 「학교폭력 예방 및 대책에 관한 법률」 제15조에 따른 학교폭력 예방교육
  3. 「성폭력방지 및 피해자보호 등에 관한 법률」 제5조에 따른 성폭력 예방에 필요한 교육
  4. 「성매매방지 및 피해자보호 등에 관한 법률」 제5조에 따른 성매매 예방교육
  5. 「초·중등교육법」 제23조에 따른 교육과정이 체험중심 교육활동으로 운영되는 경우 이에 관한 안전사고 예방교육
  6. 그 밖에 안전사고 관련 법률에 따른 안전교육
④ 학교장은 필요에 따라 안전교육을 이론교육과 실습교육으로 병행하여 실시하되, 안전교육을 효율적으로 실시하기 위하여 교원 또는 교육활동참여자로 하여금 담당하게 하거나 교육부령으로 정하는 바에 따라 전문교육기관·단체 또는 전문가에 위탁하여 실시할 수 있다

- 「학교안전법」 제2조(정의)
4. "교육활동"이라 함은 다음 각 목의 어느 하나에 해당하는 활동을 말한다.
   가. 학교의 교육과정 또는 학교의 장(이하 "학교장"이라 한다)이 정하는 교육계획 및 교육방침에 따라 학교의 안팎에서 학교장의 관리·감독하에 행하여지는 수업·특별활동·재량활동·과외활동·수련활동·수학여행 등 현장체험활동 또는 체육대회 등의 활동
   나. 등·하교 및 학교장이 인정하는 각종 행사 또는 대회 등에 참가하여 행하는 활동
   다. 그 밖에 대통령령으로 정하는 시간 중의 활동으로서 가목 및 나목과 관련된 활동
6. "학교안전사고"라 함은 교육활동 중에 발생한 사고로서 학생·교직원 또는 교육활동참여자의 생명 또는 신체에 피해를 주는 모든 사고 및 학교급식 등 학교장의 관리·감독에 속하는 업무가 직접 원인이 되어 학생·교직원 또는 교육활동참여자에게 발생하는 질병으로서 대통령령으로 정하는 것을 말한다.

02

20. 국가직 7급

「학교안전사고 예방 및 보상에 관한 법률」상 학교안전사고 및 예방교육에 대한 설명으로 옳은 것은?

① 교원은 학교안전교육의 대상이 아니다.
② 등·하교 시 발생하는 사고는 학교안전사고에 포함된다.
③ 학교안전교육은 교원자격증을 갖춘 자가 실시해야 한다.
④ 성매매 예방교육은 학교장이 실시해야 하는 학교안전교육에 포함되지 않는다.

정답 및 해설

②

4. "교육활동"이라 함은 다음 각 목의 어느 하나에 해당하는 활동을 말한다.
   가. 학교의 교육과정 또는 학교의 장(이하 "학교장"이라 한다)이 정하는 교육계획 및 교육방침에 따라 학교의 안팎에서 학교장의 관리·감독하에 행하여지는 수업·특별활동·재량활동·과외활동·수련활동·수학여행 등 현장체험활동 또는 체육대회 등의 활동
   나. 등·하교 및 학교장이 인정하는 각종 행사 또는 대회 등에 참가하여 행하는 활동
   다. 그 밖에 대통령령이 정하는 시간 중의 활동으로서 가목 및 나목과 관련된 활동

★참고

■ 학교안전사고 예방 및 보상에 관한 법률
• 제8조(학교안전교육의 실시)
① 학교장은 학교안전사고를 예방하기 위하여 교육부령으로 정하는 바에 따라 학생·교직원 및 교육활동참여자에게 학교안전사고 예방 등에 관한 다음 각 호의 교육(이하 "안전교육"이라 한다)을 실시하고 그 결과를 학기별로 교육감에게 보고하여야 한다.
  1. 「아동복지법」 제31조에 따른 교통안전교육, 감염병 및 약물의 오남용 예방 등 보건위생관리교육 및 재난대비 안전교육
  2. 「학교폭력 예방 및 대책에 관한 법률」 제15조에 따른 학교폭력 예방교육
  3. 「성폭력방지 및 피해자보호 등에 관한 법률」 제5조에 따른 성폭력 예방에 필요한 교육
  4. 「성매매방지 및 피해자보호 등에 관한 법률」 제5조에 따른 성매매 예방교육
  5. 「초·중등교육법」 제23조에 따른 교육과정이 체험중심 교육활동으로 운영되는 경우 이에 관한 안전사고 예방교육
  6. 그 밖에 안전사고 관련 법률에 따른 안전교육
④ 학교장은 필요에 따라 안전교육을 이론교육과 실습교육으로 병행하여 실시하되, 안전교육을 효율적으로 실시하기 위하여 교원 또는 교육활동참여자로 하여금 담당하게 하거나 교육부령으로 정하는 바에 따라 전문교육기관·단체 또는 전문가에 위탁하여 실시할 수 있다 〈개정 2012. 1. 26., 2015. 1. 20.〉

■ 학교안전사고 예방 및 보상에 관한 법률
• 제2조(정의)
4. "교육활동"이라 함은 다음 각 목의 어느 하나에 해당하는 활동을 말한다.
   가. 학교의 교육과정 또는 학교의 장(이하 "학교장"이라 한다)이 정하는 교육계획 및 교육방침에 따라 학교의 안팎에서 학교장의 관리·감독하에 행하여지는 수업·특별활동·재량활동·과외활동·수련활동·수학여행 등 현장체험활동 또는 체육대회 등의 활동
   나. 등·하교 및 학교장이 인정하는 각종 행사 또는 대회 등에 참가하여 행하는 활동
   다. 그 밖에 대통령령으로 정하는 시간 중의 활동으로서 가목 및 나목과 관련된 활동
6. "학교안전사고"라 함은 교육활동 중에 발생한 사고로서 학생·교직원 또는 교육활동참여자의 생명 또는 신체에 피해를 주는 모든 사고 및 학교급식 등 학교장의 관리·감독에 속하는 업무가 직접 원인이 되어 학생·교직원 또는 교육활동참여자에게 발생하는 질병으로서 대통령령으로 정하는 것을 말한다.

CHAPTER 03 지방교육자치에 관한 법률

01
24. 국가직 7급

「지방교육자치에 관한 법률」상 교육감의 교육·학예에 관한 관장사무에 해당하지 <u>않는</u> 것은?

① 학교, 그 밖의 교육기관의 설치·이전 및 폐지에 관한 사항
② 과학·기술교육의 진흥에 관한 사항
③ 평생교육, 그 밖의 교육·학예진흥에 관한 사항
④ 대학 등 고등교육의 진흥에 관한 사항

정답 및 해설
④

교육기본법 제9조(학교교육) ① 유아교육·초등교육·중등교육 및 고등교육을 하기 위하여 학교를 둔다.
고등교육법 제1조(목적) 이 법은 「교육기본법」 제9조에 따라 고등교육에 관한 사항을 정함을 목적으로 한다.

> **참고**
> ■ 「지방교육자치에 관한 법률」 제20조(관장사무)
> • 제20조(관장사무)
> 교육감은 교육·학예에 관한 다음 각 호의 사항에 관한 사무를 관장한다. 〈개정 2021. 3. 23.〉
> 1. 조례안의 작성 및 제출에 관한 사항
> 2. 예산안의 편성 및 제출에 관한 사항
> 3. 결산서의 작성 및 제출에 관한 사항
> 4. 교육규칙의 제정에 관한 사항
> 5. 학교, 그 밖의 교육기관의 설치·이전 및 폐지에 관한 사항
> 6. 교육과정의 운영에 관한 사항
> 7. 과학·기술교육의 진흥에 관한 사항
> 8. 평생교육, 그 밖의 교육·학예진흥에 관한 사항
> 9. 학교체육·보건 및 학교환경정화에 관한 사항
> 10. 학생통학구역에 관한 사항
> 11. 교육·학예의 시설·설비 및 교구(敎具)에 관한 사항
> 12. 재산의 취득·처분에 관한 사항
> 13. 특별부과금·사용료·수수료·분담금 및 가입금에 관한 사항
> 14. 기채(起債)·차입금 또는 예산 외의 의무부담에 관한 사항
> 15. 기금의 설치·운용에 관한 사항
> 16. 소속 국가공무원 및 지방공무원의 인사관리에 관한 사항
> 17. 그 밖에 해당 시·도의 교육·학예에 관한 사항과 위임된 사항

02
23. 국가직 7급

「지방교육자치에 관한 법률」상 교육감과 관련된 규정으로 옳지 <u>않은</u> 것은?

① 교육감은 학생통학구역에 관한 사항을 담당 지역 교육장이 그 사무를 관장하도록 권한을 위임하여야 한다.
② 교육감은 교육과 학예에 관한 소관 사무로 인한 소송이나 재산의 등기에 대하여 해당 시·도를 대표한다.
③ 교육감은 소관 사무 중 시·도의회의 의결이 필요한 사항에 대하여 학생의 안전과 교육기관 등의 재산 보호를 위하여 긴급하게 필요한 사항으로서 시·도의회에서 의결이 지체되어 의결되지 아니한 때에는 선결처분을 할 수 있다.
④ 교육감 후보자가 되려는 자는 해당 시·도지사의 피선거권이 있는 사람으로서 후보자등록신청개시일로부터 과거 1년 동안 정당의 당원이 아닌 사람이어야 한다.

정답 및 해설
①

• **법 제35조(교육장의 분장 사무)**
교육장은 시·도의 교육·학예에 관한 사무 중 다음 각 호의 사무를 위임받아 분장한다. 〈개정 2019. 12. 3.〉
1. 공·사립의 유치원·초등학교·중학교·고등공민학교 및 이에 준하는 각종학교의 운영·관리에 관한 지도·감독

• **시행령 제6조(교육장의 분장사무의 범위)**
법 제35조 제1호에 따라 교육장이 위임받아 분장하는 각급학교의 운영·관리에 관한 지도·감독사무의 범위는 다음 각 호와 같다.
1. 교수학습활동, 진로지도, 강사 확보·관리 등 교육과정 운영에 관한 사항
2. 과학·기술교육의 진흥에 관한 사항
3. 특수교육, 학교 부적응 학생 교육, 저소득층 학생 지원 등 교육복지에 관한 사항
4. 학교체육·보건·급식 및 학교환경 정화 등 학생의 안전 및 건강에 관한 사항
5. 학생 통학 구역에 관한 사항
6. 학부모의 학교 참여, 연수·상담, 학교운영위원회 운영에 관한 사항
7. 평생교육 등 교육·학예 진흥에 관한 사항
8. 그 밖에 예산안의 편성·집행, 수업료, 입학금 등 각급학교의 운영·관리에 관한 지도·감독 사항

[전문개정 2010. 6. 29.]

참고

- 「교육자치법」 제18조(교육감) 제1항~2항
① 시·도의 교육·학예에 관한 사무의 집행기관으로 시·도에 교육감을 둔다.
② 교육감은 교육·학예에 관한 소관 사무로 인한 소송이나 재산의 등기 등에 대하여 해당 시·도를 대표한다.

- 「교육자치법」 제20조(관장사무)
교육감은 교육·학예에 관한 다음 각 호의 사항에 관한 사무를 관장한다.
  1. 조례안의 작성 및 제출에 관한 사항
  2. 예산안의 편성 및 제출에 관한 사항
  3. 결산서의 작성 및 제출에 관한 사항
  4. 교육규칙의 제정에 관한 사항
  5. 학교, 그 밖의 교육기관의 설치·이전 및 폐지에 관한 사항
  6. 교육과정의 운영에 관한 사항
  7. 과학·기술교육의 진흥에 관한 사항
  8. 평생교육, 그 밖의 교육·학예진흥에 관한 사항
  9. 학교체육·보건 및 학교환경정화에 관한 사항
  10. 학생통학구역에 관한 사항
  11. 교육·학예의 시설·설비 및 교구(教具)에 관한 사항
  12. 재산의 취득·처분에 관한 사항
  13. 특별부과금·사용료·수수료·분담금 및 가입금에 관한 사항
  14. 기채(起債)·차입금 또는 예산 외의 의무부담에 관한 사항
  15. 기금의 설치·운용에 관한 사항
  16. 소속 국가공무원 및 지방공무원의 인사관리에 관한 사항
  17. 그 밖에 해당 시·도의 교육·학예에 관한 사항과 위임된 사항

- 「교육자치법」 제24조(교육감후보자의 자격) 제1항
① 교육감후보자가 되려는 사람은 해당 시·도지사의 피선거권이 있는 사람으로서 후보자등록신청개시일부터 과거 1년 동안 정당의 당원이 아닌 사람이어야 한다.

- 「교육자치법」 제29조(교육감의 선결처분) 제1항
① 교육감은 소관 사무 중 시·도의회의 의결이 필요한 사항에 대하여 다음 각 호의 어느 하나에 해당하는 경우에는 선결처분을 할 수 있다.
  1. 시·도의회가 성립되지 아니한 때(시·도의회의원의 구속 등의 사유로「지방자치법」제73조의 규정에 따른 의결정족수에 미달하게 된 때를 말한다)
  2. 학생의 안전과 교육기관 등의 재산보호를 위하여 긴급하게 필요한 사항으로서 시·도의회가 소집될 시간적 여유가 없거나 시·도의회에서 의결이 지체되어 의결되지 아니한 때

03

11. 국가직 7급

현행 법령에 따르면, 교육감 후보자의 자격은 교육경력 또는 교육행정 경력이 3년 이상이거나 두 경력을 합하여 3년 이상인 자로 제한되어 있다. 이와 가장 관련이 깊은 교육자치의 원리는?

① 지방분권의 원리
② 자주성 존중의 원리
③ 민중통제의 원리
④ 전문적 관리의 원리

정답 및 해설

④

- 지방교육자치의 2대 이념

민주성	전문성
• 주민자치(민중통제, 주민참여)의 원리: 교육감 주민 직선제, 교육위원회제도 • 단체자치(지방분권)의 원리	• 자주성 존중의 원리(교육행정의 분리 독립의 원리): 종교적·정치적·인종적·지방적 이해관계 초월 • 전문적 관리의 원리: 교육감 자격 제한(제시문 내용)

참고

- 지방교육자치에 관한 법률
- 제24조(교육감후보자의 자격)
① 교육감후보자가 되려는 사람은 해당 시·도지사의 피선거권이 있는 사람으로서 후보자등록신청개시일부터 과거 1년 동안 정당의 당원이 아닌 사람이어야 한다. 〈개정 2010. 2. 26., 2021. 3. 23.〉
② 교육감후보자가 되려는 사람은 후보자등록신청개시일을 기준으로 다음 각 호의 어느 하나에 해당하는 경력이 3년 이상 있거나 다음 각 호의 어느 하나에 해당하는 경력을 합한 경력이 3년 이상 있는 사람이어야 한다. 〈신설 2014. 2. 13.〉
  1. 교육경력:「유아교육법」제2조제2호에 따른 유치원,「초·중등교육법」제2조 및「고등교육법」제2조에 따른 학교(이와 동등한 학력이 인정되는 교육기관 또는 평생교육시설로서 다른 법률에 따라 설치된 교육기관 또는 평생교육시설을 포함한다)에서 교원으로 근무한 경력
  2. 교육행정경력: 국가 또는 지방자치단체의 교육기관에서 국가공무원 또는 지방공무원으로 교육·학예에 관한 사무에 종사한 경력과「교육공무원법」제2조제1항제2호 또는 제3호에 따른 교육공무원으로 근무한 경력

04

04. 국가직 9급

교육자치제도의 기본 원리가 아닌 것은?

① 지방분권의 원리
② 지방행정과 통합의 원리
③ 주민 통제의 원리
④ 전문적 관리의 원리
⑤ 합의제의 원리

> **정답 및 해설** ②
>
> 지방행정과 분리·독립되어야 한다.
>
> ★ 참고
> - 지방교육자치에 관한 법률
> - 제1조(목적)
>   이 법은 교육의 자주성 및 전문성과 지방교육의 특수성을 살리기 위하여 지방자치단체의 교육·과학·기술·체육 그 밖의 학예에 관한 사무를 관장하는 기관의 설치와 그 조직 및 운영 등에 관한 사항을 규정함으로써 지방교육의 발전에 이바지함을 목적으로 한다.
> - 제2조(교육·학예사무의 관장)
>   지방자치단체의 교육·과학·기술·체육 그 밖의 학예(이하 "교육·학예"라 한다)에 관한 사무는 특별시·광역시 및 도(이하 "시·도"라 한다)의 사무로 한다.

05

22. 지방직 9급

「지방교육자치에 관한 법률」상 교육감에 대한 설명으로 옳지 않은 것은?

① 시·도의 교육·학예에 관한 사무의 집행기관이다.
② 교육·학예에 관한 교육규칙의 제정에 관한 사항을 관장한다.
③ 교육감후보자가 되려면 교육경력과 교육행정경력을 각각 최소 1년 이상 갖추어야 한다.
④ 주민은 교육감을 소환할 권리를 가진다.

> **정답 및 해설** ③
>
> 교육감후보자가 되려는 사람은 후보자등록신청개시일을 기준으로 교육경력 또는 교육행정경력이 3년 이상 있거나 경력을 합한 경력이 3년 이상 있는 사람이어야 한다.
>
> ★ 참고
> - 지방교육자치에 관한 법률
> - 제24조(교육감후보자의 자격)
>   ① 교육감후보자가 되려는 사람은 해당 시·도지사의 피선거권이 있는 사람으로서 후보자등록신청개시일부터 과거 1년 동안 정당의 당원이 아닌 사람이어야 한다.

06

10. 국가직 7급

현행 우리나라의 지방교육자치에 대한 설명으로 옳지 않은 것은?

① 주민은 교육감과 교육의원을 소환할 권리를 가진다.
② 부교육감은 당해 시·도 교육감이 추천한 자를 교육부장관이 임명한다.
③ 교육감과 교육의원은 주민의 보통·평등·직접·비밀선거에 따라 선출한다.
④ 교육감 후보자가 되려는 사람은 후보등록신청 개시일을 기준으로 교육경력 또는 교육행정경력이 각각 3년 이상이거나 합산하여 3년 이상이어야 한다.

> **정답 및 해설** ②
>
> ① 「지방교육자치에 관한 법률」 제10조의2 제1항 & 제24조의2 제1항
> ② 시·도 교육감이 추천한 자를 교육부장관의 제청으로 국무총리를 거쳐 대통령이 임명한다.
>
> ★ 참고
> - 지방교육자치에 관한 법률
> - 제30조(보조기관)
>   ① 교육감 소속하에 국가공무원으로 보하는 부교육감 1인(인구 800만명 이상이고 학생 150만명 이상인 시·도는 2인)을 두되, 대통령령으로 정하는 바에 따라 「국가공무원법」 제2조의2의 규정에 따른 고위공무원단에 속하는 일반직공무원 또는 장학관으로 보한다. 〈개정 2020. 12. 22., 2021. 3. 23.〉
>   ② 부교육감은 해당 시·도의 교육감이 추천한 사람을 교육부장관의 제청으로 국무총리를 거쳐 대통령이 임명한다. 〈개정 2008. 2. 29., 2013. 3. 23., 2021. 3. 23.〉
>   ③ 부교육감은 교육감을 보좌하여 사무를 처리한다.

07

08. 국가직 7급

현행 교육자치제에 의한 교육위원회에 대한 내용으로 옳지 않은 것은?

① 교육위원회의 위원의 임기는 4년이다.
② 교육위원회는 광역자치구와 기초자치구에 설치한다.
③ 교육위원회는 시·도의 교육·학예에 관한 중요사항을 심사·의결한다.
④ 사립학교 경영자나 사립학교를 설치·경영하는 법인의 임직원은 교육위원회의 위원으로 선출될 수 없다.

정답 및 해설

② 교육위원회는 시·도의회의 상임위원회로 설치한다. (동법 제4조)

⭐ 참고
- 지방자치법
- 제37조(의회의 설치)
  지방자치단체에 주민의 대의기관인 의회를 둔다.
- 제38조(지방의회의원의 선거)
  지방의회의원은 주민이 보통·평등·직접·비밀선거로 선출한다.
- 제64조(위원회의 설치)
  ① 지방의회는 조례로 정하는 바에 따라 위원회를 둘 수 있다.
  ② 위원회의 종류는 다음 각 호와 같다.
     1. 소관 의안(議案)과 청원 등을 심사·처리하는 상임위원회
     2. 특정한 안건을 심사·처리하는 특별위원회
  ③ 위원회의 위원은 본회의에서 선임한다.

08

09. 국가직 9급

각 시·도의 교육·학예에 관한 사무를 집행하는 장(長)인 교육감에 관한 설명으로 옳은 것은?

① 학교운영위원들이 선출한다.
② 10년 이상의 교육 경력과 교육행정 경력이 있어야 한다.
③ 교육규칙을 제정할 수 없다.
④ 임기는 4년이며 계속 재임은 3기에 한한다.

정답 및 해설

④
① 주민직선. ② 3년. ③ 있다.

⭐ 참고
- 지방교육자치에 관한 법률
- 제21조(교육감의 임기)
  교육감의 임기는 4년으로 하며, 교육감의 계속 재임은 3기에 한정한다. 〈개정 2021. 3. 23.〉

09

14. 국가직 7급

지방교육자치제도에 대한 설명으로 옳은 것은?

① 교육위원회는 시·도의회와는 독립하여 구성된다.
② 교육감의 임기는 4년이고, 계속 재임은 2기에 한한다.
③ 교육감은 집행기관으로서 교육규칙제정권을 갖고 있지 않다.
④ 교육감 후보자가 되려는 사람은 당해 시·도지사의 피선거권이 있는 사람으로서 후보자 등록신청개시일부터 과거 1년 동안 정당의 당원이 아닌 사람이어야 한다.

정답 및 해설

④
- 제24조(교육감후보자의 자격)
  ① 교육감후보자가 되려는 사람은 당해 시·도지사의 피선거권이 있는 사람으로서 후보자등록신청개시일부터 과거 1년 동안 정당의 당원이 아닌 사람이어야 한다. 〈개정 2010. 2. 26.〉
  ② 교육감후보자가 되려는 사람은 후보자등록신청개시일을 기준으로 다음 각 호의 어느 하나에 해당하는 경력이 3년 이상 있거나 다음 각 호의 어느 하나에 해당하는 경력을 합한 경력이 3년 이상 있는 사람이어야 한다. 〈신설 2014. 2. 13.〉
     1. 교육경력: 「유아교육법」 제2조 제2호에 따른 유치원, 「초·중등교육법」 제2조 및 「고등교육법」 제2조에 따른 학교(이와 동등한 학력이 인정되는 교육기관 또는 평생교육시설로서 다른 법률에 따라 설치된 교육기관 또는 평생교육시설을 포함한다)에서 교원으로 근무한 경력
     2. 교육행정경력: 국가 또는 지방자치단체의 교육기관에서 국가공무원 또는 지방공무원으로 교육·학예에 관한 사무에 종사한 경력과 「교육공무원법」 제2조 제1항 제2호 또는 제3호에 따른 교육공무원으로 근무한 경력

⭐ 참고
- 지방교육자치에 관한 법률
- 제24조(교육감후보자의 자격)
  ① 교육감후보자가 되려는 사람은 해당 시·도지사의 피선거권이 있는 사람으로서 후보자등록신청개시일부터 과거 1년 동안 정당의 당원이 아닌 사람이어야 한다. 〈개정 2010. 2. 26., 2021. 3. 23.〉

10
14. 국가직 7급

지방교육행정기관에 대한 설명으로 옳은 것은?

① 시·도교육청의 장을 교육장이라 한다.
② 시·도교육청 산하의 하급교육행정기관은 지역교육청이다.
③ 본청에 두는 실·국의 설치 및 그 사무분장은 교육규칙으로 정한다.
④ 지방교육행정기관은 기구와 정원을 총액인건비를 기준으로 운영하여야 한다.

> **정답 및 해설** ④
>
> ④ 그렇다. 지방교육행정기관은 기구와 정원을 총액인건비를 기준으로 자율성과 책임성이 조화되도록 운영하여야 한다. (「지방교육행정기관의 행정기구와 정원기준 등에 관한 규정」 제4조 1항) 교육부장관은 지방교육행정기관의 행정수요, 인건비 등을 고려하여 해마다 총액인건비를 산정하고 전년도 12월 31일까지 해당 교육감에게 통보하여야 한다. (동 규정 제4조 2항)
> ① 교육장 ⇨ 교육감, 교육지원청에 교육장을 두되 장학관으로 보한다. (「지방교육자치에 관한 법률」 제34조 3항)
> ② 지역교육청 ⇨ 교육지원청, 시·도의 교육·학예에 관한 사무를 분장하기 위하여 1개 또는 2개 이상의 시·군 및 자치구를 관할구역으로 하는 하급교육행정기관으로서 교육지원청을 둔다. (동 법률 제34조 1항)
> ③ 본청에 두는 실·국의 설치 및 그 사무 분장은 해당 시·도의 조례로 정한다. (동 규정 제8조 1항)
>
> ★ 참고
>
> ■ 지방교육자치에 관한 법률
> • 제30조(보조기관)
> ⑤ 교육감 소속하에 보조기관을 두되, 그 설치·운영 등에 관하여 필요한 사항은 대통령령으로 정한 범위 안에서 조례로 정한다.
>
> • 제34조(하급교육행정기관의 설치 등)
> ① 시·도의 교육·학예에 관한 사무를 분장하기 위하여 1개 또는 2개 이상의 시·군 및 자치구를 관할구역으로 하는 하급교육행정기관으로서 교육지원청을 둔다. 〈개정 2013. 12. 30.〉
> ② 교육지원청의 관할구역과 명칭은 대통령령으로 정한다. 〈개정 2013. 12. 30.〉
> ③ 교육지원청에 교육장을 두되 장학관으로 보하고, 그 임용에 관하여 필요한 사항은 대통령령으로 정한다. 〈개정 2013. 12. 30.〉
> ④ 교육지원청의 조직과 운영 등에 관하여 필요한 사항은 대통령령으로 정한다. 〈개정 2013. 12. 30.〉 [제목개정 2013. 12. 30.]
>
> ■ 지방교육행정기관의 행정기구와 정원기준 등에 관한 규정
> • 제4조(총액인건비제 운영)
> ① 지방교육행정기관은 기구와 정원을 총액인건비를 기준으로 자율성과 책임성이 조화되도록 운영하여야 한다.
> ② 교육부장관은 지방교육행정기관의 행정수요, 인건비 등을 고려하여 해마다 총액인건비를 산정하고 전년도 12월 31일까지 해당 교육감에게 통보하여야 한다. 〈개정 2013. 3. 23.〉
> ③ 제2항의 총액인건비의 구성요소, 산정방법 등 총액인건비 산정에 관한 구체적인 사항은 교육부장관이 정하는 바에 따른다. 〈개정 2013. 3. 23.〉
> ④ 교육부장관은 지방교육행정기관의 총액인건비 운영에 대하여 분석하고 그 결과를 다음 해 총액인건비에 반영하는 등 필요한 조치를 할 수 있다. 〈개정 2013. 3. 23.〉

11
17. 국가직 9급

지방교육자치에 관한 법령상 교육감에 대한 설명으로 옳은 것만을 모두 고른 것은?

> ㉠ 교육규칙의 제정에 관한 사항은 교육감의 관장사무에 해당한다.
> ㉡ 주민은 교육감을 소환할 권리를 가진다.
> ㉢ 시·도의회에 제출할 교육·학예에 관한 조례안과 관련하여 심의·의결할 권한을 가진다.
> ㉣ 교육감의 임기는 4년으로 하며, 교육감의 계속 재임은 3기에 한한다.

① ㉠, ㉡
② ㉢, ㉣
③ ㉠, ㉡, ㉣
④ ㉠, ㉡, ㉢, ㉣

정답 및 해설
③

- **제20조(관장사무)**
교육감은 교육·학예에 관한 다음 각 호의 사항에 관한 사무를 관장한다.
    1. 조례안의 작성 및 제출에 관한 사항
    2. 예산안의 편성 및 제출에 관한 사항
    3. 결산서의 작성 및 제출에 관한 사항
    4. 교육규칙의 제정에 관한 사항
    5. 학교, 그 밖의 교육기관의 설치·이전 및 폐지에 관한 사항
    6. 교육과정의 운영에 관한 사항
    7. 과학·기술교육의 진흥에 관한 사항
    8. 평생교육, 그 밖의 교육·학예진흥에 관한 사항
    9. 학교체육·보건 및 학교환경정화에 관한 사항
    10. 학생통학구역에 관한 사항
    11. 교육·학예의 시설·설비 및 교구(敎具)에 관한 사항
    12. 재산의 취득·처분에 관한 사항
    13. 특별부과금·사용료·수수료·분담금 및 가입금에 관한 사항
    14. 기채(起債)·차입금 또는 예산 외의 의무부담에 관한 사항
    15. 기금의 설치·운용에 관한 사항
    16. 소속 국가공무원 및 지방공무원의 인사관리에 관한 사항
    17. 그 밖에 당해 시·도의 교육·학예에 관한 사항과 위임된 사항

> **참고**
> ■ 지방교육자치에 관한 법률
> • 제24조의2(교육감의 소환)
> ① 주민은 교육감을 소환할 권리를 가진다.
>
> • 제21조(교육감의 임기)
> 교육감의 임기는 4년으로 하며, 교육감의 계속 재임은 3기에 한정한다.

12
15. 국가직 9급

우리나라의 지방교육자치제에 대한 설명으로 옳지 않은 것은?

① 교육지원청에 교육장을 두되 장학관으로 보한다.
② 교육감은 시·도의 교육·학예에 관한 사무의 집행기관이다.
③ 교육감의 임기는 4년으로 하며, 교육감의 계속 재임은 2기에 한한다.
④ 부교육감은 당해 시·도의 교육감이 추천한 자를 교육부장관의 제청으로 국무총리를 거쳐 대통령이 임명한다.

정답 및 해설
③

제21조(교육감의 임기) 교육감의 임기는 4년으로 하며, 교육감의 계속 재임은 3기에 한한다.

> **참고**
> ■ 지방교육자치에 관한 법률
> • 제21조(교육감의 임기)
> 교육감의 임기는 4년으로 하며, 교육감의 계속 재임은 3기에 한정한다. 〈개정 2021. 3. 23.〉

13
20. 국가직 7급

현행 지방교육행정조직에 대한 설명으로 옳지 않은 것은?

① 정당은 교육감 선거에 후보자를 추천할 수 없다.
② 교육감의 임기는 4년으로 하며, 교육감의 계속 재임은 3기에 한한다.
③ 부교육감은 고위공무원단에 속하는 일반직공무원 또는 장학관으로 보한다.
④ 특별시·광역시·도의 교육·학예에 관한 사무를 분장하기 위하여 시·군 및 자치구를 관할구역으로 하는 하급교육행정 기관으로서 지역교육청을 둔다.

정답 및 해설
④

제34조(하급교육행정기관의 설치 등)
① 시·도의 교육·학예에 관한 사무를 분장하기 위하여 1개 또는 2개 이상의 시·군 및 자치구를 관할구역으로 하는 하급교육행정기관으로서 교육지원청을 둔다. 〈개정 2013. 12. 30.〉
② 교육지원청의 관할구역과 명칭은 대통령령으로 정한다. 〈개정 2013. 12. 30.〉
③ 교육지원청에 교육장을 두되 장학관으로 보하고, 그 임용에 관하여 필요한 사항은 대통령령으로 정한다. 〈개정 2013. 12. 30.〉
④ 교육지원청의 조직과 운영 등에 관하여 필요한 사항은 대통령령으로 정한다. 〈개정 2013. 12. 30.〉

> **참고**
> ■ 지방교육자치에 관한 법률
> • 제34조(하급교육행정기관의 설치 등)
> ① 시·도의 교육·학예에 관한 사무를 분장하기 위하여 1개 또는 2개 이상의 시·군 및 자치구를 관할구역으로 하는 하급교육행정기관으로서 교육지원청을 둔다. 〈개정 2013. 12. 30.〉

14

15. 국가직 7급

「지방교육자치에 관한 법률」상 지방교육자치제에 대한 설명으로 옳은 것은?

① 지방자치단체의 교육·과학·기술·체육 그 밖의 학예에 관한 사무는 특별시·광역시 및 도·시·군·구의 사무로 한다.
② 정당은 교육감선거에 후보자를 추천할 수 있다.
③ 특별시·광역시 및 도의 교육·학예에 관한 경비를 따로 경리하기 위하여 당해 지방자치단체에 교육비특별회계를 둔다.
④ 교육위원회는 법령 또는 조례의 범위 안에서 그 권한에 속하는 사무에 관하여 교육규칙을 제정할 수 있다.

정답 및 해설

③

- **제2조(교육·학예사무의 관장)**
지방자치단체의 교육·과학·기술·체육 그 밖의 학예(이하 "교육·학예"라 한다)에 관한 사무는 특별시·광역시 및 도(이하 "시·도"라 한다)의 사무로 한다.

- **제24조(교육감후보자의 자격)**
① 교육감후보자가 되려는 사람은 당해 시·도지사의 피선거권이 있는 사람으로서 후보자등록신청개시일부터 과거 1년 동안 정당의 당원이 아닌 사람이어야 한다. 〈개정 2010. 2. 26.〉
② 교육감후보자가 되려는 사람은 후보자등록신청개시일을 기준으로 다음 각 호의 어느 하나에 해당하는 경력이 3년 이상 있거나 다음 각 호의 어느 하나에 해당하는 경력을 합한 경력이 3년 이상 있는 사람이어야 한다. 〈신설 2014. 2. 13.〉

- **제25조(교육규칙의 제정)**
① 교육감은 법령 또는 조례의 범위 안에서 그 권한에 속하는 사무에 관하여 교육규칙을 제정할 수 있다.
② 교육감은 대통령령이 정하는 절차와 방식에 따라 교육규칙을 공포하여야 하며, 교육규칙은 특별한 규정이 없는 한 공포한 날부터 20일이 경과함으로써 효력을 발생한다.

- **제38조(교육비특별회계)** 시·도의 교육·학예에 관한 경비를 따로 경리하기 위하여 해당 지방자치단체에 교육비특별회계를 둔다.

15

19. 지방직 9급

우리나라 지방교육자치제도에 대한 설명으로 옳지 <u>않은</u> 것은?

① 시·도의 교육·학예에 관한 경비를 따로 경리하기 위하여 당해 지방자치단체에 교육비특별회계를 둔다.
② 정당은 교육감 선거에 후보자를 추천할 수 없다.
③ 지방자치단체의 교육·학예에 관한 사무를 효율적으로 처리하기 위하여 지방교육행정협의회를 둔다.
④ 시·도의 교육·학예에 관한 사무의 심의기관으로 교육감을 둔다.

정답 및 해설

④

교육감은 독임제 집행기관

> **참고**
> ■ 지방교육자치에 관한 법률
> - **제18조(교육감)**
> ① 시·도의 교육·학예에 관한 사무의 집행기관으로 시·도에 교육감을 둔다.
> ② 교육감은 교육·학예에 관한 소관 사무로 인한 소송이나 재산의 등기 등에 대하여 해당 시·도를 대표한다. 〈개정 2021. 3. 23.〉

16
21. 지방직 9급

우리나라의 현행 지방교육자치제도에 대한 설명으로 옳은 것은?

① 부교육감은 대통령이 임명한다.
② 교육감의 임기는 4년이며 2기에 걸쳐 재임할 수 있다.
③ 지방교육자치제의 실시 단위는 시·군·구 기초자치단체를 단위로 한다.
④ 시·도 교육청에 교육위원회를 두고 교육의원은 주민이 직접 선거하여 선출한다.

정답 및 해설 ①

② 교육감의 임기는 4년으로 하며, 교육감의 계속 재임은 3기에 한정한다. (2021. 3. 23.)
③ 지방자치단체의 교육·과학·기술·체육 그 밖의 학예에 관한 사무는 특별시·광역시 및 도의 사무로 한다.
④ 특별시·광역시·도에 설치되어 지방자치단체의 교육 및 학예에 관한 주요 사항을 심의, 의결

참고
- 지방교육자치에 관한 법률
- 제30조(보조기관)
① 교육감 소속하에 국가공무원으로 보하는 부교육감 1인(인구 800만명 이상이고 학생 150만명 이상인 시·도는 2인)을 두되, 대통령령으로 정하는 바에 따라 「국가공무원법」 제2조의2의 규정에 따른 고위공무원단에 속하는 일반직공무원 또는 장학관으로 보한다. 〈개정 2020. 12. 22., 2021. 3. 23.〉
② 부교육감은 해당 시·도의 교육감이 추천한 사람을 교육부장관의 제청으로 국무총리를 거쳐 대통령이 임명한다. 〈개정 2008. 2. 29., 2013. 3. 23., 2021. 3. 23.〉
③ 부교육감은 교육감을 보좌하여 사무를 처리한다.

17
22. 국가직 7급

「지방교육자치에 관한 법률」 및 「지방자치법」상 지방교육자치에 대한 설명으로 옳지 않은 것은?

① 지방자치단체의 교육·학예에 관한 경비 중 의무교육에 관련되는 경비는 국가가 모두 부담하여야 한다.
② 주민의 권리 제한 또는 의무 부과에 관한 사항이나 벌칙을 정하는 교육조례는 법률의 위임이 있어야 한다.
③ 교육조례안의 의결이 법령에 위반되거나 공익을 현저히 해친다고 판단되면 교육부장관은 교육감에게 재의를 요구하게 할 수 있다.
④ 교육부장관의 직무이행명령에 대해 이의가 있으면 교육감은 대법원에 소를 제기할 수 있다.

정답 및 해설 ①

① 제37조(의무교육경비 등) ① 의무교육에 종사하는 교원의 보수와 그 밖의 의무교육에 관련되는 경비는 「지방교육재정교부금법」에서 정하는 바에 따라 국가 및 지방자치단체가 부담한다. 〈개정 2021. 3. 23.〉
② 제1항의 규정에 따른 의무교육 외의 교육에 관련되는 경비는 「지방교육재정교부금법」에서 정하는 바에 따라 국가·지방자치단체 및 학부모 등이 부담한다. 〈개정 2021. 3. 23.〉

참고
- 지방교육자치에 관한 법률
- 제37조(의무교육경비 등)
① 의무교육에 종사하는 교원의 보수와 그 밖의 의무교육에 관련되는 경비는 「지방교육재정교부금법」에서 정하는 바에 따라 국가 및 지방자치단체가 부담한다. 〈개정 2021. 3. 23.〉
② 제1항의 규정에 따른 의무교육 외의 교육에 관련되는 경비는 「지방교육재정교부금법」에서 정하는 바에 따라 국가·지방자치단체 및 학부모 등이 부담한다. 〈개정 2021. 3. 23.〉

CHAPTER 04 독학에 의한 학위취득에 관한 법률 및 자격기본법

01
23. 지방직 9급

「독학에 의한 학위취득에 관한 법률」의 내용으로 옳지 않은 것은?

① 국가는 독학자가 학사학위를 취득하는 데에 필요한 편의를 제공하여야 한다.
② 학위취득시험에 응시할 수 있는 사람은 고등학교 졸업이나 이와 같은 수준 이상의 학력이 있다고 인정된 사람이어야 한다.
③ 일정한 학력이나 자격이 있는 사람에 대하여는 학위취득 종합 시험을 면제할 수 있다.
④ 교육부장관은 학위취득 종합시험에 합격한 사람에게는 학위를 수여한다.

정답 및 해설
③

① 제2조(국가의 임무) 국가는 독학자가 학사학위를 취득하는 데에 필요한 편의를 제공하여야 한다.
② 제4조(응시자격) ① 시험에 응시할 수 있는 사람은 고등학교 졸업이나 이와 같은 수준 이상의 학력(學力)이 있다고 인정된 사람이어야 한다. 〈개정 2015. 3. 27.〉
③ 제5조(시험의 과정 및 과목) ① 시험은 다음 각 호의 과정별 시험을 거쳐야 하며, 제4호의 학위취득 종합시험에 응시하려는 사람은 제1호부터 제3호까지의 각 과정별 시험을 모두 거쳐야 한다. 다만, 대통령령으로 정하는 바에 따라 일정한 학력(學歷)이나 자격이 있는 사람에 대하여는 제1호부터 제3호까지의 각 과정별 인정시험 또는 시험과목의 전부 또는 일부를 면제할 수 있다. 〈개정 2015. 3. 27.〉
 1. 교양과정 인정시험
 2. 전공기초과정 인정시험
 3. 전공심화과정 인정시험
 4. 학위취득 종합시험
④ 제6조(학위 수여 등) ① 교육부장관은 학위취득 종합시험에 합격한 사람에게는 학위를 수여한다. 〈개정 2015. 3. 27.〉

02
18. 국가직 9급

독학학위제에 대한 설명으로 옳은 것만을 모두 고른 것은?

㉠ 교양과정, 전공기초과정, 전공심화과정 등의 3개 인정시험을 통과하면, 학사학위를 수여하는 제도이다.
㉡ 학점은행제로 취득한 학점은 일정 조건을 갖추게 되면, 독학학위제의 시험 응시자격에 활용될 수 있다.
㉢ 특성화고등학교를 졸업한 사람은 독학학위제에 응시할 수 없다.
㉣ 교육부장관은 독학학위제의 시험 실시 권한을 평생교육진흥원장에게 위탁하고 있다.

① ㉠, ㉢ ② ㉠, ㉣
③ ㉡, ㉢ ④ ㉡, ㉣

정답 및 해설
④

• 독학학위제는 독학자에게 학사 학위 취득의 기회를 부여하기 위해 국가가 시험에 합격한 사람에게 학사 학위를 수여하는 제도이다. 이 제도로 취득한 학사 학위를 독학사라 한다. 영어로는 Bachelor's Degree Examination for Self-Education라고 한다. 중국의 고등교육자학고시를 모델로 하여 한국에 도입되었다.
• 시험 단계는 총 4단계이다. 1단계는 교양과정 인정시험, 2단계는 전공기초과정 인정시험, 3단계는 전공심화과정 인정시험, 4단계는 학위취득 종합시험이다. 각 단계마다 일정한 응시 자격이 있으며, 이들 자격을 만족하면 단계를 건너뛰어도 된다. 4단계까지 합격하면 학위를 취득하게 된다. 시험은 단계마다 일 년에 한 번씩 치러진다.
• 「독학에 의한 학위취득에 관한 법률」이 2015년 3월 27일 일부 개정됨에 따라 고졸 검정고시 등 고등학교 졸업 이상의 학력을 가진 사람이면 2016년부터 누구나 1~3과정 시험에 응시할 수 있게 바뀌었다.
• 4단계 학위취득 종합시험에 합격하면 교육부 장관 명의의 독학학위제 학사학위를 취득한다. 1~3단계 시험 성적은 각 과목별로 60점 이상으로 합격 여부만을 결정하며, GPA가 포함된 성적표가 발급되는 최종 성적은 4단계 시험인 학위취득 종합시험의 성적이 반영된다. 학점은행제는 학점에 대한 호환이 가능하여, 독학학위제에서 합격한 과목은 학점은행제에서 과목당 4~5학점으로 인정받을 수 있다.

03

15. 국가직 9급

우리나라의 독학사 학위취득시험 단계에서 ☐에 들어갈 것은?

교양과정 인정시험 → 전공기초과정 인정시험 → 전공심화과정 인정시험 → ☐

① 심층면접
② 학위취득 종합시험
③ 실무능력 인정시험
④ 독학능력 인정시험

정답 및 해설

②

- 시험 단계는 총 4단계이다. 1단계는 교양과정 인정시험, 2단계는 전공기초과정 인정시험, 3단계는 전공심화과정 인정시험, 4단계는 학위취득 종합시험이다. 각 단계마다 일정한 응시 자격이 있으며, 이들 자격을 만족하면 단계를 건너뛰어도 된다. 4단계까지 합격하면 학위를 취득하게 된다. 시험은 단계마다 일 년에 한 번씩 치러진다.
- 4단계 학위취득 종합시험에 합격하면 교육부 장관 명의의 독학학위제 학사학위를 취득한다. 1~3단계 시험 성적은 각 과목별로 60점 이상으로 합격 여부만을 결정하며, GPA가 포함된 성적표가 발급되는 최종 성적은 4단계 시험인 학위취득 종합시험의 성적이 반영된다. 학점은행제는 학점에 대한 호환이 가능하여, 독학학위제에서 합격한 과목은 학점은행제에서 과목당 4~5학점으로 인정받을 수 있다.

★ 참고

- 「독학학위법」 제2조(국가의 임무)
국가는 독학자가 학사학위(이하 "학위"라 한다)를 취득하는 데에 필요한 편의를 제공하여야 한다.

- 「독학학위법」 제4조(응시자격) 제1항
① 시험에 응시할 수 있는 사람은 고등학교 졸업이나 이와 같은 수준 이상의 학력(學力)이 있다고 인정된 사람이어야 한다.

- 「독학학위법」 제5조(시험의 과정 및 과목) 제1항
① 시험은 다음 각 호의 과정별 시험을 거쳐야 하며, 제4호의 학위취득 종합시험에 응시하려는 사람은 제1호부터 제3호까지의 각 과정별 시험을 모두 거쳐야 한다. 다만, 대통령령으로 정하는 바에 따라 일정한 학력(學歷)이나 자격이 있는 사람에 대하여는 제1호부터 제3호까지의 각 과정별 인정시험 또는 시험과목의 전부 또는 일부를 면제할 수 있다.
  1. 교양과정 인정시험
  2. 전공기초과정 인정시험
  3. 전공심화과정 인정시험
  4. 학위취득 종합시험

- 「독학학위법」 제6조(학위 수여 등) 제1항
① 교육부장관은 「고등교육법」 제35조제1항에도 불구하고 제5조제1항제4호에 따른 학위취득 종합시험에 합격한 사람에게는 학위를 수여한다.

CHAPTER 05 기초학력 보장법/고등교육법/대안학교규정

01
22. 국가직 7급

기초학력 보장 정책과 관련된 내용으로 옳지 않은 것은?

① 기초학력을 갖추지 못한 학습지원 대상 학생에게 맞춤형 교육을 실시한다.
② 학교 교육과정을 통하여 갖추어야 하는 최소한의 성취기준을 충족하는지 진단한다.
③ 진로 개척 역량을 길러주기 위해 과목 선택제를 도입한다.
④ 학습결손 보충을 위한 학교 안팎의 프로그램을 활성화한다.

정답 및 해설
③

③ 진로교육의 기본방향은 변화하는 직업세계와 평생학습사회에 적극적으로 대응할 수 있도록 스스로 진로를 개척하고 지속적으로 개발해 나갈 수 있는 진로개발역량의 함양을 목표로 한다.(진로교육법 제4조(진로교육의 기본방향))

★참고
■ 「기초학력 보장법」 제8조(학습지원대상학생의 선정 및 학습지원교육) 제1항~제6항
① 학교의 장은 기초학력진단검사 결과와 학급담임교사 및 해당 교과교사의 추천, 학부모 등 보호자에 대한 상담결과 등에 따라 학습지원교육이 필요하다고 판단되는 학생을 학습지원대상학생으로 선정할 수 있다.
② 학교의 장은 학습지원대상학생의 학력 수준과 기초학력 미달 원인 등을 고려하여 학습지원교육을 실시하여야 한다.
③ 학교의 장은 필요한 경우 보호자에 대한 교육·상담을 실시하거나 학교 외부의 전문기관과 연계하여 학습지원교육을 실시할 수 있다.
④ 학교의 장은 학습지원교육의 효율적인 수행을 위하여 제9조에 따른 학습지원 담당교원, 「학교보건법」 제15조에 따른 보건교사, 「초·중등교육법」 제19조의2에 따른 전문상담교사 등이 함께 학습지원교육을 실시하도록 할 수 있다.
⑤ 학교의 장은 학생들의 기초학력 보장을 위하여 특별한 학습지원이 필요한 교과의 수업에 보조인력을 배치할 수 있다.
⑥ 그 밖에 학습지원대상학생 선정, 학습지원교육 및 보조인력 배치 등에 필요한 사항은 대통령령으로 정한다.

02
20. 국가직 7급

「고등교육법」상 고등교육기관이 아닌 것은?

① 기술대학
② 산업대학
③ 시민대학
④ 사이버대학

정답 및 해설
③

• 제2조(학교의 종류) 고등교육을 실시하기 위하여 다음 각 호의 학교를 둔다.
1. 대학
2. 산업대학
3. 교육대학
4. 전문대학
5. 방송대학·통신대학·방송통신대학 및 사이버대학(이하 "원격대학"이라 한다)
6. 기술대학
7. 각종학교

★참고
■ 「고등교육법」 제2조(학교의 종류)
고등교육을 실시하기 위하여 다음 각 호의 학교를 둔다.
1. 대학
2. 산업대학
3. 교육대학
4. 전문대학
5. 방송대학·통신대학·방송통신대학 및 사이버대학(이하 "원격대학"이라 한다)
6. 기술대학
7. 각종학교

03

13. 국가직 7급

대안학교의 설립·운영에 관한 설명 중 사실과 다른 것은?

① 국·공립 대안학교의 설립자는 위탁운영계약을 통하여 학교법인과 그 밖에 안정적으로 대안교육을 실시할 수 있다고 판단되는 자에게 대안학교의 운영을 위탁할 수 있다.
② 사립 대안학교의 설립인가를 받으려는 자는 소정의 서류를 갖추어 교육감에게 신청하여야 한다.
③ 중·고등학교 과정의 대안학교에는 교장·교감 외에 3학급까지는 학급마다 2명의 교사를 배치한다.
④ 대안학교의 수업일수는 매 학년 150일 이상으로 한다.

> **정답 및 해설** ④
>
> 대안학교의 수업일수는 매 학년 180일 이상으로 한다. (「대안학교의 설립·운영에 관한 규정」 제8조)
>
> ★ 참고
>
> ■ 대안학교의 설립·운영에 관한 규정
> • 제4조(설립인가)
> ① 법 제4조제2항에 따라 사립 대안학교의 설립인가를 받으려는 자는 「초·중등교육법 시행령」 제3조에도 불구하고 다음 각 호의 사항이 기재된 서류를 갖추어 교육감에게 신청하여야 한다. 이 경우 교육감은 「전자정부법」 제36조제1항에 따른 행정정보의 공동이용을 통하여 교지의 지적도 및 법인 등기사항증명서(설립자가 법인인 경우로 한정한다)를 확인하여야 한다.
>
> • 제8조(수업연한 및 수업일수)
> ② 대안학교의 수업일수는 매 학년 180일 이상으로 한다. 다만, 대안학교의 장은 천재지변이나 그 밖에 교육과정의 운영상 필요한 경우에는 10분의 1의 범위에서 수업일수를 줄일 수 있으며, 이 경우 다음 학년도가 시작되기 30일 전까지 법 제6조에 따른 지도·감독기관에 보고해야 한다.
>
> • 제12조(국·공립 대안학교의 위탁운영)
> ① 국·공립 대안학교의 설립자는 위탁운영계약을 통하여 「사립학교법」 제2조제2항에 따른 학교법인과 그 밖에 안정적으로 대안교육을 실시할 수 있다고 판단되는 자에게 대안학교의 운영을 위탁할 수 있다.

PART III

중점핵심법령

CHAPTER 01 지방교육재정교부금법

CHAPTER 02 국가공무원법/복무규정/지방공무원법/교육공무원법

CHAPTER 03 교원노조법

CHAPTER 04 공교육 정상화 촉진 및 선행교육 규제에 관한 특별법 및 시행령

CHAPTER 05 사립학교법

CHAPTER 06 특수교육법/영재교육진흥법

지방교육재정교부금법

01
15. 국가직 9급

우리나라의 지방교육재정에 대한 설명으로 옳은 것은?

① 교육세는 지방교육재정교부금의 재원에 포함되지 않는다.
② 광역시는 담배소비세의 100분의 45에 해당하는 금액을 교육비 특별회계로 전출하여야 한다.
③ 교육부장관은 특별교부금의 사용에 관하여 조건을 붙이거나 용도를 제한할 수 없다.
④ 시·군·자치구는 고등학교 이하 각급학교의 교육에 소요되는 경비를 보조할 수 없다.

정답 및 해설

②

② 교부금 재원은 다음 각 호의 금액을 합산한 금액으로 한다. 〈개정 2018. 12. 31., 2019. 12. 31.〉
1. 해당 연도 내국세[목적세 및 종합부동산세, 담배에 부과하는 개별소비세 총액의 100분의 45 및 다른 법률에 따라 특별회계의 재원으로 사용되는 세목(稅目)의 해당 금액은 제외한다. 이하 같다] 총액의 1만분의 2,079
2. 해당 연도 「교육세법」에 따른 교육세 세입액 중 「유아교육지원특별회계법」 제5조 제1항에서 정하는 금액을 제외한 금액

교육부장관은 특별교부금의 사용에 대해서는 조건을 붙이거나 용도를 제한할 수 있다.

- 제11조(지방자치단체의 부담)
① 시·도의 교육·학예에 필요한 경비는 해당 지방자치단체의 교육비특별회계에서 부담하되, 의무교육과 관련된 경비는 교육비특별회계의 재원 중 교부금과 제2항에 따른 일반회계로부터의 전입금으로 충당하고, 의무교육 외 교육과 관련된 경비는 교육비특별회계 재원 중 교부금, 제2항에 따른 일반회계로부터의 전입금, 수업료 및 입학금 등으로 충당한다. 〈개정 2019. 12. 31.〉

참고
- 지방교육재정교부금법
- 제3조(교부금의 종류와 재원)
① 국가가 제1조의 목적을 위하여 지방자치단체에 교부하는 교부금(이하 "교부금"이라 한다)은 보통교부금과 특별교부금으로 나눈다.
② 교부금 재원은 다음 각 호의 금액을 합산한 금액으로 한다. 〈개정 2022. 12. 31.〉
1. 해당 연도 내국세[목적세 및 종합부동산세, 담배에 부과하는 개별소비세 총액의 100분의 45 및 다른 법률에 따라 특별회계의 재원으로 사용되는 세목(稅目)의 해당 금액은 제외한다. 이하 같다] 총액의 1만분의 2,079
2. 해당 연도 「교육세법」에 따른 교육세 세입액 중 「유아교육지원특별회계법」 제5조제1항에서 정하는 금액 및 「고등·평생교육지원특별회계법」 제6조제1항에서 정하는 금액을 제외한 금액
③ 보통교부금 재원은 제2항제2호에 따른 금액에 같은 항 제1호에 따른 금액의 100분의 97을 합한 금액으로 하고, 특별교부금 재원은 제2항제1호에 따른 금액의 100분의 3으로 한다. 〈개정 2017. 12. 30., 2019. 12. 31.〉
④ 국가는 지방교육재정상 부득이한 수요가 있는 경우에는 국가예산으로 정하는 바에 따라 제1항 및 제2항에 따른 교부금 외에 따로 증액교부할 수 있다. 〈신설 2019. 12. 3.〉

02
15. 국가직 7급

「지방교육재정교부금법」상 지방교육재정교부금에 대한 설명으로 옳지 않은 것은?

① 지방교육재정교부금의 목적은 지방자치단체가 교육기관 및 교육행정기관을 설치·경영함에 필요한 재원의 전부 또는 일부를 국가가 교부하여 교육의 균형 있는 발전을 도모하는 것이다.
② 국가가 지방자치단체에 교부하는 교부금은 이를 보통교부금과 특별교부금으로 나눈다.
③ 교육부장관은 특별교부금을 기준재정수입액이 기준재정수요액에 미달하는 지방자치단체에 총액으로 교부한다.
④ 교육부장관은 특별시·광역시·도 및 특별자치도의 교육행정기관의 장이 교부된 특별교부금을 2년 이상 사용하지 않는 경우에는 그 반환을 명할 수 있다.

정답 및 해설

③

- 제5조의2(특별교부금의 교부)
① 교육부장관은 다음 각 호의 구분에 따라 특별교부금을 교부한다. 〈개정 2017. 12. 30.〉
  1. 「지방재정법」 제58조에 따라 전국에 걸쳐 시행하는 교육 관련 국가시책사업으로 따로 재정지원계획을 수립하여 지원하여야 할 특별한 재정수요가 있거나 지방교육행정 및 지방교육재정의 운용실적이 우수한 지방자치단체에 대한 재정지원이 필요할 때: 특별교부금 재원의 100분의 60
  2. 기준재정수요액의 산정방법으로 파악할 수 없는 특별한 지역교육현안에 대한 재정수요가 있을 때: 특별교부금 재원의 100분의 30
  3. 보통교부금의 산정기일 후에 발생한 재해로 인하여 특별한 재정수요가 생기거나 재정수입이 감소하였을 때 또는 재해를 예방하기 위한 특별한 재정수요가 있는 때: 특별교부금 재원의 100분의 10
② 교육부장관은 제1항 제2호 또는 제3호에 해당하는 사유가 발생하여 시·도의 교육행정기관의 장이 특별교부금을 신청하면 그 내용을 심사한 후 교부한다. 다만, 제1항 제1호에 해당하는 사유가 발생한 경우 또는 교육부장관이 필요하다고 인정하는 경우에는 신청이 없어도 일정한 기준을 정하여 특별교부금을 교부할 수 있다.
③ 제1항에 따른 특별교부금의 사용에 대해서는 조건을 붙이거나 용도를 제한할 수 있다.
④ 시·도의 교육행정기관의 장은 제3항에 따른 조건이나 용도를 변경하여 특별교부금을 사용하려면 미리 교육부장관의 승인을 받아야 한다.
⑤ 교육부장관은 시·도의 교육행정기관의 장이 제3항에 따른 조건이나 용도를 위반하여 특별교부금을 사용하거나 2년 이상 사용하지 아니하는 경우에는 그 반환을 명하거나 다음에 교부할 특별교부금에서 해당 금액을 감액할 수 있다.
⑥ 제1항 제1호에 따른 우수한 지방자치단체의 선정기준 및 선정방법과 특별교부금의 교부시기 등 절차에 관한 사항은 대통령령으로 정한다. 〈개정 2017. 12. 30.〉
[전문개정 2017. 4. 18.]

보통 교부금은 기준재정수입액이 기준재정수요액에 미달하는 지방자치단체에 그 미달액을 기준으로 하여 교부하기 때문이다.

> ★ 참고
> - 지방교육재정교부금법
> - 제5조(보통교부금의 교부)
> ① 교육부장관은 기준재정수입액이 기준재정수요액에 미치지 못하는 지방자치단체에 대해서는 그 부족한 금액을 기준으로 하여 보통교부금을 총액으로 교부한다.

03

22. 지방직 9급

지방교육재정교부금에 대한 설명으로 옳지 않은 것은?

① 교육의 균형 있는 발전을 목적으로 확보·배분된다.
② 지방자치단체 교육비특별회계의 세입 재원에 포함되지 않는다.
③ 국가는 회계연도마다 「지방교육재정교부금법」에 따른 교부금을 국가예산에 계상(計上)하여야 한다.
④ 「지방교육재정교부금법」상 지방자치단체에 교부하는 교부금은 보통교부금과 특별교부금으로 나눈다.

정답 및 해설

②

지방자치단체가 교육기관 및 교육행정기관을 설치·운영함에 있어서 교육의 균형 있는 발전을 도모하기 위하여 국가재정에서 지방교육재정에 필요한 재원의 전부 또는 일부를 교부하고 있으며 이를 지방교육재정교부금이라고 한다. 지방교육재정교부금은 시·도교육청의 재정 규모의 약 70%에 달할 정도로 높은 비중을 차지하고 있으며 배부 목적에 따라 보통교부금과 특별교부금으로 나누어진다.

> ★ 참고
> - 지방교육재정교부금법
> - 제3조(교부금의 종류와 재원)
> ① 국가가 제1조의 목적을 위하여 지방자치단체에 교부하는 교부금(이하 "교부금"이라 한다)은 보통교부금과 특별교부금으로 나눈다.
>
> - 제7조(기준재정수입액)
> ① 기준재정수입액은 제11조에 따른 일반회계 전입금 등 교육·학예에 관한 지방자치단체 교육비특별회계의 수입예상액으로 한다.
>
> - 제9조(예산 계상)
> ① 국가는 회계연도마다 이 법에 따른 교부금을 국가예산에 계상(計上)하여야 한다.

04

21. 지방직 9급

교육재정 제도와 정책에 대한 설명으로 옳지 않은 것은?

① 사립학교의 재원은 학생 등록금, 학교 법인으로부터의 전입금 두 가지로만 구성된다.
② 학부모 재원은 수업료, 입학금, 기성회비 혹은 학교 운영지원비로 구분할 수 있다.
③ 국세교육세는 「교육세법」에 의하여 세원과 세율이 결정되고, 지방교육세는 「지방세법」에 의하여 세원과 세율이 결정된다.
④ 중앙정부가 부담하는 지방교육재정 교부금 재원은 교육세 세입액 중 일부와 내국세의 일정 비율에 해당하는 금액으로 구성된다.

정답 및 해설

①

① 학교 재정구조는 크게 이전수입과 자체수입으로 구성되며, 이전수입은 중앙정부이전수입, 지방자치단체이전수입, 교육비특별회계이전수입, 기타이전수입으로 자체수입은 학부모부담수입(등록금, 수익자부담수입)과 행정활동수입으로 구분할 수 있다.

⭐ 참고

■ 지방교육재정교부금법
• 제3조(교부금의 종류와 재원)
② 교부금 재원은 다음 각 호의 금액을 합산한 금액으로 한다. 〈개정 2022. 12. 31.〉
　1. 해당 연도 내국세[목적세 및 종합부동산세, 담배에 부과하는 개별소비세 총액의 100분의 45 및 다른 법률에 따라 특별회계의 재원으로 사용되는 세목(稅目)의 해당 금액은 제외한다. 이하 같다] 총액의 1만분의 2,079
　2. 해당 연도 「교육세법」에 따른 교육세 세입액 중 「유아교육지원특별회계법」 제5조제1항에서 정하는 금액 및 「고등·평생교육지원특별회계법」 제6조제1항에서 정하는 금액을 제외한 금액

05

21. 국가직 9급

우리나라의 현행 교육재정의 구조에 대한 설명으로 옳지 않은 것은?

① 국가가 지방자치단체에 교부하는 교부금은 보통교부금과 특별교부금으로 나눈다.
② 교육부의 일반회계와 특별회계는 정부가 교육과 학예 활동을 위해 투자하는 예산을 말한다.
③ 교육부 일반회계의 세출 내역 중에서 가장 규모가 큰 것은 지방교육재정교부금이다.
④ 시·도교육비 특별회계의 세입 중에서 가장 큰 비중을 차지하는 것은 지방자치단체 일반회계로부터의 전입금이다.

정답 및 해설

④ 세입예산의 구성에서 지방교육재정교부금은 시·도교육청의 재정규모의 약 70%에 달할 정도로 높은 비중을 차지하고 있으며 배부 목적에 따라 보통교부금과 특별교부금으로 나누어진다.
지방교육재정의 세입 재원 중에서 지방교육재정교부금 다음으로 가장 큰 비중을 차지하는 『지방자치단체전입금』은 지방자치단체 일반회계의 일정 비율과 일부 세목을 교육비특별회계로 전출하여 지방교육의 균형적 발전을 도모하기 위한 제도이다.

06

03. 지방직 9급

지방교육재정교부금의 목적은?

① 교육의 환경 개선을 위하여
② 지방 공교육의 발전을 위하여
③ 단위학교의 재정권한을 확대하기 위하여
④ 교육의 균형있는 발전을 도모하기 위하여
⑤ 중앙과 지방의 균등한 예산분배를 위하여

정답 및 해설

④

④ 「지방교육재정교부금법」 제1조에 나와 있다.

⭐ 참고

■ 지방교육재정교부금법
• 제1조(목적)
이 법은 지방자치단체가 교육기관 및 교육행정기관(그 소속기관을 포함한다. 이하 같다)을 설치·경영하는 데 필요한 재원(財源)의 전부 또는 일부를 국가가 교부하여 교육의 균형 있는 발전을 도모함을 목적으로 한다.
[전문개정 2017. 4. 18.]

07

05. 지방직 9급

다음 중 지방교육재정교부금에 대한 설명으로 옳지 않은 것은?

① 지방자치단체에 교부하는 교부금은 보통교부금과 특별교부금으로 나눈다.
② 보통교부금의 재원은 측정단위의 규정에 의한 금액에 기준재정수입액의 규정에 의한 금액의 100분의 96에 해당하는 금액을 합한 금액으로 한다.
③ 특별교부금의 재원은 기준재정수입액의 규정에 의한 금액의 100분의 5에 해당하는 금액으로 한다.
④ 시·도의 교육·학예에 소요되는 경비는 당해 지방자치단체의 교육비특별회계에서 부담하되, 의무교육에 관련되는 경비는 교육비특별회계의 재원 중 교부금과 일반회계로부터의 전입금으로 충당한다.

정답 및 해설

③

③ 100분의 5 ⇨ 100분의 4 (「지방교육재정교부금법」 제3조 제3항) 2019. 12. 개정
① 제3조 제1항
② 동법 제3조 제3항, 2019. 12. 개정
④ 동법 제11조

참고

■ 지방교육재정교부금법
• 제3조(교부금의 종류와 재원)
① 국가가 제1조의 목적을 위하여 지방자치단체에 교부하는 교부금(이하 "교부금"이라 한다)은 보통교부금과 특별교부금으로 나눈다.
③ 보통교부금 재원은 제2항제2호에 따른 금액에 같은 항 제1호에 따른 금액의 100분의 97을 합한 금액으로 하고, 특별교부금 재원은 제2항제1호에 따른 금액의 100분의 3으로 한다. 〈개정 2017. 12. 30., 2019. 12. 31.〉
• 제11조(지방자치단체의 부담)
① 시·도의 교육·학예에 필요한 경비는 해당 지방자치단체의 교육비특별회계에서 부담하되, 의무교육과 관련된 경비는 교육비특별회계의 재원 중 교부금과 제2항에 따른 일반회계로부터의 전입금으로 충당하고, 의무교육 외 교육과 관련된 경비는 교육비특별회계 재원 중 교부금, 제2항에 따른 일반회계로부터의 전입금, 수업료 및 입학금 등으로 충당한다. 〈개정 2019. 12. 31.〉

08

14. 지방직 9급

우리나라 교육재정에 대한 설명으로 옳지 않은 것은?

① 공교육비는 공부담 교육비와 사부담 교육비로 나뉘는데, 학생납입금은 사부담 교육비에 해당된다.
② 지방교육재정의 가장 큰 재원은 지방교육재정교부금 및 보조금이다.
③ 국가의 재정이 국민의 납세의무에 의해 재원을 확보하듯이 교육예산도 공권력에 의한 강제성을 전제로 한다.
④ 교육재정의 지출 가운데 시설비가 차지하는 비중이 인건비에 비해서 상대적으로 크다.

정답 및 해설

④ 인건비가 차지하는 비중이 크기 때문에 예산집행이 경직적이고 시설의 낙후를 면치 못하고 있다.

참고

■ 지방교육재정(지방교육재정알리미)
지방교육재정 세출은 지방교육자치단체의 모든 수요를 충족시키기 위한 일체의 지출. 재화의 지출 특히 회계연도내의 경비의 지출을 세출이라고 하며 이러한 경비를 세출예산이라는 형식에 의거 세출예산 과목구분에 따라 편성하고 있음. 세입과는 달리 사업별 분류와 성질별 분류.
– 사업별 분류: 세출 정책사업별 분류는 크게 3가지로 나누어진다. 유치원 및 초중등학교에 필요한 금액, 평생교육 및 직업교육에 필요한 금액, 교육행정을 위해 필요한 금액. 유아 및 초중등교육에는 교수학습활동지원, 교육복지지원, 학교교육여건개선시설 등에 필요한 금액. 평생직업교육은 평생교육 및 직업교육에 필요한 금액이며, 교육일반은 기관운영관리, 지방채상환 및 리스료, 예비비 및 기타 등으로 이루어져 있음.
– 성질별 분류: 세출 성질별 분류는 크게 7가지로 구성. 우선 교원, 교육전문직원, 지방공무원 등의 인건비를 위해 지급하는 '인건비'. 둘째, 운영비, 여비, 업무추진비 등의 지출을 위한 '물건비'. 셋째, 자치단체 등 타 기관으로 지출하는 '이전지출'. 넷째, 토지매입 및 건설비 등 자산취득에 소요되는 '자본지출'. 다섯째, 차입금 상환인 '상환지출'. 여섯째, 공립 및 사립학교에 직접 지출하는 '전출금 등'. 마지막으로 예비비, 보조금 반환 등에 소요되는 '예비비 및 기타'.

09

23. 국가직 7급

교육재정의 구조와 배분에 대한 설명으로 옳지 않은 것은?

① 학생이 교육을 받는 기간 동안 미취업에 따른 유실소득은 공부담 교육기회비용에 해당된다.
② 국가는 지방교육재정상 부득이한 수요가 있는 경우, 국가예산으로 정하는 바에 따라 보통교부금과 특별교부금 외에 따로 증액교부할 수 있다.
③ 시·도 및 시·군·자치구는 관할구역에 있는 고등학교 이하 각급학교의 교육경비를 보조할 수 있다.
④ 시·도의 교육·학예에 필요한 경비는 해당 지방자치단체의 교육비특별회계에서 부담한다.

정답 및 해설 ①

① 학생이 교육을 받는 기간 동안 미취업에 따른 유실소득은 사부담 교육기회비용에 해당(사적 간접교육비). 공부담 교육기회비용은 비영리교육기관의 면세 등이 속함

10

18. 국가직 9급

지방교육재정교부금제도에 대한 설명으로 옳지 않은 것은?

① 기준재정수입액은 교육·학예에 관한 지방자치단체 교육비특별 회계의 수입예상액으로 한다.
② 기준재정수입액을 산정하기 위한 각 측정단위의 단위당 금액을 단위비용이라 한다.
③ 교육부장관은 기준재정수입액이 기준재정수요액에 미치지 못하는 지방자치단체에 대해서는 그 부족한 금액을 기준으로 하여 보통교부금을 총액으로 교부한다.
④ 특별교부금은 지방교육행정 및 지방교육재정의 운용실적이 우수한 지방자치단체에 재정지원이 필요할 때 교부한다.

정답 및 해설 ②

• 「지방교육재정교부금법」(법률 제16848호, 2019. 12. 31.) 제2조 정의에서
1. "기준재정수요액"이란 지방교육 및 그 행정 운영에 관한 재정수요를 제6조에 따라 산정한 금액을 말한다.
2. "기준재정수입액"이란 교육·과학·기술·체육, 그 밖의 학예(이하 "교육·학예"라 한다)에 관한 모든 재정수입으로서 제7조에 따른 금액을 말한다.
3. "측정단위"란 지방교육행정을 부문별로 설정하여 그 부문별 양(量)을 측정하기 위한 단위를 말한다.
4. "단위비용"이란 기준재정수요액을 산정하기 위한 각 측정단위의 단위당 금액을 말한다.

참고

■ 지방교육재정교부금법
• 제2조(정의)
이 법에서 사용하는 용어의 뜻은 다음과 같다.
1. "기준재정수요액"이란 지방교육 및 그 행정 운영에 관한 재정수요를 제6조에 따라 산정한 금액을 말한다.
2. "기준재정수입액"이란 교육·과학·기술·체육, 그 밖의 학예(이하 "교육·학예"라 한다)에 관한 모든 재정수입으로서 제7조에 따른 금액을 말한다.
3. "측정단위"란 지방교육행정을 부문별로 설정하여 그 부문별 양(量)을 측정하기 위한 단위를 말한다.
4. "단위비용"이란 기준재정수요액을 산정하기 위한 각 측정단위의 단위당 금액을 말한다.
[전문개정 2017. 4. 18.]

11

10. 지방직 9급

다음 중 교육비에 대한 설명으로 옳은 것은?

① 표준교육비는 표준인건비와 표준시설비의 합으로 계산된다.
② 시설비로는 교육과정 운영비, 여비, 학생복리비 등이 해당된다.
③ 교재대, 학용품대, 과외수업비, 학교 급식비는 사교육비로 볼 수 있다.
④ 표준교육비는 공교육활동을 유지하기 위하여 필요한 적정 한도의 경비를 말한다.
⑤ 직접교육비는 교육목적을 달성하기 위한 교육활동에 지출되는 모든 공·사교육비를 말한다.

> **정답 및 해설**　⑤
> ① 표준인건비 + 표준시설비 + 표준운영비의 합으로 계산된다.
> ② 시설비 ⇨ 운영비
> ③ 학교급식비는 회계절차를 거치는 공교육비
> ④ 적정 한도의 경비 ⇨ 최소 한도의 경비

12
14. 지방직 9급

우리나라에서 교육비 분류방식에 대한 설명으로 옳지 <u>않은</u> 것은?

① 간접교육비는 교육기간 동안 취업할 수 없는 데서 오는 손실로서의 유실소득과 비영리교육기관이 향유하는 면세의 가치이다.
② 직접교육비는 교육활동에 직접적으로 투입되는 경비로서 사교육비는 제외된다.
③ 공교육비는 공공의 회계절차를 거쳐 교육에 투입되는 교육비로서 수업료를 포함한다.
④ 공부담 교육비는 국가나 지방자치단체 및 학교법인이 부담하는 경비로서 학교운영지원비는 제외된다.

> **정답 및 해설**　②
> • 교육비 분류

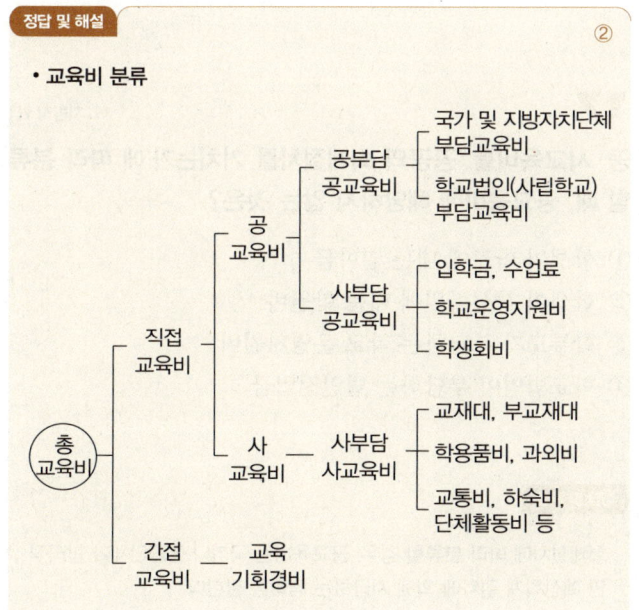

13
14. 국가직 7급

콘(Cohn)의 교육비 분류에 대한 설명으로 옳은 것은?

① 건물과 장비의 감가상각비는 직접교육비에 속한다.
② 비영리 교육기관에 부여되는 면세의 가치는 기회비용에 속한다.
③ 학부모가 부담하는 입학금은 공공회계 절차를 거치므로 간접교육비에 속한다.
④ 교육받는 기간 동안 취업할 수 없는 데에서 오는 포기된 소득은 직접교육비에 속한다.

> **정답 및 해설**　②
> 간접교육비 = 교육의 기회비용(어떤 기회를 포기 혹은 상실함으로써 발생하는 비용) ⇨ ①, ②, ④

14
13. 지방직 9급

간접교육비 중에서 공부담교육비에 해당하는 것은?

① 학교법인 부담 교육비
② 건물과 학습장비의 감가상각비
③ 교실 내 연료비
④ 학교운영지원비

> **정답 및 해설**　②
> ① 공부담 직접교육비, ③ 공부담 직접교육비, ④ 사부담 직접교육비

15

20. 국가직 9급

학부모가 지출한 교재비를 교육비의 기준에 따라 분류할 때, 옳은 것으로만 묶은 것은?

① 직접교육비, 사교육비, 공부담 교육비
② 직접교육비, 사교육비, 사부담 교육비
③ 간접교육비, 공교육비, 공부담 교육비
④ 간접교육비, 공교육비, 사부담 교육비

정답 및 해설 ②

• 교육비 분류

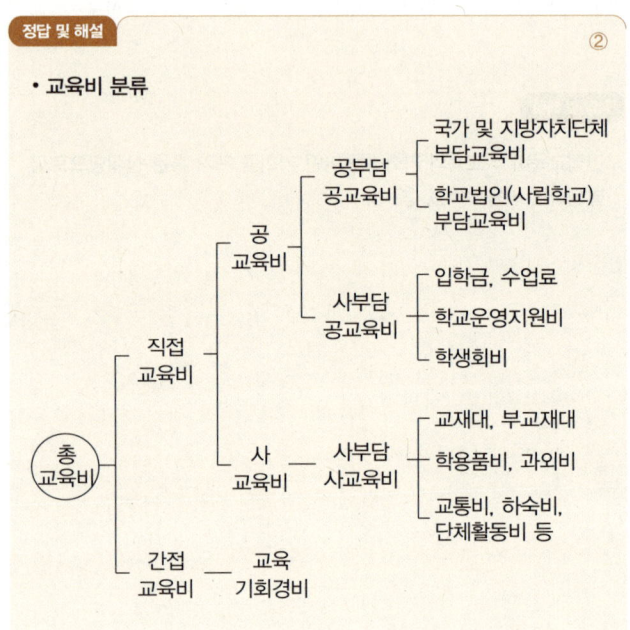

16

15. 국가직 7급

국내의 교육비 분류방식을 따를 때 공교육비와 사교육비에 대한 설명으로 옳은 것은?

① 학교운영지원비는 공부담사교육비에 해당한다.
② 학생이 학교에 낸 '방과후학교' 수강비가 학교회계 절차를 거쳐 지출되면 이는 사부담공교육비에 해당한다.
③ 각급 학교법인이 지출하는 교육비는 사부담공교육비에 해당한다.
④ 학부모가 지출하는 학생등록금은 사부담사교육비에 해당한다.

정답 및 해설 ②

공공단체의 예산·회계절차를 거쳐 교육에 투입되는 경비. 흔히 교육비를 부담 주체별로 분류하여 공교육비와 사교육비(私敎育費)로 나누기도 하고, 학교 설립별로 구분하여 공립학교 교육비와 사립학교 교육비로 나누기도 한다.

• 교육비 분류

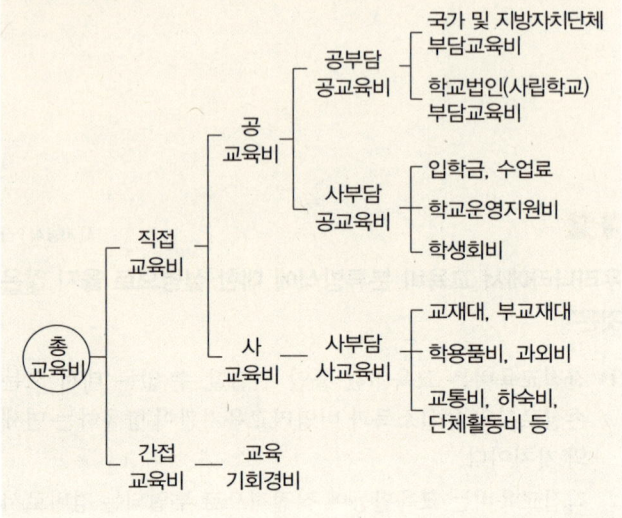

17

19. 지방직 9급

공·사교육비를 '공공의 회계절차를 거치는가'에 따라 분류할 때, 공교육비에 해당하지 않는 것은?

① 학생이 학교에 내는 입학금
② 학생이 사설학원에 내는 학원비
③ 학부모가 부담하는 학교 운영지원비
④ 학교법인이 부담하는 법인전입금

정답 및 해설 ②

회계절차에 따라 분류할 경우, 공교육비는 국가나 공공단체가 합리적인 예산회계 절차에 의해 지급하는 경비를 말한다.

18
22. 국가직 7급

우리나라 교육비 분류에 대한 설명으로 옳지 <u>않은</u> 것은?

① 교육비는 직접교육비와 간접교육비로 구분할 수 있다.
② 직접교육비는 공교육비와 사교육비로 구분되고, 공교육비는 공공의 회계 절차를 거쳐 지출되는 경비이다.
③ 학부모가 부담하는 학교의 입학금·수업료는 사부담(私負擔) 사교육비에 해당한다.
④ 교육기관이 누리는 면세의 가치는 공부담(公負擔) 간접교육비에 해당한다.

정답 및 해설 ③

③ 우리나라에서 사교육비라 함은 교재비·부교재대·학용품비·과외수업비·학교지정용품비·단체활동비·교통비의 7가지 항목에 필요한 경비를 말한다.

19
03. 지방직 9급

학교장의 재량하에 집행할 수 있는 경비는?

① 도급경비
② 공공경비
③ 예비경비
④ 학교회계경비
⑤ 일상경비

정답 및 해설 ①

도급경비란 지출관이나 지출업무를 담당하는 출납공무원을 두기 곤란한 관서 또는 재외관서의 경비를 그 관서의 장 책임하에 사용하도록 도급으로 지급하는 공금으로서 학교에서 자율적으로 사용이 가능해 신축적 예산집행이 가능하나 부족한 경우에 추가 지급은 없다. 남으면 다음 해에 이월하여 사용할 수 있다. 다만 2001년부터 학교예산회계제도를 도입하게 됨에 따라 예산배부방식은 일상경비와 도급경비의 구분 없이 표준 교육비를 기준으로 총액으로 배부한다.(여비, 수수료, 행사비, 판공비, 회의비, 연구학교비 등)

20
14. 국가직 7급

학교회계의 운영에 관한 내용으로 옳지 <u>않은</u> 것은?

① 회계연도는 매년 3월 1일에 시작하여 다음해 2월 말일에 종료한다.
② 학교운영위원회는 학교회계세입세출예산안을 회계연도 개시 5일 전까지 심의해야 한다.
③ 학교장은 결산서를 작성하여 회계연도 종료 후 2개월 이내에 해당 시·도교육청에 제출해야 한다.
④ 학교시설의 유지관리비는 예산안이 확정되지 아니한 때에도 전년도 예산에 준하여 집행할 수 있다.

정답 및 해설 ③

③ 시·도 교육청 ⇨ 학교운영위원회(「초·중등교육법」 제30조의3)
④ 학교시설의 유지관리비, 교직원 등의 인건비, 학교교육에 직접 사용되는 교육비, 법령상 지급의무가 있는 경비, 이미 예산으로 확정된 경비는 준예산을 집행할 수 있다.

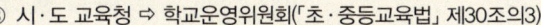

참고

■ 초·중등교육법
• 제30조의3(학교회계의 운영)
① 학교회계의 회계연도는 매년 3월 1일에 시작하여 다음 해 2월 말일에 끝난다.
② 학교의 장은 회계연도마다 학교회계 세입세출예산안을 편성하여 회계연도가 시작되기 30일 전까지 제31조에 따른 학교운영위원회에 제출하여야 한다.
③ 학교운영위원회는 학교회계 세입세출예산안을 회계연도가 시작되기 5일 전까지 심의하여야 한다.
④ 학교의 장은 제3항에 따른 예산안이 새로운 회계연도가 시작될 때까지 확정되지 아니하면 다음 각 호의 경비를 전년도 예산에 준하여 집행할 수 있다. 이 경우 전년도 예산에 준하여 집행된 예산은 해당 연도의 예산이 확정되면 그 확정된 예산에 따라 집행된 것으로 본다.
  1. 교직원 등의 인건비
  2. 학교교육에 직접 사용되는 교육비
  3. 학교시설의 유지관리비
  4. 법령상 지급 의무가 있는 경비
  5. 이미 예산으로 확정된 경비
⑤ 학교의 장은 회계연도마다 결산서를 작성하여 회계연도가 끝난 후 2개월 이내에 학교운영위원회에 제출하여야 한다.
⑥ 학교회계의 운영에 필요한 사항은 국립학교의 경우에는 교육부령으로, 공립학교의 경우에는 시·도의 교육규칙으로 정한다. 〈개정 2013. 3. 23.〉
[전문개정 2012. 3. 21.]

21
07. 국가직 7급

단위 학교의 자율화를 효과적으로 추진하기 위하여 새로운 '학교회계제도'가 도입·운영되고 있다. 새로운 '학교회계제도'의 주요 내용으로 옳지 않은 것은?

① 일상경비와 도급경비의 구분 없이 표준교육비를 기준으로 총액을 배부한다.
② 재원에 따른 사용목적 구분 없이 학교 실정에 따라 자율적으로 세출예산을 편성할 수 있다.
③ 교육비 특별회계의 회계연도는 1월 1일부터 12월 31일까지이고, 학교운영지원비 회계의 회계연도는 3월 1일부터 2월 말일까지이다.
④ 집행 잔액 발생 시 다음 회계연도로 이월이 가능하다.

> **정답 및 해설** ③
>
> ③은 종래의 회계제도이다.
>
> ★ 참고
> ■ 초·중등교육법
> • 제30조의3(학교회계의 운영)
> ① 학교회계의 회계연도는 매년 3월 1일에 시작하여 다음 해 2월 말일에 끝난다.

22
05. 지방직 9급

다음 중 학교회계제도의 설명으로 옳지 않은 것은?

① 회계연도는 학년도와 일치한다.
② 예산 배부 시기는 회계연도 개시 전에 일괄 배부한다.
③ 사용료, 수수료, 수업료는 국고 및 교육비 특별회계 금고에 납입한다.
④ 학교예산에 편성되는 여러 자금을 하나의 학교회계로 통합한다.
⑤ 세출예산은 학교의 실정에 따라 자율적으로 편성한다.

> **정답 및 해설** ③
>
> ③ 학교 자체수입으로 처리한다.

23
09. 지방직 9급

학교회계의 운영에 관한 설명으로 바르지 못한 것은?

① 학교의 장은 회계연도마다 학교회계 세입세출예산안을 편성하여 회계연도 개시 20일 전까지 학교운영위원회에 제출하여야 한다.
② 학교회계 운영에 관하여 필요한 사항은 국립학교의 경우에는 교육부령으로, 공립학교의 경우에는 시·도의 교육규칙으로 정한다.
③ 학교회계는 국·공립의 초등학교·중학교·고등학교 및 특수 학교에 설치한다.
④ 학교회계의 출납은 회계연도 종료 후 20일이 되는 날에 폐쇄한다.
⑤ 학교운영위원회 위원장은 학교운영위원회에 제출된 예산안을 회의 개최 7일 전까지 학교운영위원회위원에게 통지하여야 한다.

> **정답 및 해설** ①
>
> ① 30일 전까지(「초·중등교육법」 제30조의3)
> ④ 「국립 초·중등학교회계규칙」 제4조
> ⑤ 「국립 초·중등학교회계규칙」 제14조
>
> ★ 참고
> ■ 초·중등교육법
> • 제30조의3(학교회계의 운영)
> ① 학교회계의 회계연도는 매년 3월 1일에 시작하여 다음 해 2월 말일에 끝난다.
> ② 학교의 장은 회계연도마다 학교회계 세입세출예산안을 편성하여 회계연도가 시작되기 30일 전까지 제31조에 따른 학교운영위원회에 제출하여야 한다.
> ③ 학교운영위원회는 학교회계 세입세출예산안을 회계연도가 시작되기 5일 전까지 심의하여야 한다.
> ④ 학교의 장은 제3항에 따른 예산안이 새로운 회계연도가 시작될 때까지 확정되지 아니하면 다음 각 호의 경비를 전년도 예산에 준하여 집행할 수 있다. 이 경우 전년도 예산에 준하여 집행된 예산은 해당 연도의 예산이 확정되면 그 확정된 예산에 따라 집행된 것으로 본다.
> 1. 교직원 등의 인건비
> 2. 학교교육에 직접 사용되는 교육비
> 3. 학교시설의 유지관리비
> 4. 법령상 지급 의무가 있는 경비
> 5. 이미 예산으로 확정된 경비
> ⑤ 학교의 장은 회계연도마다 결산서를 작성하여 회계연도가 끝난 후 2개월 이내에 학교운영위원회에 제출하여야 한다.
> ⑥ 학교회계의 운영에 필요한 사항은 국립학교의 경우에는 교육부령으로, 공립학교의 경우에는 시·도의 교육규칙으로 정한다. 〈개정 2013. 3. 23.〉
> [전문개정 2012. 3. 21.]

24

19. 국가직 9급

「초·중등교육법」상 국·공립학교 학교회계의 세입(歲入)에 해당하지 않는 것은?

① 지방자치단체의 교육비특별회계로부터 받은 전입금
② 학교발전기금으로부터 받은 전입금
③ 사용료 및 수수료
④ 지방교육세

정답 및 해설 ④

- 「초·중등교육법」 제30조의2(학교회계의 설치)
  ② 학교회계는 다음 각 호의 수입을 세입(歲入)으로 한다.
  1. 국가의 일반회계나 지방자치단체의 교육비특별회계로부터 받은 전입금
  2. 제32조 제1항에 따라 학교운영위원회 심의를 거쳐 학부모가 부담하는 경비
  3. 제33조의 학교발전기금으로부터 받은 전입금
  4. 국가나 지방자치단체의 보조금 및 지원금
  5. 사용료 및 수수료
  6. 이월금
  7. 물품매각대금
  8. 그 밖의 수입

참고

- 초·중등교육법
- 제30조의2(학교회계의 설치)
  ② 학교회계는 다음 각 호의 수입을 세입(歲入)으로 한다.
  1. 국가의 일반회계나 지방자치단체의 교육비특별회계로부터 받은 전입금
  2. 제32조제1항에 따라 학교운영위원회 심의를 거쳐 학부모가 부담하는 경비
  3. 제33조의 학교발전기금으로부터 받은 전입금
  4. 국가나 지방자치단체의 보조금 및 지원금
  5. 사용료 및 수수료
  6. 이월금
  7. 물품매각대금
  8. 그 밖의 수입

25

18. 국가직 7급

공립의 초등학교·중학교·고등학교 및 특수학교의 학교회계제도에 대한 설명으로 옳은 것은?

① 학교운영지원비뿐만 아니라 수업료도 당해 학교에 설치된 학교회계의 세입항목에 포함된다.
② 교직원은 예산요구서를 작성하여 제출하는 방식으로 학교 예산안을 편성하는 과정에 참여할 수 있다.
③ 「초·중등교육법」 제30조에 따른 통합운영학교라고 해도 학교회계는 학교별로 설치하여야 한다.
④ 학교자율화 정책에 따라 교육감이 학교회계 예산편성기본지침을 학교의 장에게 시달하는 것은 금지되었다.

정답 및 해설 ②

- 제30조의2(학교회계의 설치)
  ① 국립·공립의 초등학교·중학교·고등학교 및 특수학교에 각 학교별로 학교회계(學校會計)를 설치한다.
  ② 학교회계는 다음 각 호의 수입을 세입(歲入)으로 한다.
  1. 국가의 일반회계나 지방자치단체의 교육비특별회계로부터 받은 전입금
  2. 제32조 제1항에 따라 학교운영위원회 심의를 거쳐 학부모가 부담하는 경비
  3. 제33조의 학교발전기금으로부터 받은 전입금
  4. 국가나 지방자치단체의 보조금 및 지원금
  5. 사용료 및 수수료
  6. 이월금
  7. 물품매각대금
  8. 그 밖의 수입

26

22. 국가직 7급

국·공립 초·중등학교의 학교회계에 대한 설명으로 옳지 않은 것은?

① 도입 취지는 단위학교 경영책임제의 활성화에 있다.
② 학교운영위원회 심의를 거쳐 학부모가 부담하는 경비는 학교회계의 세입에 포함되지 않는다.
③ 학교의 장은 회계연도마다 결산서를 작성하여 회계연도가 끝난 후 2개월 이내에 학교운영위원회에 제출하여야 한다.
④ 학교회계는 학교 운영과 학교시설의 설치 등을 위하여 필요한 모든 경비를 세출로 한다.

> **정답 및 해설** ②
>
> - 제30조의2(학교회계의 설치)
> ② 학교회계는 다음 각 호의 수입을 세입(歲入)으로 한다.
>   2. 제32조제1항에 따라 학교운영위원회 심의를 거쳐 학부모가 부담하는 경비
>
> ★ 참고
>
> ■ 초·중등교육법(학교회계제도)
> 학교는 「초·중등교육법」 제3조에 의해 설립 주체를 기준으로 국립·공립·사립학교로 구분되며, 「교육기본법」 제16조에는 학교의 설립자·경영자가 법령이 정하는 바에 따라 교육을 위한 시설·설비·재정 및 교원 등을 확보하고 운용·관리하도록 되어 있음.
> 2000년 1월 28일에 개정된 「초·중등교육법」 제30조의2(학교회계의 설치)에 의해 학교회계제도가 2001년 3월부터 도입. 학교회계제도가 도입되기 이전에는 교직원 인건비와 교육부나 교육청이 지원하는 보조금은 일상경비로, 일반운영비는 도급경비로 배부되어 각각 별도로 관리되었고, 자체적으로 징수한 학교운영지원비도 별도로 관리·운영되었으며, 각 경비에 적용되는 법규가 서로 달라 학교현장에서 학교재정을 효과적으로 운영하는 데 어려움이 많았음. 또한 단위학교에 예산편성권이 주어지지 않고 교육청에서 배분하는 예산을 항목별로 집행하는 형식적이고 수동적인 회계의 특성을 가지고 있었음. 이러한 단위학교 재정 운영체제를 근본적으로 변화시킨 것이 학교회계 제도.
> 학교회계제도는 교육목적을 달성하기 위한 학교의 제반 활동을 재정적인 측면에서 효과적으로 지원하는 데 목적을 두고 설치. 이 제도는 일상경비, 도급경비, 학교운영지원비 등 세입 재원을 구분하여 각 자금별로 지정된 목적에 따라 제한적으로 편성·집행해오던 학교예산을 회계연도 개시 전에 총액으로 배분하고, 학교운영지원비, 학교발전기금으로부터의 전입금 등 다른 자금을 하나의 회계로 통합·운영하며, 교사의 참여와 학교운영위원회의 심의를 거쳐 하나로 통합된 세입재원을 학교에서 필요한 우선 순위에 따라 자율적으로 세출예산을 편성·집행하는 제도를 의미.
> 학교회계제도가 도입되면서 교직원이 중심이 되어 자체적으로 예산을 편성하고 집행하며 결산을 할 수 있게 되었으며, 예산 편성 과정에 교직원이 참여하기 때문에 투명성과 효율성이 증대. 아울러 학생의 특징을 잘 알고 있는 학교에게 학내·외 다양한 교육자원을 활용할 수 있는 자율성을 주어 개별 학교의 여건에 따라 교직원이 예산을 다양하게 운영할 수 있게 되었음.
> 지방교육재정이 국가와 지방자치단체에서 지원되는 지방교육재정교부금으로 예산을 편성하여 지방의회의 의결을 거쳐 의결·집행하는 반면, 학교회계는 시·도교육청의 전입금과 학부모 부담수입을 주요 재원으로 하여 세입·세출 예산을 편성하고 학교운영위원회의 심의·자문을 거쳐 예산을 집행. 현재 학교회계는 각 시·도교육청별 학교회계 교육 규칙에 근거하여 운영되고 있으며, 교육비특별회계와 달리 학교가 시작하는 매년 3월 1일에 시작하여 다음 해 2월 말일에 종료.

국가공무원법/복무규정/지방공무원법/교육공무원법

01

13. 지방직 9급

다음 중 공가가 아닌 것은?

① 질병으로 직무를 수행할 수 없는 경우
② 법률에 따라 투표에 참가할 때
③ 승진시험이나 전직 시험에 응시할 때
④ 원격지로 전보발령을 받고 부임할 때

정답 및 해설

①

공무원의 휴가는 연가(年暇), 병가, 공가(公暇) 및 특별휴가로 구분하는데(「국가공무원 복무 규정」 제18조), 병가에 해당한다.

⭐ 참고

■ 「국가공무원 복무규정」 제18조(병가) 제1항~제3항
① 행정기관의 장은 소속 공무원이 다음 각 호의 어느 하나에 해당할 경우에는 연 60일의 범위에서 병가를 승인할 수 있다. 이 경우 질병이나 부상으로 인한 지각·조퇴 및 외출은 누계 8시간을 병가 1일로 계산하고, 제17조제5항에 따라 연가 일수에서 빼는 병가는 병가 일수에 산입하지 아니한다.
  1. 질병 또는 부상으로 인하여 직무를 수행할 수 없을 때
  2. 감염병에 걸려 그 공무원의 출근이 다른 공무원의 건강에 영향을 미칠 우려가 있을 때
② 행정기관의 장은 소속 공무원이 공무상 질병 또는 부상으로 직무를 수행할 수 없거나 요양이 필요할 경우에는 연 180일의 범위에서 병가를 승인할 수 있다.
③ 병가 일수가 연간 6일을 초과하는 경우에는 의사의 진단서를 첨부하여야 한다.

■ 「국가공무원 복무규정」 제19조(공가)
행정기관의 장은 소속 공무원(제11호의 경우 「공무원의 노동조합 설립 및 운영 등에 관한 법률 시행령」 제3조의3제2항에 따른 근무시간 면제자는 제외한다)이 다음 각 호의 어느 하나에 해당하는 경우에는 이에 직접 필요한 기간 또는 시간을 공가로 승인해야 한다.
  1. 「병역법」이나 그 밖의 다른 법령에 따른 병역판정검사·소집·검열점호 등에 응하거나 동원 또는 훈련에 참가할 때
  2. 공무와 관련하여 국회, 법원, 검찰, 경찰 또는 그 밖의 국가기관에 소환되었을 때
  3. 법률에 따라 투표에 참가할 때
  4. 승진시험·전직시험에 응시할 때
  5. 원격지(遠隔地)로 전보(轉補) 발령을 받고 부임할 때
  6. 「산업안전보건법」 제129조부터 제131조까지의 규정에 따른 건강진단, 「국민건강보험법」 제52조에 따른 건강검진 또는 「결핵예방법」 제11조제1항에 따른 결핵검진등을 받을 때
  7. 「혈액관리법」에 따라 헌혈에 참가할 때
  8. 「공무원 인재개발법 시행령」 제32조제5호에 따른 외국어 능력에 관한 시험에 응시할 때
  9. 올림픽, 전국체전 등 국가적인 행사에 참가할 때
  10. 천재지변, 교통 차단 또는 그 밖의 사유로 출근이 불가능할 때
  11. 「공무원의 노동조합 설립 및 운영 등에 관한 법률」 제9조에 따른 교섭위원으로 선임(選任)되어 단체교섭 및 단체협약 체결에 참석하거나 같은 법 제17조 및 「노동조합 및 노동관계조정법」 제17조에 따른 대의원회(「공무원의 노동조합 설립 및 운영 등에 관한 법률」에 따라 설립된 공무원 노동조합의 대의원회를 말하며, 연 1회로 한정한다)에 참석할 때
  12. 공무국외출장등을 위하여 「검역법」 제5조제1항에 따른 검역관리지역 또는 중점검역관리지역으로 가기 전에 같은 법에 따른 검역감염병의 예방접종을 할 때
  13. 「감염병의 예방 및 관리에 관한 법률」에 따른 제1급감염병에 대하여 같은 법 제24조 또는 제25조에 따라 필수예방접종 또는 임시예방접종을 받거나 같은 법 제42조제2항제3호에 따라 감염 여부 검사를 받을 때

02
24. 국가직 7급

교육공무원의 승진제도에 대한 설명으로 옳지 않은 것은?

① 현행 교육공무원의 승진제도는 연공과 실적을 절충하는 형태로 이루어진다.
② 경력평정은 매 학년도 종료일을 기준으로 하여 정기적으로 실시한다.
③ 교사의 근무성적평정은 매 학기 종료일을 기준으로 동료교사의 다면평가 결과를 합산한 성적으로 한다.
④ 교육공무원의 교육성적평정은 직무연수성적과 자격연수성적으로 나누어 평정한 후 이를 합산한 성적으로 한다.

정답 및 해설
③

- 제28조의2(근무성적평정 및 다면평가의 실시 등)
① 교사에 대하여는 매 학년도 종료일을 기준으로 하여 해당 교사의 근무실적·근무수행능력 및 근무수행태도에 관하여 근무성적평정과 다면평가를 정기적으로 실시하고, 각각의 결과를 합산한다. 〈개정 2015. 12. 31.〉

참고
- 「교육공무원법」
- 제13조(승진)
교육공무원의 승진임용은 같은 종류의 직무에 종사하는 바로 아래 직급의 사람 중에서 대통령령으로 정하는 바에 따라 경력평정, 재교육성적, 근무성적, 그 밖에 실제 증명되는 능력에 의하여 한다. [전문개정 2011. 9. 30.]

- 「교육공무원 승진규정」
- 제6조(평정의 시기)
경력평정은 매 학년도(3월 1일부터 다음 연도 2월 말일까지로 한다. 이하 같다) 종료일을 기준으로 하여 정기적으로 실시한다. 다만, 신규채용·승진·전직 또는 강임된 자가 있거나 상위자격을 취득한자가 있는 때에는 그때부터 2개월이내에 정기평정일 현재를 기준으로 하여 평정한다. 〈개정 2007. 5. 25., 2015. 12. 31.〉

- 제28조의2(근무성적평정 및 다면평가의 실시 등)
① 교사에 대하여는 매 학년도 종료일을 기준으로 하여 해당 교사의 근무실적·근무수행능력 및 근무수행태도에 관하여 근무성적평정과 다면평가를 정기적으로 실시하고, 각각의 결과를 합산한다. 〈개정 2015. 12. 31.〉

- 제32조(교육성적평정)
① 교육공무원의 교육성적평정은 직무연수성적과 자격연수성적으로 나누어 평정한 후 이를 합산한 성적으로 한다. 〈개정 2013. 3. 23.〉

03
15. 국가직 9급

「교육공무원법」상 교원의 전보에 해당하는 것은?

① 교사가 장학사로 임용된 경우
② 도교육청 장학관이 교장으로 임용된 경우
③ 중학교 교사가 초등학교 교사로 임용된 경우
④ 교육지원청 장학사가 도교육청 장학사로 임용된 경우

정답 및 해설
④

동일한 직렬 동일한 직급 내의 직위 이동. 즉, 직무의 성격이 같은 동일 직급(class) 내의 인사이동을 전보라 한다. 전보와 전직은 동일한 계급 또는 동일한 직급 내에서 수평적 이동이라는 점에서 서로 같으나 전직은 직렬(series)을 달리하는 이동이고, 전보는 직렬의 변동이 없다는 점에서 구별된다.

참고
- 「교육공무원법」 제2조(정의) 제8항~제9항
⑧ 이 법에서 "전직"이란 교육공무원의 종류와 자격을 달리하여 임용하는 것을 말한다.
⑨ 이 법에서 "전보"란 교육공무원을 같은 직위 및 자격에서 근무기관이나 부서를 달리하여 임용하는 것을 말한다.

04

19. 국가직 7급

「교육공무원법」상 임용권자가 교육공무원 본인의 의사와 관계없이 휴직을 명하여야 하는 경우는?

① 신체상·정신상의 장애로 장기요양이 필요할 때
② 학위취득을 목적으로 해외유학을 하거나 외국에서 1년 이상 연구 또는 연수를 하게 된 경우
③ 「공무원연금법」 제25조에 따른 재직기간 10년 이상인 교원이 자기개발을 위하여 학습·연구 등을 하게 된 경우
④ 만 8세 이하 또는 초등학교 2학년 이하의 자녀를 양육하기 위하여 필요하거나 여성 교육공무원이 임신 또는 출산하게 된 경우

정답 및 해설

①

• 제44조(휴직)
① 교육공무원이 다음 각 호의 어느 하나에 해당하는 사유로 휴직을 원하면 임용권자는 휴직을 명할 수 있다. 다만, 제1호부터 제4호까지 및 제11호의 경우에는 본인의 의사와 관계없이 휴직을 명하여야 하고, 제7호, 제7호의2 및 제7호의3의 경우에는 본인이 원하면 휴직을 명하여야 한다.
1. 신체상·정신상의 장애로 장기요양이 필요할 때
2. 「병역법」에 따른 병역 복무를 위하여 징집되거나 소집된 경우
3. 천재지변이나 전시·사변 또는 그 밖의 사유로 생사(生死)나 소재(所在)를 알 수 없게 된 경우
4. 그 밖에 법률에 따른 의무를 수행하기 위하여 직무를 이탈하게 된 경우
5. 학위취득을 목적으로 해외유학을 하거나 외국에서 1년 이상 연구 또는 연수를 하게 된 경우
6. 국제기구, 외국기관, 국내외의 대학·연구기관, 다른 국가기관, 재외교육기관(「재외국민의 교육지원 등에 관한 법률」 제2조 제2호의 재외교육기관을 말한다) 또는 대통령령으로 정하는 민간단체에 임시로 고용되는 경우
7. 만 8세 이하 또는 초등학교 2학년 이하의 자녀를 양육하기 위하여 필요하거나 여성 교육공무원이 임신 또는 출산하게 된 경우
7의2. 만 19세 미만의 아동(제7호에 따른 육아휴직의 대상이 되는 아동은 제외한다)을 입양(入養)하는 경우
7의3. 불임·난임으로 인하여 장기간의 치료가 필요한 경우
8. 교육부장관 또는 교육감이 지정하는 연구기관이나 교육기관 등에서 연수하게 된 경우
9. 사고나 질병 등으로 장기간 요양이 필요한 조부모, 부모(배우자의 부모를 포함한다), 배우자, 자녀 또는 손자녀를 간호하기 위하여 필요한 경우. 다만, 조부모나 손자녀의 간호를 위하여 휴직할 수 있는 경우는 본인 외에는 간호할 수 있는 사람이 없는 등 대통령령으로 정하는 요건을 갖춘 경우로 한정한다.
10. 배우자가 국외 근무를 하게 되거나 제5호에 해당하게 된 경우
11. 「교원의 노동조합 설립 및 운영 등에 관한 법률」 제5조에 따라 노동조합 전임자로 종사하게 된 경우
12. 「공무원연금법」 제25조에 따른 재직기간 10년 이상인 교원이 자기개발을 위하여 학습·연구 등을 하게 된 경우

참고

■ 「교육공무원법」 제44조(휴직) 제1항
① 교육공무원이 다음 각 호의 어느 하나에 해당하는 사유로 휴직을 원하면 임용권자는 휴직을 명할 수 있다. 다만, 제1호부터 제4호까지 및 제11호의 경우에는 본인의 의사와 관계없이 휴직을 명하여야 하고, 제7호, 제7호의2 및 제7호의3의 경우에는 본인이 원하면 휴직을 명하여야 한다.
1. 신체상·정신상의 장애로 장기요양이 필요할 때
2. 「병역법」에 따른 병역 복무를 위하여 징집되거나 소집된 경우
3. 천재지변이나 전시·사변 또는 그 밖의 사유로 생사(生死)나 소재(所在)를 알 수 없게 된 경우
4. 그 밖에 법률에 따른 의무를 수행하기 위하여 직무를 이탈하게 된 경우
5. 학위취득을 목적으로 해외유학을 하거나 외국에서 1년 이상 연구 또는 연수를 하게 된 경우
6. 국제기구, 외국기관, 국내외의 대학·연구기관, 다른 국가기관, 재외교육기관(「재외국민의 교육지원 등에 관한 법률」 제2조제2호의 재외교육기관을 말한다) 또는 대통령령으로 정하는 민간단체에 임시로 고용되는 경우
7. 만 8세 이하 또는 초등학교 2학년 이하의 자녀를 양육하기 위하여 필요하거나 여성 교육공무원이 임신 또는 출산하게 된 경우
7의2. 만 19세 미만의 아동(제7호에 따른 육아휴직의 대상이 되는 아동은 제외한다)을 입양(入養)하는 경우
7의3. 불임·난임으로 인하여 장기간의 치료가 필요한 경우
8. 교육부장관 또는 교육감이 지정하는 연구기관이나 교육기관 등에서 연수하게 된 경우
9. 조부모, 부모(배우자의 부모를 포함한다), 배우자, 자녀 또는 손자녀를 부양하거나 돌보기 위하여 필요한 경우. 다만, 조부모나 손자녀의 돌봄을 위하여 휴직할 수 있는 경우는 본인 외에 돌볼 사람이 없는 등 대통령령으로 정하는 요건을 갖춘 경우로 한정한다.
10. 배우자가 국외 근무를 하게 되거나 제5호에 해당하게 된 경우
11. 「교원의 노동조합 설립 및 운영 등에 관한 법률」 제5조에 따라 노동조합 전임자로 종사하게 된 경우
12. 「공무원연금법」 제25조에 따른 재직기간 10년 이상인 교원이 자기개발을 위하여 학습·연구 등을 하게 된 경우

05

19. 지방직 9급

「교육공무원법」상 고등학교 이하 각급 학교 기간제 교원으로 임용할 수 있는 경우가 아닌 것은?

① 교원이 병역 복무를 사유로 휴직하게 되어 후임자의 보충이 불가피한 경우
② 특정 교과를 한시적으로 담당하도록 할 필요가 있는 경우
③ 유치원 방과후 과정을 담당하도록 할 필요가 있는 경우
④ 학부모의 요구가 있는 경우

> **정답 및 해설** ④
>
> 기간제 교원은 「교육공무원법」 제32조에 의거, 교원의 자격증을 가진 자 중에서 기간을 정하여 각급 학교에 임용된 사람을 말한다.
>
> ★ 참고
>
> ■ 「교육공무원법」 제32조(기간제교원) 제1항
> ① 고등학교 이하 각급학교 교원의 임용권자는 다음 각 호의 어느 하나에 해당하는 경우에는 예산의 범위에서 기간을 정하여 교원 자격증을 가진 사람을 교원으로 임용할 수 있다.
>   1. 교원이 제44조제1항 각 호의 어느 하나의 사유로 휴직하게 되어 후임자의 보충이 불가피한 경우
>   2. 교원이 파견·연수·정직·직위해제 등 대통령령으로 정하는 사유로 직무를 이탈하게 되어 후임자의 보충이 불가피한 경우
>   3. 특정 교과를 한시적으로 담당하도록 할 필요가 있는 경우
>   4. 교육공무원이었던 사람의 지식이나 경험을 활용할 필요가 있는 경우
>   5. 유치원 방과후 과정을 담당하도록 할 필요가 있는 경우

06

13. 지방직 9급

현행 교육 관련법에서 교원에 대하여 규정하고 있는 내용으로 옳지 않은 것은?

① 교원은 교육자로서 갖추어야 할 품성과 자질을 향상시키기 위하여 노력하여야 한다.
② 교권은 존중되어야 하며, 교원은 그 전문적 지위나 신분에 영향을 미치는 부당한 간섭을 받지 아니한다.
③ 교원은 특정한 정당이나 정파를 지지하거나 반대하기 위하여 학생을 지도하거나 선동하여서는 아니 된다.
④ 교원은 어떠한 경우에도 소속 학교의 장의 동의 없이 학원 안에서 체포되지 아니한다.

> **정답 및 해설** ④
>
> ④ 교원은 현행범인인 경우 외에는 소속 학교의 장의 동의 없이 학원 안에서 체포되지 아니한다. (「교원의 지위향상 및 교육활동 보호를 위한 특별법」 제4조)
>
> ★ 참고
>
> ■ 「교원의 지위 향상 및 교육활동 보호를 위한 특별법」 제4조(교원의 불체포 특권)
> · 제4조(교원의 불체포특권)
> 교원은 현행범인인 경우 외에는 소속 학교의 장의 동의 없이 학원 안에서 체포되지 아니한다.
>
> ■ 「교육공무원법」 제43조(교권의 존중과 신분보장)
> ① 교권(敎權)은 존중되어야 하며, 교원은 그 전문적 지위나 신분에 영향을 미치는 부당한 간섭을 받지 아니한다.
>
> ■ 「교육공무원법」 제48조(교원의 불체포특권)
> 교원은 현행범인인 경우를 제외하고는 소속 학교의 장의 동의 없이 학원 안에서 체포되지 아니한다.

07
03. 지방직 9급

「국가공무원법」에 규정된 공무원의 복무규정 가운데 공무원의 의무사항에 해당되지 않는 것은?

① 친절공정의 의무
② 청렴의 의무
③ 품위유지의 의무
④ 변상의 의무

정답 및 해설
④

- 「국가공무원법」상의 복무규정(제55조~제66조)
  선서의 의무, 성실의 의무, 복종의 의무, 직장이탈 금지, ①. 종교중립의 의무, ②. 영예 등의 제한, ③. 영리업무금지 및 겸직금지, 정치운동 금지, 집단행위의 금지

- 주의
  ④는 「국가공무원법」이 아니라 「감사원법」(제31조), '연구의 의무' 역시 「국가공무원법」이 아니라 「교육공무원법」(제38조)상의 의무임을 자주 물어본다.

참고

■ 「국가공무원법」 제56조~제66조
- 제56조(성실 의무)
  모든 공무원은 법령을 준수하며 성실히 직무를 수행하여야 한다.
- 제57조(복종의 의무)
  공무원은 직무를 수행할 때 소속 상관의 직무상 명령에 복종하여야 한다.
- 제59조(친절·공정의 의무)
  공무원은 국민 전체의 봉사자로서 친절하고 공정하게 직무를 수행하여야 한다.
- 제59조의2(종교중립의 의무)
  ① 공무원은 종교에 따른 차별 없이 직무를 수행하여야 한다.
  ② 공무원은 소속 상관이 제1항에 위배되는 직무상 명령을 한 경우에는 이에 따르지 아니할 수 있다.
- 제60조(비밀 엄수의 의무)
  공무원은 재직 중은 물론 퇴직 후에도 직무상 알게 된 비밀을 엄수(嚴守)하여야 한다.
- 제61조(청렴의 의무)
  ① 공무원은 직무와 관련하여 직접적이든 간접적이든 사례·증여 또는 향응을 주거나 받을 수 없다.
  ② 공무원은 직무상의 관계가 있든 없든 그 소속 상관에게 증여하거나 소속 공무원으로부터 증여를 받아서는 아니 된다.
- 제63조(품위 유지의 의무)
  공무원은 직무의 내외를 불문하고 그 품위가 손상되는 행위를 하여서는 아니 된다.

- 「국가공무원법」 제56조~제66조
- 제58조(직장 이탈 금지)
  ① 공무원은 소속 상관의 허가 또는 정당한 사유가 없으면 직장을 이탈하지 못한다.
- 제65조(정치 운동의 금지)
  ① 공무원은 정당이나 그 밖의 정치단체의 결성에 관여하거나 이에 가입할 수 없다.
  ② 공무원은 선거에서 특정 정당 또는 특정인을 지지 또는 반대하기 위한 다음의 행위를 하여서는 아니 된다.
- 제66조(집단 행위의 금지)
  ① 공무원은 노동운동이나 그 밖에 공무 외의 일을 위한 집단 행위를 하여서는 아니 된다. 다만, 사실상 노무에 종사하는 공무원은 예외로 한다.

08
05. 지방직 9급

다음 중 교육공무원에 해당하지 않은 사람은?

① 전임강사
② 장학사
③ 교육연구관
④ 장학관
⑤ 기간제 교사

정답 및 해설
⑤

교육공무원(특정직) ┬ 교원
└ 교육전문직원 - 장학관, 장학사, 교육연구관, 교육연구사

- 시간 강사, 기간제 교사, 사립학교 교사는 교원이지만 교육공무원은 아니다.

참고

■ 교육공무원법
- 제2조(정의)
  ① 이 법에서 "교육공무원"이란 다음 각 호의 어느 하나에 해당하는 사람을 말한다.
  1. 교육기관에 근무하는 교원 및 조교
  2. 교육행정기관에 근무하는 장학관 및 장학사
  3. 교육기관, 교육행정기관 또는 교육연구기관에 근무하는 교육연구관 및 교육연구사

09

10. 지방직 9급

다음 중 교원이 아닌 사람은?

① 장학사
② 시간 강사
③ 유치원 원감
④ 대학 교수
⑤ 중학교 교장

정답 및 해설 ①

교원은 각급 학교에서 원아 및 학생을 직접 지도하는 자를 가리키며, ①은 교육행정기관에 근무하는 교육전문직원이다.

★ 참고
- 교육공무원법
- 제2조(정의)
  ② 이 법에서 "교육전문직원"이란 제1항제2호 및 제3호에 따른 교육공무원을 말한다.
  2. 교육행정기관에 근무하는 장학관 및 장학사
  3. 교육기관, 교육행정기관 또는 교육연구기관에 근무하는 교육연구관 및 교육연구사

10

18. 지방직 9급

현행 법령상 교원을 〈보기〉에서 고른 것은?

보기
ㄱ. 교장
ㄴ. 교감
ㄷ. 행정실장
ㄹ. 교육연구사

① ㄱ, ㄴ
② ㄱ, ㄷ
③ ㄴ, ㄹ
④ ㄷ, ㄹ

정답 및 해설 ①

교원은 각급 학교에서 원아 및 학생을 직접 지도하는 자를 가리키며, ㄷ. 일반직 공무원(교육행정직원) ㄹ. 교육행정기관에 근무하는 교육전문직원이다.

11

19. 국가직 9급

초·중등학교에 근무하는 교원과 직원의 신분에 대한 설명으로 옳은 것은?

① 수석교사는 교육전문직원이다.
② 공립학교 행정실장은 교육공무원이다.
③ 교장은 별정직 공무원이다.
④ 공무원인 교원은 특정직 공무원이다.

정답 및 해설 ④

교원은 각급 학교에서 원아 및 학생을 직접 지도하는 자를 가리키며, ①과 ③은 교원이다. ②는 일반직공무원이다. 교원은 교육공무원이며 특정직 공무원이다.

12

17. 지방직 9급

현행 「교육공무원법」에 규정된 용어의 정의로 옳지 않은 것은?

① 직위란 1명의 교육공무원에게 부여할 수 있는 직무와 책임을 말한다.
② 전직이란 교육공무원의 종류와 자격을 달리하여 임용하는 것을 말한다.
③ 강임이란 교육공무원의 직렬을 달리하여 하위 직위에 임용하는 것을 말한다.
④ 전보란 교육공무원을 같은 직위 및 자격에서 근무 기관이나 부서를 달리하여 임용하는 것을 말한다.

정답 및 해설 ③

강임이란 같은 종류의 직무에서 하위 직위에 임용하는 것을 말한다.

★ 참고
- 교육공무원법
- 제2조(정의)
  ⑦ 이 법에서 "직위"란 1명의 교육공무원에게 부여할 수 있는 직무와 책임을 말한다.
  ⑧ 이 법에서 "전직"이란 교육공무원의 종류와 자격을 달리하여 임용하는 것을 말한다.
  ⑨ 이 법에서 "전보"란 교육공무원을 같은 직위 및 자격에서 근무기관이나 부서를 달리하여 임용하는 것을 말한다.
  ⑩ 이 법에서 "강임"이란 같은 종류의 직무에서 하위 직위에 임용하는 것을 말한다.

13

14. 국가직 7급

초·중등학교의 기간제교원에 대한 설명으로 옳지 않은 것은?

① 퇴직 교원을 임용할 수 있다.
② 교원 자격증을 가진 사람을 임용하여야 한다.
③ 정규 교원 임용에서 우선권을 인정할 수 있다.
④ 교원의 휴직, 파견, 연수 등으로 후임자의 보충이 불가피한 경우 임용할 수 있다.

정답 및 해설

③

정규 교원 임용에서 어떠한 우선권도 인정되지 아니한다. (「교육공무원법」 제32조 2항)

★참고

- **교육공무원법**
- **제32조(기간제교원)**
① 고등학교 이하 각급학교 교원의 임용권자는 다음 각 호의 어느 하나에 해당하는 경우에는 예산의 범위에서 기간을 정하여 교원 자격증을 가진 사람을 교원으로 임용할 수 있다. 〈개정 2012. 3. 21.〉
  1. 교원이 제44조제1항 각 호의 어느 하나의 사유로 휴직하게 되어 후임자의 보충이 불가피한 경우
  2. 교원이 파견·연수·정직·직위해제 등 대통령령으로 정하는 사유로 직무를 이탈하게 되어 후임자의 보충이 불가피한 경우
  3. 특정 교과를 한시적으로 담당하도록 할 필요가 있는 경우
  4. 교육공무원이었던 사람의 지식이나 경험을 활용할 필요가 있는 경우
  5. 유치원 방과후 과정을 담당하도록 할 필요가 있는 경우
② 제1항에 따라 임용된 교원(이하 "기간제교원"이라 한다)은 정규 교원 임용에서 어떠한 우선권도 인정되지 아니하며, 같은 항 제4호에 따라 임용된 사람을 제외하고는 책임이 무거운 감독 업무의 직위에 임용될 수 없다.

14

11. 국가직 7급

국·공립학교 교장 임용과 관련된 설명 중 옳은 것으로만 묶인 것은?

> ㄱ. 교육부장관의 제청으로 대통령이 임용한다.
> ㄴ. 임기는 4년이며 1회에 한해 중임할 수 있다.
> ㄷ. 교장공모제의 유형에는 내부형과 개방형이 있다.
> ㄹ. 초빙교장의 임기도 임기횟수에 산입된다.

① ㄱ, ㄴ, ㄷ   ② ㄱ, ㄴ, ㄹ
③ ㄱ, ㄷ, ㄹ   ④ ㄴ, ㄷ, ㄹ

정답 및 해설

①

ㄹ. 산입하지 않는다. (「교육공무원법」 제29조의2)
ㄱ. 장학관 및 교육연구관도 동일하다. (동법 제29조의2)

★참고

- **교육공무원법**
- **제29조의2(교장 등의 임용)**
① 교장·원장은 교육부장관의 제청으로 대통령이 임용한다. 〈개정 2012. 3. 21., 2013. 3. 23.〉
② 교장·원장의 임기는 4년으로 한다.
③ 교장·원장은 한 번만 중임할 수 있다. 다만, 제29조의3에 따라 교장·원장으로 재직하는 횟수는 이에 포함하지 아니한다. 〈개정 2012. 3. 21.〉
④ 임용권자 또는 임용제청권자는 교장·원장으로 1차 임기를 마친 사람에 대해서는 제47조에 따른 정년까지 남은 기간이 4년 미만인 경우에도 특별한 결격사유가 없으면 제3항에 따라 교장·원장으로 다시 임용하거나 임용제청할 수 있다. 〈신설 2015. 3. 27.〉
⑤ 교장·원장의 임기가 학기 중에 끝나는 경우 임기가 끝나는 날이 3월에서 8월 사이에 있으면 8월 31일을, 9월에서 다음 해 2월 사이에 있으면 다음 해 2월 말일을 임기 만료일로 한다. 〈개정 2012. 3. 21., 2015. 3. 27.〉
⑥ 제47조에 따른 정년 전에 임기가 끝나는 교장·원장으로서 교사로 근무할 것을 희망하는 사람(교사자격증을 가진 사람만 해당한다)은 수업 담당 능력과 건강 등을 고려하여 교사로 임용할 수 있다. 〈개정 2012. 3. 21., 2015. 3. 27.〉
⑦ 제6항에 따라 임용된 교사는 대통령령으로 정하는 바에 따라 원로교사로 우대하여야 한다. 〈개정 2015. 3. 27.〉
⑧ 제29조의3에 따라 임용된 공모 교장·원장을 제외한 교장·원장은 임기 중에 전보될 수 있으며, 교장·원장의 전보는 교육부장관이 한다. 〈개정 2012. 3. 21., 2013. 3. 23., 2015. 3. 27.〉
⑨ 제4항에 따른 교장·원장의 재임용과 제6항에 따른 교사의 임용에 필요한 세부 사항은 교육부장관이 정한다. 〈신설 2015. 3. 27.〉

15
20. 국가직 9급

전직에 해당하지 않는 것은?

① 초등학교 교감이 장학사가 되었다.
② 초등학교 교사가 중학교 교사가 되었다.
③ 중학교 교장이 교육장이 되었다.
④ 중학교 교사가 특성화 고등학교 교사가 되었다.

> **정답 및 해설** ④
>
> 전직은 정부조직 속의 한 직위에서 직무의 종류와 성격이 다른 직렬로 수평 이동하는 것이다. 동일한 직급에 속하는 한 직위에서 다른 직위로 보직을 변경하는 전보와 대비된다.
> ④ 중학교 교사가 특성화 고등학교 교사가 되는 것은 중등교사 자격을 가지고 이동하는 전보에 해당한다.
> ① 교원에서 교육전문직으로 전직하는 것이다.
> ② 초등교사 자격과 중등교사 자격으로 전직하는 것이다.
> ③ 교원에서 교육전문직으로 전직에 해당한다.
>
> ⭐ **참고**
> - 교육공무원법
> - 제2조(정의)
>   ⑧ 이 법에서 "전직"이란 교육공무원의 종류와 자격을 달리하여 임용하는 것을 말한다.

16
19. 국가직 9급

2급 정교사인 사람이 1급 정교사가 되고자 할 때 받아야 하는 연수는?

① 직무연수   ② 자격연수
③ 특별연수   ④ 지정연수

> **정답 및 해설** ②
>
> 2급 정교사 자격에서 1급 정교사 자격으로의 연수과정은 자격연수이다.
>
> ⭐ **참고**
> - 교원 등의 연수에 관한 규정
> - 제6조(연수의 종류와 과정)
>   ① 연수는 다음 각 호의 직무연수와 자격연수로 구분한다. 〈개정 2021. 1. 5.〉
>   2. 자격연수: 「유아교육법」 제22조제1항부터 제3항까지, 같은 법 별표 1 및 별표 2, 「초·중등교육법」 제21조제1항부터 제3항까지, 같은 법 별표 1 및 별표 2에 따른 교원의 자격을 취득하기 위한 자격연수 [전문개정 2013. 7. 15.]

17
14. 국가직 7급

수석교사제도에 대한 설명으로 옳지 않은 것은?

① 수석교사는 임용 이후 3년마다 재심사를 받는다.
② 수석교사는 임기 중에 교장 자격을 취득할 수 없다.
③ 수석교사는 교사의 교수·연구 활동을 지원하며, 학생을 교육한다.
④ 수석교사가 되려면 15년 이상의 교육경력(교육전문직 근무경력 포함)을 필요로 한다.

> **정답 및 해설** ①
>
> 교육부장관이 임용하며 4년마다 재심사를 받는다. (「교육공무원법」 제29조의4)
>
> ⭐ **참고**
> - 교육공무원법
> - 제29조의4(수석교사의 임용 등)
>   ① 수석교사는 교육부장관이 임용한다. 〈개정 2013. 3. 23.〉
>   ② 수석교사는 최초로 임용된 때부터 4년마다 대통령령으로 정하는 업적평가 및 연수실적 등을 반영한 재심사를 받아야 하며, 심사기준을 충족하지 못한 경우 대통령령으로 정하는 바에 따라 수석교사로서의 직무 및 수당 등을 제한할 수 있다.
>   ③ 수석교사는 대통령령으로 정하는 바에 따라 수업부담 경감, 수당 지급 등에 대하여 우대할 수 있다.
>   ④ 수석교사는 임기 중에 교장·원장 또는 교감·원감 자격을 취득할 수 없다.
>   ⑤ 수석교사의 운영 등 그 밖에 필요한 사항은 대통령령으로 정한다.

18
12. 국가직 7급

교원인사제도에 대한 설명으로 옳지 <u>않은</u> 것은?

① 공립학교 교장의 임기는 4년이고, 한 번만 중임할 수 있다.
② 교원이 장학사가 되는 경우 전직에 해당한다.
③ 수석교사도 임기 중에 교장 또는 교감 자격을 취득할 수 있다.
④ 실기교사도 교사자격증이 필요하다.

> **정답 및 해설** ③
> 수석교사는 교장과 교감 자격을 취득불가
>
> ★ 참고
> ■ 교육공무원법
> • 제29조의4(수석교사의 임용 등)
> ④ 수석교사는 임기 중에 교장·원장 또는 교감·원감 자격을 취득할 수 없다.

19
04. 국가직 9급

교사의 근무평정에 대한 설명으로 볼 수 <u>없는</u> 것은?

① 근무평정이란 남녀를 통합하여 근무성적을 평정하는 것을 의미한다.
② 근무평정은 전보·포상 등의 인사관리에 반영된다.
③ 근무평정의 결과에 관한 사항은 공개가 불가능하다.
④ 근무평정은 100점을 만점으로 하고, 평정기준일은 매년 12월 31일이다.

> **정답 및 해설** ③
> ④ 교사의 경우 근무성적평정점 70점과 다면평가점 30점을 합산하여 100점(종전: 80점 만점) 만점으로 한다.
> ③ 공개(종전: 비공개)가 원칙이다. 「교육공무원 승진규정」 제26조에 '평정대상자의 요구가 있는 때에는 특별한 사정이 없는 한 본인의 최종 근무성적평정점을 알려주어야 한다.'고 되어 있다.
>
> ★ 참고
> ■ 교육공무원법
> • 제13조(승진)
> 교육공무원의 승진임용은 같은 종류의 직무에 종사하는 바로 아래 직급의 사람 중에서 대통령령으로 정하는 바에 따라 경력평정, 재교육성적, 근무성적, 그 밖에 실제 증명되는 능력에 의하여 한다.
> ■ 교육공무원 승진규정
> • 제15조(평정결과의 공개)
> 경력평정의 결과는 평정대상자의 요구가 있는 때에는 이를 알려주어야 한다.

20
18. 지방직 9급

교원의 특별연수에 해당하는 것은?

① 박 교사는 특수분야 연수기관에서 개설한 종이접기 연수에 참여하였다.
② 황 교사는 교육청 소속 교육연수원에서 교육과정 개정에 따른 연수를 받았다.
③ 최 교사는 학습연구년 교사로 선정되어 대학의 연구소에서 1년간 연구 활동을 수행하였다.
④ 교직 4년차인 김 교사는 특수학교 1급 정교사 자격증을 취득하기 위한 연수에 참여하였다.

> **정답 및 해설** ③
> 특별연수는 교원의 능력개발을 위한 지식과 기술을 습득하고, 가치관과 태도를 발전적 교직관에 맞도록 하는 제반 연수를 말한다.
> ①·②는 직무연수, ④ 자격연수
>
> ★ 참고
> ■ 교원 등의 연수에 관한 규정
> • 제13조(특별연수자의 선발)
> ① 교육부장관 또는 교육감은 특별연수자(제2항에 따른 특별연수의 대상자는 제외한다)를 선발할 때에는 근무실적이 우수하고 필요한 학력 및 경력을 갖춘 사람 중에서 선발하여야 한다. 이 경우 국외연수자는 필요한 외국어 능력을 갖추어야 한다. 〈개정 2013. 3. 23.〉
> ■ 교육공무원법
> • 제40조(특별연수)
> ① 국가나 지방자치단체는 특별연수계획을 수립하여 교육공무원을 국내외의 교육기관 또는 연구기관에서 일정 기간 연수를 받게 할 수 있다.

21
04. 국가직 9급

다음 교육정책이 추구하고자 하는 방향은?

- 자율연수 휴직제 도입
- 교육정책 공모제
- 교육활동연구비 지원

① 교원의 행정업무 경감
② 교권확립
③ 교원의 전문성 신장
④ 교원의 복지 증진

정답 및 해설
③

①, ②, ④ 교원의 사기 신장 방안과 관련
제시문의 내용은 교원의 전문성 신장 방안과 관련

참고
- **교육공무원법**
- 제37조(연수의 기회균등)
교육공무원에게는 연수기관에서 재교육을 받거나 연수할 기회가 균등하게 주어져야 한다.
- 제40조(특별연수)
① 국가나 지방자치단체는 특별연수계획을 수립하여 교육공무원을 국내외의 교육기관 또는 연구기관에서 일정 기간 연수를 받게 할 수 있다.
② 국가나 지방자치단체는 예산의 범위에서 제1항에 따른 특별연수 경비를 지급할 수 있다.

22
03. 지방직 9급

교육직원의 근무와 관련하여 다음의 내용에 합치되는 것은?

- 직렬을 달리하는 임명
- A 고등학교 교사가 ○○교육청 장학사로 이동하는 경우

① 전보
② 승진
③ 승급
④ 전직

정답 및 해설
④

전직은 종별과 자격을 달리하는 임용으로 원칙적으로 시험을 거쳐야 한다.

전직·전보·승진

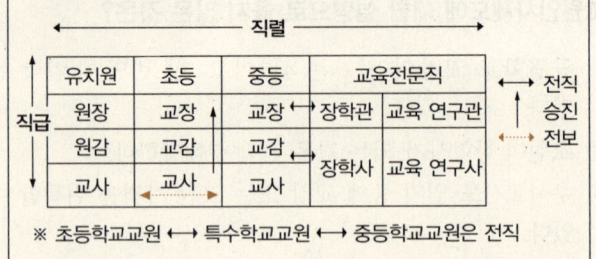

※ 초등학교교원 ↔ 특수학교교원 ↔ 중등학교교원은 전직

참고
- **교육공무원법**
- 제2조(정의)
⑧ 이 법에서 "전직"이란 교육공무원의 종류와 자격을 달리하여 임용하는 것을 말한다.

23
13. 국가직 7급

다음 교사의 신분변경에 관한 내용 중 전보에 해당하는 사항은?

① 장학사가 교육연구사로 이동하는 경우
② 초등학교 영양교사가 중학교 영양교사로 이동하는 경우
③ 교사가 시험을 통하여 장학사로 이동하는 경우
④ 장학사가 장학관으로 이동하는 경우

정답 및 해설
②

② 초등학교 교사가 중학교 교사로 이동한다면 전직이지만, 초등학교 영양교사(보건교사, 사서교사, 전문상담교사)가 중학교 영양교사(보건교사, 사서교사, 전문상담교사)로 이동하면 전보이다.
①·③은 전직, ④ 승진

참고
- **교육공무원법**
⑧ 이 법에서 "전직"이란 교육공무원의 종류와 자격을 달리하여 임용하는 것을 말한다.
⑨ 이 법에서 "전보"란 교육공무원을 같은 직위 및 자격에서 근무기관이나 부서를 달리하여 임용하는 것을 말한다.
- 제13조(승진)
교육공무원의 승진임용은 같은 종류의 직무에 종사하는 바로 아래 직급의 사람 중에서 대통령령으로 정하는 바에 따라 경력평정, 재교육성적, 근무성적, 그 밖에 실제 증명되는 능력에 의하여 한다.

24

교원 징계에 대한 구분과 그 내용으로 적절한 것은?

① 파면: 공무원을 강제로 퇴직시키는 중징계처분의 하나로 파면된 사람은 3년 동안 공무원으로 임용될 수 없고 연금법상의 불이익이 없다.
② 해임: 직위에서 물러나게 해 업무를 못하도록 하는 것으로 징계의 효과는 있지만 징계자체는 아니다.
③ 정직: 1월 이상 6월 이하의 기간으로 한다. 정직처분을 받은 자는 공무원의 신분은 보유하나 직무에 종사하지 못하며 보수의 3분의 2를 감한다.
④ 감봉: 1월 이상 3월 이하의 기간에 보수의 3분의 2를 감한다.
⑤ 견책: 견책은 전과에 대하여 훈계하고 회개하게 한다.

정답 및 해설 ⑤

① 해임
② 직위해제
③ 1개월 이상 3개월 이하의 기간으로 한다.
④ 보수의 3분의 1을 감한다.

★ 참고
- 교육공무원법
- 제50조(징계위원회의 설치)
② 징계위원회의 종류·구성·권한·심의절차, 징계위원회 위원의 제척(除斥)이나 기피(忌避)에 관한 사항 및 징계대상자의 진술권 등 필요한 사항은 대통령령으로 정한다.
- 교육공무원 징계령
- 제1조의2(정의)
1. "중징계"라 함은 파면·해임·강등 또는 정직을 말한다.
2. "경징계"라 함은 감봉 또는 견책을 말한다.

25

공무원의 징계에 대한 설명으로 적절한 것은?

① 파면·해임·강등은 중징계에 해당하는 것으로 배제징계이다.
② 징계시효는 징계 사유가 발생한 날로부터 1년간 적용된다.
③ 견책의 징계처분을 받은 사람은 승진임용의 제한을 받지 않는다.
④ 강등의 징계처분을 받은 사람은 공무원 신분은 보유하나 3개월간 직무에 종사하지 못한다.
⑤ 징계위원회는 직무와 관련한 금품수수 비위로 징계의결이 요구된 사람이라도 모범공무원으로 선발된 공적이 있는 경우에는 징계를 감경할 수 있다.

정답 및 해설 ④

① 아니다. 파면·해임·강등·정직은 중징계, 감봉·견책은 경징계이다. 그런데 배제징계는 파면과 해임이고 나머지는 교정징계이다.
② 아니다. 3년(단, 금품 및 향응 수수, 공금의 횡령·유용의 경우에는 5년)이 지나면 하지 못한다. (「국가공무원법」 제83조의2)
③ 아니다. 6개월간 승진제한을 받는다.
④ 맞다. 그리고 그 기간 중 보수의 3분의 2를 감한다. (「국가공무원법」 제80조 제2항)
⑤ 아니다. 징계의결 요구 시효가 5년인 징계 사유에 해당하는 비위, 직무와 관련한 금품수수 비위, 성적 관련 비위 및 학교생활기록부 부당 정정 관련 비위, 성폭력범죄 비위, 음주운전으로 징계의 대상이 된 경우, 상습적이고 심각한 신체적 폭력행위로 인한 징계, 인사 관련 비위 등은 징계를 감경할 수 없다. (「교육공무원 징계양정 등에 관한 규칙」)

26

13. 지방직 9급

다음 중 직권휴직에 해당하는 것은?

① 질병휴직 ② 육아휴직
③ 고용휴직 ④ 유학휴직

정답 및 해설

①

- 직권 휴직: 본인의 의사에 불구하고 휴직을 명하는 것으로, ①, 병역휴직, 생사불명, 법정의무수행, 노조전임자 휴직이 있다. (「교육공무원법」 제44조 제1항)
- 청원휴직: 원하는 경우 명할 수 있는 것으로 유학휴직, 고용휴직, 육아휴직(원하는 경우 명하여야 함), 연수휴직, 간병휴직, 동반휴직 등이 있다.

⭐ 참고

■ 교육공무원법
• 제44조(휴직)

① 교육공무원이 다음 각 호의 어느 하나에 해당하는 사유로 휴직을 원하면 임용권자는 휴직을 명할 수 있다. 다만, 제1호부터 제4호까지 및 제11호의 경우에는 본인의 의사와 관계없이 휴직을 명하여야 하고, 제7호, 제7호의2 및 제7호의3의 경우에는 본인이 원하면 휴직을 명하여야 한다.

1. 신체상·정신상의 장애로 장기요양이 필요할 때
2. 「병역법」에 따른 병역 복무를 위하여 징집되거나 소집된 경우
3. 천재지변이나 전시·사변 또는 그 밖의 사유로 생사(生死)나 소재(所在)를 알 수 없게 된 경우
4. 그 밖에 법률에 따른 의무를 수행하기 위하여 직무를 이탈하게 된 경우
5. 학위취득을 목적으로 해외유학을 하거나 외국에서 1년 이상 연구 또는 연수를 하게 된 경우
6. 국제기구, 외국기관, 국내외의 대학·연구기관, 다른 국가기관, 재외교육기관(「재외국민의 교육지원 등에 관한 법률」 제2조제2호의 재외교육기관을 말한다) 또는 대통령령으로 정하는 민간단체에 임시로 고용되는 경우
7. 만 8세 이하 또는 초등학교 2학년 이하의 자녀를 양육하기 위하여 필요하거나 여성 교육공무원이 임신 또는 출산하게 된 경우
7의2. 만 19세 미만의 아동(제7호에 따른 육아휴직의 대상이 되는 아동은 제외한다)을 입양(入養)하는 경우
7의3. 불임·난임으로 인하여 장기간의 치료가 필요한 경우
8. 교육부장관 또는 교육감이 지정하는 연구기관이나 교육기관 등에서 연수하게 된 경우
9. 조부모, 부모(배우자의 부모를 포함한다), 배우자, 자녀 또는 손자녀를 부양하거나 돌보기 위하여 필요한 경우. 다만, 조부모나 손자녀의 돌봄을 위하여 휴직할 수 있는 경우는 본인 외에 돌볼 사람이 없는 등 대통령령으로 정하는 요건을 갖춘 경우로 한정한다.
10. 배우자가 국외 근무를 하게 되거나 제5호에 해당하게 된 경우
11. 「교원의 노동조합 설립 및 운영 등에 관한 법률」 제5조에 따라 노동조합 전임자로 종사하게 된 경우
12. 「공무원연금법」 제25조에 따른 재직기간 10년 이상인 교원이 자기개발을 위하여 학습·연구 등을 하게 된 경우

CHAPTER 03 교원노조법

01
01. 지방직 9급

교원노동조합에 대한 설명으로 맞는 것은?

① 교원(대학교수·교장·원장·교감·원감은 제외)은 가입과 탈퇴가 자유롭다.
② 단위학교에서도 교원노동조합을 설립할 수 있다.
③ 방과 후에는 쟁의행위에 참여할 수 있다.
④ 노동조합설립 시 교육부장관에게 신고해야 한다.
⑤ 임명권자의 허락이 있어야만 노동조합 활동이 가능하다.

정답 및 해설 ①

①, ⑤ 법정임의기구로 가입과 탈퇴가 자유롭다. 단 「노동조합 및 노동관계조정법」상 사용자의 지위 또는 사용자의 이익을 대표하여 활동하는 자(학교설립 및 경영자, 교장 및 교감)은 제외
② 특별시·광역시·도·특별자치도 단위 또는 전국단위로만 설립이 가능
③ 일체의 쟁위행위 금지, 일체의 정치활동 금지
④ 고용노동부장관에게 신고

참고

■ 교원의 노동조합 설립 및 운영 등에 관한 법률
• 제4조(노동조합의 설립)
① 제2조제1호·제2호에 따른 교원은 특별시·광역시·특별자치시·도·특별자치도(이하 "시·도"라 한다) 단위 또는 전국 단위로만 노동조합을 설립할 수 있다. 〈개정 2020. 6. 9.〉
② 제2조제3호에 따른 교원은 개별학교 단위, 시·도 단위 또는 전국 단위로 노동조합을 설립할 수 있다. 〈신설 2020. 6. 9.〉
③ 노동조합을 설립하려는 사람은 고용노동부장관에게 설립신고서를 제출하여야 한다. 〈개정 2010. 6. 4., 2020. 6. 9.〉 [전문개정 2010. 3. 17.]

02
03. 지방직 9급

다음 현행 교원노조에 관련된 사항으로 옳지 않은 것은?

① 모든 사항의 단체 교섭에 협의할 수 있다.
② 교원은 임용권자의 허가가 있는 경우 노동조합의 업무에만 종사할 수 있다.
③ 노동조합을 설립하려는 사람은 고용노동부장관에게 설립신고서를 제출하여야 한다.
④ 교원노조는 일체의 정치활동을 할 수 없다.

정답 및 해설 ①

② 노동조합전임자의 지위(「교원의 노동조합 설립 및 운영 등에 관한 법률」 제5조)
③, ④ 위 문제 해설 참조
① 교육과정, 교육기관 및 교육행정기관의 관리·운영에 관한 사항, 교육정책에 관한 사항은 제외

참고

■ 교원의 노동조합 설립 및 운영 등에 관한 법률
• 제6조(교섭 및 체결 권한 등)
① 노동조합의 대표자는 그 노동조합 또는 조합원의 임금, 근무조건, 후생복지 등 경제적·사회적 지위 향상에 관하여 다음 각 호의 구분에 따른 자와 교섭하고 단체협약을 체결할 권한을 가진다. 〈개정 2013. 3. 23., 2020. 6. 9.〉

■ 교원의 노동조합 설립 및 운영 등에 관한 법률
• 제5조(노동조합 전임자의 지위)
① 교원은 임용권자의 동의를 받아 노동조합으로부터 급여를 지급받으면서 노동조합의 업무에만 종사할 수 있다. 〈개정 2022. 6. 10.〉

• 제3조(정치활동의 금지)
교원의 노동조합(이하 "노동조합"이라 한다)은 어떠한 정치활동도 하여서는 아니 된다. 〈개정 2020. 5. 26.〉

03
08. 국가직 7급

「교원의 노동조합 설립 및 운영 등에 관한 법률」에 의할 때 단체교섭의 대상이 될 수 없는 의제는?

① 교원보수체계의 개편
② 교육과정의 개정
③ 학교급별 교원의 근무조건
④ 초등교원과 중등교원 간의 수당차이 해소

정답 및 해설 ②

교육과정, 교육기관 및 교육행정기관의 관리·운영에 관한 사항, 교육정책에 관한 사항은 제외

> **참고**
> - 교원의 노동조합 설립 및 운영 등에 관한 법률
> - 제6조(교섭 및 체결 권한 등)
> ① 노동조합의 대표자는 그 노동조합 또는 조합원의 임금, 근무조건, 후생복지 등 경제적·사회적 지위 향상에 관하여 다음 각 호의 구분에 따른 자와 교섭하고 단체협약을 체결할 권한을 가진다. 〈개정 2013. 3. 23., 2020. 6. 9.〉

04
10. 국가직 9급

우리나라 교원노동조합에 대한 설명으로 옳은 것은?

① 기초자치단체인 시·군·구 단위에서 설립할 수 있다.
② 교원은 임용권자의 허가가 있는 경우에는 노동조합의 업무에만 종사할 수 있다.
③ 전문상담순회교사는 노동조합원이 될 수 없다.
④ 수업에 지장이 없는 한 정치활동을 할 수 있다.

정답 및 해설

③ 있다. ① 시도단위 또는 전국단위(유아, 초·중등교원), 개별학교단위 또는 시도단위 또는 전국단위(대학교원), ② 교원노조법 제5조(노동조합전임자의 지위), ④ 제3조(정치활동의 금지)

> **참고**
> - 교원의 노동조합 설립 및 운영 등에 관한 법률
> - 제5조(노동조합 전임자의 지위)
> ① 교원은 임용권자의 동의를 받아 노동조합으로부터 급여를 지급받으면서 노동조합의 업무에만 종사할 수 있다. 〈개정 2022. 6. 10.〉

> - 교원의 노동조합 설립 및 운영 등에 관한 법률
> - 제4조의2(가입 범위)
> 노동조합에 가입할 수 있는 사람의 범위는 다음 각 호와 같다.
>   1. 교원
>   2. 교원으로 임용되어 근무하였던 사람으로서 노동조합 규약으로 정하는 사람
> [본조신설 2021. 1. 5.]
>
> - 제3조(정치활동의 금지)
> 교원의 노동조합(이하 "노동조합"이라 한다)은 어떠한 정치활동도 하여서는 아니 된다. 〈개정 2020. 5. 26.〉

05
00. 지방직 9급

교원단체와 교원노동조합 모두에 적용되는 진술은?

① 학교의 장과 대학의 교원은 가입할 수 없다.
② 파업 및 태업 등 일체의 쟁의 행위를 할 수 없다.
③ 교육감 또는 교육부장관과 단체협약서를 작성한다.
④ 「교육기본법」에 근거하여 지방자치단체와 중앙에 조직할 수 있다.
⑤ 사립학교 설립·경영자는 전국 또는 시·도 단위로 연합하여 교섭해야 한다.

정답 및 해설

구분	교원단체	교원노조
설립근거	「교육기본법」에 근거(④), 전문직관에 기초	교원노조법에 근거, 노동직관에 기초
가입대상	전체 교원	교원
보장범위	• 단결권, 교섭·협의권 • 쟁의행위, 정치활동 금지(②)	• 단결권, 교섭 및 협약권(③) • 좌동(②)
교섭·협의 당사자	• 교육부 장관 및 교육감	• 좌동 • 사립학교를 설립·경영하는 자(⑤), 시도지사, 국공립학교의 장
한계	• 교육과정, 교육기관 및 교육행정기관의 관리·운영에 관한 사항	• 좌동 • 교육정책에 관한 사항

CHAPTER 04 공교육 정상화 촉진 및 선행교육 규제에 관한 특별법 및 시행령

01
16. 국가직 9급

「공교육 정상화 촉진 및 선행교육 규제에 관한 특별법」에서 금지하는 행위에 포함되지 <u>않는</u> 것은?

① 지필평가, 수행평가 등 학교 시험에서 학생이 배운 학교 교육 과정의 범위와 수준을 벗어난 내용을 출제하여 평가하는 행위
② 각종 교내 대회에서 학생이 배운 학교교육과정의 범위와 수준을 벗어난 내용을 출제하여 평가하는 행위
③ 「영재교육 진흥법」에 따른 영재교육기관에서 학교교육과정의 범위와 수준을 벗어난 내용으로 영재교육을 실시하는 행위
④ 대학의 입학전형에서 고등학교 교육과정의 범위와 수준을 벗어난 내용을 출제 또는 평가하는 대학별고사를 실시하는 행위

정답 및 해설
③

③ 학교에서는 다음 각 호의 행위를 하여서는 아니 된다. 〈개정 2016. 5. 29.〉
  1. 지필평가, 수행평가 등 학교 시험에서 학생이 배운 학교교육과정의 범위와 수준을 벗어난 내용을 출제하여 평가하는 행위
  2. 각종 교내 대회에서 학생이 배운 학교교육과정의 범위와 수준을 벗어난 내용을 출제하여 평가하는 행위
  3. 그 밖에 이에 준하는 것으로서 대통령령으로 정하는 행위

• 제9조(학교의 입학전형 등)
① 학교별로 입학전형을 실시하는 학교 중에서 대통령령으로 정하는 학교의 입학전형은 그 내용과 방법이 해당 학교 입학 단계 이전 교육과정의 범위와 수준을 벗어나서는 아니 된다.
② 학교의 장은 제1항의 입학전형을 실시하는 경우 해당 학교의 설립 목적과 특성에 맞도록 학교생활기록부 기록을 반영하여야 한다.
③ 학교의 장은 제1항의 입학전형을 실시하는 경우 다음 각 호의 내용을 반영하여서는 아니 된다.
  1. 학교 밖 경시대회 실적
  2. 각종 인증시험 성적
  3. 각종 자격증
  4. 그 밖에 이에 준하는 것으로서 대통령령으로 정하는 사항

참고

- 「공교육정상화법」 제8조(선행교육 및 선행학습 유발행위 금지 등) 제3항
③ 학교에서는 다음 각 호의 행위를 하여서는 아니 된다.
  1. 지필평가, 수행평가 등 학교 시험에서 학생이 배운 학교교육과정의 범위와 수준을 벗어난 내용을 출제하여 평가하는 행위
  2. 각종 교내 대회에서 학생이 배운 학교교육과정의 범위와 수준을 벗어난 내용을 출제하여 평가하는 행위
  3. 그 밖에 이에 준하는 것으로서 대통령령으로 정하는 행위

- 「공교육정상화법 시행령」 제3조(선행교육 및 선행학습 유발행위의 금지범위)
법 제8조제3항제3호에서 "대통령령으로 정하는 행위"란 다음 각 호의 행위를 말한다.
  1. 입학이 예정된 학생을 대상으로 입학 전에 해당 학교(「초·중등교육법」 제2조에 따른 학교를 말한다. 이하 이 조에서 같다)의 교육과정을 사실상 운영하는 행위
  2. 입학이 예정된 학생을 대상으로 해당 학교 입학 단계 이전 교육과정의 범위와 수준을 벗어난 내용을 출제하여 평가하는 행위

CHAPTER 05 사립학교법

01
23. 지방직 9급

「사립학교법」의 내용으로 옳지 않은 것은?

① 학교법인의 설립 당초의 임원은 정관으로 정하여야 한다.
② 기간제교원의 임용기간은 1년 이내로 하되, 필요한 경우 4년의 범위에서 그 기간을 연장할 수 있다.
③ 사립학교 교원은 권고에 의하여 사직을 당하지 아니한다.
④ 각급 학교의 장은 해당 학교를 설치·경영하는 학교법인 또는 사립학교경영자가 임용한다.

② 제1항에 따라 학교법인이 대학교육기관의 장을 임기 중에 해임하려는 경우에는 이사 정수의 3분의 2 이상의 찬성에 의한 이사회의 의결을 거쳐야 한다.
③ 각급 학교의 장의 임기는 학교법인 및 법인인 사립학교경영자의 경우에는 정관으로 정하고, 사인인 사립학교경영자의 경우에는 규칙으로 정하되, 4년을 초과할 수 없으며, 중임할 수 있다. 다만, 초·중등학교 및 특수학교의 장은 한 차례만 중임할 수 있다.

정답 및 해설
②

① 제10조(설립허가) ② 학교법인의 설립 당초의 임원은 정관으로 정하여야 한다.
② 제54조의4(기간제교원) ③ 기간제교원의 임용기간은 1년 이내로 하되, 필요한 경우 3년의 범위에서 그 기간을 연장할 수 있다.
③ 제56조(의사에 반한 휴직·면직 등의 금지) ① 사립학교 교원은 형(刑)의 선고, 징계처분 또는 이 법에서 정하는 사유에 의하지 아니하고는 본인의 의사에 반하여 휴직이나 면직 등 불리한 처분을 받지 아니한다. 다만, 학급이나 학과의 개편 또는 폐지로 인하여 직책이 없어지거나 정원이 초과된 경우에는 그러하지 아니하다.
② 사립학교 교원은 권고에 의하여 사직을 당하지 아니한다.
④ 제53조(학교의 장의 임용) ① 각급 학교의 장은 해당 학교를 설치·경영하는 학교법인 또는 사립학교경영자가 임용한다.

> ★ 참고
> ■ 「사립학교법」 제10조(설립허가) 제2항
>   ② 학교법인의 설립 당초의 임원은 정관으로 정하여야 한다.
> ■ 「사립학교법」 제54조의4(기간제교원) 제3항
>   ③ 기간제교원의 임용기간은 1년 이내로 하되, 필요한 경우 3년의 범위에서 그 기간을 연장할 수 있다.
> ■ 「사립학교법」 제56조(의사에 반한 휴직면직 등의 금지) 제1항~2항
>   ① 사립학교 교원은 형(刑)의 선고, 징계처분 또는 이 법에서 정하는 사유에 의하지 아니하고는 본인의 의사에 반하여 휴직이나 면직 등 불리한 처분을 받지 아니한다. 다만, 학급이나 학과의 개편 또는 폐지로 인하여 직책이 없어지거나 정원이 초과된 경우에는 그러하지 아니하다.
>   ② 사립학교 교원은 권고에 의하여 사직을 당하지 아니한다.
> ■ 「사립학교법」 제53조(학교의 장의 임용) 제1항~3항
>   ① 각급 학교의 장은 해당 학교를 설치·경영하는 학교법인 또는

특수교육법/영재교육진흥법

01
06. 국가직 9급

다음 중 특수교육을 바르게 설명한 것은?

① 특수교육에 중증장애자는 포함되지 않는다.
② 「장애인 등에 대한 특수교육법」에 유치원교육은 의무로 규정되어 있다.
③ 중증장애학생은 일반학교에 진학할 수 없다.
④ 특수교육에서 고등교육은 무상으로 규정되어 있다.

정답 및 해설
②

① 당연히 포함된다.
②, ④ 「장애인 등에 대한 특수교육법」 제3조: 특수교육대상자에 대하여는 유치원·초등학교·중학교 및 고등학교 과정의 교육은 의무교육으로 하고, 전공과(고등학교 과정을 졸업한 특수교육대상자에게 진로 및 직업교육을 제공하기 위해 수업연한 1년 이상의 전공과를 설치·운영)와 만 3세 미만의 장애영아 교육은 무상으로 한다.
③ 통합교육을 위해 당연히 가능하다.

★ 참고

■ 장애인 등에 대한 특수교육법
• 제3조(의무교육 등)
① 특수교육대상자에 대하여는 「교육기본법」 제8조에도 불구하고 유치원·초등학교·중학교 및 고등학교 과정의 교육은 의무교육으로 하고, 제24조에 따른 전공과와 만 3세미만의 장애영아교육은 무상으로 한다.
② 만 3세부터 만 17세까지의 특수교육대상자는 제1항에 따른 의무교육을 받을 권리를 가진다. 다만, 출석일수의 부족 등으로 인하여 진급 또는 졸업을 하지 못하거나, 제19조제3항에 따라 취학의무를 유예하거나 면제받은 사람이 다시 취학할 때의 그 학년이 취학의무를 면제 또는 유예받지 아니하고 계속 취학하였을 때의 학년과 차이가 있는 경우에는 그 해당 연수(年數)를 더한 연령까지 의무교육을 받을 권리를 가진다. 〈개정 2021. 3. 23.〉
③ 제1항에 따른 의무교육 및 무상교육에 드는 비용은 대통령령으로 정하는 바에 따라 국가 또는 지방자치단체가 부담한다.

• 제15조(특수교육대상자의 선정)
① 교육장 또는 교육감은 다음 각 호의 어느 하나에 해당하는 사람 중 특수교육이 필요한 사람으로 진단·평가된 사람을 특수교육대상자로 선정한다. 〈개정 2016. 2. 3., 2021. 3. 23., 2021. 12. 28.〉
1. 시각장애
2. 청각장애
3. 지적장애
4. 지체장애
5. 정서·행동장애
6. 자폐성장애(이와 관련된 장애를 포함한다)
7. 의사소통장애
8. 학습장애
9. 건강장애
10. 발달지체
11. 그 밖에 두 가지 이상의 장애가 있는 경우 등 대통령령으로 정하는 장애

02

06. 지방직 9급

「영재교육 진흥법」에서 사용하고 있는 용어에 대한 설명 중 옳지 <u>않은</u> 것은?

① 영재교육기관 - 영재학교, 영재학급, 영재교육연구원을 말한다.
② 영재 - 재능이 뛰어난 사람으로서 타고난 잠재력을 계발하기 위하여 교육을 필요로 하는 자를 말한다.
③ 영재학교 - 영재교육을 위하여 「영재교육 진흥법」에 의하여 설립·운영되는 고등학교 과정 이하의 학교를 말한다.
④ 영재교육연구원 - 효율적인 영재교육 운영을 위하여 필요한 각종 연구 개발 및 지원 업무를 수행하는 기관이다.
⑤ 영재학급 - 「초·중등교육법」에 의하여 설립·운영되는 고등학교 과정 이하의 각급 학교에 설치 운영되는 영재교육을 위한 학급을 말한다.

정답 및 해설

①

① 영재교육연구원 ⇨ 영재교육원(시·도교육청, 대학, 국·공립연구소, 정부출연기관 및 과학·기술, 예술, 체육 등과 관련 있는 공익법인은 영재교육원을 설치·운영 가능)

★ 참고

- 「영재교육 진흥법」 제2조(정의)
- 제2조(정의)
이 법에서 사용하는 용어의 뜻은 다음과 같다.
    1. "영재"란 재능이 뛰어난 사람으로서 타고난 잠재력을 계발하기 위하여 특별한 교육이 필요한 사람을 말한다.
    2. "영재교육"이란 영재를 대상으로 각 개인의 능력과 소질에 맞는 내용과 방법으로 실시하는 교육을 말한다.
    3. "영재교육기관"이란 영재학교, 영재학급 및 영재교육원을 말한다.
    4. "영재학교"란 영재교육을 위하여 이 법에 따라 지정되거나 설립되는 고등학교과정 이하의 학교를 말한다.
    5. "영재학급"이란 「초·중등교육법」에 따라 설립·운영되는 고등학교과정 이하의 각급 학교에 설치·운영하여 영재교육을 실시하는 학급을 말한다.
    6. "영재교육원"이란 영재교육을 실시하기 위하여 「고등교육법」 제2조에 따른 학교(이에 준하는 학교로서 다른 법률에 따라 설치된 학교를 포함하며, 이하 "대학등"이라 한다) 등에 설치·운영되는 부설기관을 말한다.
    7. "영재교육연구원"이란 효율적인 영재교육 운영을 위하여 필요한 각종 연구·개발 및 지원 업무를 수행하기 위하여 지정 및 설치·운영되는 기관을 말한다.
    8. "영재교육특례자"(이하 "특례자"라 한다)란 이 법에서 정한 영재교육대상자 중에서 하나 또는 그 이상의 분야에서 타고난 재능과 잠재력이 현저히 뛰어나 특별한 교육적 지원이 필요한 사람을 말한다. [전문개정 2011. 7. 21.]

APPENDIX

교육기본법

교육기본법
[시행 2024. 8. 14.] [법률 제20251호, 2024. 2. 13., 일부개정]

제1장 총칙 〈개정 2007. 12. 21.〉

제1조(목적) 이 법은 교육에 관한 국민의 권리·의무 및 국가·지방자치단체의 책임을 정하고 교육제도와 그 운영에 관한 기본적 사항을 규정함을 목적으로 한다.
[전문개정 2007. 12. 21.]

제2조(교육이념) 교육은 홍익인간(弘益人間)의 이념 아래 모든 국민으로 하여금 인격을 도야(陶冶)하고 자주적 생활능력과 민주시민으로서 필요한 자질을 갖추게 함으로써 인간다운 삶을 영위하게 하고 민주국가의 발전과 인류공영(人類共榮)의 이상을 실현하는 데에 이바지하게 함을 목적으로 한다.
[전문개정 2007. 12. 21.]

제3조(학습권) 모든 국민은 평생에 걸쳐 학습하고, 능력과 적성에 따라 교육 받을 권리를 가진다.
[전문개정 2007. 12. 21.]

제4조(교육의 기회균등 등) ① 모든 국민은 성별, 종교, 신념, 인종, 사회적 신분, 경제적 지위 또는 신체적 조건 등을 이유로 교육에서 차별을 받지 아니한다.
② 국가와 지방자치단체는 학습자가 평등하게 교육을 받을 수 있도록 지역 간의 교원 수급 등 교육 여건 격차를 최소화하는 시책을 마련하여 시행하여야 한다.
③ 국가는 교육여건 개선을 위한 학급당 적정 학생 수를 정하고 지방자치단체와 이를 실현하기 위한 시책을 수립·실시하여야 한다.
〈신설 2021. 9. 24.〉
[전문개정 2007. 12. 21.]
[제목개정 2021. 9. 24.]

제5조(교육의 자주성 등) ① 국가와 지방자치단체는 교육의 자주성과 전문성을 보장하여야 하며, 국가는 지방자치단체의 교육에 관한 자율성을 존중하여야 한다. 〈신설 2021. 9. 24.〉
② 국가와 지방자치단체는 관할하는 학교와 소관 사무에 대하여 지역 실정에 맞는 교육을 실시하기 위한 시책을 수립·실시하여야 한다. 〈개정 2021. 9. 24.〉
③ 국가와 지방자치단체는 학교운영의 자율성을 존중하여야 하며, 교직원·학생·학부모 및 지역주민 등이 법령으로 정하는 바에 따라 학교운영에 참여할 수 있도록 보장하여야 한다. 〈개정 2021. 9. 24.〉
[전문개정 2007. 12. 21.]

제6조(교육의 중립성) ① 교육은 교육 본래의 목적에 따라 그 기능을 다하도록 운영되어야 하며, 정치적·파당적 또는 개인적 편견을 전파하기 위한 방편으로 이용되어서는 아니 된다.
② 국가와 지방자치단체가 설립한 학교에서는 특정한 종교를 위한 종교교육을 하여서는 아니 된다.
[전문개정 2007. 12. 21.]

제7조(교육재정) ① 국가와 지방자치단체는 교육재정을 안정적으로 확보하기 위하여 필요한 시책을 수립·실시하여야 한다.
② 교육재정을 안정적으로 확보하기 위하여 지방교육재정교부금 등에 관하여 필요한 사항은 따로 법률로 정한다.
[전문개정 2007. 12. 21.]

제8조(의무교육) ① 의무교육은 6년의 초등교육과 3년의 중등교육으로 한다.
② 모든 국민은 제1항에 따른 의무교육을 받을 권리를 가진다.
[전문개정 2007. 12. 21.]

제9조(학교교육) ① 유아교육·초등교육·중등교육 및 고등교육을 하기 위하여 학교를 둔다.
② 학교는 공공성을 가지며, 학생의 교육 외에 학술 및 문화적 전통의 유지·발전과 주민의 평생교육을 위하여 노력하여야 한다.
③ 학교교육은 학생의 창의력 계발 및 인성(人性) 함양을 포함한 전인적(全人的) 교육을 중시하여 이루어져야 한다.
④ 학교의 종류와 학교의 설립·경영 등 학교교육에 관한 기본적인 사항은 따로 법률로 정한다.
[전문개정 2007. 12. 21.]

제10조(평생교육) ① 전 국민을 대상으로 하는 모든 형태의 평생교육은 장려되어야 한다. 〈개정 2021. 9. 24.〉
② 평생교육의 이수(履修)는 법령으로 정하는 바에 따라 그에 상응하는 학교교육의 이수로 인정될 수 있다. 〈개정 2021. 9. 24.〉
③ 평생교육시설의 종류와 설립·경영 등 평생교육에 관한 기본적인 사항은 따로 법률로 정한다. 〈개정 2021. 9. 24.〉
[전문개정 2007. 12. 21.]
[제목개정 2021. 9. 24.]

제11조(학교 등의 설립) ① 국가와 지방자치단체는 학교와 평생교육시설을 설립·경영한다. 〈개정 2021. 9. 24.〉
② 법인이나 사인(私人)은 법률로 정하는 바에 따라 학교와 평생교육시설을 설립·경영할 수 있다. 〈개정 2021. 9. 24.〉
[전문개정 2007. 12. 21.]

제2장 교육당사자 〈개정 2007. 12. 21.〉

제12조(학습자) ① 학생을 포함한 학습자의 기본적 인권은 학교교육 또는 평생교육의 과정에서 존중되고 보호된다. 〈개정 2021. 9. 24.〉
② 교육내용·교육방법·교재 및 교육시설은 학습자의 인격을 존중하고 개성을 중시하여 학습자의 능력이 최대한으로 발휘될 수 있도록 마련되어야 한다.
③ 학생은 학습자로서의 윤리의식을 확립하고, 학교의 규칙을 지켜야 하며, 교원의 교육·연구활동을 방해하거나 학내의 질서를 문란하게 하여서는 아니 된다. 〈개정 2023. 9. 27.〉
[전문개정 2007. 12. 21.]

제13조(보호자) ① 부모 등 보호자는 보호하는 자녀 또는 아동이 바른 인성을 가지고 건강하게 성장하도록 교육할 권리와 책임을 가진다.
② 부모 등 보호자는 보호하는 자녀 또는 아동의 교육에 관하여 학교에 의견을 제시할 수 있으며, 학교는 그 의견을 존중하여야 한다.
③ 부모 등 보호자는 교원과 학교가 전문적인 판단으로 학생을 교육·지도할 수 있도록 협조하고 존중하여야 한다. 〈신설 2023. 9. 27.〉
[전문개정 2007. 12. 21.]

제14조(교원) ① 학교교육에서 교원(敎員)의 전문성은 존중되며, 교원의 경제적·사회적 지위는 우대되고 그 신분은 보장된다.
② 교원은 교육자로서 갖추어야 할 품성과 자질을 향상시키기 위하여 노력하여야 한다.
③ 교원은 교육자로서 지녀야 할 윤리의식을 확립하고, 이를 바탕으로 학생에게 학습윤리를 지도하고 지식을 습득하게 하며, 학생 개개인의 적성을 계발할 수 있도록 노력하여야 한다. 〈개정 2021. 3. 23.〉
④ 교원은 특정한 정당이나 정파를 지지하거나 반대하기 위하여 학생을 지도하거나 선동하여서는 아니 된다.
⑤ 교원은 법률로 정하는 바에 따라 다른 공직에 취임할 수 있다.
⑥ 교원의 임용·복무·보수 및 연금 등에 관하여 필요한 사항은 따로 법률로 정한다.
[전문개정 2007. 12. 21.]

제15조(교원단체) ① 교원은 상호 협동하여 교육의 진흥과 문화의 창달에 노력하며, 교원의 경제적·사회적 지위를 향상시키기 위하여 각 지방자치단체와 중앙에 교원단체를 조직할 수 있다.
② 제1항에 따른 교원단체의 조직에 필요한 사항은 대통령령으로 정한다.
[전문개정 2007. 12. 21.]

제16조(학교 등의 설립자·경영자) ① 학교와 평생교육시설의 설립자·경영자는 법령으로 정하는 바에 따라 교육을 위한 시설·설비·재정 및 교원 등을 확보하고 운용·관리한다. 〈개정 2021. 9. 24.〉
② 학교의 장 및 평생교육시설의 설립자·경영자는 법령으로 정하는 바에 따라 학습자를 선정하여 교육하고 학습자의 학습성과 등 교육의 과정을 기록하여 관리한다. 〈개정 2021. 9. 24.〉
③ 학교와 평생교육시설의 교육내용은 학습자에게 미리 공개되어야 한다. 〈개정 2021. 9. 24.〉

제17조(국가 및 지방자치단체) 국가와 지방자치단체는 학교와 평생교육시설을 지도·감독한다. 〈개정 2021. 9. 24.〉
[전문개정 2007. 12. 21.]

제3장 교육의 진흥 〈개정 2007. 12. 21.〉

제17조의2(양성평등의식의 증진) ① 국가와 지방자치단체는 양성평등의식을 보다 적극적으로 증진하고 학생의 존엄한 성(性)을 보호하며 학생에게 성에 대한 선량한 정서를 함양시키기 위하여 다음 각 호의 사항을 포함한 시책을 수립·실시하여야 한다. 〈개정 2021. 9. 24.〉
  1. 양성평등의식과 실천 역량을 고취하는 교육적 방안
  2. 학생 개인의 존엄과 인격이 존중될 수 있는 교육적 방안
  3. 체육·과학기술 등 여성의 활동이 취약한 분야를 중점 육성할 수 있는 교육적 방안
  4. 성별 고정관념을 탈피한 진로선택과 이를 중점 지원하는 교육적 방안
  5. 성별 특성을 고려한 교육·편의 시설 및 교육환경 조성 방안
② 국가 및 지방자치단체와 제16조에 따른 학교 및 평생교육시설의 설립자·경영자는 교육을 할 때 합리적인 이유 없이 성별에 따라 참여나 혜택을 제한하거나 배제하는 등의 차별을 하여서는 아니 된다. 〈개정 2021. 9. 24.〉
③ 학교의 장은 양성평등의식의 증진을 위하여 교육부장관이 정하는 지침에 따라 성교육, 성인지교육, 성폭력예방교육 등을 포함한 양성평등교육을 체계적으로 실시하여야 한다. 〈개정 2021. 9. 24.〉
④ 학교교육에서 양성평등을 증진하기 위한 학교교육과정의 기준과 내용 등 대통령령으로 정하는 사항에 관한 교육부장관의 자문에 응하기 위하여 양성평등교육심의회를 둔다. 〈개정 2008. 2. 29., 2013. 3. 23., 2021. 9. 24.〉
⑤ 제4항에 따른 양성평등교육심의회 위원의 자격·구성·운영 등에 필요한 사항은 대통령령으로 정한다. 〈개정 2021. 9. 24.〉
[전문개정 2007. 12. 21.]
[제목개정 2021. 9. 24.]

제17조의3(학습윤리의 확립) 국가와 지방자치단체는 모든 국민이 학업·연구·시험 등 교육의 모든 과정에 요구되는 윤리의식을 확립할 수 있도록 필요한 시책을 수립·실시하여야 한다.
[전문개정 2007. 12. 21.]

제17조의4 삭제 〈2021. 9. 24.〉

제17조의5(생명존중의식 함양) 국가와 지방자치단체는 모든 국민이 인간의 존엄성과 생명존중에 관한 건전한 의식을 함양할 수 있도록 필요한 시책을 수립·실시하여야 한다.
[본조신설 2024. 2. 13.]

[종전 제17조의5는 제17조의6으로 이동 〈2024.2.13〉]

제17조의6(안전사고 예방) 국가와 지방자치단체는 학생 및 교직원의 안전을 보장하고 사고를 예방할 수 있도록 필요한 시책을 수립·실시하여야 한다.

[본조신설 2015. 1. 20.]

[제17조의5에서 이동, 종전 제17조의6은 제17조의7로 이동 〈2024. 2. 13.〉]

제17조의7(평화적 통일 지향) 국가 및 지방자치단체는 학생 또는 교원이 자유민주적 기본질서를 확립하고 평화적 통일을 지향하는 교육 또는 연수를 받을 수 있도록 필요한 시책을 수립·실시하여야 한다.

[본조신설 2016. 5. 29.]

[제17조의6에서 이동 〈2024. 2. 13.〉]

제18조(특수교육) 국가와 지방자치단체는 신체적·정신적·지적 장애 등으로 특별한 교육적 배려가 필요한 사람을 위한 학교를 설립·경영하여야 하며, 이들의 교육을 지원하기 위하여 필요한 시책을 수립·실시하여야 한다. 〈개정 2021. 3. 23.〉

[전문개정 2007. 12. 21.]

제19조(영재교육) 국가와 지방자치단체는 학문·예술 또는 체육 등의 분야에서 재능이 특히 뛰어난 사람의 교육에 필요한 시책을 수립·실시하여야 한다. 〈개정 2021. 3. 23.〉

[전문개정 2007. 12. 21.]

제20조(유아교육) 국가와 지방자치단체는 유아교육을 진흥하기 위하여 필요한 시책을 수립·실시하여야 한다.

[전문개정 2007. 12. 21.]

제21조(직업교육) 국가와 지방자치단체는 모든 국민이 학교교육과 평생교육을 통하여 직업에 대한 소양과 능력을 계발하기 위한 교육을 받을 수 있도록 필요한 시책을 수립·실시하여야 한다. 〈개정 2021. 9. 24.〉

[전문개정 2007. 12. 21.]

제22조(과학·기술교육) 국가와 지방자치단체는 과학·기술교육을 진흥하기 위하여 필요한 시책을 수립·실시하여야 한다.

[전문개정 2007. 12. 21.]

제22조의2(기후변화환경교육) 국가와 지방자치단체는 모든 국민이 기후변화 등에 대응하기 위하여 생태전환교육을 받을 수 있도록 필요한 시책을 수립·실시하여야 한다.

[본조신설 2021. 9. 24.]

[종전 제22조의2는 제22조의3으로 이동 〈2021.9.24〉]

제22조의3(진로교육) 국가와 지방자치단체는 모든 국민이 자신의 소질과 적성을 바탕으로 진로를 탐색·설계할 수 있도록 진로교육에 필요한 시책을 수립·실시하여야 한다.

[본조신설 2023. 9. 14.]

[종전 제22조의3은 제22조의4로 이동 〈2023.9.14〉]

제22조의4(학교체육) 국가와 지방자치단체는 학생의 체력 증진과 체육활동 장려에 필요한 시책을 수립·실시하여야 한다.

[전문개정 2007. 12. 21.]

[제22조의3에서 이동 〈2023. 9. 14.〉]

제23조(교육의 정보화) ① 국가와 지방자치단체는 정보화교육 및 정보통신매체를 이용한 교육을 지원하고 교육정보산업을 육성하는 등 교육의 정보화에 필요한 시책을 수립·실시하여야 한다.

② 제1항에 따른 정보화교육에는 정보통신매체를 이용하는 데 필요한 타인의 명예·생명·신체 및 재산상의 위해를 방지하기 위한 법적·윤리적 기준에 관한 교육이 포함되어야 한다.

[전문개정 2018. 12. 18.]

제23조의2(학교 및 교육행정기관 업무의 전자화) 국가와 지방자치단체는 학교 및 교육행정기관의 업무를 전자적으로 처리할 수 있도록 필요한 시책을 마련하여야 한다.

[전문개정 2007. 12. 21.]

제23조의3(학생정보의 보호원칙) ① 학교생활기록 등의 학생정보는 교육적 목적으로 수집·처리·이용 및 관리되어야 한다.

② 부모 등 보호자는 자녀 등 피보호자에 대한 제1항의 학생정보를 제공받을 권리를 가진다.

③ 제1항에 따른 학생정보는 법률로 정하는 경우 외에는 해당 학생(학생이 미성년자인 경우에는 학생 및 학생의 부모 등 보호자)의 동의 없이 제3자에게 제공되어서는 아니 된다.

[전문개정 2007. 12. 21.]

제24조(학술문화의 진흥) 국가와 지방자치단체는 학술문화를 연구·진흥하기 위하여 학술문화시설 설치 및 연구비 지원 등의 시책을 수립·실시하여야 한다.

[전문개정 2007. 12. 21.]

제25조(사립학교의 육성) 국가와 지방자치단체는 사립학교를 지원·육성하여야 하며, 사립학교의 다양하고 특성있는 설립목적이 존중되도록 하여야 한다.

[전문개정 2007. 12. 21.]

제26조(평가 및 인증제도) ① 국가는 국민의 학습성과 등이 공정하게 평가되어 사회적으로 통용될 수 있도록 학력평가와 능력인증에 관한 제도를 수립·실시할 수 있다.

② 제1항에 따른 평가 및 인증제도는 학교의 교육과정 등 교육제도와 상호 연계되어야 한다.

[전문개정 2007. 12. 21.]

제26조의2(교육 관련 정보의 공개) ① 국가와 지방자치단체는 국민의 알 권리와 학습권을 보장하기 위하여 그 보유·관리하는 교육 관련 정보를 공개하여야 한다.

② 제1항에 따른 교육 관련 정보의 공개에 관한 기본적인 사항은 따로 법률로 정한다.

[전문개정 2007. 12. 21.]

제26조의3(교육 관련 통계조사) 국가와 지방자치단체는 교육제도의 효율적인 수립·시행과 평가를 위하여 교육 관련 통계조사에 필요한 시책을 마련하여야 한다.

[본조신설 2017. 3. 21.]

제27조(보건 및 복지의 증진) ① 국가와 지방자치단체는 학생과 교직원의 건강 및 복지를 증진하기 위하여 필요한 시책을 수립·실시하여야 한다. 〈개정 2008. 3. 21.〉

② 국가 및 지방자치단체는 학생의 안전한 주거환경을 위하여 학생복지주택의 건설에 필요한 시책을 수립·실시하여야 한다. 〈신설 2008. 3. 21.〉

[전문개정 2007. 12. 21.]

제28조(장학제도 등) ① 국가와 지방자치단체는 경제적 이유로 교육받기 곤란한 사람을 위한 장학제도(獎學制度)와 학비보조제도 등을 수립·실시하여야 한다. 〈개정 2021. 3. 23.〉

② 국가는 다음 각 호의 사람에게 학비나 그 밖에 필요한 경비의 전부 또는 일부를 보조할 수 있다. 〈개정 2021. 3. 23.〉

   1. 교원양성교육을 받는 사람
   2. 국가에 특히 필요한 분야를 국내외에서 전공하거나 연구하는 사람

③ 제1항 및 제2항에 따른 장학금 및 학비보조금 등의 지급 방법 및 절차, 지급받을 자의 자격 및 의무 등에 관하여 필요한 사항은 대통령령으로 정한다.

[전문개정 2007. 12. 21.]

제29조(국제교육) ① 국가는 국민이 국제사회의 일원으로서 갖추어야 할 소양과 능력을 기를 수 있도록 국제화교육에 노력하여야 한다.

② 국가는 외국에 거주하는 동포에게 필요한 학교교육 또는 평생교육을 실시하기 위하여 필요한 시책을 마련하여야 한다. 〈개정 2021. 9. 24.〉

③ 국가는 학문연구를 진흥하기 위하여 국외유학에 관한 시책을 마련하여야 하며, 국외에서 이루어지는 우리나라에 대한 이해와 우리 문화의 정체성 확립을 위한 교육·연구활동을 지원하여야 한다.

④ 국가는 외국정부 및 국제기구 등과의 교육협력에 필요한 시책을 마련하여야 한다.

[전문개정 2007. 12. 21.]

부칙 〈제20251호, 2024. 2. 13.〉

이 법은 공포 후 6개월이 경과한 날부터 시행한다.

교원의 지위 향상 및 교육활동 보호를 위한 특별법

교원의 지위 향상 및 교육활동 보호를 위한 특별법
(약칭: 교원지위법)
[시행 2024. 3. 28.] [법률 제19735호, 2023. 9. 27., 일부개정]

제1조(목적) 이 법은 교원에 대한 예우와 처우를 개선하고 신분보장과 교육활동에 대한 보호를 강화함으로써 교원의 지위를 향상시키고 교육 발전을 도모하는 것을 목적으로 한다. 〈개정 2016. 2. 3.〉
[전문개정 2008. 3. 14.]

제2조(교원에 대한 예우) ① 국가, 지방자치단체, 그 밖의 공공단체는 교원이 사회적으로 존경받고 높은 긍지와 사명감을 가지고 교육활동을 할 수 있는 여건을 조성하도록 노력하여야 한다.
② 국가, 지방자치단체, 그 밖의 공공단체는 교원이 학생에 대한 교육과 지도를 할 때 그 권위를 존중받을 수 있도록 특별히 배려하여야 한다.
③ 국가, 지방자치단체, 그 밖의 공공단체는 그가 주관하는 행사 등에서 교원을 우대하여야 한다. 〈개정 2016. 2. 3.〉
④ 제1항부터 제3항까지에서 규정한 사항 외에 교원에 대한 예우에 필요한 사항은 대통령령으로 정한다. 〈신설 2016. 2. 3.〉
[전문개정 2008. 3. 14.]

제3조(교원 보수의 우대) ① 국가와 지방자치단체는 교원의 보수를 특별히 우대하여야 한다.
② 「사립학교법」 제2조에 따른 학교법인과 사립학교 경영자는 그가 설치·경영하는 학교 교원의 보수를 국공립학교 교원의 보수 수준으로 유지하여야 한다.
[전문개정 2008. 3. 14.]

제4조(교원의 불체포특권) 교원은 현행범인인 경우 외에는 소속 학교의 장의 동의 없이 학원 안에서 체포되지 아니한다.
[전문개정 2008. 3. 14.]

제5조(학교 안전사고로부터의 보호) ① 각급학교 교육시설의 설치·관리 및 교육활동 중에 발생하는 사고로부터 교원과 학생을 보호함으로써 교원이 그 직무를 안정되게 수행할 수 있도록 하기 위하여 학교안전공제회를 설립·운영한다.
② 학교안전공제회에 관하여는 따로 법률로 정한다.
[전문개정 2008. 3. 14.]

제6조(교원의 신분보장 등) ① 교원은 형(刑)의 선고, 징계처분 또는 법률로 정하는 사유에 의하지 아니하고는 그 의사에 반하여 휴직·강임(降任) 또는 면직을 당하지 아니한다.
② 교원은 해당 학교의 운영과 관련하여 발생한 부패행위나 이에 준하는 행위 및 비리 사실 등을 관계 행정기관 또는 수사기관 등에 신고하거나 고발하는 행위로 인하여 정당한 사유 없이 징계조치 등 어떠한 신분상의 불이익이나 근무조건상의 차별을 받지 아니한다.
③ 교원이 「아동학대범죄의 처벌 등에 관한 특례법」 제2조제4호에 따른 아동학대범죄로 신고된 경우 임용권자는 정당한 사유 없이 직위해제 처분을 하여서는 아니 된다. 〈신설 2023. 9. 27.〉
[전문개정 2008. 3. 14.]

제7조(교원소청심사위원회의 설치) ① 각급학교 교원의 징계처분과 그 밖에 그 의사에 반하는 불리한 처분(「교육공무원법」 제11조의4제4항 및 「사립학교법」 제53조의2제6항에 따른 교원에 대한 재임용 거부처분을 포함한다. 이하 같다)에 대한 소청심사(訴請審査)를 하기 위하여 교육부에 교원소청심사위원회(이하 "심사위원회"라 한다)를 둔다. 〈개정 2013. 3. 23., 2016. 1. 27.〉
② 심사위원회는 위원장 1명을 포함하여 9명 이상 12명 이내의 위원으로 구성하되 위원장과 대통령령으로 정하는 수의 위원은 상임(常任)으로 한다. 〈개정 2019. 12. 3.〉
③ 제2항에 따라 구성된 심사위원회는 교원 또는 교원이었던 위원이 전체 위원 수의 2분의 1을 초과하여서는 아니 된다. 〈신설 2019. 12. 3.〉
④ 심사위원회의 조직에 관하여 필요한 사항은 대통령령으로 정한다. 〈개정 2019. 12. 3.〉
[전문개정 2008. 3. 14.]

제8조(위원의 자격과 임명) ① 심사위원회의 위원(위원장을 포함한다. 이하 같다)은 다음 각 호의 어느 하나에 해당하는 자 중에서 교육부장관의 제청으로 대통령이 임명한다. 〈개정 2013. 3. 23., 2019. 12. 3.〉
  1. 판사, 검사 또는 변호사의 직에 5년 이상 재직 중이거나 재직한 자
  2. 교육 경력이 10년 이상인 교원 또는 교원이었던 자
  3. 교육행정기관의 3급 이상 공무원 또는 고위공무원단에 속하는 일반직공무원이거나, 3급 이상 공무원 또는 고위공무원단에 속하는 일반직공무원이었던 자
  4. 사립학교를 설치·경영하는 법인의 임원이나 사립학교 경영자
  5. 「교육기본법」 제15조제1항에 따라 중앙에 조직된 교원단체에서 추천하는 자
  6. 대학에서 법률학을 담당하는 부교수 이상으로 재직 중이거나 재직한 자
② 심사위원회 위원의 임기는 3년으로 하되, 1차에 한하여 연임할 수 있다.
③ 심사위원회의 위원장과 상임위원은 대통령령으로 정하는 다른 직무를 겸할 수 없다.
④ 위원은 임기가 만료된 경우 후임자가 임명될 때까지 계속 그 직

무를 수행한다. 〈신설 2022. 12. 27.〉
[전문개정 2008. 3. 14.]

제8조의2(위원의 결격사유 등) ① 다음 각 호의 어느 하나에 해당하는 사람은 심사위원회의 공무원이 아닌 위원이 될 수 없다.
1. 「국가공무원법」 제33조 각 호의 어느 하나에 해당하는 사람
2. 「정당법」에 따른 정당의 당원
3. 「공직선거법」에 따라 실시하는 선거에 후보자로 등록한 사람

② 공무원이 아닌 위원이 제1항 각 호의 어느 하나에 해당하게 된 경우에는 당연히 퇴직한다.
[본조신설 2019. 4. 23.]

제8조의3(위원의 신분 보장) 심사위원회의 위원은 장기의 심신미약으로 직무를 수행할 수 없게 된 경우가 아니면 본인의 의사에 반하여 면직되지 아니한다.
[본조신설 2019. 4. 23.]

제8조의4(벌칙 적용에서 공무원 의제) 심사위원회의 공무원이 아닌 위원은 「형법」 제127조 및 제129조부터 제132조까지의 규정을 적용할 때에는 공무원으로 본다.
[본조신설 2019. 4. 23.]

제9조(소청심사의 청구 등) ① 교원이 징계처분과 그 밖에 그 의사에 반하는 불리한 처분에 대하여 불복할 때에는 그 처분이 있었던 것을 안 날부터 30일 이내에 심사위원회에 소청심사를 청구할 수 있다. 이 경우에 심사청구인은 변호사를 대리인으로 선임(選任)할 수 있다.

② 본인의 의사에 반하여 파면·해임·면직처분을 하였을 때에는 그 처분에 대한 심사위원회의 최종 결정이 있을 때까지 후임자를 보충 발령하지 못한다. 다만, 제1항의 기간 내에 소청심사청구를 하지 아니한 경우에는 그 기간이 지난 후에 후임자를 보충 발령할 수 있다.
[전문개정 2008. 3. 14.]

제10조(소청심사 결정 등) ① 심사위원회는 소청심사청구를 접수한 날부터 60일 이내에 이에 대한 결정을 하여야 한다. 다만, 심사위원회가 불가피하다고 인정하면 그 의결로 30일을 연장할 수 있다.

② 심사위원회는 다음 각 호의 구분에 따라 결정한다. 〈개정 2019. 4. 23.〉
1. 심사 청구가 부적법한 경우에는 그 청구를 각하(却下)한다.
2. 심사 청구가 이유 없다고 인정하는 경우에는 그 청구를 기각(棄却)한다.
3. 처분의 취소 또는 변경을 구하는 심사 청구가 이유 있다고 인정하는 경우에는 처분을 취소 또는 변경하거나 처분권자에게 그 처분을 취소 또는 변경할 것을 명한다.
4. 처분의 효력 유무 또는 존재 여부에 대한 확인을 구하는 심사 청구가 이유 있다고 인정하는 경우에는 처분의 효력 유무 또는 존재 여부를 확인한다.
5. 위법 또는 부당한 거부처분이나 부작위에 대하여 의무 이행을 구하는 심사 청구가 이유 있다고 인정하는 경우에는 지체 없이 청구에 따른 처분을 하거나 처분을 할 것을 명한다.

③ 처분권자는 심사위원회의 결정서를 송달받은 날부터 30일 이내에 제1항에 따른 결정의 취지에 따라 조치(이하 "구제조치"라 한다)를 하여야 하고, 그 결과를 심사위원회에 제출하여야 한다. 〈신설 2021. 3. 23.〉

④ 제1항에 따른 심사위원회의 결정에 대하여 교원, 「사립학교법」 제2조에 따른 학교법인 또는 사립학교 경영자 등 당사자(공공단체는 제외한다)는 그 결정서를 송달받은 날부터 30일 이내에 「행정소송법」으로 정하는 바에 따라 소송을 제기할 수 있다. 〈개정 2021. 3. 23.〉

⑤ 제4항에 따른 기간 이내에 행정소송을 제기하지 아니하면 그 결정은 확정된다. 〈신설 2021. 3. 23.〉

⑥ 소청심사의 청구·심사 및 결정 등 심사 절차에 관하여 필요한 사항은 대통령령으로 정한다. 〈개정 2021. 3. 23.〉
[전문개정 2008. 3. 14.]
[제목개정 2021. 3. 23.]

제10조의2(결정의 효력) 심사위원회의 결정은 처분권자를 기속한다. 이 경우 제10조제4항에 따른 행정소송 제기에 의하여 그 효력이 정지되지 아니한다.
[본조신설 2021. 3. 23.]
[종전 제10조의2는 제10조의5로 이동〈2021. 3. 23.〉]

제10조의3(구제명령) 교육부장관, 교육감 또는 관계 중앙행정기관의 장은 처분권자가 상당한 기일이 경과한 후에도 구제조치를 하지 아니하면, 그 이행기간을 정하여 서면으로 구제조치를 하도록 명하여야 한다.
[전문개정 2021. 3. 23.]

제10조의4(이행강제금) ① 교육부장관, 교육감 또는 관계 중앙행정기관의 장은 처분권자가 제10조의3에 따른 구제명령(이하 이 조에서 "구제명령"이라 한다)을 이행하지 아니한 경우에는 처분권자에게 2천만원 이하의 이행강제금을 부과한다.

② 제1항에 따른 이행강제금을 부과할 때에는 이행강제금의 액수, 부과사유, 납부기한, 수납기관, 이의제기방법 및 이의제기기관 등을 명시한 문서로써 하여야 한다.

③ 제1항에 따른 이행강제금의 금액산정 기준, 부과·징수된 이행강제금의 반환절차, 그 밖에 필요한 사항은 대통령령으로 정한다.

④ 교육부장관, 교육감 또는 관계 중앙행정기관의 장은 최초의 구제명령을 한 날을 기준으로 매년 2회의 범위에서 구제명령이 이행될 때까지 반복하여 제1항에 따른 이행강제금을 부과·징수할 수 있다. 이 경우 이행강제금은 2년을 초과하여 부과·징수하지 못한다.

⑤ 교육부장관, 교육감 또는 관계 중앙행정기관의 장은 구제명령을 받은 처분권자가 구제명령을 이행하면 새로운 이행강제금을 부과하지 아니하되, 구제명령을 이행하기 전에 이미 부과된 이행강

제금은 징수하여야 한다.

⑥ 교육부장관, 교육감 또는 관계 중앙행정기관의 장은 이행강제금 납부의무자가 납부기한까지 이행강제금을 내지 아니하면 기간을 정하여 독촉을 하고 지정된 기간 내에 제1항에 따른 이행강제금을 내지 아니하면 국세강제징수의 예에 따라 징수할 수 있다.

[본조신설 2021. 3. 23.]

제10조의5(위원의 제척·기피·회피) ① 심사위원회의 위원은 다음 각 호의 어느 하나에 해당하는 경우에는 그 소청사건의 심사·결정에서 제척(除斥)된다.

1. 위원 또는 그 배우자나 배우자이었던 사람이 해당 소청사건의 당사자가 된 경우
2. 위원이 해당 소청사건의 당사자 또는 당사자의 대리인과 친족관계에 있거나 있었던 경우
3. 위원이 해당 소청사건에 관하여 증언이나 검정 또는 감정을 한 경우
4. 위원이 해당 소청사건에 관하여 당사자의 대리인으로서 관여하거나 관여하였던 경우
5. 위원이 해당 소청심사 청구의 대상이 된 처분에 관여한 경우

② 당사자는 심사위원회의 위원에게 심사·결정의 공정을 기대하기 어려운 사정이 있는 경우에는 기피신청을 할 수 있다. 이 경우 심사위원회는 결정으로 기피신청을 받아들일 것인지 여부를 판단하여야 한다.

③ 제2항에 따라 기피신청을 받은 위원은 기피신청에 대한 심사위원회의 의결에 참여하지 못한다.

④ 심사위원회의 위원은 제1항 또는 제2항의 사유에 해당하는 경우에는 스스로 그 소청사건의 심사·결정에서 회피(回避)할 수 있다.

[본조신설 2019. 4. 23.]
[제10조의2에서 이동 〈2021. 3. 23.〉]

제11조(교원의 지위 향상을 위한 교섭·협의) ① 「교육기본법」 제15조제1항에 따른 교원단체는 교원의 전문성 신장과 지위 향상을 위하여 특별시·광역시·특별자치시·도 및 특별자치도(이하 "시·도"라 한다) 교육감이나 교육부장관과 교섭·협의한다. 〈개정 2013. 3. 23., 2016. 2. 3.〉

② 시·도 교육감(이하 "교육감"이라 한다)이나 교육부장관은 제1항에 따른 교섭·협의에 성실히 응하여야 하며, 합의된 사항을 시행하기 위하여 노력하여야 한다. 〈개정 2013. 3. 23., 2016. 2. 3.〉

[전문개정 2008. 3. 14.]

제12조(교섭·협의 사항) 제11조제1항에 따른 교섭·협의는 교원의 처우 개선, 근무조건 및 복지후생과 전문성 신장에 관한 사항을 그 대상으로 한다. 다만, 교육과정과 교육기관 및 교육행정기관의 관리·운영에 관한 사항은 교섭·협의의 대상이 될 수 없다.

[전문개정 2008. 3. 14.]

제13조(교원지위향상심의회의 설치) ① 제11조제1항에 따른 교섭·협의 과정에서 당사자로부터 교섭·협의 사항에 관한 심의요청이 있는 경우 이를 심의하기 위하여 교육부와 시·도에 각각 교원지위향상심의회를 두되 교육부는 7명 이내, 시·도는 5명 이내의 위원으로 구성한다. 다만, 위원장을 제외한 위원의 2분의 1은 교원단체가 추천한 사람으로 한다. 〈개정 2013. 3. 23., 2016. 2. 3.〉

② 교원지위향상심의회의 운영과 위원의 자격 및 선임에 관하여 필요한 사항은 대통령령으로 정한다.

[전문개정 2008. 3. 14.]

제14조(교원의 교육활동 보호에 관한 종합계획의 수립·시행 등) ① 국가, 지방자치단체, 그 밖의 공공단체는 교원이 교육활동을 원활하게 수행할 수 있도록 적극 협조하여야 한다.

② 교육부장관은 교원의 교육활동 보호 정책을 효율적으로 추진하기 위하여 관계 중앙행정기관의 장과의 협의를 거쳐 5년마다 교원의 교육활동 보호에 관한 종합계획(이하 "종합계획"이라 한다)을 수립·시행하여야 한다. 〈신설 2023. 9. 27.〉

③ 종합계획에는 다음 각 호의 내용이 포함되어야 한다. 〈개정 2023. 9. 27.〉

1. 교원의 교육활동 보호 정책의 추진 목표 및 전략
2. 교육활동 침해행위와 관련된 조사·관리 및 교원의 보호조치에 관한 사항
3. 교육활동 보호와 관련된 유아 및 학생 생활지도에 관한 사항
4. 교육활동과 관련된 분쟁의 조정, 교원에 대한 법률 상담 및 변호사 선임 등 소송 지원에 관한 사항
5. 교원에 대한 민원 등의 조사 및 관리에 관한 사항
6. 그 밖에 교원의 교육활동 보호를 위하여 필요하다고 인정되는 사항

④ 교육부장관은 교원의 교육활동 여건의 변화 등으로 종합계획을 변경할 필요가 있는 경우에는 관계 중앙행정기관의 장과의 협의를 거쳐 종합계획을 변경할 수 있다. 다만, 대통령령으로 정하는 경미한 사항을 변경하는 경우에는 그러하지 아니하다. 〈신설 2023. 9. 27.〉

⑤ 교육부장관은 제2항 및 제4항에 따라 종합계획을 수립하거나 변경하였을 때에는 지체 없이 이를 관계 중앙행정기관의 장 및 교육감에게 통보하여야 한다. 〈신설 2023. 9. 27.〉

⑥ 교육부장관은 종합계획을 수립·시행하기 위하여 필요한 경우 관계 중앙행정기관의 장, 교육감, 관계 기관 또는 단체의 장에게 협조를 요청할 수 있다. 이 경우 요청을 받은 중앙행정기관의 장, 교육감, 관계 기관 또는 단체의 장은 정당한 사유가 없으면 이에 협조하여야 한다. 〈신설 2023. 9. 27.〉

⑦ 교육부장관은 매년 제2항에 따른 종합계획의 추진현황 및 실적 등에 관한 보고서를 국회에 제출하여야 한다. 〈신설 2023. 9. 27.〉

⑧ 그 밖에 종합계획의 수립·시행 및 보고서 제출 등에 필요한 사항은 대통령령으로 정한다. 〈개정 2023. 9. 27.〉

[본조신설 2016. 2. 3.]
[제목개정 2023. 9. 27.]

제15조(시행계획의 수립·시행) ① 교육감은 제14조제2항의 종합계획에 따라 관할 구역 내 교원의 교육활동 보호에 관한 시행계획(이하 "시행계획"이라 한다)을 매년 수립·시행하여야 한다.
② 교육감은 제1항에 따라 시행계획을 수립하였을 때에는 이를 지체 없이 교육부장관에게 제출하여야 한다.
③ 그 밖에 시행계획의 수립·시행 등에 필요한 사항은 대통령령으로 정한다.
[본조신설 2023. 9. 27.]
[종전 제15조는 제20조로 이동 〈2023. 9. 27.〉]

제16조(실태조사) ① 교육부장관 및 교육감은 교원의 교육활동에 대한 보호를 강화하기 위하여 제19조에 따른 교육활동 침해행위, 제20조제1항에 따른 피해교원 보호조치, 제25조 및 제26조에 따른 교육활동 침해행위를 한 학생 및 그 보호자 등에 대한 조치 등에 대하여 실태조사를 할 수 있다. 〈개정 2023. 9. 27.〉
② 교육부장관 및 교육감은 제1항에 따른 실태조사를 실시하기 위하여 필요한 경우 해당 학교의 장, 관계 기관 또는 단체의 장 등에게 관련 자료의 제출을 요청할 수 있다. 이 경우 요청을 받은 학교의 장, 관계 기관 또는 단체의 장 등은 특별한 사유가 없으면 이에 따라야 한다. 〈개정 2023. 9. 27.〉
③ 제1항에 따른 실태조사의 구체적인 내용, 범위 및 절차 등에 필요한 사항은 대통령령으로 정한다. 〈개정 2023. 9. 27.〉
[본조신설 2019. 4. 16.]
[제16조의2에서 이동, 종전 제16조는 제27조로 이동 〈2023. 9. 27.〉]

제17조(아동학대 사안에 대한 교육감의 의견 제출) ① 교육감은 「유아교육법」 제21조의3제1항에 따른 교원의 정당한 유아생활지도 및 「초·중등교육법」 제20조의2제1항에 따른 교원의 정당한 학생생활지도 행위가 「아동학대범죄의 처벌 등에 관한 특례법」 제2조제4호에 따른 아동학대범죄로 신고되어 소속 교원에 대한 조사 또는 수사가 진행되는 경우에는 해당 시·도, 시·군·구(자치구를 말한다) 또는 수사기관에 해당 사안에 대한 의견을 신속히 제출하여야 한다.
② 제1항에 따른 의견 제출의 기한, 방법, 절차 등에 필요한 사항은 대통령령으로 정한다.
[본조신설 2023. 9. 27.]
[종전 제17조는 제29조로 이동 〈2023. 9. 27.〉]

제18조(교권보호위원회의 설치·운영) ① 「유아교육법」에 따른 유치원 및 「초·중등교육법」에 따른 학교(이하 "고등학교 이하 각급학교"라 한다) 교원의 교육활동 보호에 관한 다음 각 호의 사항을 심의하기 위하여 시·도 교육청에 교권보호위원회(이하 "시·도교권보호위원회"라 한다)를 둔다. 〈개정 2023. 9. 27.〉
 1. 제15조에 따른 시행계획의 수립
 2. 제2항에 따른 지역교권보호위원회에서 조정되지 아니한 분쟁의 조정
 3. 그 밖에 교육감이 교원의 교육활동 보호를 위하여 시·도교권보호위원회의 심의가 필요하다고 인정하는 사항

② 고등학교 이하 각급학교 교원의 교육활동 보호에 관한 다음 각 호의 사항을 심의하기 위하여 「지방교육자치에 관한 법률」 제34조 및 「제주특별자치도 설치 및 국제자유도시 조성을 위한 특별법」 제80조에 따른 교육지원청(교육지원청이 없는 경우 해당 시·도의 조례로 정하는 기관으로 한다. 이하 같다)에 지역교권보호위원회(이하 "지역교권보호위원회"라 한다)를 둔다. 〈개정 2023. 9. 27.〉
 1. 교육활동 침해 기준 마련 및 예방 대책 수립
 2. 제25조제2항 각 호에 따른 교육활동 침해학생에 대한 조치
 3. 제26조제2항 각 호에 따른 교육활동 침해 보호자 등에 대한 조치
 4. 교원의 교육활동과 관련된 분쟁의 조정
 5. 그 밖에 교육장이 교원의 교육활동 보호를 위하여 지역교권보호위원회의 심의가 필요하다고 인정하는 사항
③ 그 밖에 시·도교권보호위원회와 지역교권보호위원회의 설치·운영 등에 필요한 사항은 대통령령으로 정한다. 〈개정 2023. 9. 27.〉
[본조신설 2019. 4. 16.]
[제19조에서 이동, 종전 제18조는 제25조로 이동 〈2023. 9. 27.〉]

제19조(교육활동 침해행위) 이 법에서 "교육활동 침해행위"란 고등학교 이하 각급학교에 소속된 학생 또는 그 보호자(친권자, 후견인 및 그 밖에 법률에 따라 학생을 부양할 의무가 있는 자를 말한다. 이하 같다) 등이 교육활동 중인 교원에 대하여 다음 각 호의 어느 하나에 해당하는 행위를 하는 것을 말한다.
 1. 다음 각 목의 어느 하나에 해당하는 범죄 행위
  가. 「형법」 제2편제8장(공무방해에 관한 죄), 제11장(무고의 죄), 제25장(상해와 폭행의 죄), 제30장(협박의 죄), 제33장(명예에 관한 죄), 제314조(업무방해) 또는 제42장(손괴의 죄)에 해당하는 범죄 행위
  나. 「성폭력범죄의 처벌 등에 관한 특례법」 제2조제1항에 따른 성폭력범죄 행위
  다. 「정보통신망 이용촉진 및 정보보호 등에 관한 법률」 제44조의7제1항에 따른 불법정보 유통 행위
  라. 그 밖에 다른 법률에서 형사처벌 대상으로 규정한 범죄 행위로서 교원의 교육활동을 침해하는 행위
 2. 교원의 교육활동을 부당하게 간섭하거나 제한하는 행위로서 다음 각 목의 어느 하나에 해당하는 행위
  가. 목적이 정당하지 아니한 민원을 반복적으로 제기하는 행위
  나. 교원의 법적 의무가 아닌 일을 지속적으로 강요하는 행위
  다. 그 밖에 교육부장관이 정하여 고시하는 행위
[본조신설 2023. 9. 27.]
[종전 제19조는 제18조로 이동 〈2023. 9. 27.〉]

제20조(피해교원에 대한 보호조치 등) ① 고등학교 이하 각급학교의 지도·감독기관(국립의 고등학교 이하 각급학교의 경우에는 교육부장관, 공립·사립의 고등학교 이하 각급학교의 경우에는 교육감을

말한다. 이하 "관할청"이라 한다)과 그 학교의 장은 교육활동 침해행위 사실을 알게 된 경우 즉시 교육활동 침해행위로 피해를 입은 교원(이하 "피해교원"이라 한다)의 치유와 교권 회복에 필요한 다음 각 호의 조치(이하 "보호조치"라 한다)를 하여야 한다. 〈개정 2023. 9. 27.〉

1. 심리상담 및 조언
2. 치료 및 치료를 위한 요양
3. 그 밖에 치유와 교권 회복에 필요한 조치

② 관할청과 고등학교 이하 각급학교의 장은 교육활동 침해행위 사실을 알게 된 경우 교원의 반대의사 등 특별한 사유가 없으면 즉시 가해자와 피해교원을 분리(이하 "분리조치"라 한다)하여야 한다. 이 경우 분리조치된 가해자가 학생인 경우에는 별도의 교육방법을 마련·운영하여야 한다. 〈개정 2023. 9. 27.〉

③ 고등학교 이하 각급학교의 장은 제1항 또는 제2항에 따른 조치를 한 경우 지체 없이 관할청에 교육활동 침해행위의 내용과 조치 결과를 보고하여야 하며, 교육감은 대통령령으로 정하는 중대한 사항의 경우에 이를 교육부장관에게 즉시 보고하여야 한다. 〈개정 2019. 4. 16., 2019. 12. 10., 2023. 9. 27.〉

1. 삭제 〈2023. 9. 27.〉
2. 삭제 〈2023. 9. 27.〉

④ 제3항에 따라 보고받은 관할청은 교육활동 침해행위가 관계 법률의 형사처벌규정에 해당한다고 판단하면 관할 수사기관에 고발할 수 있다. 〈신설 2019. 4. 16., 2023. 9. 27.〉

⑤ 피해교원의 보호조치에 필요한 비용은 교육활동 침해행위를 한 학생의 보호자 등이 부담하여야 한다. 다만, 피해교원의 신속한 치료를 위하여 피해교원 또는 고등학교 이하 각급학교의 장이 원하는 경우에는 관할청이 부담하고 이에 대한 구상권을 행사할 수 있다. 〈신설 2019. 4. 16., 2023. 9. 27.〉

⑥ 제2항에 따른 특별한 사유 및 분리조치의 방법·기간·장소, 제5항에 따른 보호조치 비용부담 및 구상권의 범위·절차 등에 필요한 사항은 대통령령으로 정한다. 〈신설 2019. 4. 16., 2023. 9. 27.〉

[본조신설 2016. 2. 3.]
[제목개정 2023. 9. 27.]
[제15조에서 이동, 종전 제20조는 제33조로 이동 〈2023. 9. 27.〉]

제21조(법률지원단의 구성 및 운영) ① 교육감은 「학교폭력예방 및 대책에 관한 법률」 제2조제1호에 따른 학교폭력이 발생한 경우 또는 교육활동과 관련하여 분쟁이 발생한 경우에 해당 교원에게 법률상담을 제공하기 위하여 변호사 등 법률전문가가 포함된 법률지원단을 구성·운영하여야 한다. 〈개정 2023. 9. 27.〉

② 제1항에 따른 법률지원단의 구성 및 운영에 필요한 사항은 교육부령 또는 시·도의 교육규칙으로 정한다.

[본조신설 2019. 4. 16.]
[제14조의2에서 이동, 종전 제21조는 제34조로 이동 〈2023. 9. 27.〉]

제22조(교원보호공제사업) ① 교육감은 교육활동과 관련된 각종 분쟁이나 소송 등으로부터 교원을 보호하기 위하여 공제사업(이하 "교원보호공제사업"이라 한다)을 운영·관리할 수 있다.

② 교원보호공제사업의 범위에는 다음 각 호의 사항이 포함된다.
1. 교원의 교육활동으로 발생한 손해배상금의 지원 및 구상권 행사 지원(교원의 고의 또는 중과실이 있는 경우는 제외한다)
2. 교육활동 침해행위로 발생한 상해·상담·심리치료 비용 지원 및 교원이 위협을 받는 경우 보호 서비스 지원
3. 교원의 정당한 교육활동과 관련하여 발생한 법률적 분쟁에 대한 민사상 또는 형사상 소송비용의 지원

③ 교육감은 「학교안전사고 예방 및 보상에 관한 법률」 제15조에 따른 학교안전공제회 등에 교원보호공제사업의 운영을 위탁하여 수행할 수 있다. 이 경우 교육감은 소속 교원의 의견을 충분히 수렴하여야 한다.

④ 그 밖에 교원보호공제사업의 관리 및 운영에 필요한 사항은 대통령령으로 정한다.

[본조신설 2023. 9. 27.]
[종전 제22조는 제35조로 이동 〈2023. 9. 27.〉]

제23조(특별휴가) 피해교원은 교육부장관이 정하는 바에 따라 특별휴가를 사용할 수 있다. 〈개정 2023. 9. 27.〉

[본조신설 2019. 4. 16.]
[제14조의3에서 이동 〈2023. 9. 27.〉]

제24조(교육활동 침해행위 예방교육) ① 고등학교 이하 각급학교의 장은 교직원·학생·학생의 보호자를 대상으로 교육활동 침해행위 예방교육을 매년 1회 이상 실시하여야 한다.

② 고등학교 이하 각급학교의 장은 제1항에 따른 교육프로그램의 구성 및 운영 등을 전문단체 또는 전문가에게 위탁할 수 있다.

③ 고등학교 이하 각급학교의 장은 제1항에 따른 교육프로그램의 구성 및 운영 계획을 교직원·학생·학생의 보호자가 쉽게 확인할 수 있도록 학교 홈페이지에 게시하고, 그 밖에 다양한 방법으로 학부모에게 알릴 수 있도록 노력하여야 한다.

④ 그 밖에 교육활동 침해행위 예방교육의 실시 등에 필요한 사항은 대통령령으로 정한다.

[본조신설 2019. 4. 16.]
[제16조의3에서 이동 〈2023. 9. 27.〉]

제25조(교육활동 침해학생에 대한 조치 등) ① 고등학교 이하 각급학교의 장은 소속 학생이 교육활동 침해행위를 한 사실을 알게 된 경우에는 지역교권보호위원회에 알려야 한다. 〈신설 2023. 9. 27.〉

② 지역교권보호위원회는 제1항 및 제28조에 따라 교육활동 침해행위 사실을 알게 된 경우에는 교육활동 침해행위를 한 학생(이하 "침해학생"이라 한다)에 대하여 다음 각 호의 어느 하나에 해당하는 조치를 할 것을 교육장에게 요청하여야 한다. 다만, 퇴학처분은 의무교육과정에 있는 학생에 대하여는 적용하지 아니한다. 〈개정 2019. 4. 16., 2023. 9. 27.〉

1. 학교에서의 봉사
2. 사회봉사

3. 학내외 전문가에 의한 특별교육 이수 또는 심리치료
4. 출석정지
5. 학급교체
6. 전학
7. 퇴학처분

③ 교육장은 제2항제4호부터 제6호까지의 조치를 받은 학생이 「학교폭력예방 및 대책에 관한 법률」 제17조제3항에 따라 교육감이 정한 기관에서 특별교육을 이수하거나 심리치료를 받도록 하여야 한다. 다만, 제2항제6호에 따른 조치는 특별교육 또는 심리치료 전에 우선적으로 시행한다. 〈신설 2019. 4. 16., 2023. 9. 27.〉

④ 교육장은 제2항제1호 및 제2호의 조치를 받은 학생이 「학교폭력예방 및 대책에 관한 법률」 제17조제3항에 따라 교육감이 정한 기관에서 특별교육 또는 심리치료를 받게 할 수 있다. 〈신설 2019. 4. 16., 2023. 9. 27.〉

⑤ 교육장은 제2항부터 제4항까지의 규정에 따른 특별교육 또는 심리치료에 해당 학생의 보호자도 참여하게 하여야 한다. 이 경우 보호자는 학생과 함께 특별교육을 받아야 한다. 〈개정 2019. 4. 16., 2023. 9. 27.〉

⑥ 지역교권보호위원회는 제2항 각 호의 어느 하나에 해당하는 조치를 교육장에게 요청하기 전에 해당 학생이나 보호자에게 의견을 진술할 기회를 주는 등 적정한 절차를 거쳐야 한다. 〈신설 2019. 4. 16., 2023. 9. 27.〉

⑦ 교육장은 제2항에 따른 요청을 받은 날부터 14일 이내에 해당 조치를 하여야 한다. 이 경우 고등학교 이하 각급학교의 장은 조치의 이행에 협조하여야 한다. 〈개정 2023. 9. 27.〉

⑧ 교육장은 제2항에 따른 조치를 한 때에는 침해학생과 그 보호자에게 이를 통지하여야 하며, 침해학생이 해당 조치를 거부하거나 회피하는 때에는 지역교권보호위원회는 제2항제4호부터 제7호까지의 조치를 가중하여 교육장에게 요청할 수 있다. 〈신설 2023. 9. 27.〉

⑨ 침해학생이 제2항제1호부터 제3호까지의 규정에 따른 조치를 받은 경우 또는 제3항 및 제4항에 따른 특별교육 및 심리치료를 받은 경우 이와 관련된 결석은 학교의 장이 인정하는 때에는 이를 출석일수에 산입할 수 있다. 〈신설 2019. 4. 16., 2023. 9. 27.〉

⑩ 제2항에 따라 교육장이 한 조치에 대하여 이의가 있는 학생 또는 그 보호자는 「행정심판법」에서 정하는 바에 따라 행정심판을 청구할 수 있다. 〈개정 2023. 9. 27.〉

⑪ 그 밖에 조치별 적용 기준 및 절차 등에 필요한 사항은 대통령령으로 정한다. 〈신설 2019. 4. 16., 2023. 9. 27.〉

[본조신설 2016. 2. 3.]
[제목개정 2019. 4. 16., 2023. 9. 27.]
[제18조에서 이동 〈2023. 9. 27.〉]

제26조(교육활동 침해 보호자 등에 대한 조치) ① 고등학교 이하 각급학교의 장은 소속 학생의 보호자 등이 교육활동 침해행위를 한 사실을 알게 된 경우에는 지역교권보호위원회에 알려야 한다.

② 지역교권보호위원회는 제1항 및 제28조에 따라 교육활동 침해행위 사실을 알게 된 경우에는 교육활동 침해행위를 한 보호자 등에 대하여 다음 각 호의 어느 하나에 해당하는 조치를 할 것을 교육장에게 요청할 수 있다.
1. 서면사과 및 재발방지 서약
2. 교육감이 정하는 기관에서의 특별교육 이수 또는 심리치료

③ 지역교권보호위원회는 제2항 각 호의 어느 하나에 해당하는 조치를 교육장에게 요청하기 전에 해당 보호자 등에게 의견을 진술할 기회를 주는 등 적정한 절차를 거쳐야 한다.

④ 교육장은 제2항에 따른 요청을 받은 날부터 14일 이내에 해당 조치를 하여야 한다.

[본조신설 2023. 9. 27.]

제27조(교육활동 침해행위의 축소·은폐 금지 등) ① 고등학교 이하 각급학교의 장은 교육활동 침해행위를 축소하거나 은폐해서는 아니 된다. 〈개정 2019. 4. 16., 2023. 9. 27.〉

② 관할청은 제20조제3항에 따라 보고받은 자료를 해당 학교 또는 해당 학교의 장에 대한 업무 평가 등에 부정적인 자료로 사용해서는 아니 된다. 〈개정 2019. 4. 16., 2023. 9. 27.〉

③ 교육감은 관할 구역에서 교육활동 침해행위가 발생한 때에 해당 학교의 장 또는 소속 교원이 그 경과 및 결과를 보고하면서 축소 또는 은폐를 시도한 경우에는 「교육공무원법」 제50조 및 「사립학교법」 제62조에 따른 징계위원회에 징계의결을 요구하여야 한다. 〈신설 2023. 9. 27.〉

[본조신설 2016. 2. 3.]
[제16조에서 이동 〈2023. 9. 27.〉]

제28조(교육활동 침해행위에 대한 신고의무) ① 교육활동 침해행위를 보거나 그 사실을 알게 된 자는 학교 등 관계 기관에 이를 즉시 신고하여야 한다.

② 제1항에 따라 신고를 받은 기관은 이를 침해학생 및 그 보호자 등과 소속 학교의 장에게 통보하여야 한다.

③ 제2항에 따라 통보를 받은 소속 학교의 장은 이를 지역교권보호위원회에 지체 없이 알려야 한다.

④ 누구든지 제1항에 따라 교육활동 침해행위를 신고한 사람에게 그 신고행위를 이유로 불이익을 주어서는 아니 된다.

[본조신설 2023. 9. 27.]

제29조(교육활동보호센터의 지정 등) ① 관할청은 교육활동 침해행위를 예방하고, 피해교원의 정신적 피해에 대한 치유 지원 등 심리적 회복이 필요한 교원을 지원하기 위하여 전문인력 및 시설 등 대통령령으로 정하는 요건을 갖춘 기관 또는 단체를 교육활동보호센터로 지정할 수 있다. 〈개정 2023. 9. 27.〉

② 관할청은 제1항에 따른 교육활동보호센터의 운영에 드는 비용의 전부 또는 일부를 예산의 범위에서 지원할 수 있다. 〈개정 2023. 9. 27.〉

[본조신설 2016. 2. 3.]
[제목개정 2023. 9. 27.]

[제17조에서 이동 〈2023. 9. 27.〉]

제30조(비밀누설 금지 등) ① 이 법에 따라 교육활동 침해행위 관련 업무, 시·도교권보호위원회 및 지역교권보호위원회 관련 업무를 수행하거나 수행하였던 사람은 그 직무상 알게 된 비밀, 교육활동 침해행위를 한 사람 및 피해교원과 관련된 자료를 누설하여서는 아니 된다.
② 제1항에 따른 비밀의 구체적인 범위는 대통령령으로 정한다.
③ 시·도교권보호위원회 및 지역교권보호위원회의 회의는 공개하지 아니한다. 다만, 피해교원, 침해학생 또는 그 보호자가 회의록의 열람·복사 등 회의록 공개를 신청한 때에는 학생과 그 가족의 성명, 주민등록번호 및 주소, 위원의 성명 등 개인정보에 관한 사항을 제외하고 공개하여야 한다.
[본조신설 2023. 9. 27.]

제31조(교원의 근무환경 실태조사) ① 관할청은 「도서·벽지 교육진흥법」 제2조에 따른 도서·벽지에서 근무하는 교원의 근무환경 실태를 파악하기 위하여 3년마다 실태조사를 실시하여야 한다.
② 제1항에 따른 실태조사의 내용, 방법 및 절차 등에 관하여 필요한 사항은 대통령령으로 정한다.
[본조신설 2019. 12. 10.]
[제18조의2에서 이동 〈2023. 9. 27.〉]

제32조(「지방교육자치에 관한 법률」에 관한 특례) 교육장은 「지방교육자치에 관한 법률」 제35조에도 불구하고 이 법에 따른 고등학교에서의 교원의 교육활동 보호, 침해학생 또는 그 보호자 등에 대한 조치 및 교원의 교육활동과 관련된 분쟁 조정 등에 관한 사무를 위임받아 수행할 수 있다.
[본조신설 2023. 9. 27.]

제33조(권한의 위임) 이 법에 따른 교육부장관의 권한은 그 일부를 대통령령으로 정하는 바에 따라 교육감 및 소속기관의 장에게 위임할 수 있다. 〈개정 2021. 3. 23.〉
[본조신설 2016. 2. 3.]
[제20조에서 이동 〈2023. 9. 27.〉]

제34조(벌칙) 다음 각 호의 어느 하나에 해당하는 사람은 1년 이하의 징역 또는 1천만원 이하의 벌금에 처한다.
 1. 제10조제5항에 따라 확정되거나 행정소송을 제기하여 확정된 소청심사 결정을 이행하지 아니한 사람
 2. 제30조제1항을 위반하여 그 직무상 알게 된 비밀이나 자료를 누설한 사람
[전문개정 2023. 9. 27.]
[제21조에서 이동 〈2023. 9. 27.〉]

제35조(과태료) ① 정당한 사유 없이 제25조제5항 또는 제26조제2항제2호에 따른 특별교육을 받지 아니하거나 심리치료에 참여하지 아니한 보호자 등에게는 300만원 이하의 과태료를 부과한다. 〈개정 2023. 9. 27.〉
② 제1항에 따른 과태료는 대통령령으로 정하는 바에 따라 관할청이 부과·징수한다.

[본조신설 2019. 4. 16.]
[제22조에서 이동 〈2023. 9. 27.〉]

부칙 〈제19735호, 2023. 9. 27.〉

제1조(시행일) 이 법은 공포 후 6개월이 경과한 날부터 시행한다. 다만, 제6조제3항의 개정규정은 공포한 날부터 시행한다.

제2조(교육감의 의견 제출에 관한 적용례) 제17조의 개정규정은 이 법 시행 이후 교원의 유아 및 학생 생활지도 행위가 아동학대범죄로 신고되어 조사 또는 수사가 진행되는 경우부터 적용한다.

제3조(분리조치에 관한 적용례) 제20조제2항 및 제3항의 개정규정은 이 법 시행 이후 관할청 또는 고등학교 이하 각급학교의 장이 교육활동 침해행위를 알게 된 경우부터 적용한다.

제4조(학교교권보호위원회 심의사항에 관한 경과조치) 이 법 시행 당시 학교교권보호위원회(유치원에 두는 교권보호위원회를 포함한다)에서 심의 중인 사항은 제18조제2항의 개정규정에 따라 신설되는 지역교권교호위원회에서 심의한다.

제5조(재심청구에 관한 경과조치) ① 제25조제10항의 개정규정에도 불구하고 이 법 시행 전에 고등학교 이하 각급학교의 장으로부터 종전의 제18조제1항 각 호의 조치를 받은 경우에는 종전의 규정에 따라 재심을 청구할 수 있다.
② 이 법 시행 당시 종전의 제18조제8항에 따라 재심이 진행 중인 사람에 대하여는 종전의 규정을 적용한다.

제6조(명칭 변경에 따른 경과조치) 이 법 시행 당시 종전의 제17조제1항에 따라 교원치유지원센터로 지정받은 경우에는 제29조제1항의 개정규정에 따른 교육활동보호센터로 지정받은 것으로 본다.

초·중등교육법

초·중등교육법
[시행 2024. 4. 25.] [법률 제19740호, 2023. 10. 24., 일부개정]

제1장 총칙 〈개정 2012. 3. 21.〉

제1조(목적) 이 법은 「교육기본법」 제9조에 따라 초·중등교육에 관한 사항을 정함을 목적으로 한다.
[전문개정 2012. 3. 21.]

제2조(학교의 종류) 초·중등교육을 실시하기 위하여 다음 각 호의 학교를 둔다. 〈개정 2019. 12. 3.〉
1. 초등학교
2. 중학교·고등공민학교
3. 고등학교·고등기술학교
4. 특수학교
5. 각종학교

[전문개정 2012. 3. 21.]

제3조(국립·공립·사립 학교의 구분) 제2조 각 호의 학교(이하 "학교"라 한다)는 설립주체에 따라 다음 각 호와 같이 구분한다. 〈개정 2013. 12. 30.〉
1. 국립학교: 국가가 설립·경영하는 학교 또는 국립대학법인이 부설하여 경영하는 학교
2. 공립학교: 지방자치단체가 설립·경영하는 학교(설립주체에 따라 시립학교·도립학교로 구분할 수 있다)
3. 사립학교: 법인이나 개인이 설립·경영하는 학교(국립대학법인이 부설하여 경영하는 학교는 제외한다)

[전문개정 2012. 3. 21.]

제4조(학교의 설립 등) ① 학교를 설립하려는 자는 시설·설비 등 대통령령으로 정하는 설립 기준을 갖추어야 한다.
② 사립학교를 설립하려는 자는 특별시·광역시·특별자치시·도·특별자치도 교육감(이하 "교육감"이라 한다)의 인가를 받아야 한다.
③ 사립학교를 설립·경영하는 자가 학교를 폐교하거나 대통령령으로 정하는 중요 사항을 변경하려면 교육감의 인가를 받아야 한다.
[전문개정 2012. 3. 21.]

제5조(학교의 병설) 초등학교·중학교 및 고등학교는 지역의 실정에 따라 상호 병설(竝設)할 수 있다.
[전문개정 2012. 3. 21.]

제6조(지도·감독) 국립학교는 교육부장관의 지도·감독을 받으며, 공립·사립 학교는 교육감의 지도·감독을 받는다. 〈개정 2013. 3. 23.〉
[전문개정 2012. 3. 21.]

제7조(장학지도) 교육감은 관할 구역의 학교를 대상으로 교육과정 운영과 교수(敎授)·학습방법 등에 대한 장학지도를 할 수 있다.
[전문개정 2012. 3. 21.]

제8조(학교 규칙) ① 학교의 장(학교를 설립하는 경우에는 그 학교를 설립하려는 자를 말한다)은 법령의 범위에서 학교 규칙(이하 "학칙"이라 한다)을 제정 또는 개정할 수 있다.
② 학칙의 기재 사항과 제정·개정 절차 등에 관하여 필요한 사항은 대통령령으로 정한다.
[전문개정 2012. 3. 21.]

제9조(학생·기관·학교 평가) ① 교육부장관은 학교에 재학 중인 학생을 대상으로 학업성취도를 측정하기 위한 평가를 할 수 있다. 〈개정 2013. 3. 23.〉
② 교육부장관은 교육행정을 효율적으로 수행하기 위하여 특별시·광역시·특별자치시·도·특별자치도 교육청과 그 관할하는 학교를 평가할 수 있다. 〈개정 2013. 3. 23.〉
③ 교육감은 교육행정의 효율적 수행 및 학교 교육능력 향상을 위하여 그 관할하는 교육행정기관과 학교를 평가할 수 있다.
④ 제2항 및 제3항에 따른 평가의 대상·기준·절차 및 평가 결과의 공개 등에 필요한 사항은 대통령령으로 정한다.
⑤ 평가 대상 기관의 장은 특별한 사유가 있는 경우가 아니면 제1항부터 제3항까지의 규정에 따른 평가를 받아야 한다.
⑥ 교육부장관은 교육감이 그 관할 구역에서 제3항에 따른 평가를 실시하려는 경우 필요한 지원을 할 수 있다. 〈개정 2013. 3. 23.〉
[전문개정 2012. 3. 21.]

제10조(수업료 등) ① 학교의 설립자·경영자는 수업료와 그 밖의 납부금을 받을 수 있다.
② 제1항에 따른 수업료와 그 밖의 납부금을 거두는 방법 등에 필요한 사항은 국립학교의 경우에는 교육부령으로 정하고, 공립·사립 학교의 경우에는 특별시·광역시·특별자치시·도·특별자치도(이하 "시·도"라 한다)의 조례로 정한다. 이 경우 국민의 교육을 받을 권리를 본질적으로 침해하는 내용을 정하여서는 아니 된다. 〈개정 2013. 3. 23.〉
[전문개정 2012. 3. 21.]

제10조의2(고등학교 등의 무상교육) ① 제2조제3호에 따른 고등학교·고등기술학교 및 이에 준하는 각종학교의 교육에 필요한 다음 각 호의 비용은 무상(無償)으로 한다.
1. 입학금
2. 수업료
3. 학교운영지원비

4. 교과용 도서 구입비

② 제1항 각 호의 비용은 국가 및 지방자치단체가 부담하고, 학교의 설립자·경영자는 학생과 보호자로부터 이를 받을 수 없다.

③ 제1항 및 제2항에도 불구하고 대통령령으로 정하는 사립학교의 설립자·경영자는 학생과 보호자로부터 제1항 각 호의 비용을 받을 수 있다.

[본조신설 2019. 12. 3.]

[시행일] 제10조의2의 개정규정은 다음 각 호와 같이 순차적으로 시행
1. 2020학년도: 고등학교 등 2학년 및 3학년의 무상교육
2. 2021학년도 이후: 고등학교 등 전학년의 무상교육

제11조(학교시설 등의 이용) 모든 국민은 학교교육에 지장을 주지 아니하는 범위에서 그 학교의 장의 결정에 따라 국립학교의 시설 등을 이용할 수 있고, 공립·사립 학교의 시설 등은 시·도의 교육규칙으로 정하는 바에 따라 이용할 수 있다.

[전문개정 2012. 3. 21.]

제11조의2(교육통계조사 등) ① 교육부장관은 초·중등교육 정책의 효율적인 추진과 초·중등교육 연구에 필요한 학생·교원·직원·학교·교육행정기관 등에 대한 기초자료 수집을 위하여 교육통계조사를 매년 실시하고 그 결과를 공개하여야 한다.

② 교육부장관은 초·중등교육 정책의 효율적인 수립·시행과 평가를 위하여 제1항에 따른 교육통계조사(이하 이 조에서 "교육통계조사"라 한다)로 수집된 자료와 「통계법」 제3조에 따른 통계 및 행정자료 등을 활용하여 교육 관련 지표 및 학생 수 추계 등 예측통계를 작성하여 공개하여야 한다. 〈신설 2020. 3. 24.〉

③ 교육부장관은 교육통계조사와 제2항에 따른 교육 관련 지표 및 예측통계의 작성을 위하여 중앙행정기관의 장, 지방자치단체의 장, 교육감 및 「공공기관의 운영에 관한 법률」에 따른 공공기관의 장 등 관계 기관의 장에게 자료의 제공을 요청할 수 있다. 이 경우 자료 제공을 요청받은 기관의 장은 특별한 사유가 없으면 이에 따라야 한다. 〈개정 2020. 3. 24.〉

④ 교육감은 제3항에 따른 자료 제출을 위하여 관할 학교 및 교육행정기관의 장 등에게 자료 제출을 요청할 수 있다. 이 경우 자료 제출 요청을 받은 관할 학교 및 교육행정기관의 장 등은 특별한 사유가 없으면 이에 따라야 하며, 교육감은 관할 학교 및 교육행정기관 등의 부담을 최소화하기 위하여 노력하여야 한다. 〈개정 2020. 3. 24.〉

⑤ 교육부장관은 교육통계조사와 교육 관련 지표 및 예측통계 작성의 정확성 제고 및 업무 경감을 위하여 관련 자료를 보유한 중앙행정기관의 장, 지방자치단체의 장, 교육감 및 「공공기관의 운영에 관한 법률」에 따른 공공기관의 장 등 관계 기관의 장에게 자료 간 연계를 요청할 수 있다. 이 경우 자료 간 연계를 요청받은 기관의 장은 특별한 사유가 없으면 이에 따라야 한다. 〈개정 2020. 3. 24.〉

⑥ 교육부장관은 교육통계조사 시 다음 각 호에 해당하는 사람의 주민등록번호가 포함된 개인정보를 수집할 수 있으며, 이를 제5항에 따라 연계를 요청받은 기관에 통계조사 및 분석, 검증 등을 목적으로 제공하거나 제공받을 수 있다. 〈개정 2020. 3. 24.〉
1. 조사대상 학교 및 교육행정기관의 교직원
2. 조사대상 학교의 학생 및 졸업생

⑦ 교육부장관은 교육통계조사에 의하여 수집된 자료를 이용하고자 하는 자에게 이를 제공할 수 있다. 이 경우 「교육관련기관의 정보공개에 관한 특례법」에 따라 공개되는 항목을 제외하고는 특정의 개인이나 법인 또는 단체를 식별할 수 없는 형태로 자료를 제공한다. 〈개정 2020. 3. 24.〉

⑧ 교육부장관은 교육통계조사 등의 업무를 위하여 대통령령으로 정하는 바에 따라 국가교육통계센터를 지정하여 그 업무를 위탁할 수 있다. 이 경우 교육부장관은 지정이나 업무 위탁에 필요한 경비를 지원할 수 있다.

⑨ 제1항부터 제8항까지에서 규정한 사항 외에 교육통계조사와 교육 관련 지표 및 예측통계 작성의 대상, 절차 및 결과 공개 등에 필요한 사항은 대통령령으로 정한다. 〈개정 2020. 3. 24.〉

[본조신설 2017. 3. 21.]

제2장 의무교육 〈개정 2012. 3. 21.〉

제12조(의무교육) ① 국가는 「교육기본법」 제8조제1항에 따른 의무교육을 실시하여야 하며, 이를 위한 시설을 확보하는 등 필요한 조치를 강구하여야 한다.

② 지방자치단체는 그 관할 구역의 의무교육대상자를 모두 취학시키는 데에 필요한 초등학교, 중학교 및 초등학교·중학교의 과정을 교육하는 특수학교를 설립·경영하여야 한다.

③ 지방자치단체는 지방자치단체가 설립한 초등학교·중학교 및 특수학교에 그 관할 구역의 의무교육대상자를 모두 취학시키기 곤란하면 인접한 지방자치단체와 협의하여 합동으로 초등학교·중학교 또는 특수학교를 설립·경영하거나, 인접한 지방자치단체가 설립한 초등학교·중학교 또는 특수학교나 국립 또는 사립의 초등학교·중학교 또는 특수학교에 일부 의무교육대상자에 대한 교육을 위탁할 수 있다.

④ 국립·공립 학교의 설립자·경영자와 제3항에 따라 의무교육대상자의 교육을 위탁받은 사립학교의 설립자·경영자는 의무교육을 받는 사람으로부터 제10조의2제1항 각 호의 비용을 받을 수 없다. 〈개정 2013. 12. 30., 2019. 12. 3.〉

[전문개정 2012. 3. 21.]

제13조(취학 의무) ① 모든 국민은 보호하는 자녀 또는 아동이 6세가 된 날이 속하는 해의 다음 해 3월 1일에 그 자녀 또는 아동을 초등학교에 입학시켜야 하고, 초등학교를 졸업할 때까지 다니게 하여야 한다.

② 모든 국민은 제1항에도 불구하고 그가 보호하는 자녀 또는 아동이 5세가 된 날이 속하는 해의 다음 해 또는 7세가 된 날이 속하는 해의 다음 해에 그 자녀 또는 아동을 초등학교에 입학시킬 수 있다. 이 경우에도 그 자녀 또는 아동이 초등학교에 입학한 해의 3월

1일부터 졸업할 때까지 초등학교에 다니게 하여야 한다.
③ 모든 국민은 보호하는 자녀 또는 아동이 초등학교를 졸업한 학년의 다음 학년 초에 그 자녀 또는 아동을 중학교에 입학시켜야 하고, 중학교를 졸업할 때까지 다니게 하여야 한다.
④ 제1항부터 제3항까지의 규정에 따른 취학 의무의 이행과 이행 독려 등에 필요한 사항은 대통령령으로 정한다.
[전문개정 2012. 3. 21.]

제14조(취학 의무의 면제 등) ① 질병·발육 상태 등 부득이한 사유로 취학이 불가능한 의무교육대상자에 대하여는 대통령령으로 정하는 바에 따라 제13조에 따른 취학 의무를 면제하거나 유예할 수 있다.
② 제1항에 따라 취학 의무를 면제받거나 유예받은 사람이 다시 취학하려면 대통령령으로 정하는 바에 따라 학습능력을 평가한 후 학년을 정하여 취학하게 할 수 있다.
[전문개정 2012. 3. 21.]

제15조(고용자의 의무) 의무교육대상자를 고용하는 자는 그 대상자가 의무교육을 받는 것을 방해하여서는 아니 된다.
[전문개정 2012. 3. 21.]

제16조(친권자 등에 대한 보조) 국가와 지방자치단체는 의무교육대상자의 친권자나 후견인이 경제적 사유로 의무교육대상자를 취학시키기 곤란할 때에는 교육비를 보조할 수 있다.
[전문개정 2012. 3. 21.]

제3장 학생과 교직원 〈개정 2012. 3. 21.〉

제1절 학생 〈개정 2012. 3. 21.〉

제17조(학생자치활동) 학생의 자치활동은 권장·보호되며, 그 조직과 운영에 관한 기본적인 사항은 학칙으로 정한다.
[전문개정 2012. 3. 21.]

제18조(학생의 징계) ① 학교의 장은 교육을 위하여 필요한 경우에는 법령과 학칙으로 정하는 바에 따라 학생을 징계할 수 있다. 다만, 의무교육을 받고 있는 학생은 퇴학시킬 수 없다. 〈개정 2021. 3. 23., 2022. 12. 27.〉
② 학교의 장은 학생을 징계하려면 그 학생이나 보호자에게 의견을 진술할 기회를 주는 등 적정한 절차를 거쳐야 한다.
[전문개정 2012. 3. 21.]

제18조의2(재심청구) ① 제18조제1항에 따른 징계처분 중 퇴학 조치에 대하여 이의가 있는 학생 또는 그 보호자는 퇴학 조치를 받은 날부터 15일 이내 또는 그 조치가 있음을 알게 된 날부터 10일 이내에 제18조의3에 따른 시·도학생징계조정위원회에 재심을 청구할 수 있다.
② 제18조의3에 따른 시·도학생징계조정위원회는 제1항에 따른 재심청구를 받으면 30일 이내에 심사·결정하여 청구인에게 통보하여야 한다.
③ 제2항의 심사결정에 이의가 있는 청구인은 통보를 받은 날부터 60일 이내에 행정심판을 제기할 수 있다.
④ 제1항에 따른 재심청구, 제2항에 따른 심사 절차와 결정 통보 등에 필요한 사항은 대통령령으로 정한다.
[전문개정 2012. 3. 21.]

제18조의3(시·도학생징계조정위원회의 설치) ① 제18조의2제1항에 따른 재심청구를 심사·결정하기 위하여 교육감 소속으로 시·도학생징계조정위원회(이하 "징계조정위원회"라 한다)를 둔다.
② 징계조정위원회의 조직·운영 등에 필요한 사항은 대통령령으로 정한다.
[본조신설 2007. 12. 14.]

제18조의4(학생의 인권보장 등) ① 학교의 설립자·경영자와 학교의 장은 「헌법」과 국제인권조약에 명시된 학생의 인권을 보장하여야 한다. 〈개정 2022. 12. 27.〉
② 학생은 교직원 또는 다른 학생의 인권을 침해하는 행위를 하여서는 아니 된다. 〈신설 2022. 12. 27.〉
[본조신설 2007. 12. 14.]
[제목개정 2022. 12. 27.]

제18조의5(보호자의 의무 등) ① 보호자는 교직원 또는 다른 학생의 인권을 침해하는 행위를 하여서는 아니 된다.
② 보호자는 제20조의2제1항에 따른 교원의 학생생활지도를 존중하고 지원하여야 한다.
③ 보호자는 교육활동의 범위에서 교원과 학교의 전문적인 판단을 존중하고 교육활동이 원활히 이루어질 수 있도록 적극 협력하여야 한다.
[본조신설 2023. 9. 27.]

제2절 교직원 〈개정 2012. 3. 21.〉

제19조(교직원의 구분) ① 학교에는 다음 각 호의 교원을 둔다. 〈개정 2019. 12. 3.〉
 1. 초등학교·중학교·고등학교·고등공민학교·고등기술학교 및 특수학교에는 교장·교감·수석교사 및 교사를 둔다. 다만, 학생 수가 100명 이하인 학교나 학급 수가 5학급 이하인 학교 중 대통령령으로 정하는 규모 이하의 학교에는 교감을 두지 아니할 수 있다.
 2. 각종학교에는 제1호에 준하여 필요한 교원을 둔다.
② 학교에는 교원 외에 학교 운영에 필요한 행정직원 등 직원을 둔다.
③ 학교에는 원활한 학교 운영을 위하여 교사 중 교무(校務)를 분담하는 보직교사를 둘 수 있다.
④ 학교에 두는 교원과 직원(이하 "교직원"이라 한다)의 정원에 필요한 사항은 대통령령으로 정하고, 학교급별 구체적인 배치기준은 제6조에 따른 지도·감독기관(이하 "관할청"이라 한다)이 정하며, 교육부장관은 교원의 정원에 관한 사항을 매년 국회에 보고하여야 한다. 〈개정 2013. 3. 23.〉
[전문개정 2012. 3. 21.]

제19조의2(전문상담교사의 배치 등) ① 학교에 전문상담교사를 두거나 시·도 교육행정기관에 「교육공무원법」 제22조의2에 따라 전문상담순회교사를 둔다.
② 제1항의 전문상담순회교사의 정원·배치 기준 등에 필요한 사항은 대통령령으로 정한다.
[전문개정 2012. 3. 21.]

제20조(교직원의 임무) ① 교장은 교무를 총괄하고, 민원처리를 책임지며, 소속 교직원을 지도·감독하고, 학생을 교육한다. 〈개정 2021. 3. 23., 2023. 9. 27.〉
② 교감은 교장을 보좌하여 교무를 관리하고 학생을 교육하며, 교장이 부득이한 사유로 직무를 수행할 수 없을 때에는 교장의 직무를 대행한다. 다만, 교감이 없는 학교에서는 교장이 미리 지명한 교사(수석교사를 포함한다)가 교장의 직무를 대행한다.
③ 수석교사는 교사의 교수·연구 활동을 지원하며, 학생을 교육한다.
④ 교사는 법령에서 정하는 바에 따라 학생을 교육한다.
⑤ 행정직원 등 직원은 법령에서 정하는 바에 따라 학교의 행정사무와 그 밖의 사무를 담당한다.
[전문개정 2012. 3. 21.]

제20조의2(학교의 장 및 교원의 학생생활지도) ① 학교의 장과 교원은 학생의 인권을 보호하고 교원의 교육활동을 위하여 필요한 경우에는 법령과 학칙으로 정하는 바에 따라 학생을 지도할 수 있다. 〈개정 2023. 9. 27.〉
② 제1항에 따른 교원의 정당한 학생생활지도에 대해서는 「아동복지법」 제17조제3호, 제5호 및 제6호의 금지행위 위반으로 보지 아니한다. 〈신설 2023. 9. 27.〉
[본조신설 2022. 12. 27.]

제20조의3(교원 개인정보의 보호) 학교와 학교의 장은 교원의 전화번호, 주민등록번호 등 개인정보가 「개인정보 보호법」 및 「공공기관의 정보공개에 관한 법률」 등 관계 법률에 따라 보호될 수 있도록 필요한 조치를 하여야 한다.
[본조신설 2023. 9. 27.]

제21조(교원의 자격) ① 교장과 교감은 별표 1의 자격 기준에 해당하는 사람으로서 대통령령으로 정하는 바에 따라 교육부장관이 검정(檢定)·수여하는 자격증을 받은 사람이어야 한다. 〈개정 2013. 3. 23.〉
② 교사는 정교사(1급·2급), 준교사, 전문상담교사(1급·2급), 사서교사(1급·2급), 실기교사, 보건교사(1급·2급) 및 영양교사(1급·2급)로 나누되, 별표 2의 자격 기준에 해당하는 사람으로서 대통령령으로 정하는 바에 따라 교육부장관이 검정·수여하는 자격증을 받은 사람이어야 한다. 〈개정 2013. 3. 23.〉
③ 수석교사는 제2항의 자격증을 소지한 사람으로서 15년 이상의 교육경력(「교육공무원법」 제2조제1항제2호 및 제3호에 따른 교육전문직원으로 근무한 경력을 포함한다)을 가지고 교수·연구에 우수한 자질과 능력을 가진 사람 중에서 대통령령으로 정하는 바에 따라 교육부장관이 정하는 연수 이수 결과를 바탕으로 검정·수여하는 자격증을 받은 사람이어야 한다. 〈개정 2013. 3. 23.〉
[전문개정 2012. 3. 21.]

제21조의2(교사 자격 취득의 결격사유) 다음 각 호의 어느 하나에 해당하는 사람은 제21조제2항에 따른 교사의 자격을 취득할 수 없다.
1. 마약·대마·향정신성의약품 중독자
2. 미성년자에 대한 다음 각 목의 어느 하나에 해당하는 행위로 형 또는 치료감호를 선고받아 그 형 또는 치료감호가 확정된 사람(집행유예를 선고받은 후 그 집행유예기간이 경과한 사람을 포함한다)
   가. 「성폭력범죄의 처벌 등에 관한 특례법」 제2조에 따른 성폭력범죄
   나. 「아동·청소년의 성보호에 관한 법률」 제2조제2호에 따른 아동·청소년대상 성범죄
3. 성인에 대한 「성폭력범죄의 처벌 등에 관한 특례법」 제2조에 따른 성폭력범죄 행위로 100만원 이상의 벌금형이나 그 이상의 형 또는 치료감호를 선고받아 그 형 또는 치료감호가 확정된 사람(집행유예를 선고받은 후 그 집행유예기간이 경과한 사람을 포함한다)

[본조신설 2020. 12. 22.]

제21조의3(벌금형의 분리 선고) 「형법」 제38조에도 불구하고 제21조의2제3호에 해당하는 죄와 다른 죄의 경합범(競合犯)에 대하여 벌금형을 선고하는 경우에는 이를 분리하여 선고하여야 한다.
[본조신설 2020. 12. 22.]

제21조의4(교원자격증 대여·알선 금지) 제21조에 따라 받은 자격증은 다른 사람에게 빌려주거나 빌려서는 아니 되며, 이를 알선하여서도 아니 된다.
[본조신설 2020. 12. 22.]

제21조의5(자격취소 등) ① 교육부장관은 제21조에 따라 자격증을 받은 사람이 다음 각 호의 어느 하나에 해당하는 경우에는 그 자격을 취소하여야 한다.
1. 거짓이나 그 밖의 부정한 방법으로 자격증을 받은 경우
2. 제21조의4를 위반하여 자격증을 다른 사람에게 빌려준 경우

② 제1항에 따라 자격이 취소된 후 2년이 지나지 아니한 사람은 제21조에 따른 검정을 받을 수 없다.
[본조신설 2020. 12. 22.]

제22조(산학겸임교사 등) ① 교육과정을 운영하기 위하여 필요하면 학교에 제19조제1항에 따른 교원 외에 산학겸임교사·명예교사 또는 강사 등을 두어 학생의 교육을 담당하게 할 수 있다. 이 경우 국립·공립 학교는 「교육공무원법」 제10조의3제1항 및 제10조의4를, 사립학교는 「사립학교법」 제54조의3제4항 및 제5항을 각각 준용한다
② 제1항에 따라 학교에 두는 산학겸임교사 등의 종류·자격기준 및 임용 등에 필요한 사항은 대통령령으로 정한다.
[전문개정 2012. 3. 21.]

제4장 학교 〈개정 2012. 3. 21.〉

제1절 통칙 〈개정 2012. 3. 21.〉

제23조(교육과정 등) ① 학교는 교육과정을 운영하여야 한다.
② 국가교육위원회는 제1항에 따른 교육과정의 기준과 내용에 관한 기본적인 사항을 정하며, 교육감은 국가교육위원회가 정한 교육과정의 범위에서 지역의 실정에 맞는 기준과 내용을 정할 수 있다. 〈개정 2013. 3. 23., 2021. 7. 20.〉
③ 교육부장관은 제1항의 교육과정이 안정적으로 운영될 수 있도록 대통령령으로 정하는 바에 따라 후속지원 계획을 수립·시행한다. 〈신설 2021. 7. 20.〉
④ 학교의 교과(教科)는 대통령령으로 정한다. 〈개정 2021. 7. 20.〉
[전문개정 2012. 3. 21.]

제23조의2(교육과정 영향 사전협의) ① 중앙행정기관의 장은 제23조에 따른 교육과정에 소관 법령에 따라 교육실시, 교육횟수, 교육시간, 결과보고 등이 의무적으로 부과되는 법정교육을 반영하는 내용의 법령을 제정하거나 개정하려는 경우에는 사전에 국가교육위원회와 협의하여야 한다.
② 제1항에 따른 사전협의의 범위 및 방법 등에 필요한 사항은 대통령령으로 정한다.
[본조신설 2022. 10. 18.]

제24조(수업 등) ① 학교의 학년도는 3월 1일부터 시작하여 다음 해 2월 말일까지로 한다.
② 수업은 주간(晝間)·전일제(全日制)를 원칙으로 한다. 다만, 법령이나 학칙으로 정하는 바에 따라 야간수업·계절수업·시간제수업 등을 할 수 있다. 〈개정 2020. 10. 20.〉
③ 학교의 장은 교육상 필요한 경우에는 다음 각 호에 해당하는 수업을 할 수 있다. 이 경우 수업 운영에 관한 사항은 교육부장관이 정하는 범위에서 교육감이 정한다. 〈신설 2020. 10. 20.〉
  1. 방송·정보통신 매체 등을 활용한 원격수업
  2. 현장실습 운영 등 학교 밖에서 이루어지는 활동
④ 학교의 학기·수업일수·학급편성·휴업일과 반의 편성·운영, 그 밖에 수업에 필요한 사항은 대통령령으로 정한다. 〈개정 2020. 10. 20.〉
[전문개정 2012. 3. 21.]

제25조(학교생활기록) ① 학교의 장은 학생의 학업성취도와 인성(人性) 등을 종합적으로 관찰·평가하여 학생지도 및 상급학교(「고등교육법」 제2조 각 호에 따른 학교를 포함한다. 이하 같다)의 학생선발에 활용할 수 있는 다음 각 호의 자료를 교육부령으로 정하는 기준에 따라 작성·관리하여야 한다. 〈개정 2013. 3. 23.〉
  1. 인적사항
  2. 학적사항
  3. 출결상황
  4. 자격증 및 인증 취득상황
  5. 교과학습 발달상황
  6. 행동특성 및 종합의견
  7. 그 밖에 교육목적에 필요한 범위에서 교육부령으로 정하는 사항
② 학교의 장은 제1항에 따른 자료를 제30조의4에 따른 교육정보시스템으로 작성·관리하여야 한다.
③ 학교의 장은 소속 학교의 학생이 전출하면 제1항에 따른 자료를 그 학생이 전입한 학교의 장에게 넘겨주어야 한다.
[전문개정 2012. 3. 21.]

제26조(학년제) ① 학생의 진급이나 졸업은 학년제로 한다.
② 제1항에도 불구하고 학교의 장은 관할청의 승인을 받아 학년제 외의 제도를 채택할 수 있다.
[전문개정 2012. 3. 21.]

제27조(조기진급 및 조기졸업 등) ① 초등학교·중학교·고등학교 및 이에 준하는 각종학교의 장은 재능이 우수한 학생에게 제23조·제24조·제26조·제39조·제42조 및 제46조에도 불구하고 수업연한(授業年限)을 단축(수업상의 특례를 포함한다)하여 조기진급 또는 조기졸업을 할 수 있도록 하거나 상급학교 조기입학 자격을 줄 수 있다.
② 제1항에 따라 상급학교 조기입학 자격을 얻어 상급학교에 입학한 경우에는 조기졸업한 것으로 본다.
③ 제1항 및 제2항에 따른 재능이 우수한 학생의 선정(選定)과 조기진급, 조기졸업 및 상급학교 조기입학자격 등에 필요한 사항은 대통령령으로 정한다.
[전문개정 2012. 3. 21.]

제27조의2(학력인정 시험) ① 제2조에 따른 학교의 교육과정을 마치지 아니한 사람은 대통령령으로 정하는 시험에 합격하여 초등학교·중학교 또는 고등학교를 졸업한 사람과 동등한 학력을 인정받을 수 있다.
② 국가 또는 지방자치단체는 제1항에 따른 시험 중 초등학교와 중학교를 졸업한 사람과 동등한 학력이 인정되는 시험의 실시에 필요한 비용을 부담한다.
③ 초등학교·중학교 및 고등학교를 졸업한 사람과 동등한 학력이 인정되는 시험에 필요한 사항은 교육부령으로 정한다. 〈개정 2013. 3. 23., 2015. 3. 27.〉
④ 교육감은 상급학교 학생선발을 위하여 필요한 경우 고등학교를 졸업한 사람과 동등한 학력을 인정받는 시험에 합격한 사람의 합격증명과 성적증명 자료를 본인의 동의를 받아 제3자에게 제30조의4에 따른 교육정보시스템으로 제공할 수 있다. 〈신설 2015. 3. 27., 2021. 3. 23.〉
⑤ 제4항에 따른 자료 제공의 제한에 관하여는 제30조의6을 준용한다. 이 경우 "학교의 장"은 "교육감"으로 본다. 〈신설 2015. 3. 27.〉
[본조신설 2012. 1. 26.]

제28조(학업에 어려움을 겪는 학생에 대한 교육) ① 국가와 지방자치단체는 다음 각 호의 구분에 따른 학생들(이하 "학업에 어려움을 겪는 학생"이라 한다)을 위하여 대통령령으로 정하는 바에 따라 수업

일수와 교육과정을 신축적으로 운영하는 등 교육상 필요한 시책을 마련하여야 한다. 〈개정 2016. 2. 3., 2022. 12. 27.〉

1. 성격장애나 지적(知的) 기능의 저하 등으로 인하여 학습에 제약을 받는 학생 중 「장애인 등에 대한 특수교육법」 제15조에 따른 학습장애를 지닌 특수교육대상자로 선정되지 아니한 학생
2. 학업 중단 학생
3. 학업 중단의 징후가 발견되거나 학업 중단의 의사를 밝힌 학생 등 학업 중단 위기에 있는 학생

② 국가 및 지방자치단체는 학업에 어려움을 겪는 학생에 대한 교육의 체계적 실시를 위하여 매년 실태조사를 하여야 한다. 〈신설 2016. 2. 3., 2022. 12. 27.〉

③ 국가 및 지방자치단체는 제2항에 따른 실태조사를 기초로 학업에 어려움을 겪는 학생의 현황 및 교육 상황에 대한 데이터베이스를 구축·운용할 수 있다. 〈신설 2022. 12. 27.〉

④ 국가와 지방자치단체는 학업에 어려움을 겪는 학생에게 균등한 교육기회를 보장하기 위하여 필요한 예산을 지원한다. 〈신설 2016. 2. 3., 2022. 12. 27.〉

⑤ 교육부장관 및 교육감은 학업에 어려움을 겪는 학생을 위하여 필요한 교재와 프로그램을 개발·보급하여야 한다. 〈신설 2016. 2. 3., 2022. 12. 27.〉

⑥ 교원은 대통령령으로 정하는 바에 따라 학업에 어려움을 겪는 학생의 학습능력 향상을 위한 관련 연수를 이수하여야 하고, 교육감은 이를 지도·감독 및 지원하여야 한다. 〈신설 2016. 2. 3., 2022. 12. 27.〉

⑦ 학교의 장은 제1항제3호에 해당하는 학업에 어려움을 겪는 학생에게 학업 중단에 대하여 충분히 생각할 기회를 주어야 한다. 이 경우 학교의 장은 그 기간을 출석으로 인정할 수 있다. 〈신설 2016. 12. 20., 2021. 3. 23., 2022. 12. 27.〉

⑧ 제1항제3호에 해당하는 학업에 어려움을 겪는 학생에 대한 판단기준 및 제7항에 따른 충분히 생각할 기간과 그 기간 동안의 출석일수 인정 범위 등에 필요한 사항은 교육감이 정한다. 〈신설 2016. 12. 20., 2021. 3. 23., 2022. 12. 27.〉

⑨ 교육부장관 및 교육감은 제7항 및 제8항에 따른 기간 동안 학생이 교육과 치유를 위한 다양한 활동을 할 수 있도록 지원하여야 한다. 〈신설 2022. 12. 27.〉

⑩ 제3항에 따른 데이터베이스의 구축 및 운용에 필요한 정보 수집 범위, 방법, 절차, 보존기간 등은 대통령령으로 정한다. 〈신설 2022. 12. 27.〉

[전문개정 2012. 3. 21.]
[제목개정 2022. 12. 27.]

제28조의2(다문화학생등에 대한 교육 지원) ① 국가와 지방자치단체는 다음 각 호의 구분에 따른 아동 또는 학생(이하 "다문화학생등"이라 한다)의 동등한 교육기회 보장 등을 위해 교육상 필요한 시책을 마련하여야 한다.

1. 「다문화가족지원법」 제2조제1호에 따른 다문화가족의 구성원인 아동 또는 학생
2. 국내에 거주하는 외국인이면서 제2조 각 호의 학교에 입학 예정이거나 재학 중인 아동 또는 학생

② 교육부장관은 제1항에 따른 시책을 수립·시행하기 위하여 다문화교육 실태조사를 실시할 수 있다. 이 경우 다문화교육 실태조사의 범위와 방법 등에 필요한 사항은 대통령령으로 정한다.

③ 학교의 장은 다문화학생등의 동등한 교육기회를 보장하고 모든 학교 구성원이 다양성을 존중하며 조화롭게 생활하는 학교 환경을 조성하기 위하여 노력하여야 한다.

④ 교육감은 다문화학생등의 한국어교육 등을 위하여 필요한 경우 특별학급을 설치·운영할 수 있다. 이 경우 교육부장관과 교육감은 특별학급의 운영에 필요한 경비와 인력 등을 지원할 수 있다.

⑤ 교육부장관과 교육감은 다문화학생등의 교육지원을 위하여 대통령령으로 정하는 바에 따라 다문화교육지원센터를 설치·운영하거나 지정하여 그 업무를 위탁할 수 있다.

[본조신설 2023. 10. 24.]

제29조(교과용 도서의 사용) ① 학교에서는 국가가 저작권을 가지고 있거나 교육부장관이 검정하거나 인정한 교과용 도서를 사용하여야 한다. 〈개정 2013. 3. 23.〉

② 교과용 도서의 범위·저작·검정·인정·발행·공급·선정 및 가격 사정(査定) 등에 필요한 사항은 대통령령으로 정한다.

[전문개정 2012. 3. 21.]

제30조(학교의 통합·운영) ① 학교의 설립자·경영자는 효율적인 학교 운영을 위하여 필요하면 지역 실정에 따라 초등학교·중학교, 중학교·고등학교 또는 초등학교·중학교·고등학교의 시설·설비 및 교원 등을 통합하여 운영할 수 있다. 이 경우 해당 학교의 학생 및 학부모의 의견을 수렴하여야 한다. 〈개정 2020. 12. 22.〉

② 관할청은 학생 및 학부모의 요구가 있는 경우 학교의 통합·운영 여건에 관한 실태조사를 실시하고, 그 결과를 인터넷 홈페이지에 공개할 수 있다. 〈신설 2020. 12. 22.〉

③ 제1항에 따라 통합·운영하는 학교의 시설·설비 기준, 교원배치기준, 의견 수렴 절차 및 제2항에 따른 실태조사 실시 기준, 결과 공개 등에 필요한 사항은 대통령령으로 정한다. 〈개정 2020. 12. 22.〉

[전문개정 2012. 3. 21.]

제30조의2(학교회계의 설치) ① 국립·공립의 초등학교·중학교·고등학교 및 특수학교에 각 학교별로 학교회계(學校會計)를 설치한다.

② 학교회계는 다음 각 호의 수입을 세입(歲入)으로 한다.

1. 국가의 일반회계나 지방자치단체의 교육비특별회계로부터 받은 전입금
2. 제32조제1항에 따라 학교운영위원회 심의를 거쳐 학부모가 부담하는 경비
3. 제33조의 학교발전기금으로부터 받은 전입금
4. 국가나 지방자치단체의 보조금 및 지원금
5. 사용료 및 수수료

6. 이월금
7. 물품매각대금
8. 그 밖의 수입

③ 학교회계는 학교 운영과 학교시설의 설치 등을 위하여 필요한 모든 경비를 세출(歲出)로 한다.

④ 학교회계는 예측할 수 없는 예산 외의 지출이나 예산초과지출에 충당하기 위하여 예비비로서 적절한 금액을 세출예산에 계상(計上)할 수 있다.

⑤ 학교회계의 설치에 필요한 사항은 국립학교의 경우에는 교육부령으로, 공립학교의 경우에는 시·도의 교육규칙으로 정한다. 〈개정 2013. 3. 23.〉

[전문개정 2012. 3. 21.]

제30조의3(학교회계의 운영) ① 학교회계의 회계연도는 매년 3월 1일에 시작하여 다음 해 2월 말일에 끝난다.

② 학교의 장은 회계연도마다 학교회계 세입세출예산안을 편성하여 회계연도가 시작되기 30일 전까지 제31조에 따른 학교운영위원회에 제출하여야 한다.

③ 학교운영위원회는 학교회계 세입세출예산안을 회계연도가 시작되기 5일 전까지 심의하여야 한다.

④ 학교의 장은 제3항에 따른 예산안이 새로운 회계연도가 시작될 때까지 확정되지 아니하면 다음 각 호의 경비를 전년도 예산에 준하여 집행할 수 있다. 이 경우 전년도 예산에 준하여 집행된 예산은 해당 연도의 예산이 확정되면 그 확정된 예산에 따라 집행된 것으로 본다.

1. 교직원 등의 인건비
2. 학교교육에 직접 사용되는 교육비
3. 학교시설의 유지관리비
4. 법령상 지급 의무가 있는 경비
5. 이미 예산으로 확정된 경비

⑤ 학교의 장은 회계연도마다 결산서를 작성하여 회계연도가 끝난 후 2개월 이내에 학교운영위원회에 제출하여야 한다.

⑥ 학교회계의 운영에 필요한 사항은 국립학교의 경우에는 교육부령으로, 공립학교의 경우에는 시·도의 교육규칙으로 정한다. 〈개정 2013. 3. 23.〉

[전문개정 2012. 3. 21.]

제30조의4(교육정보시스템의 구축·운영 등) ① 교육부장관과 교육감은 학교와 교육행정기관의 업무를 전자적으로 처리할 수 있도록 교육정보시스템(이하 "정보시스템"이라 한다)을 구축·운영할 수 있다. 〈개정 2013. 3. 23.〉

② 교육부장관과 교육감은 정보시스템의 운영과 지원을 위하여 정보시스템운영센터를 설치·운영하거나 정보시스템의 효율적 운영을 위하여 필요하다고 인정하면 정보시스템의 운영 및 지원업무를 교육의 정보화를 지원하는 법인이나 기관에 위탁할 수 있다. 〈개정 2013. 3. 23.〉

③ 정보시스템의 구축·운영·접속방법과 제2항에 따른 정보시스템운영센터의 설치·운영 등에 필요한 사항은 교육부령으로 정한다. 〈개정 2013. 3. 23.〉

[전문개정 2012. 3. 21.]

제30조의5(정보시스템을 이용한 업무처리) ① 교육부장관과 교육감은 소관 업무의 전부 또는 일부를 정보시스템을 이용하여 처리하여야 한다. 〈개정 2013. 3. 23.〉

② 학교의 장은 제25조에 따른 학교생활기록과 「학교보건법」 제7조의3에 따른 건강검사기록을 정보시스템을 이용하여 처리하여야 하며, 그 밖에 소관 업무의 전부 또는 일부를 정보시스템을 이용하여 처리하여야 한다.

[전문개정 2012. 3. 21.]

제30조의6(학생 관련 자료 제공의 제한) ① 학교의 장은 제25조에 따른 학교생활기록과 「학교보건법」 제7조의3에 따른 건강검사기록을 해당 학생(학생이 미성년자인 경우에는 학생과 학생의 부모 등 보호자)의 동의 없이 제3자에게 제공하여서는 아니 된다. 다만, 다음 각 호의 어느 하나에 해당하는 경우에는 그러하지 아니하다.

1. 학교에 대한 감독·감사의 권한을 가진 행정기관이 그 업무를 처리하기 위하여 필요한 경우
2. 제25조에 따른 학교생활기록을 상급학교의 학생 선발에 이용하기 위하여 제공하는 경우
3. 통계작성 및 학술연구 등의 목적을 위한 것으로서 자료의 당사자가 누구인지 알아볼 수 없는 형태로 제공하는 경우
4. 범죄의 수사와 공소의 제기 및 유지에 필요한 경우
5. 법원의 재판업무 수행을 위하여 필요한 경우
6. 그 밖에 관계 법률에 따라 제공하는 경우

② 학교의 장은 제1항 단서에 따라 자료를 제3자에게 제공하는 경우에는 그 자료를 받은 자에게 사용목적, 사용방법, 그 밖에 필요한 사항에 대하여 제한을 하거나 그 자료의 안전성 확보를 위하여 필요한 조치를 하도록 요청할 수 있다.

③ 제1항 단서에 따라 자료를 받은 자는 자료를 받은 본래 목적 외의 용도로 자료를 이용하여서는 아니 된다.

[전문개정 2012. 3. 21.]

제30조의7(정보시스템을 이용한 업무처리 등에 대한 지도·감독) 교육부장관과 교육감은 필요하다고 인정하면 제30조의5에 따른 업무처리 및 제27조의2·제30조의6에 따른 자료 제공 또는 이용에 관한 사항을 지도·감독할 수 있다. 〈개정 2013. 3. 23., 2015. 3. 27.〉

[전문개정 2012. 3. 21.]

제30조의8(학생의 안전대책 등) ① 국립학교의 경우에는 학교의 장이, 공립 및 사립 학교의 경우에는 교육감이 시·도의 교육규칙으로 정하는 바에 따라 학교시설(학교담장을 포함한다)을 설치·변경하는 경우에는 외부인의 무단출입이나 학교폭력 및 범죄의 예방을 위하여 학생 안전대책을 수립하여 시행하여야 한다.

② 학교의 장은 학생의 안전을 위하여 다음 각 호의 사항을 시행하여야 한다.

1. 학교 내 출입자의 신분확인 절차 등의 세부기준수립에 관한

사항
2. 영상정보처리기기의 설치에 관한 사항
3. 학교주변에 대한 순찰·감시 활동계획에 관한 사항

③ 제1항 및 제2항에 따른 학생의 안전대책 등에 필요한 사항은 대통령령으로 정한다.
[본조신설 2012. 1. 26.]

제30조의9(시설·설비·교구의 점검 등) ① 학교의 장은 학교의 시설·설비·교구가 적절하게 관리되고 있는지를 정기적으로 점검하여야 한다.
② 학교의 장은 제1항에 따른 점검 결과 시설·설비·교구가 노후화되거나 훼손되었을 때에는 지체 없이 보수 또는 교체 등 필요한 조치를 하여야 한다.
③ 국가 및 지방자치단체는 제2항에 따른 조치에 필요한 비용을 지원할 수 있다.
④ 제1항에 따른 점검의 대상, 시기 등 필요한 사항은 교육부령으로 정한다.
[본조신설 2021. 3. 23.]

제2절 학교운영위원회 〈개정 2012. 3. 21.〉

제31조(학교운영위원회의 설치) ① 학교운영의 자율성을 높이고 지역의 실정과 특성에 맞는 다양하고도 창의적인 교육을 할 수 있도록 초등학교·중학교·고등학교·특수학교 및 각종학교에 학교운영위원회를 구성·운영하여야 한다. 〈개정 2022. 10. 18.〉
② 국립·공립 학교에 두는 학교운영위원회는 그 학교의 교원 대표, 학부모 대표 및 지역사회 인사로 구성한다.
③ 학교운영위원회의 위원 수는 5명 이상 15명 이하의 범위에서 학교의 규모 등을 고려하여 대통령령으로 정한다.
[전문개정 2012. 3. 21.]

제31조의2(결격사유) ①「국가공무원법」제33조 각 호의 어느 하나에 해당하는 사람은 학교운영위원회의 위원으로 선출될 수 없다.
② 학교운영위원회의 위원이「국가공무원법」제33조 각 호의 어느 하나에 해당할 때에는 당연히 퇴직한다.
[전문개정 2012. 3. 21.]

제32조(기능) ① 학교에 두는 학교운영위원회는 다음 각 호의 사항을 심의한다. 다만, 사립학교에 두는 학교운영위원회의 경우 제7호 및 제8호의 사항은 제외하고, 제1호의 사항에 대하여는 자문한다. 〈개정 2021. 9. 24.〉
1. 학교헌장과 학칙의 제정 또는 개정
2. 학교의 예산안과 결산
3. 학교교육과정의 운영방법
4. 교과용 도서와 교육 자료의 선정
5. 교복·체육복·졸업앨범 등 학부모 경비 부담 사항
6. 정규학습시간 종료 후 또는 방학기간 중의 교육활동 및 수련활동
7.「교육공무원법」제29조의3제8항에 따른 공모 교장의 공모 방법, 임용, 평가 등
8.「교육공무원법」제31조제2항에 따른 초빙교사의 추천
9. 학교운영지원비의 조성·운용 및 사용
10. 학교급식
11. 대학입학 특별전형 중 학교장 추천
12. 학교운동부의 구성·운영
13. 학교운영에 대한 제안 및 건의 사항
14. 그 밖에 대통령령이나 시·도의 조례로 정하는 사항

② 삭제 〈2021. 9. 24.〉
③ 학교운영위원회는 제33조에 따른 학교발전기금의 조성·운용 및 사용에 관한 사항을 심의·의결한다.
[전문개정 2012. 3. 21.]

제33조(학교발전기금) ① 제31조에 따른 학교운영위원회는 학교발전기금을 조성할 수 있다.
② 제1항에 따른 학교발전기금의 조성과 운용방법 등에 필요한 사항은 대통령령으로 정한다.
[전문개정 2012. 3. 21.]

제34조(학교운영위원회의 구성·운영) ① 제31조에 따른 학교운영위원회 중 국립학교에 두는 학교운영위원회의 구성과 운영에 필요한 사항은 대통령령으로 정하고, 공립학교에 두는 학교운영위원회의 구성과 운영에 필요한 사항은 대통령령으로 정하는 범위에서 시·도의 조례로 정한다.
② 사립학교에 두는 학교운영위원회의 위원 구성에 관한 사항은 대통령령으로 정하고, 그 밖에 운영에 필요한 사항은 해당 학교법인의 정관으로 정한다.
[전문개정 2012. 3. 21.]

제34조의2(학교운영위원회 위원의 연수 등) ① 교육감은 학교운영위원회 위원의 자질과 직무수행능력의 향상을 위한 연수를 실시할 수 있다.
② 교육감은 제1항에 따른 연수를 연수기관 또는 민간기관에 위탁하여 실시할 수 있다.
③ 교육감은 제2항에 따라 연수를 위탁받은 기관에 대하여 행정적·재정적 지원을 할 수 있다.
④ 그 밖에 필요한 사항은 대통령령으로 정한다.
[본조신설 2007. 12. 14.]

제3절 삭제 〈2004. 1. 29.〉

제35조 삭제 〈2004. 1. 29.〉
제36조 삭제 〈2004. 1. 29.〉
제37조 삭제 〈2004. 1. 29.〉

제4절 초등학교 〈개정 2019. 12. 3.〉

제38조(목적) 초등학교는 국민생활에 필요한 기초적인 초등교육을

하는 것을 목적으로 한다.
[전문개정 2012. 3. 21.]

제39조(수업연한) 초등학교의 수업연한은 6년으로 한다.
[전문개정 2012. 3. 21.]

제40조 삭제 〈2019. 12. 3.〉

제5절 중학교·고등공민학교 〈개정 2012. 3. 21.〉

제41조(목적) 중학교는 초등학교에서 받은 교육의 기초 위에 중등교육을 하는 것을 목적으로 한다.
[전문개정 2012. 3. 21.]

제42조(수업연한) 중학교의 수업연한은 3년으로 한다.
[전문개정 2012. 3. 21.]

제43조(입학자격 등) ① 중학교에 입학할 수 있는 사람은 초등학교를 졸업한 사람, 제27조의2제1항에 따라 초등학교를 졸업한 사람과 동등한 학력이 인정되는 시험에 합격한 사람, 그 밖에 법령에 따라 이와 같은 수준 이상의 학력이 있다고 인정된 사람으로 한다. 〈개정 2021. 3. 23.〉

② 그 밖에 중학교의 입학 방법과 절차 등에 필요한 사항은 대통령령으로 정한다.
[전문개정 2012. 3. 21.]

제43조의2(방송통신중학교) ① 중학교 또는 고등학교에 방송통신중학교를 부설할 수 있다.

② 방송통신중학교의 설치·교육방법·수업연한, 그 밖에 운영에 필요한 사항은 대통령령으로 정한다.
[본조신설 2012. 1. 26.]

제44조(고등공민학교) ① 고등공민학교는 중학교 과정의 교육을 받지 못하고 제13조제3항에 따른 취학연령을 초과한 사람 또는 일반 성인에게 국민생활에 필요한 중등교육과 직업교육을 하는 것을 목적으로 한다.

② 고등공민학교의 수업연한은 1년 이상 3년 이하로 한다.

③ 고등공민학교에 입학할 수 있는 사람은 초등학교를 졸업한 사람, 제27조의2제1항에 따라 초등학교를 졸업한 사람과 동등한 학력이 인정되는 시험에 합격한 사람, 그 밖에 법령에 따라 이와 같은 수준 이상의 학력이 있다고 인정된 사람으로 한다. 〈개정 2019. 12. 3., 2021. 3. 23.〉
[전문개정 2012. 3. 21.]

제6절 고등학교·고등기술학교 〈개정 2012. 3. 21.〉

제45조(목적) 고등학교는 중학교에서 받은 교육의 기초 위에 중등교육 및 기초적인 전문교육을 하는 것을 목적으로 한다.
[전문개정 2012. 3. 21.]

제46조(수업연한) 고등학교의 수업연한은 3년으로 한다. 다만, 제49조에 따른 시간제 및 통신제(通信制) 과정의 수업연한은 4년으로 한다.
[전문개정 2012. 3. 21.]

제47조(입학자격 등) ① 고등학교에 입학할 수 있는 사람은 중학교를 졸업한 사람, 제27조의2제1항에 따라 중학교를 졸업한 사람과 동등한 학력이 인정되는 시험에 합격한 사람, 그 밖에 법령에 따라 이와 같은 수준 이상의 학력이 있다고 인정된 사람으로 한다. 〈개정 2021. 3. 23.〉

② 그 밖에 고등학교의 입학방법과 절차 등에 필요한 사항은 대통령령으로 정한다.
[전문개정 2012. 3. 21.]

제48조(학과 및 학점제 등) ① 고등학교에 학과를 둘 수 있다.

② 고등학교의 교과 및 교육과정은 학생이 개인적 필요·적성 및 능력에 따라 진로를 선택할 수 있도록 정하여져야 한다.

③ 고등학교(제55조에 따라 고등학교에 준하는 교육을 실시하는 특수학교를 포함한다)의 교육과정 이수를 위하여 학점제(이하 "고교학점제"라 한다)를 운영할 수 있다. 〈신설 2021. 9. 24.〉

④ 고교학점제를 운영하는 학교의 학생은 취득 학점 수 등이 일정 기준에 도달하면 고등학교를 졸업한다. 〈신설 2021. 9. 24.〉

⑤ 고교학점제의 운영 및 졸업 등에 필요한 사항은 대통령령으로 정한다. 〈신설 2021. 9. 24.〉
[전문개정 2012. 3. 21.]
[제목개정 2021. 9. 24.]

제48조의2(고교학점제 지원 등) ① 교육부장관과 교육감은 고교학점제 운영과 지원을 위하여 고교학점제 지원센터를 설치·운영할 수 있다.

② 교육부장관과 교육감은 고교학점제 지원센터의 효율적 운영을 위하여 필요하다고 인정하면 교육정책을 연구·지원하는 법인이나 기관에 그 업무를 위탁할 수 있다.

③ 국가와 지방자치단체는 고교학점제의 운영을 위하여 필요한 행정적·재정적 지원을 하여야 한다.

④ 제1항부터 제3항까지에 따른 고교학점제 지원센터의 설치·운영, 위탁 및 행정적·재정적 지원 등에 필요한 사항은 대통령령으로 정한다.
[본조신설 2021. 9. 24.]

제49조(과정) ① 고등학교에 관할청의 인가를 받아 전일제 과정 외에 시간제 또는 통신제 과정을 둘 수 있다.

② 고등학교과정의 설치에 필요한 사항은 대통령령으로 정한다.
[전문개정 2012. 3. 21.]

제50조(분교) 고등학교의 설립자·경영자는 특별히 필요한 경우에는 관할청의 인가를 받아 분교(分校)를 설치할 수 있다.
[전문개정 2012. 3. 21.]

제51조(방송통신고등학교) ① 고등학교에 방송통신고등학교를 부설할 수 있다.

② 방송통신고등학교의 설치, 교육방법, 수업연한, 그 밖에 그 운영에 필요한 사항은 대통령령으로 정한다.
[전문개정 2012. 3. 21.]

제52조(근로청소년을 위한 특별학급 등) ① 산업체에 근무하는 청소년이 중학교·고등학교 과정의 교육을 받을 수 있도록 하기 위하여 산업체에 인접한 중학교·고등학교에 야간수업을 주로 하는 특별학급을 둘 수 있다.
② 하나의 산업체에 근무하는 청소년 중에서 중학교 또는 고등학교 입학을 희망하는 인원이 매년 2학급 이상을 편성할 수 있을 정도가 될 것으로 예상되는 경우 그 산업체는 희망하는 청소년이 교육을 받을 수 있도록 하기 위하여 중학교 또는 고등학교(이하 "산업체 부설 중·고등학교"라 한다)를 설립·경영할 수 있다.
③ 둘 이상의 산업체에 근무하는 청소년 중에서 입학을 희망하는 인원이 매년 2학급 이상을 편성할 수 있을 정도가 될 것으로 예상되는 경우에는 제2항에도 불구하고 그 둘 이상의 산업체가 공동으로 하나의 산업체 부설 중·고등학교를 설립·경영할 수 있다.
④ 제1항부터 제3항까지의 규정에 따른 특별학급 및 산업체 부설 중·고등학교의 설립 기준과 입학방법 등에 필요한 사항은 시·도의 조례로 정한다.
⑤ 제1항부터 제3항까지의 규정에 따른 특별학급 또는 산업체 부설 중·고등학교에 다니는 청소년을 고용하는 산업체의 경영자는 시·도의 조례로 정하는 바에 따라 그 교육비의 일부를 부담하여야 한다.
⑥ 지방자치단체는 시·도의 조례로 정하는 바에 따라 제1항부터 제3항까지의 규정에 따른 특별학급 또는 산업체 부설 중·고등학교에 다니는 학생의 교육비 중 일부를 부담할 수 있다.
[전문개정 2012. 3. 21.]

제53조(취학 의무 및 방해 행위의 금지) ① 산업체의 경영자는 그 산업체에 근무하는 청소년이 제52조에 따른 특별학급 또는 산업체 부설 중·고등학교에 입학하기를 원하면 그 청소년을 입학시켜야 한다.
② 산업체의 경영자는 그가 고용하는 청소년이 제52조에 따른 특별학급 또는 산업체 부설 중·고등학교에 입학하는 경우에는 그 학생의 등교와 수업에 지장을 주는 행위를 하여서는 아니 된다.
[전문개정 2012. 3. 21.]

제54조(고등기술학교) ① 고등기술학교는 국민생활에 직접 필요한 직업기술교육을 하는 것을 목적으로 한다.
② 고등기술학교의 수업연한은 1년 이상 3년 이하로 한다.
③ 고등기술학교에 입학할 수 있는 사람은 중학교 또는 고등공민학교(3년제)를 졸업한 사람, 제27조의2제1항에 따라 중학교를 졸업한 사람과 동등한 학력이 인정되는 시험에 합격한 사람, 그 밖에 법령에 따라 이와 같은 수준 이상의 학력이 있다고 인정된 사람으로 한다. 〈개정 2021. 3. 23.〉
④ 고등기술학교에는 고등학교를 졸업한 사람 또는 법령에 따라 이와 같은 수준 이상의 학력이 있다고 인정된 사람에게 특수한 전문기술교육을 하기 위하여 수업연한이 1년 이상인 전공과(專攻科)를 둘 수 있다.
⑤ 공장이나 사업장을 설치·경영하는 자는 고등기술학교를 설립·경영할 수 있다.
[전문개정 2012. 3. 21.]

제7절 특수학교 등 〈개정 2012. 3. 21.〉

제55조(특수학교) 특수학교는 신체적·정신적·지적 장애 등으로 인하여 특수교육이 필요한 사람에게 초등학교·중학교 또는 고등학교에 준하는 교육과 실생활에 필요한 지식·기능 및 사회적응 교육을 하는 것을 목적으로 한다.
[전문개정 2012. 3. 21.]

제56조(특수학급) 고등학교 이하의 각급 학교에 특수교육이 필요한 학생을 위한 특수학급을 둘 수 있다. 〈개정 2016. 2. 3.〉
[전문개정 2012. 3. 21.]

제57조 삭제 〈2016. 2. 3.〉

제58조(학력의 인정) 특수학교나 특수학급에서 초등학교·중학교 또는 고등학교 과정에 상응하는 교육과정을 마친 사람은 그에 상응하는 학교를 졸업한 사람과 같은 수준의 학력이 있는 것으로 본다.
[전문개정 2012. 3. 21.]

제59조(통합교육) 국가와 지방자치단체는 특수교육이 필요한 사람이 초등학교·중학교 및 고등학교와 이에 준하는 각종학교에서 교육을 받으려는 경우에는 따로 입학절차, 교육과정 등을 마련하는 등 통합교육을 하는 데에 필요한 시책을 마련하여야 한다.
[전문개정 2012. 3. 21.]

제8절 각종학교 〈개정 2012. 3. 21.〉

제60조(각종학교) ① "각종학교"란 제2조제1호부터 제4호까지의 학교와 유사한 교육기관을 말한다.
② 각종학교는 그 학교의 이름에 제2조제1호부터 제4호까지의 학교와 유사한 이름을 사용할 수 없다. 다만, 관계 법령에 따라 학력이 인정되는 각종학교(제60조의2에 따른 외국인학교와 제60조의3에 따른 대안학교를 포함한다)는 그러하지 아니하다. 〈개정 2014. 1. 28.〉
③ 각종학교의 수업연한, 입학자격, 학력인정, 그 밖에 운영에 필요한 사항은 교육부령으로 정한다. 〈개정 2013. 3. 23.〉
[전문개정 2012. 3. 21.]

제60조의2(외국인학교) ① 외국에서 일정기간 거주하고 귀국한 내국인 중 대통령령으로 정하는 사람, 「국적법」 제4조에 따라 국적을 취득한 사람의 자녀 중 해당 학교의 장이 대통령령으로 정하는 기준과 절차에 따라 학업을 지속하기 어렵다고 판단한 사람, 외국인의 자녀를 교육하기 위하여 설립된 학교로서 각종학교에 해당하는 학교(이하 "외국인학교"라 한다)에 대하여는 제7조, 제9조, 제11조, 제11조의2, 제12조부터 제16조까지, 제21조, 제23조부터 제26조까지, 제28조, 제29조, 제30조의2, 제30조의3, 제31조, 제31조의2, 제32조부터 제34조까지 및 제34조의2를 적용하지 아니한다. 〈개정 2016. 1. 27., 2017. 3. 21., 2021. 3. 23.〉
② 외국인학교는 유치원·초등학교·중학교·고등학교의 과정을

통합하여 운영할 수 있다.
③ 외국인학교의 설립기준, 교육과정, 수업연한, 학력인정, 그 밖에 설립·운영에 필요한 사항은 대통령령으로 정한다.
[전문개정 2012. 3. 21.]

제60조의3(대안학교) ① 학업을 중단하거나 개인적 특성에 맞는 교육을 받으려는 학생을 대상으로 현장 실습 등 체험 위주의 교육, 인성 위주의 교육 또는 개인의 소질·적성 개발 위주의 교육 등 다양한 교육을 하는 학교로서 각종학교에 해당하는 학교(이하 "대안학교"라 한다)에 대하여는 제21조제1항, 제23조제2항·제3항, 제24조부터 제26조까지, 제29조 및 제30조의4부터 제30조의7까지를 적용하지 아니한다.
② 대안학교는 초등학교·중학교·고등학교의 과정을 통합하여 운영할 수 있다.
③ 대안학교의 설립기준, 교육과정, 수업연한, 학력인정, 그 밖에 설립·운영에 필요한 사항은 대통령령으로 정한다.
[전문개정 2012. 3. 21.]

제4장의2 교육비 지원 등 〈개정 2020. 3. 24.〉

제60조의4(교육비 지원) ① 국가 및 지방자치단체는 다음 각 호의 어느 하나에 해당하는 학생에게 입학금, 수업료, 급식비 등 대통령령으로 정하는 비용(이하 "교육비"라 한다)의 전부 또는 일부를 예산의 범위에서 지원할 수 있다. 〈개정 2014. 12. 30.〉
 1. 본인 또는 그 보호자가 「국민기초생활 보장법」 제12조제3항 및 제12조의2에 따른 수급권자인 학생
 2. 「한부모가족지원법」 제5조에 따른 보호대상자인 학생
 3. 그 밖에 가구 소득 등을 고려하여 교육비 지원이 필요하다고 인정되는 학생으로서 대통령령으로 정하는 학생
② 제1항에 따른 교육비 지원은 소득 수준과 거주 지역 등에 따라 지원의 내용과 범위를 달리할 수 있다.
③ 「국민기초생활 보장법」, 「한부모가족지원법」 등 다른 법령에 따라 제1항과 동일한 내용의 지원을 받고 있는 경우에는 그 범위에서 제1항에 따른 교육비 지원을 하지 아니한다.
[본조신설 2012. 3. 21.]

제60조의5(교육비 지원의 신청) ① 제60조의4제1항에 따른 지원을 받으려는 경우에는 해당 학생 또는 그 학생을 법률상·사실상 보호하고 있는 사람은 교육부장관 또는 교육감에게 교육비 지원을 신청하여야 한다. 〈개정 2013. 3. 23., 2016. 2. 3.〉
② 제1항에 따른 신청을 하는 경우에는 다음 각 호의 자료 또는 정보의 제공에 대한 지원 대상 학생 및 그 가구원(해당 학생과 생계 또는 주거를 같이 하는 사람으로서 대통령령으로 정하는 사람을 말한다. 이하 같다)의 동의 서면을 제출하여야 한다. 〈개정 2016. 2. 3.〉
 1. 「금융실명거래 및 비밀보장에 관한 법률」 제2조제2호에 따른 금융자산 및 제3호에 따른 금융거래의 내용에 대한 자료 또는 정보 중 예금의 평균잔액과 그 밖에 대통령령으로 정하는 자료 또는 정보(이하 "금융정보"라 한다)
 2. 「신용정보의 이용 및 보호에 관한 법률」 제2조제1호에 따른 신용정보 중 채무액과 그 밖에 대통령령으로 정하는 자료 또는 정보(이하 "신용정보"라 한다)
 3. 「보험업법」 제4조제1항 각 호에 따른 보험에 가입하여 납부한 보험료와 그 밖에 대통령령으로 정하는 보험 관련 자료 또는 정보(이하 "보험정보"라 한다)
③ 제1항에 따른 교육비 지원의 신청 방법·절차 및 제2항에 따른 동의의 방법·절차 등에 필요한 사항은 교육부령으로 정한다. 〈개정 2013. 3. 23.〉
[본조신설 2012. 3. 21.]

제60조의6(금융정보등의 제공) ① 교육부장관 및 교육감은 제60조의4에 따라 교육비를 지원하는 경우에는 지원 대상 학생 및 그 가구원의 재산을 평가하기 위하여 「금융실명거래 및 비밀보장에 관한 법률」 제4조제1항과 「신용정보의 이용 및 보호에 관한 법률」 제32조제2항에도 불구하고 제60조의5제2항에 따라 제출된 해당 학생 및 그 가구원의 동의 서면을 전자적 형태로 바꾼 문서로 금융회사등(「금융실명거래 및 비밀보장에 관한 법률」 제2조제1호에 따른 금융회사등과 「신용정보의 이용 및 보호에 관한 법률」 제2조제6호에 따른 신용정보집중기관을 말한다. 이하 같다)의 장에게 금융정보·신용정보 또는 보험정보(이하 "금융정보등"이라 한다)의 제공을 요청할 수 있다. 〈개정 2013. 3. 23., 2016. 2. 3.〉
② 제1항에 따라 금융정보등의 제공을 요청받은 금융회사 등의 장은 「금융실명거래 및 비밀보장에 관한 법률」 제4조제1항과 「신용정보의 이용 및 보호에 관한 법률」 제32조제1항 및 제3항에도 불구하고 명의인의 금융정보등을 제공하여야 한다.
③ 제2항에 따라 금융정보등을 제공한 금융회사 등의 장은 금융정보등의 제공사실을 명의인에게 통보하여야 한다. 다만, 명의인의 동의가 있는 경우에는 「금융실명거래 및 비밀보장에 관한 법률」 제4조의2제1항과 「신용정보의 이용 및 보호에 관한 법률」 제32조제7항에도 불구하고 통보하지 아니할 수 있다. 〈개정 2015. 3. 11.〉
④ 제1항 및 제2항에 따른 금융정보등의 제공요청 및 제공은 「정보통신망 이용촉진 및 정보보호 등에 관한 법률」 제2조제1항제1호에 따른 정보통신망을 이용하여야 한다. 다만, 정보통신망의 손상 등 불가피한 경우에는 그러하지 아니하다.
⑤ 제1항 및 제2항에 따른 업무에 종사하거나 종사하였던 자와 제62조에 따라 권한 등을 위임 또는 위탁받거나 받았던 자는 업무를 수행하면서 취득한 금융정보등을 이 법에서 정한 목적 외의 다른 용도로 사용하거나 다른 사람 또는 기관에 제공하거나 누설하여서는 아니 된다.
⑥ 제1항, 제2항 및 제4항에 따른 금융정보등의 제공요청 및 제공 등에 필요한 사항은 대통령령으로 정한다.
[본조신설 2012. 3. 21.]

제60조의7(조사·질문) ① 교육부장관 및 교육감은 제60조의5에 따라 교육비 지원을 신청한 사람(이하 "교육비신청자"라 한다) 또는 지원이 확정된 자에게 교육비 지원 대상 자격확인을 위하여 필요한 서류나 그 밖의 소득 및 재산 등에 관한 자료의 제출을 요구할 수 있으며, 지원 대상 자격확인을 위하여 필요한 자료를 확보하기 곤란하거나 제출한 자료가 거짓 등의 자료라고 판단하는 경우 소속 공무원으로 하여금 관계인에게 필요한 질문을 하게 하거나, 교육비신청자 및 지원이 확정된 자의 동의를 받아 주거 또는 그 밖의 필요한 장소에 출입하여 서류 등을 조사하게 할 수 있다. 〈개정 2013. 3. 23., 2016. 2. 3.〉

② 교육부장관 및 교육감은 제1항에 따른 업무를 수행하기 위하여 필요한 국세·지방세, 토지·건물 또는 건강보험·국민연금·고용보험·산업재해보상보험·가족관계증명 등에 관한 자료의 제공을 관계 기관의 장에게 요청할 수 있다. 이 경우 관계 기관의 장은 특별한 사유가 없으면 이에 따라야 한다. 〈개정 2013. 3. 23.〉

③ 제1항에 따라 출입·조사 또는 질문을 하는 사람은 그 권한을 표시하는 증표를 지니고 이를 관계인에게 내보여야 한다.

④ 교육부장관 및 교육감은 교육비신청자 또는 지원이 확정된 자가 제1항에 따른 서류 또는 자료의 제출을 거부하거나 조사 또는 질문을 거부·방해 또는 기피하는 경우에는 제60조의5제1항에 따른 교육비 지원의 신청을 각하하거나 지원결정을 취소·중지 또는 변경할 수 있다. 〈개정 2013. 3. 23.〉

[본조신설 2012. 3. 21.]

제60조의8(교육비 지원 업무의 전자화) ① 교육부장관 및 교육감은 제60조의4에 따른 교육비 지원 업무를 전자적으로 처리하기 위한 정보시스템(이하 "교육비지원정보시스템"이라 한다)을 구축·운영할 수 있다. 〈개정 2013. 3. 23.〉

② 교육부장관 및 교육감은 교육비지원정보시스템을 구축·운영하는 경우 제30조의4제1항에 따른 교육정보시스템을 활용할 수 있다. 〈개정 2013. 3. 23.〉

③ 교육비지원정보시스템은 「사회복지사업법」 제6조의2제2항에 따른 정보시스템과 연계하여 활용할 수 있다.

[본조신설 2012. 3. 21.]

제60조의9(교육비 지원을 위한 자료 등의 수집 등) 교육부장관 및 교육감은 제60조의4에 따른 교육비 지원을 위하여 필요한 자료 또는 정보로서 다음 각 호의 어느 하나에 해당하는 자료 또는 정보를 수집·관리·보유·활용할 수 있다. 〈개정 2013. 3. 23.〉

1. 「전자정부법」 제36조제1항에 따라 행정정보의 공동이용을 통하여 제공받은 자료 또는 정보
2. 그 밖에 이 법에 따른 업무를 수행하는 데에 필요한 자료 또는 정보로서 교육부령으로 정하는 자료 또는 정보

[본조신설 2012. 3. 21.]

제60조의10(비용의 징수) ① 속임수나 그 밖의 부정한 방법으로 제60조의4제1항에 따른 교육비를 지원받거나 학생으로 하여금 지원받게 한 경우에는 교육부장관 또는 교육감은 그 교육비의 전부 또는 일부를 교육비를 지원받은 자 또는 지원받게 한 자로부터 징수할 수 있다.

② 제1항에 따라 징수할 금액은 교육비를 지원받은 자 또는 지원받게 한 자에게 통지하여 징수하고, 교육비를 지원받은 자 또는 지원받게 한 자가 이에 따르지 아니하는 경우 국세 또는 지방세 체납처분의 예에 따라 징수한다. 〈개정 2021. 3. 23.〉

[본조신설 2016. 12. 20.]

제60조의11(통학 지원) ① 교육감은 학생이 안전하고 편리하게 통학할 수 있도록 필요한 지원을 할 수 있다.

② 제1항에 따른 통학 지원에 필요한 사항은 해당 시·도의 조례로 정한다.

[본조신설 2020. 3. 24.]

제5장 보칙 및 벌칙 〈개정 2012. 3. 21.〉

제61조(학교 및 교육과정 운영의 특례) ① 학교교육제도를 포함한 교육제도의 개선과 발전을 위하여 특히 필요하다고 인정되는 경우에는 대통령령으로 정하는 바에 따라 제21조제1항·제24조제1항·제26조제1항·제29조제1항·제31조·제39조·제42조 및 제46조를 한시적으로 적용하지 아니하는 학교 또는 교육과정을 운영할 수 있다.

② 제1항에 따라 운영되는 학교 또는 교육과정에 참여하는 교원과 학생 등은 이로 인하여 불이익을 받지 아니한다.

[전문개정 2012. 3. 21.]

제62조(권한의 위임) ① 이 법에 따른 교육부장관의 권한은 그 일부를 대통령령으로 정하는 바에 따라 교육감에게 위임하거나 국립대학법인 서울대학교 및 국립대학법인 인천대학교에 위탁할 수 있다. 〈개정 2012. 3. 21., 2013. 3. 23.〉

② 이 법에 따른 교육부장관의 권한 중 국립학교의 설립·운영에 관한 권한은 대통령령으로 정하는 바에 따라 관계 중앙행정기관의 장에게 위임할 수 있다. 〈개정 2013. 3. 23.〉

③ 이 법에 따른 교육부장관 및 교육감의 업무 중 제60조의5부터 제60조의7까지에 따른 교육지원 업무는 대통령령으로 정하는 바에 따라 그 일부를 보건복지부장관 또는 지방자치단체의 장에게 위임할 수 있다. 〈개정 2013. 3. 23.〉

[전문개정 2012. 3. 21.]

제63조(시정 또는 변경 명령 등) ① 관할청은 학교가 시설·설비·수업·학사(學事) 및 그 밖의 사항에 관하여 교육 관계 법령 또는 이에 따른 명령이나 학칙을 위반한 경우에는 학교의 설립자·경영자 또는 학교의 장에게 기간을 정하여 그 시정이나 변경을 명할 수 있다.

② 관할청은 학교의 위반행위가 중대하고 명백한 경우로서 범죄의 혐의가 있다고 인정되는 경우 학교의 설립자·경영자 또는 학교의 장을 고발하여야 한다. 〈신설 2021. 9. 24.〉

③ 관할청은 제1항에 따른 시정명령이나 변경명령을 받은 자가 정당한 사유 없이 지정된 기간에 이를 이행하지 아니하면 대통령령

으로 정하는 바에 따라 그 위반행위의 취소 또는 정지, 해당 학교의 학생정원의 감축, 학급 또는 학과의 감축·폐지 또는 학생의 모집 정지 등의 조치를 할 수 있다. 〈개정 2021. 9. 24.〉
④ 관할청은 위반행위가 이미 종료되는 등 위반행위의 성질상 시정·변경할 수 없는 것이 명백한 경우에는 제1항에 따른 시정 또는 변경 명령을 하지 아니하고 제3항에 따른 조치를 할 수 있다. 〈신설 2021. 9. 24.〉
⑤ 제1항부터 제3항까지에도 불구하고 관할청은 외국인학교가 허위, 거짓 등 부정한 방법으로 제60조의2제1항을 위반하여 이 법에서 정한 사람 이외의 사람을 입학시킨 경우 그 위반횟수에 따라 제1항에 따른 시정·변경 명령 또는 내국인학생 모집정지를 할 수 있다. 이 경우 위반횟수에 따른 행정처분의 기준은 대통령령으로 정한다. 〈신설 2016. 1. 27., 2021. 9. 24.〉
[전문개정 2012. 3. 21.]
[제목개정 2021. 9. 24.]

제64조(휴업명령 및 휴교처분) ① 관할청은 재해 등의 긴급한 사유로 정상수업이 불가능하다고 인정하는 경우에는 학교의 장에게 휴업을 명할 수 있다.
② 제1항에 따른 명령을 받은 학교의 장은 지체 없이 휴업을 하여야 한다.
③ 관할청은 학교의 장이 제1항에 따른 명령에도 불구하고 휴업을 하지 아니하거나 특별히 긴급한 사유가 있는 경우에는 휴교처분을 할 수 있다.
④ 제2항에 따라 휴업한 학교는 휴업기간 중 수업과 학생의 등교가 정지되며, 제3항에 따라 휴교한 학교는 휴교기간 중 단순한 관리 업무 외에는 학교의 모든 기능이 정지된다.
[전문개정 2012. 3. 21.]

제65조(학교 등의 폐쇄) ① 관할청은 학교가 다음 각 호의 어느 하나에 해당하여 정상적인 학사운영이 불가능한 경우에는 학교의 폐쇄를 명할 수 있다.
　1. 학교의 장 또는 설립자·경영자가 고의 또는 중과실로 이 법 또는 이 법에 따른 명령을 위반한 경우
　2. 학교의 장 또는 설립자·경영자가 이 법 또는 그 밖의 교육 관계 법령에 따른 관할청의 명령을 여러 번 위반한 경우
　3. 휴업 및 휴교 기간을 제외하고 계속하여 3개월 이상 수업을 하지 아니한 경우
② 관할청은 제4조제2항에 따른 학교설립인가 또는 제50조에 따른 분교설치인가를 받지 아니하고 학교의 명칭을 사용하거나 학생을 모집하여 시설을 사실상 학교의 형태로 운영하는 자에게 그가 설치·운영하는 시설의 폐쇄를 명할 수 있다.
[전문개정 2012. 3. 21.]

제66조(청문) ① 교육부장관은 제21조의5제1항에 따라 자격을 취소하려면 청문을 하여야 한다. 〈신설 2020. 12. 22.〉
② 관할청은 제65조에 따라 학교 또는 시설의 폐쇄를 명하려는 경우에는 청문을 하여야 한다. 〈개정 2020. 12. 22.〉
[전문개정 2012. 3. 21.]

제67조(벌칙) ① 제60조의6제5항을 위반하여 금융정보등을 이 법에서 정한 목적 외의 다른 용도로 사용하거나 다른 사람 또는 기관에 제공하거나 누설한 자는 5년 이하의 징역 또는 5천만원 이하의 벌금에 처한다. 〈개정 2016. 5. 29.〉
② 다음 각 호의 어느 하나에 해당하는 자는 3년 이하의 징역 또는 3천만원 이하의 벌금에 처한다. 〈개정 2016. 5. 29.〉
　1. 제4조제2항에 따른 학교설립인가 또는 제50조에 따른 분교설치인가를 받지 아니하고 학교의 명칭을 사용하거나 학생을 모집하여 시설을 사실상 학교의 형태로 운영한 자
　2. 제4조제3항을 위반하여 폐교인가나 변경인가를 받지 아니한 자
　3. 거짓이나 그 밖의 부정한 방법으로 제4조제2항 또는 제4조제3항에 따른 학교의 설립인가·폐교인가 또는 변경인가를 받거나 제50조에 따른 분교설치인가를 받은 자
　4. 제30조의6제1항 또는 제3항을 위반하여 동의권자의 동의 없이 제3자에게 학생 관련 자료를 제공하거나 제공받은 자료를 그 본래의 목적 외의 용도로 이용한 자
③ 다음 각 호의 어느 하나에 해당하는 자는 1년 이하의 징역 또는 1천만원 이하의 벌금에 처한다. 〈개정 2016. 5. 29., 2020. 12. 22.〉
　1. 제21조의4를 위반하여 자격증을 다른 사람에게 빌려주거나 빌린 사람 또는 이를 알선한 사람
　2. 제63조제1항에 따른 시정 또는 변경 명령을 위반한 자
　3. 제65조제1항에 따른 폐쇄명령을 위반한 자
④ 속임수나 그 밖의 부정한 방법으로 제60조의4제1항에 따른 교육비를 지원받거나 학생으로 하여금 지원받게 한 자는 1년 이하의 징역, 1천만원 이하의 벌금, 구류 또는 과료에 처한다. 〈신설 2016. 12. 20.〉
[전문개정 2012. 3. 21.]

제68조(과태료) ① 다음 각 호의 어느 하나에 해당하는 자에게는 100만원 이하의 과태료를 부과한다.
　1. 제13조제4항에 따른 취학 의무의 이행을 독려받고도 취학 의무를 이행하지 아니한 자
　2. 제15조를 위반하여 의무교육대상자의 의무교육을 방해한 자
　3. 제53조를 위반하여 학생을 입학시키지 아니하거나 등교와 수업에 지장을 주는 행위를 한 자
② 제1항에 따른 과태료는 대통령령으로 정하는 바에 따라 해당 교육감이 부과·징수한다.
[전문개정 2012. 3. 21.]

부칙 〈제19740호, 2023. 10. 24.〉

이 법은 공포 후 6개월이 경과한 날부터 시행한다.

평생교육법

평생교육법
[시행 2024. 5. 17.] [법률 제19588호, 2023. 8. 8., 타법개정]

제1장 총칙

제1조(목적) 이 법은 「헌법」과 「교육기본법」에 규정된 평생교육의 진흥에 대한 국가 및 지방자치단체의 책임과 평생교육제도와 그 운영에 관한 기본적인 사항을 정하고, 모든 국민이 평생에 걸쳐 학습하고 교육받을 수 있는 권리를 보장함으로써 모든 국민의 삶의 질 향상 및 행복 추구에 이바지함을 목적으로 한다. 〈개정 2021. 6. 8.〉

제2조(정의) 이 법에서 사용하는 용어의 정의는 다음과 같다. 〈개정 2014. 1. 28., 2021. 6. 8., 2023. 4. 18., 2023. 6. 13.〉

1. "평생교육"이란 학교의 정규교육과정을 제외한 학력보완교육, 성인 문해교육, 직업능력 향상교육, 성인 진로개발역량 향상교육, 인문교양교육, 문화예술교육, 시민참여교육 등을 포함하는 모든 형태의 조직적인 교육활동을 말한다.
2. "평생교육기관"이란 다음 각 목의 어느 하나에 해당하는 시설·법인 또는 단체를 말한다.
   가. 이 법에 따라 인가·등록·신고된 시설·법인 또는 단체
   나. 「학원의 설립·운영 및 과외교습에 관한 법률」에 따른 학원 중 학교교과교습학원을 제외한 평생직업교육을 실시하는 학원
   다. 그 밖에 다른 법령에 따라 평생교육을 주된 목적으로 하는 시설·법인 또는 단체
3. "문해교육"이란 일상생활을 영위하는데 필요한 문자해득(文字解得)능력을 포함한 사회적·문화적으로 요청되는 기초생활능력 등을 갖출 수 있도록 하는 조직화된 교육프로그램을 말한다.
4. "평생교육사업"이란 국가 및 지방자치단체가 국민과 주민의 평생교육을 위하여 예산 또는 기금으로 조직적인 교육활동을 직·간접적으로 지원하는 사업을 말한다.
5. "평생교육이용권"이란 평생교육프로그램을 이용할 수 있도록 금액이 기재(전자적 또는 자기적 방법에 따른 기록을 포함한다)된 증표를 말한다.
6. "성인 진로개발역량 향상교육"(이하 "성인 진로교육"이라 한다)이란 성인이 자신에게 적합한 직업을 찾고 진로를 인식·탐색·준비·결정 및 관리할 수 있도록 진로수업·진로심리검사·진로상담·진로정보·진로체험 및 취업지원 등을 제공하는 활동을 말한다.

제3조(다른 법률과의 관계) ① 평생교육에 관하여 다른 법률에 특별한 규정이 있는 경우를 제외하고는 이 법을 적용한다.
② 평생교육에 관한 법률을 제정하거나 개정할 때에는 이 법의 목적 및 이념에 부합되도록 하여야 한다.
[전문개정 2023. 4. 18.]

제4조(평생교육의 이념) ① 모든 국민은 평생교육의 기회를 균등하게 보장받는다.
② 평생교육은 학습자의 자유로운 참여와 자발적인 학습을 기초로 이루어져야 한다.
③ 평생교육은 정치적·개인적 편견의 선전을 위한 방편으로 이용되어서는 아니 된다.
④ 일정한 평생교육과정을 이수한 자에게는 그에 상응하는 자격 및 학력인정 등 사회적 대우를 부여하여야 한다.

제5조(국가 및 지방자치단체의 임무) ① 국가 및 지방자치단체는 모든 국민에게 평생교육 기회가 부여될 수 있도록 평생교육진흥정책과 평생교육사업을 수립·추진하여야 한다. 〈개정 2021. 6. 8.〉
② 국가와 지방자치단체는 장애인이 평생교육의 기회를 부여받을 수 있도록 장애인 평생교육에 대한 정책을 수립·시행하여야 한다. 〈신설 2016. 5. 29.〉
③ 국가와 지방자치단체는 장애인 평생교육을 체계적이고 지속적으로 실시하기 위하여 유기적인 협조체제를 구축하여야 한다. 〈신설 2019. 4. 23.〉
④ 국가 및 지방자치단체는 그 소관에 속하는 단체·시설·사업장 등의 설치자에 대하여 평생교육의 실시를 적극 권장하여야 한다. 〈개정 2016. 5. 29., 2019. 4. 23.〉
⑤ 국가 및 지방자치단체는 모든 국민이 여건과 수요에 적합한 평생교육을 선택하고 참여할 수 있도록 관련 정보를 제공하고 상담 등 지원 활동을 하여야 한다. 〈신설 2021. 6. 8.〉

제6조(교육과정 등) 평생교육의 교육과정·방법·시간 등에 관하여 이 법과 다른 법령에 특별한 규정이 있는 경우를 제외하고는 평생교육을 실시하는 자가 정하되, 학습자의 필요와 실용성을 존중하여야 한다.

제7조(공공시설의 이용) ① 평생교육을 실시하는 자는 평생교육을 위하여 공공시설을 그 본래의 용도에 지장이 없는 범위 안에서 관련 법령으로 정하는 바에 따라 이용할 수 있다.
② 제1항의 경우 공공시설의 관리자는 특별한 사유가 없으면 그 이용을 허용하여야 한다. 〈개정 2021. 3. 23.〉

제8조(학습휴가 및 학습비 지원) 국가·지방자치단체와 공공기관의 장 또는 각종 사업의 경영자는 소속 직원의 평생학습기회를 확대하기 위하여 유급 또는 무급의 학습휴가를 실시하거나 도서비·교육비·연구비 등 학습비를 지원할 수 있다.

제2장 평생교육진흥기본계획 등

제9조(평생교육진흥기본계획의 수립) ① 교육부장관은 5년마다 평생교육진흥기본계획(이하 "기본계획"이라 한다)을 수립하여야 한다. 〈개정 2008. 2. 29., 2013. 3. 23.〉
② 기본계획에는 다음 각 호의 사항이 포함되어야 한다. 〈개정 2016. 5. 29.〉
1. 평생교육진흥의 중·장기 정책목표 및 기본방향에 관한 사항
2. 평생교육의 기반구축 및 활성화에 관한 사항
3. 평생교육진흥을 위한 투자확대 및 소요재원에 관한 사항
4. 평생교육진흥정책에 대한 분석 및 평가에 관한 사항
5. 장애인의 평생교육진흥에 관한 사항
6. 장애인평생교육진흥정책의 평가 및 제도개선에 관한 사항
7. 그 밖에 평생교육진흥을 위하여 필요한 사항

③ 교육부장관은 기본계획을 관계 중앙행정기관의 장, 특별시장·광역시장·특별자치시장·도지사·특별자치도지사(이하 "시·도지사"라 한다), 시·도교육감 및 시장·군수·자치구의 구청장에게 통보하여야 한다. 〈개정 2008. 2. 29., 2013. 3. 23., 2021. 6. 8.〉

제9조의2(평생교육사업에 대한 조사·분석 등) ① 교육부장관은 매년 국가 및 지방자치단체에서 추진하는 평생교육사업에 대한 조사·분석(이하 "분석등"이라 한다)을 하여야 한다.
② 교육부장관은 평생교육사업의 분석등을 하기 위하여 관계 중앙행정기관, 지방자치단체, 관련 교육·훈련기관 및 평생교육사업에 참여하는 법인이나 단체에 필요한 자료의 제출을 요구할 수 있다. 이 경우 자료 제출을 요구받은 기관·법인 또는 단체는 특별한 사유가 없으면 이에 따라야 한다.
③ 교육부장관은 제1항에 따른 분석등의 결과를 관계 중앙행정기관의 장과 지방자치단체의 장에게 통보하고, 제10조의 평생교육진흥위원회에 제출하여야 한다.
[본조신설 2021. 6. 8.]

제10조(평생교육진흥위원회의 설치) ① 평생교육진흥정책에 관한 주요 사항을 심의하기 위하여 교육부장관 소속으로 평생교육진흥위원회(이하 "진흥위원회"라 한다)를 둔다. 〈개정 2008. 2. 29., 2013. 3. 23.〉
② 진흥위원회는 다음 각 호의 사항을 심의한다. 〈개정 2023. 4. 18.〉
1. 기본계획에 관한 사항
2. 제11조제2항에 따른 추진실적 평가에 관한 사항
3. 평생교육진흥정책의 평가 및 제도개선에 관한 사항
4. 평생교육지원 업무의 협력과 조정에 관한 사항
5. 그 밖에 평생교육진흥정책을 위하여 대통령령으로 정하는 사항

③ 진흥위원회는 위원장을 포함하여 20인 이내의 위원으로 구성한다.
④ 진흥위원회의 위원장은 교육부장관으로 하고, 위원은 평생교육과 관련된 관계 부처 차관, 평생교육·장애인교육과 관련된 전문가 등 평생교육에 관한 전문지식 및 경험이 풍부한 사람 중에서 위원장이 위촉한다. 〈개정 2008. 2. 29., 2013. 3. 23., 2016. 5. 29., 2021. 3. 23.〉
⑤ 진흥위원회의 구성·운영에 필요한 사항은 대통령령으로 정한다.

제11조(연도별 평생교육진흥시행계획의 수립·시행) ① 관계 중앙행정기관의 장 및 시·도지사는 기본계획에 따라 연도별 평생교육진흥시행계획(이하 "시행계획"이라 한다)을 수립·시행하여야 한다. 이 경우 시·도지사는 시·도교육감과 협의하여야 한다. 〈개정 2023. 4. 18.〉
② 관계 중앙행정기관의 장 및 시·도지사는 제1항에 따른 시행계획 및 그 추진실적을 대통령령으로 정하는 바에 따라 매년 교육부장관에게 제출하고, 교육부장관은 진흥위원회의 심의를 거쳐 매년 제출된 추진실적을 평가하여야 한다. 〈신설 2023. 4. 18.〉
③ 교육부장관은 제2항에 따른 평가 결과를 관계 중앙행정기관의 장 및 시·도지사에게 통보하여야 한다. 〈신설 2023. 4. 18.〉
④ 시행계획의 수립·시행 및 그 추진실적의 평가 등에 필요한 사항은 대통령령으로 정한다. 〈신설 2023. 4. 18.〉

제12조(시·도평생교육협의회) ① 시행계획의 수립·시행에 필요한 사항을 심의하기 위하여 시·도지사 소속으로 시·도평생교육협의회(이하 "시·도협의회"라 한다)를 둔다.
② 시·도협의회는 의장·부의장을 포함하여 20인 이내의 위원으로 구성한다.
③ 시·도협의회의 의장은 시·도지사로 하고, 부의장은 시·도의 부교육감으로 한다.
④ 시·도협의회 위원은 관계 공무원, 평생교육과 관련된 전문가, 장애인 평생교육 전문가, 평생교육 관계 기관의 운영자 등 평생교육에 관한 전문지식 및 경험이 풍부한 사람 중에서 해당 시·도의 교육감과 협의하여 의장이 위촉한다. 〈개정 2016. 5. 29., 2021. 3. 23.〉
⑤ 시·도협의회의 구성·운영에 필요한 사항은 해당 지방자치단체의 조례로 정한다.

제13조(관계 행정기관의 장 등의 협조) ① 교육부장관은 기본계획을 수립하기 위하여 필요하다고 인정하는 때에는 관계 행정기관이나 그 밖의 기관 또는 단체의 장에게 관련 자료를 요청할 수 있다. 〈개정 2008. 2. 29., 2013. 3. 23.〉
② 시·도지사는 시행계획을 수립하기 위하여 필요하다고 인정하는 때에는 관계 행정기관이나 그 밖의 기관 또는 단체의 장에게 관련 자료를 요청할 수 있다.
③ 제1항 및 제2항에 따라 자료를 요청 받은 기관 또는 단체의 장은 특별한 사정이 없으면 협조하여야 한다. 〈개정 2021. 3. 23.〉

제14조(시·군·자치구평생교육협의회) ① 시·군 및 자치구에는 지역주민을 위한 평생교육의 실시와 관련되는 사업간 조정 및 유관기관간 협력 증진을 위하여 시·군·자치구평생교육협의회(이하 "시·군·구협의회"라 한다)를 둔다.
② 시·군·구협의회는 의장 1인과 부의장 1인을 포함하여 12인 이내의 위원으로 구성한다.

③ 시·군·구협의회의 의장은 시장·군수 또는 자치구의 구청장으로 하고, 위원은 시·군·자치구 및 지역교육청의 관계 공무원, 평생교육 전문가, 장애인 평생교육 관계자, 관할 지역 내 평생교육 관계 기관의 운영자 중에서 의장이 위촉한다. 〈개정 2016. 5. 29.〉

④ 시·군·구협의회의 구성·운영 등에 필요한 사항은 지방자치단체의 조례로 정한다.

제15조(평생학습도시) ① 국가는 지역사회의 평생교육 활성화를 위하여 특별자치시, 시(「제주특별자치도 설치 및 국제자유도시 조성을 위한 특별법」 제10조제2항에 따른 행정시를 포함한다. 이하 이 조 및 제15조의2에서 같다)·군 및 자치구를 대상으로 평생학습도시를 지정 및 지원할 수 있다. 이 경우 이미 지정된 평생학습도시에 대하여 평가를 거쳐 재지정 여부를 결정할 수 있다. 〈개정 2021. 6. 8., 2023. 4. 18.〉

② 제1항에 따른 평생학습도시 간의 연계·협력 및 정보교류의 증진을 위하여 전국평생학습도시협의회를 둘 수 있다.

③ 제2항에 따른 전국평생학습도시협의회의 구성·운영에 필요한 사항은 대통령령으로 정한다.

④ 제1항에 따른 평생학습도시의 지정, 지원 및 평가 등에 필요한 사항은 교육부장관이 정한다. 〈개정 2008. 2. 29., 2013. 3. 23., 2023. 4. 18.〉

제15조의2(장애인 평생학습도시) ① 국가는 장애인의 평생교육 활성화를 위하여 특별자치시, 시·군 및 자치구를 대상으로 장애인 평생학습도시를 지정 및 지원할 수 있다.

② 제1항에 따른 장애인 평생학습도시 간의 연계·협력 및 정보교류의 증진을 위하여 전국장애인평생학습도시협의회를 둘 수 있다.

③ 제2항에 따른 전국장애인평생학습도시협의회의 구성·운영에 필요한 사항은 대통령령으로 정한다.

④ 제1항에 따른 장애인 평생학습도시의 지정 및 지원에 필요한 사항은 교육부장관이 정한다.

⑤ 국가는 장애인 평생학습도시의 활성화를 위하여 관계 중앙행정기관 및 유관기관 등이 참여하는 협의체를 구성·운영할 수 있으며, 협의체의 구성 및 운영에 필요한 사항은 대통령령으로 정한다.

[본조신설 2021. 6. 8.]

제16조(경비보조 및 지원) ① 국가 및 지방자치단체는 이 법과 다른 법령으로 정하는 바에 따라 다음 각 호의 어느 하나에 해당하는 평생교육진흥사업을 실시 또는 지원할 수 있다. 〈개정 2021. 6. 8., 2023. 4. 18.〉

1. 평생교육기관의 설치·운영
2. 제24조에 따른 평생교육사의 양성 및 배치
3. 평생교육프로그램의 개발(온라인 기반의 평생교육프로그램의 개발을 포함한다)
4. 「초·중등교육법」 및 「고등교육법」에 따른 각급학교의 장의 평생교육과정의 운영
5. 제16조의2에 따른 평생교육이용권의 발급 등 국민의 평생교육의 참여에 따른 비용의 지원
6. 그 밖에 국민의 평생교육 참여를 촉진하기 위하여 수행하는 사업 등

② 지방자치단체의 장은 해당 지방자치단체의 조례로 정하는 바에 따라 주민을 위한 평생교육진흥사업을 실시하거나 지원할 수 있다. 이 경우 교육감 또는 지역교육장과 협의하여야 한다.

제16조의2(평생교육이용권의 발급 등) ① 국가 및 지방자치단체는 모든 국민에게 평생교육의 기회를 제공할 수 있도록 신청을 받아 평생교육이용권을 발급할 수 있다.

② 교육부장관은 평생교육소외계층에게 우선적으로 평생교육이용권을 발급할 수 있도록 대통령령으로 신청자의 요건을 정할 수 있다.

③ 국가 및 지방자치단체는 평생교육이용권의 수급자 선정 및 수급자격 유지에 관한 사항을 확인하기 위하여 가족관계 증명·국세 및 지방세 등에 관한 자료 등 대통령령으로 정하는 자료의 제공을 당사자의 동의를 받아 관계 중앙행정기관의 장 또는 지방자치단체의 장에게 요청할 수 있다. 이 경우 요청을 받은 자는 특별한 사유가 없으면 이에 따라야 한다.

④ 국가 및 지방자치단체는 제3항에 따른 자료의 확인을 위하여 「사회보장기본법」 제37조에 따른 사회보장정보시스템을 연계하여 사용할 수 있다.

⑤ 지방자치단체는 평생교육이용권의 발급, 정보시스템의 구축·운영 등 평생교육이용권 업무의 효율적 수행을 위하여 대통령령으로 정하는 바에 따라 전담기관을 지정할 수 있다.

⑥ 그 밖에 평생교육이용권 발급에 필요한 사항은 대통령령으로 정한다.

[본조신설 2021. 6. 8.]

제16조의3(평생교육이용권의 사용 등) ① 평생교육이용권을 발급받은 사람(이하 이 조에서 "이용자"라 한다)은 평생교육프로그램을 제공하는 자에게 평생교육이용권을 제시하고 평생교육을 제공받을 수 있다.

② 제1항에 따라 평생교육이용권을 제시받은 자는 정당한 사유 없이 평생교육프로그램의 제공을 거부할 수 없다.

③ 누구든지 평생교육이용권을 판매·대여하거나 부정한 방법으로 사용하여서는 아니 된다.

④ 국가 및 지방자치단체는 이용자가 평생교육이용권을 판매·대여하거나 부정한 방법으로 사용한 경우에는 그 평생교육이용권을 회수하거나 평생교육이용권 기재금액에 상당하는 금액의 전부 또는 일부를 환수할 수 있다.

⑤ 그 밖에 평생교육이용권의 사용, 회수 및 환수 등에 필요한 사항은 대통령령으로 정한다.

[본조신설 2021. 6. 8.]

제17조(지도 및 지원) ① 국가 및 지방자치단체는 평생교육기관의 요청이 있는 때에는 그 기관의 평생교육활동을 지도 또는 지원할 수 있다.

② 국가 및 지방자치단체는 평생교육기관의 요청이 있는 때에는

그 기관에서 평생교육활동에 종사하는 사람의 능력향상에 필요한 연수를 실시할 수 있다. 〈개정 2021. 3. 23.〉

제18조(평생교육 통계조사 등) ① 교육부장관 및 시·도지사는 평생교육의 실시 및 지원에 관한 현황 등 기초자료를 조사하고 이와 관련된 통계를 공개하여야 한다. 〈개정 2008. 2. 29., 2013. 3. 23.〉
② 평생교육과 관련된 업무 담당자 및 평생교육기관 운영자 등은 제1항의 조사에 협조하여야 한다.
③ 교육부장관은 평생교육 통계조사의 정확성 제고 및 조사업무 경감을 위하여 관련 자료를 보유한 중앙행정기관의 장, 지방자치단체의 장 및 「공공기관의 운영에 관한 법률」에 따른 공공기관의 장 등 관계 기관의 장(이하 "관계 행정기관등의 장"이라 한다)에게 자료 간 연계를 요청할 수 있다. 이 경우 자료 간 연계를 요청받은 관계 행정기관등의 장은 특별한 사유가 없으면 이에 따라야 한다. 〈신설 2021. 6. 8.〉
④ 교육부장관은 평생교육 통계조사에 의하여 수집된 자료를 이용하고자 하는 자에게 이를 제공할 수 있다. 이 경우 특정의 개인이나 법인 또는 단체를 식별할 수 없는 형태로 자료를 제공하여야 한다. 〈신설 2021. 6. 8.〉
⑤ 교육부장관은 평생교육 통계조사 등의 업무를 위하여 대통령령으로 정하는 바에 따라 국가평생교육통계센터를 지정하여 그 업무를 위탁할 수 있다. 이 경우 교육부장관은 위탁받은 업무 수행에 필요한 경비를 지원할 수 있다. 〈신설 2021. 6. 8.〉

제18조의2(평생교육 종합정보시스템의 구축·운영 등) ① 교육부장관은 평생교육 관련 정보를 체계적·효율적으로 관리하고 국민의 평생교육 참여 확대를 위하여 평생교육 종합정보시스템을 구축·운영할 수 있다.
② 교육부장관은 평생교육 종합정보시스템의 구축·운영을 위하여 필요한 경우에는 관계 행정기관등의 장에게 필요한 자료의 제공을 요청할 수 있다. 이 경우 자료의 제공을 요청받은 관계 행정기관등의 장은 특별한 사유가 없으면 이에 따라야 한다.
③ 제1항 및 제2항에 따른 정보의 범위와 내용, 평생교육종합정보시스템의 구축·운영에 필요한 사항은 대통령령으로 정한다.
[본조신설 2021. 6. 8.]

제3장 국가평생교육진흥원 등 〈개정 2013. 12. 30.〉

제19조(국가평생교육진흥원) ① 국가는 평생교육진흥과 관련된 업무를 지원하기 위하여 국가평생교육진흥원(이하 "진흥원"이라 한다)을 설립한다. 〈개정 2013. 12. 30.〉
② 진흥원은 법인으로 한다.
③ 진흥원은 주된 사무소의 소재지에서 설립등기를 함으로써 성립한다.
④ 진흥원은 다음 각 호의 업무를 수행한다. 〈개정 2013. 5. 22., 2016. 2. 3., 2023. 4. 18.〉
  1. 평생교육진흥을 위한 지원 및 조사 업무
  2. 진흥위원회가 심의하는 기본계획 수립의 지원
  2의2. 평생교육진흥정책의 개발·발전을 위하여 필요한 연구
  3. 평생교육프로그램 개발(온라인 기반의 평생교육프로그램의 개발을 포함한다)의 지원
  4. 제24조에 따른 평생교육사를 포함한 평생교육 종사자의 양성·연수
  5. 국내외 평생교육기관·단체 간 연계 및 협력체제의 구축
  6. 제20조에 따른 시·도평생교육진흥원에 대한 지원 및 시·도평생교육진흥원과의 협력
  7. 삭제 〈2021. 6. 8.〉
  8. 「학점인정 등에 관한 법률」 및 「독학에 의한 학위취득에 관한 법률」에 따른 학점 또는 학력인정에 관한 사항
  9. 제23조에 따른 학습계좌의 통합 관리·운영
  10. 문해교육의 관리·운영에 관한 사항
  11. 정보화 및 온라인 기반 관련 평생교육의 관리·운영에 관한 사항
  12. 이 법 또는 다른 법령에 따라 위탁받은 업무
  13. 그 밖에 진흥원의 목적수행을 위하여 필요한 사업
⑤ 진흥원의 정관에는 다음 각 호의 사항을 기재하여야 한다.
  1. 목적
  2. 명칭
  3. 주된 사무소의 소재지
  4. 사업에 관한 사항
  5. 임원 및 직원에 관한 주요 사항
  6. 이사회에 관한 사항
  7. 재산 및 회계에 관한 사항
  8. 정관의 변경에 관한 사항
⑥ 제5항에 따른 정관의 내용을 변경하고자 하는 때에는 교육부장관의 인가를 받아야 한다. 〈개정 2008. 2. 29., 2013. 3. 23.〉
⑦ 국가는 예산의 범위 내에서 진흥원의 설립·운영에 필요한 경비를 출연할 수 있다.
⑧ 진흥원에 관하여 이 법에서 정하는 것을 제외하고는 「민법」 중 재단법인에 관한 규정을 준용한다.
[제목개정 2013. 12. 30.]

제19조의2(국가장애인평생교육진흥센터) ① 국가는 장애인의 평생교육진흥과 관련된 업무를 지원하기 위하여 국가장애인평생교육진흥센터(이하 "장애인평생교육진흥센터"라 한다)를 둔다.
② 장애인평생교육진흥센터는 다음 각 호의 업무를 수행한다. 〈개정 2019. 4. 23.〉
  1. 장애인 평생교육진흥을 위한 지원 및 조사 업무
  2. 진흥위원회가 심의하는 기본계획에 관한 사항 중 장애인 평생교육진흥에 관한 사항
  3. 장애 유형별 평생교육프로그램 개발의 지원
  4. 장애인 평생교육 종사자의 양성·교육 및 연수와 공무원의 장애인 의사소통 교육

5. 장애인 평생교육기관 간의 연계체제 구축
   6. 발달장애인의 평생교육과정의 개발
   7. 발달장애인의 의사소통 도구의 개발과 보급
   8. 장애인 평생교육프로그램을 운영하는 각급학교와 평생교육기관 양성을 위한 지원
   9. 장애 유형별 평생교육 교재·교구의 개발과 보급
   10. 그 밖에 장애인평생교육진흥센터의 목적수행을 위하여 필요한 사업
③ 장애인평생교육진흥센터의 설립·운영에 필요한 사항은 대통령령으로 정한다.
[본조신설 2016. 5. 29.]

제19조의3(장애인 평생교육 종사자에 대한 인권교육) ① 장애인 평생교육 종사자는 장애인 인권에 관한 교육을 받아야 한다.
② 제1항에 따른 장애인 인권에 관한 교육은 교육부령으로 정하는 인권교육을 실시하는 기관, 시설, 법인 및 단체가 실시한다.
③ 그 밖에 교육의 내용, 방법 등에 필요한 사항은 대통령령으로 정한다.
[본조신설 2019. 4. 23.]

제20조(시·도평생교육진흥원의 운영 등) ① 시·도지사는 대통령령으로 정하는 바에 따라 시·도평생교육진흥원을 설치 또는 지정·운영하여야 한다. 〈개정 2023. 4. 18.〉
② 시·도평생교육진흥원은 다음 각 호의 업무를 수행한다. 〈개정 2019. 4. 23., 2021. 6. 8., 2023. 4. 18.〉
   1. 해당 지역의 평생교육기회 및 정보의 제공
   2. 평생교육 상담 및 컨설팅 지원
   3. 평생교육프로그램 운영 및 지원
   3의2. 장애인 대상 평생교육프로그램 운영 및 지원
   4. 해당 지역의 평생교육기관간 연계체제 구축
   5. 국가 및 시·군·구 간 협력·연계
   6. 해당 지역의 평생교육 진흥을 위한 조사·연구
   7. 시행계획 수립의 지원
   8. 평생교육 관계자의 역량강화 지원
   9. 그 밖에 평생교육진흥을 위하여 시·도지사가 필요하다고 인정하는 사항
③ 제1항에 따른 시·도평생교육진흥원 간의 연계·정보교류 및 사업의 공동 추진을 위하여 전국시·도평생교육진흥원협의회를 둘 수 있다. 〈신설 2023. 4. 18.〉
④ 제3항에 따른 전국시·도평생교육진흥원협의회의 구성·운영에 필요한 사항은 대통령령으로 정한다. 〈신설 2023. 4. 18.〉
[제목개정 2023. 4. 18.]

제20조의2(장애인평생교육시설 등의 설치) ① 국가·지방자치단체 및 시·도교육감은 관할 구역 안의 장애인을 대상으로 평생교육프로그램 운영과 평생교육 기회를 제공하기 위하여 장애인평생교육시설을 설치 또는 지정·운영할 수 있다. 이 경우 대통령령으로 정하는 바에 따라 청각장애 등 장애 유형별 맞춤형 평생교육프로그램을 운영하여야 한다. 〈개정 2023. 4. 18.〉
② 국가·지방자치단체 및 시·도교육감 외의 자가 제1항에 따른 장애인평생교육시설을 설치하고자 하는 때에는 대통령령으로 정하는 시설과 설비를 갖추어 교육감에게 등록하여야 한다.
③ 제2항에 따라 장애인평생교육시설을 등록한 자가 그 시설을 폐쇄하고자 하는 때에는 대통령령으로 정하는 사항을 갖추어 교육감에게 신고하여야 한다. 〈신설 2023. 4. 18.〉
④ 국가 및 지방자치단체는 장애인평생교육시설의 운영에 필요한 경비를 예산의 범위에서 지원할 수 있다. 〈개정 2023. 4. 18.〉
[본조신설 2016. 5. 29.]

제20조의3(노인평생교육시설 설치 등) ① 국가·지방자치단체 및 시·도교육감은 관할 구역 안의 노인을 대상으로 평생교육프로그램 운영과 평생교육 기회를 제공하기 위하여 노인평생교육시설을 설치 또는 지정·운영할 수 있다.
② 평생교육기관은 노인의 평생교육 기회의 확대를 위하여 별도의 노인 평생교육과정을 설치·운영할 수 있다.
③ 지방자치단체는 노인평생교육시설의 운영에 필요한 경비를 예산의 범위에서 지원할 수 있다.
[본조신설 2023. 4. 18.]

제21조(시·군·구평생학습관 등의 설치·운영 등) ① 시·도교육감 및 시장·군수·자치구의 구청장은 관할 구역 안의 주민을 대상으로 평생교육프로그램 운영과 평생교육 기회를 제공하기 위하여 평생학습관을 설치 또는 지정·운영하여야 한다. 〈개정 2023. 4. 18.〉
② 시·도교육감 및 시장·군수·자치구의 구청장은 평생학습관에 대한 재정적 지원 등 해당 지방자치단체의 평생교육을 진흥하기 위하여 필요한 사업을 실시할 수 있다. 〈개정 2023. 4. 18.〉
③ 평생학습관은 다음 각 호의 사업을 수행한다. 〈신설 2014. 1. 28., 2016. 5. 29.〉
   1. 평생교육프로그램의 개발·운영
   1의2. 장애인 대상 평생교육프로그램의 개발·운영
   2. 평생교육 상담
   3. 평생교육 종사자에 대한 교육·훈련
   4. 평생교육 관련 정보의 수집·제공
   5. 제21조의3에 따른 읍·면·동 평생학습센터에 대한 운영 지원 및 관리
   6. 그 밖에 평생교육 진흥을 위하여 필요하다고 인정되는 사업
④ 제1항 및 제2항에 따른 평생학습관의 설치·운영 등에 필요한 사항은 해당 지방자치단체의 조례로 정한다. 〈개정 2014. 1. 28.〉

제21조의2(장애인 평생교육과정) ① 「유아교육법」 제2조제2호에 따른 유치원 및 「초·중등교육법」 제2조에 따른 학교의 장은 해당 학교의 교육환경을 고려하여 「장애인복지법」 제2조에 따른 장애인의 계속교육을 위한 장애인 평생교육과정을 설치·운영할 수 있다.
② 평생교육기관은 장애인의 평생교육 기회의 확대를 위하여 별도의 장애인 평생교육과정을 설치·운영할 수 있다.
③ 진흥원은 장애인의 평생교육기회 확대 방안 및 장애인 평생교

육프로그램을 개발하여야 한다.

④ 제20조에 따른 시·도평생교육진흥원은 평생교육기관이 장애인 평생교육과정을 설치·운영할 수 있도록 지원하여야 한다.

[본조신설 2016. 5. 29.]

[종전 제21조의2는 제21조의3으로 이동 〈2016. 5. 29.〉]

제21조의3(읍·면·동 평생학습센터의 운영) ① 시장·군수·자치구의 구청장은 읍·면·동별로 주민을 대상으로 하여 평생교육프로그램을 운영하고 상담을 제공하는 평생학습센터를 설치하거나 지정하여 운영하여야 한다. 〈개정 2023. 4. 18.〉

② 제1항에 따른 읍·면·동 평생학습센터의 설치 또는 지정 및 운영에 관한 사항은 해당 지방자치단체의 조례로 정한다.

[본조신설 2014. 1. 28.]

[제21조의2에서 이동 〈2016. 5. 29.〉]

제21조의4(자발적 학습모임의 지원 등) ① 지방자치단체는 지역사회 주민이 평생학습을 주된 목적으로 자발적으로 참여하는 모임(이하 "자발적 학습모임"이라 한다)의 활동을 지원할 수 있다.

② 지방자치단체는 자발적 학습모임이 창출한 성과를 활용하여 사회적 가치를 창출할 수 있도록 노력하여야 하고, 자발적 학습모임이 지역사회의 문제 해결에 참여할 수 있도록 지원하여야 한다.

[본조신설 2023. 4. 18.]

제22조(정보화 관련 평생교육의 진흥) ① 국가 및 지방자치단체는 각급학교·민간단체·기업 등과 연계하여 교육의 정보화와 이와 관련된 평생교육과정의 개발을 위하여 노력하여야 한다.

② 국가 및 지방자치단체는 각급학교·평생교육기관 등이 필요한 인적자원을 활용할 수 있도록 하기 위하여 대통령령으로 정하는 바에 따라 강사에 관한 정보를 수집·제공하는 제도를 운영할 수 있다.

제23조(학습계좌) ① 교육부장관은 국민의 평생교육을 촉진하고 인적자원의 개발·관리를 위하여 학습계좌(국민의 개인적 학습경험을 종합적으로 집중 관리하는 제도를 말한다)를 도입·운영할 수 있도록 노력하여야 한다. 〈개정 2009. 5. 8., 2013. 3. 23.〉

② 교육부장관은 제1항의 학습계좌에서 관리할 학습과정을 대통령령으로 정하는 바에 따라 평가인정할 수 있다. 〈신설 2009. 5. 8., 2013. 3. 23.〉

③ 교육부장관은 제2항에 따라 평가인정을 받은 학습과정의 이수 결과를 학점이나 학력 또는 자격으로 인정할 수 있다. 이 경우 그 인정 절차 및 방식 등에 필요한 사항은 대통령령으로 정한다. 〈신설 2023. 4. 18.〉

④ 교육부장관은 제2항에 따라 평가인정을 받은 학습과정을 설치·운영하는 평생교육기관이 다음 각 호의 어느 하나에 해당하면 그 평가인정을 취소할 수 있다. 다만, 제1호에 해당하는 경우에는 평가인정을 취소하여야 한다. 〈신설 2009. 5. 8., 2013. 3. 23., 2023. 4. 18.〉

1. 거짓이나 그 밖의 부정한 방법으로 평가인정을 받은 경우
2. 제2항에 따라 평가인정 받은 내용을 위반하여 학습과정을 운영한 경우
3. 제2항에 따른 평가인정의 기준에 이르지 못하게 된 경우

⑤ 교육부장관은 제4항제2호 및 제3호에 따라 평가인정을 취소하고자 할 경우에는 대통령령으로 정하는 기간과 절차에 따라 평생교육기관의 장에게 시정을 명하여야 한다. 〈신설 2009. 5. 8., 2013. 3. 23., 2023. 4. 18.〉

⑥ 교육부장관은 제5항에 따라 시정명령을 하는 경우에는 평생교육기관의 장에게 시정명령을 받은 사실을 공표할 것을 명할 수 있다. 〈신설 2013. 12. 30., 2023. 4. 18.〉

⑦ 교육부장관 및 지방자치단체의 장은 제16조의2에 따른 평생교육이용권으로 수강한 교육이력을 학습계좌를 통해 관리할 수 있다. 〈신설 2021. 6. 8., 2023. 4. 18.〉

⑧ 교육부장관은 학습계좌의 운영을 위하여 필요한 경우에는 관계 행정기관등의 장에게 필요한 자료의 제공을 요청할 수 있다. 이 경우 자료의 제공을 요청받은 관계 행정기관등의 장은 특별한 사유가 없으면 이에 따라야 한다. 〈신설 2021. 6. 8., 2023. 4. 18.〉

제4장 평생교육사

제24조(평생교육사) ① 교육부장관은 평생교육 전문인력을 양성하기 위하여 다음 각 호의 어느 하나에 해당하는 사람에게 평생교육사의 자격을 부여하며, 자격을 부여받은 사람에게는 자격증을 발급하여야 한다. 〈개정 2008. 2. 29., 2009. 5. 8., 2013. 3. 23., 2019. 12. 3., 2021. 3. 23.〉

1. 「고등교육법」 제2조에 따른 학교(이하 "대학"이라 한다) 또는 이와 같은 수준 이상의 학력이 있다고 인정되는 기관에서 교육부령으로 정하는 평생교육 관련 교과목을 일정 학점 이상 이수하고 학위를 취득한 사람
2. 「학점인정 등에 관한 법률」 제3조제1항에 따라 평가인정을 받은 학습과정을 운영하는 교육훈련기관(이하 "학점은행기관"이라 한다)에서 교육부령으로 정하는 평생교육 관련 교과목을 일정 학점 이상 이수하고 학위를 취득한 사람
3. 대학을 졸업한 사람 또는 이와 같은 수준 이상의 학력이 있다고 인정되는 사람으로서 대학 또는 이와 같은 수준 이상의 학력이 있다고 인정되는 기관, 제25조에 따른 평생교육사 양성기관, 학점은행기관에서 교육부령으로 정하는 평생교육 관련 교과목을 일정 학점 이상 이수한 사람
4. 그 밖에 대통령령으로 정하는 자격요건을 갖춘 사람

② 평생교육사는 평생교육의 기획·진행·분석·평가 및 교수업무를 수행한다.

③ 다음 각 호의 어느 하나에 해당하는 사람은 평생교육사가 될 수 없다. 〈개정 2016. 5. 29., 2021. 3. 23.〉

1. 제24조의2에 따라 자격이 취소된 후 그 자격이 취소된 날부터 3년이 지나지 아니한 사람(제28조제2항제1호에 해당하여 자격이 취소된 경우는 제외한다)
2. 제28조제2항제1호부터 제5호까지의 어느 하나에 해당하

는 사람

④ 평생교육사의 등급, 직무범위, 이수과정, 연수 및 자격증의 교부절차 등에 필요한 사항은 대통령령으로 정한다.

⑤ 제1항에 따라 발급받은 자격증은 다른 사람에게 빌려주거나 빌려서는 아니 되며, 이를 알선하여서도 아니 된다. 〈신설 2019. 12. 3.〉

⑥ 교육부장관은 제1항에 따른 평생교육사의 자격증을 교부 또는 재교부 받으려는 사람에게 교육부령으로 정하는 바에 따라 수수료를 받을 수 있다. 〈신설 2009. 5. 8., 2013. 3. 23., 2019. 12. 3., 2021. 3. 23.〉

제24조의2(평생교육사의 자격취소) 교육부장관은 평생교육사가 다음 각 호의 어느 하나에 해당하는 경우에는 그 자격을 취소하여야 한다. 〈개정 2019. 12. 3.〉

1. 거짓이나 그 밖의 부정한 방법으로 평생교육사의 자격을 취득한 경우
2. 다른 사람에게 평생교육사의 명의를 사용하게 한 경우
3. 제24조제3항제2호의 결격사유에 해당하게 된 경우
4. 제24조제5항을 위반하여 자격증을 빌려준 경우

[본조신설 2016. 5. 29.]

제25조(평생교육사 양성기관) ① 교육부장관은 평생교육사의 양성과 연수에 필요한 시설·교육과정·교원 등을 고려하여 대통령령으로 정하는 바에 따라 평생교육기관을 평생교육사 양성기관으로 지정할 수 있다. 〈개정 2008. 2. 29., 2013. 3. 23.〉

② 삭제 〈2013. 5. 22.〉

제26조(평생교육사의 배치 및 채용) ① 평생교육기관에는 제24조제1항에 따른 평생교육사를 배치하여야 한다.

② 「유아교육법」, 「초·중등교육법」 및 「고등교육법」에 따른 유치원 및 학교의 장은 평생교육프로그램 운영에 필요할 때에는 평생교육사를 채용할 수 있다. 〈개정 2021. 3. 23.〉

③ 제20조에 따른 시·도평생교육진흥원, 제20조의2에 따른 장애인평생교육시설 및 제21조에 따른 시·군·구평생학습관에 평생교육사를 배치하여야 한다. 〈개정 2016. 5. 29.〉

④ 제1항부터 제3항까지의 규정에 따른 평생교육사의 배치대상기관 및 배치기준은 대통령령으로 정한다.

제26조의2(실태조사) ① 교육부장관은 평생교육사의 배치 현황, 보수 수준 및 지급 실태 등에 관하여 3년마다 조사하여야 한다.

② 제1항에 따른 조사의 방법과 내용 등에 필요한 사항은 대통령령으로 정한다.

[본조신설 2023. 4. 18.]

제27조(평생교육사 채용에 대한 경비보조) 국가 및 지방자치단체는 제26조제2항에 따른 평생교육 프로그램 운영 및 평생교육사 채용에 사용되는 경비 등을 보조할 수 있다.

제5장 평생교육기관

제28조(평생교육기관의 설치자) ① 평생교육기관의 설치자는 다양한 평생교육프로그램을 실시하여 지역사회 주민을 위한 평생교육에 기여하여야 한다.

② 다음 각 호의 어느 하나에 해당하는 자는 평생교육기관의 설치자가 될 수 없다. 〈개정 2016. 5. 29., 2021. 3. 23.〉

1. 피성년후견인 또는 피한정후견인
2. 금고 이상의 실형을 선고받고 그 집행이 종료(집행이 종료된 것으로 보는 경우를 포함한다)되거나 집행이 면제된 날부터 3년이 지나지 아니한 자
3. 금고 이상의 형의 집행유예를 선고받고 그 유예기간 중에 있는 자
4. 법원의 판결 또는 다른 법률에 따라 자격이 정지 또는 상실된 자
5. 제42조에 따라 인가 또는 등록이 취소되거나 평생교육과정이 폐쇄된 후 3년이 지나지 아니한 자
6. 임원 중 제1호부터 제5호까지의 어느 하나에 해당하는 자가 있는 법인

③ 제2조제2호가목에 따른 평생교육기관의 설치자는 특별시·광역시·특별자치시·도·특별자치도(이하 "시·도"라 한다)의 조례로 정하는 바에 따라 평생교육시설의 운영과 관련하여 그 시설의 이용자에게 발생한 생명·신체상의 손해를 배상할 것을 내용으로 하는 보험가입 또는 공제사업에의 가입 등 필요한 안전조치를 하여야 한다. 〈개정 2021. 6. 8.〉

④ 평생교육기관의 설치·운영자는 학습자의 보호를 위하여 다음 각 호의 어느 하나에 해당하는 경우에는 대통령령으로 정하는 바에 따라 학습비 반환 등의 조치를 하여야 한다. 〈개정 2016. 2. 3.〉

1. 제42조에 따라 평생교육시설의 설치인가 또는 등록이 취소되거나 평생교육과정이 폐쇄 또는 운영정지된 경우
2. 평생교육기관의 설치·운영자가 교습을 할 수 없게 된 경우
3. 학습자가 본인의 의사로 학습을 포기한 경우
4. 그 밖에 학습자 보호를 위하여 대통령령으로 정하는 경우

⑤ 제31조제2항에 따른 학력인정 평생교육시설의 설립 주체는 「사립학교법」에 따른 학교법인 또는 「공익법인의 설립·운영에 관한 법률」에 따른 재단법인으로 한다.

제28조의2(평생교육기관의 평가 및 인증) ① 교육부장관은 평생교육기관의 신청에 따라 기관 및 교육과정의 운영을 평가하거나 인증할 수 있다.

② 교육부장관은 제1항에 따른 평가 또는 인증의 운영·관리에 관한 업무를 관련 전문기관에 위탁할 수 있다.

③ 교육부장관은 제2항에 따라 평가 또는 인증의 운영·관리를 위탁하였을 때에는 그에 드는 비용을 예산의 범위에서 지원할 수 있다.

④ 국가 또는 지방자치단체가 평생교육기관에 행정적 또는 재정적 지원을 하려는 경우에는 제1항에 따른 평가 또는 인증 결과를 활용할 수 있다.

⑤ 제1항부터 제4항까지에 따른 평가 또는 인증의 시행, 전문기관에의 위탁, 평가 또는 인증 결과의 활용 등에 필요한 사항은 대통

령령으로 정한다.
[본조신설 2023. 4. 18.]

제29조(학교의 평생교육) ① 「초·중등교육법」및 「고등교육법」에 따른 각급학교의 장은 평생교육을 실시하는 경우 평생교육의 이념에 따라 교육과정과 방법을 수요자 관점으로 개발·시행하도록 하며, 학교를 중심으로 공동체 및 지역문화 개발에 노력하여야 한다. 〈개정 2021. 3. 23.〉
② 각급학교의 장은 해당 학교의 교육여건을 고려하여 학생·학부모와 지역 주민의 요구에 부합하는 평생교육을 직접 실시하거나 지방자치단체 또는 민간에 위탁하여 실시할 수 있다. 다만, 영리를 목적으로 하는 법인 및 단체는 제외한다.
③ 제2항에 따른 학교의 평생교육을 실시하기 위하여 각급학교의 교실·도서관·체육관, 그 밖의 시설을 활용하여야 한다.
④ 제2항 및 제3항에 따라 학교의 장이 학교를 개방할 경우 개방 시간 동안의 해당 시설의 관리·운영에 필요한 사항은 해당 지방자치단체의 조례로 정한다.

제29조의2(학점은행기관의 평생교육) ① 학점은행기관의 장은 교육부장관의 평가인정을 받은 학습과정 운영을 통하여 평생교육을 실시한다.
② 학점은행기관의 장은 제1항에 따른 학습과정을 운영함에 있어 그 질을 유지하거나 개선하기 위하여 노력하여야 한다.
[본조신설 2019. 12. 3.]

제30조(학교 부설 평생교육시설) ① 각급학교의 장은 학생·학부모와 지역 주민을 대상으로 교양의 증진 또는 직업교육을 위한 평생교육시설을 설치·운영할 수 있다. 평생교육시설을 설치하는 경우 각급학교의 장은 관할청에 보고하여야 한다.
② 대학의 장은 대학생 또는 대학생 외의 사람을 대상으로 자격취득을 위한 직업교육과정 등 다양한 평생교육과정을 운영할 수 있다. 〈개정 2021. 3. 23.〉
③ 각급학교의 시설은 다양한 평생교육을 실시하기에 편리한 형태의 구조와 설비를 갖추어야 한다.

제31조(학교형태의 평생교육시설) ① 학교형태의 평생교육시설을 설치·운영하고자 하는 자는 대통령령으로 정하는 시설·설비를 갖추어 교육감에게 등록하여야 한다.
② 교육감은 제1항에 따른 학교형태의 평생교육시설 중 일정 기준 이상의 요건을 갖춘 평생교육시설에 대하여는 이를 고등학교졸업 이하의 학력이 인정되는 시설로 지정할 수 있다. 다만, 제6항에 따라 지방자치단체로부터 지원받은 보조금을 목적 외 사용, 부당집행하였을 경우에는 그 지정을 취소할 수 있다. 〈개정 2015. 3. 27.〉
③ 제2항에 따른 학력인정 평생교육시설에는 「초·중등교육법」 제19조제1항의 교원을 둘 수 있다. 이 경우 교원의 복무·국내연수와 재교육에 관하여는 국·공립학교의 교원에 관한 규정을 준용한다.
④ 「초·중등교육법」제54조제4항에 따라 전공과를 설치·운영하는 고등기술학교는 교육부장관의 인가를 받아 전문대학졸업자와 동등한 학력·학위가 인정되는 평생교육시설로 전환·운영할 수 있다. 이 경우 전문대학의 명칭을 사용할 수 있다. 〈개정 2013. 3. 23.〉
⑤ 제2항에 따른 학력인정 평생교육시설의 지정 및 지정취소 기준·절차, 입학자격, 교원자격 등과 제4항에 따른 평생교육시설의 인가 기준·절차, 학사관리 등의 운영 방법 등에 필요한 사항은 대통령령으로 정한다. 〈개정 2015. 3. 27.〉
⑥ 지방자치단체는 해당 지방자치단체의 조례로 정하는 바에 따라 예산의 범위 내에서 「초·중등교육법」 제2조의 학교에 준하여 제2항에 따른 학력인정 평생교육시설에 필요한 보조금을 교부하거나 그 밖의 지원을 할 수 있다. 〈개정 2015. 3. 27.〉
⑦ 제2항 또는 제4항에 따라 학력인정 평생교육시설로 지정 또는 인가를 받은 자가 그 시설을 폐쇄하고자 하는 때에는 재학생 보호방안 등 대통령령으로 정하는 사항을 갖추어 교육부장관 또는 시·도교육감의 인가를 받아야 한다. 〈개정 2023. 4. 18.〉
⑧ 제2항에 따른 학력인정 평생교육시설의 재산관리, 회계 및 교원 등의 신규채용에 관한 사항은 각각 「사립학교법」 제28조, 제29조 및 제53조의2제10항을 준용하고, 장학지도 및 학생의 학교생활기록 관리는 각각 「초·중등교육법」 제7조 및 제25조제1항을 준용하며, 보건·위생·학습환경 등에 관한 사항은 각각 「학교보건법」 제4조, 제9조, 제9조의2 및 제12조를 준용한다. 다만, 교비회계에 속하는 예산·결산 및 회계 업무는 교육부령으로 정하는 방식으로 처리하여야 한다. 〈신설 2015. 3. 27., 2023. 4. 18.〉

제32조(사내대학형태의 평생교육시설) ① 다음 각 호의 어느 하나에 해당하는 자는 교육부장관의 인가를 받아 전문대학 또는 대학졸업자와 동등한 학력·학위가 인정되는 평생교육시설을 설치·운영하거나 「고등교육법」 제2조에 따른 학교에 위탁하여 운영할 수 있다. 〈개정 2008. 2. 29., 2009. 5. 8., 2013. 3. 23., 2023. 4. 18.〉
  1. 대통령령으로 정하는 규모 이상의 사업장(공동으로 참여하는 사업장도 포함한다)의 경영자
  2. 「산업입지 및 개발에 관한 법률」에 따라 설립된 산업단지 입주기업의 연합체(이하 "산업단지 기업연합체"라 한다). 이 경우 산업단지 기업연합체는 제1호에서 대통령령으로 정하는 규모 이상이어야 한다.
  3. 「산업발전법」 제12조제2항에 따라 구성된 산업부문별 인적자원개발협의체(이하 "산업별 협의체"라 한다). 이 경우 산업별 협의체는 제1호에서 대통령령으로 정하는 규모 이상이어야 한다.
② 제1항에 따른 사내대학형태의 평생교육시설은 다음 각 호의 어느 하나에 해당하는 사람을 대상으로 한다. 〈개정 2013. 12. 30., 2023. 4. 18.〉
  1. 해당 사업장 또는 산업단지 기업연합체에 속한 사업장에 고용된 종업원
  2. 해당 사업장 또는 산업단지 기업연합체에 속한 사업장에서 일하는 다른 업체의 종업원
  3. 해당 사업장 또는 산업단지 기업연합체에 속한 사업장과 하

도급 관계에 있는 업체 또는 부품·재료 공급 등을 통하여 해당 사업장 또는 산업단지 기업연합체에 속한 사업장과 협력관계에 있는 업체의 종업원
4. 해당 사업장 또는 산업단지 기업연합체에 속한 사업장과 동종 업종 또는 관련 분야에 속하는 업체의 종업원
5. 산업별 협의체의 해당 업종 또는 관련 분야에 속하는 업체의 종업원

③ 제1항에 따른 사내대학형태의 평생교육시설에서의 교육에 필요한 비용은 제2항 각 호에 해당하는 사람을 고용한 고용주가 부담하는 것을 원칙으로 한다. 〈신설 2013. 12. 30.〉

④ 제1항에 따른 사내대학형태의 평생교육시설의 설치기준·학점제등 운영에 필요한 사항은 대통령령으로 정한다. 〈개정 2013. 12. 30.〉

⑤ 제1항에 따른 사내대학형태의 평생교육시설을 폐쇄하고자 하는 경우에는 재학생 보호방안 등 대통령령으로 정하는 사항을 갖추어 교육부장관에게 신고하여야 한다. 〈개정 2008. 2. 29., 2013. 3. 23., 2013. 12. 30., 2023. 4. 18.〉

제33조(원격대학형태의 평생교육시설) ① 누구든지 정보통신매체를 이용하여 특정 또는 불특정 다수인에게 원격교육을 실시하거나 다양한 정보를 제공하는 등의 평생교육을 실시할 수 있다.

② 제1항에 따라 불특정 다수인을 대상으로 학습비를 받고 교육을 실시하고자 하는 경우(「학원의 설립·운영 및 과외교습에 관한 법률」 제2조의2제1항제1호의 학교교과교습학원에 해당하는 경우는 제외한다)에는 대통령령으로 정하는 바에 따라 교육감에게 신고하여야 한다. 이를 폐쇄하고자 하는 경우에는 그 사실을 교육감에게 통보하여야 한다. 〈개정 2008. 2. 29., 2011. 7. 25., 2013. 3. 23., 2013. 12. 30.〉

③ 제1항에 따라 전문대학 또는 대학졸업자와 동등한 학력·학위가 인정되는 원격대학형태의 평생교육시설을 설치하고자 하는 경우에는 대통령령으로 정하는 바에 따라 교육부장관의 인가를 받아야 한다. 이를 폐쇄하고자 하는 경우에는 교육부장관에게 신고하여야 한다. 〈개정 2008. 2. 29., 2013. 3. 23.〉

④ 교육부장관은 제3항에 따라 인가한 원격대학형태의 평생교육시설에 대하여는 평가를 실시하고 그 결과를 공개하여야 한다. 〈개정 2008. 2. 29., 2013. 3. 23.〉

⑤ 제3항에 따른 원격대학형태의 평생교육시설의 설치기준, 학사관리 등 운영방법과 제4항에 따른 평가에 필요한 사항은 대통령령으로 정한다.

⑥ 제28조제2항 각 호의 어느 하나에 해당하는 자는 원격대학형태의 평생교육시설의 설치자가 될 수 없다.

제34조(준용 규정) 제33조제3항에 따른 원격대학형태의 평생교육시설을 설치·운영하는 자와 그 시설에 대하여는 「사립학교법」 제28조·제29조·제31조·제70조를 준용한다.

제34조의2(평생교육시설의 공시대상정보 등) ① 제31조제2항에 따라 고등학교졸업 이하의 학력이 인정되는 시설로 지정된 평생교육시설의 장은 그 시설이 보유·관리하고 있는 다음 각 호의 정보를 매년 1회 이상 공시하여야 한다. 이 경우 그 평생교육시설의 장은 공시된 정보(이하 "공시정보"라 한다)를 시·도교육감에게 제출하여야 한다.

1. 학교운영에 관한 규정
2. 교육과정 편성 및 운영 등에 관한 사항
3. 학년·학급당 학생 수 및 전·출입, 학업중단 등 학생변동 상황
4. 교지(校地), 학교 건물 등 시설 현황에 관한 사항
5. 직위·자격별 교원현황에 관한 사항
6. 예·결산 내역 등 평생교육시설의 회계에 관한 사항
7. 급식에 관한 사항
8. 보건관리·환경위생 및 안전관리에 관한 사항
9. 학생의 입학상황 및 졸업생의 진로에 관한 사항
10. 제42조, 제42조의2, 제45조의2 및 제46조에 따른 행정처분, 지도·감독, 벌칙, 과태료 등에 관한 사항
11. 그 밖에 교육여건 및 운영상태 등에 관한 사항

② 제31조제4항, 제32조, 제33조제3항에 따라 전문대학 또는 대학졸업자와 동등한 학력·학위가 인정되는 시설로 교육부장관의 인가를 받은 평생교육시설의 장은 그 시설이 보유·관리하고 있는 다음 각 호의 정보를 매년 1회 이상 공시하여야 한다. 이 경우 그 평생교육시설의 장은 공시정보를 교육부장관에게 제출하여야 한다.

1. 학교운영에 관한 규정
2. 교육과정 편성 및 운영 등에 관한 사항
3. 학생의 선발방법 및 일정에 관한 사항
4. 충원율, 재학생 수 등 학생현황에 관한 사항
5. 졸업 후 진학 및 취업현황 등 학생의 진로에 관한 사항
6. 전임교원 현황에 관한 사항
7. 전임교원의 연구성과에 관한 사항
8. 예·결산 내역 등 평생교육시설의 회계에 관한 사항
9. 등록금 및 학생 1인당 교육비의 산정근거에 관한 사항
10. 제42조, 제42조의2, 제45조의2 및 제46조에 따른 행정처분, 지도·감독, 벌칙, 과태료 등에 관한 사항
11. 평생교육시설의 발전계획 및 특성화 계획
12. 교원의 연구, 학생에 대한 교육 및 산학협력 현황
13. 도서관 및 연구에 대한 지원 현황
14. 그 밖에 교육여건 및 운영상태 등에 관한 사항

③ 제1항 및 제2항에 따른 평생교육시설 외의 평생교육시설의 장은 그 시설이 보유·관리하고 있는 다음 각 호의 정보를 매년 1회 이상 공시하여야 한다. 이 경우 그 평생교육시설의 장은 공시정보를 교육부장관 또는 시·도교육감에게 제출하여야 한다.

1. 평생교육시설의 명칭
2. 평생교육시설의 주소 및 대표 전화번호
3. 교육과정

4. 교육과정별 정원
5. 교육과정별 교육기간 및 총 교육시간
6. 학습비
7. 평생교육시설 설립·운영자 명단, 강사 명단

④ 교육부장관 또는 시·도교육감은 제1항부터 제3항까지에 따른 공시정보의 확인을 위하여 해당 평생교육시설의 장에게 관련 자료의 제출을 요청할 수 있다. 이 경우 자료의 제출을 요청받은 평생교육시설의 장은 특별한 사유가 없으면 이에 따라야 한다.

⑤ 교육부장관 또는 시·도교육감은 이 법에서 공시하도록 정한 정보를 공시하지 아니하거나 거짓으로 공시하는 평생교육시설의 장에게 기간을 정하여 시정이나 변경을 명할 수 있다.

⑥ 교육부장관은 제1항부터 제3항까지에 따른 공시에 필요한 양식을 마련·보급하고, 공시정보를 수집 및 관리하여야 한다.

⑦ 교육부장관은 제6항의 공시정보를 수집·관리하기 위한 총괄관리기관과 항목별 관리기관을 지정할 수 있다.

⑧ 그 밖에 공시정보의 구체적인 범위, 공시횟수, 그 시기 및 관련 자료의 제출 등에 필요한 사항은 대통령령으로 정한다.

[본조신설 2023. 4. 18.]

제35조(사업장 부설 평생교육시설) ① 대통령령으로 정하는 규모 이상 사업장의 경영자는 해당 사업장의 고객 등을 대상으로 하는 평생교육시설을 설치·운영할 수 있다.

② 제1항에 따른 사업장 부설 평생교육시설을 설치하고자 하는 자는 대통령령으로 정하는 바에 따라 교육감에게 신고하여야 한다. 이를 폐쇄하고자 하는 경우에는 그 사실을 교육감에게 통보하여야 한다.

제36조(시민사회단체 부설 평생교육시설) ① 시민사회단체는 상호 유기적인 협조체제를 구축하고 공공시설 및 민간시설 등 유휴시설을 활용하여 해당 시민사회단체의 목적에 부합하는 평생교육과정을 운영하도록 노력하여야 한다.

② 대통령령으로 정하는 시민사회단체는 일반 시민을 대상으로 하는 평생교육시설을 설치·운영할 수 있다.

③ 제2항에 따른 시민사회단체 부설 평생교육시설을 설치하고자 하는 자는 대통령령으로 정하는 바에 따라 교육감에게 신고하여야 한다. 이를 폐쇄하고자 하는 경우에는 그 사실을 교육감에게 통보하여야 한다.

제37조(언론기관 부설 평생교육시설) ① 신문·방송 등 언론기관을 경영하는 자는 해당 언론매체를 통하여 다양한 평생교육프로그램을 방영하는 등 국민의 평생교육진흥에 기여하여야 한다.

② 대통령령으로 정하는 언론기관을 경영하는 자는 일반 국민을 대상으로 교양의 증진과 능력향상을 위한 평생교육시설을 설치·운영할 수 있다.

③ 제2항에 따른 언론기관 부설 평생교육시설을 설치하고자 하는 자는 대통령령으로 정하는 바에 따라 교육감에게 신고하여야 한다. 이를 폐쇄하고자 하는 경우에는 그 사실을 교육감에게 통보하여야 한다.

제38조(지식·인력개발 관련 평생교육시설) ① 국가 및 지방자치단체는 지식정보의 제공과 교육훈련을 통한 인력개발을 주된 내용으로 하는 지식·인력개발사업을 진흥·육성하여야 한다.

② 제1항에 따른 지식·인력개발사업을 경영하는 자 중 대통령령으로 정하는 자는 평생교육시설을 설치·운영할 수 있다.

③ 제2항에 따른 지식·인력개발사업과 관련하여 평생교육시설을 설치하고자 하는 자는 대통령령으로 정하는 바에 따라 교육감에게 신고하여야 한다. 이를 폐쇄하고자 하는 경우에는 그 사실을 교육감에게 통보하여야 한다.

제38조의2(평생교육시설의 변경인가·변경등록 등) ① 제20조의2, 제31조부터 제33조까지, 제35조부터 제38조까지의 규정에 따라 평생교육시설 인가를 받거나 등록·신고를 한 자가 인가 또는 등록·신고한 사항을 변경하고자 하는 때에는 대통령령으로 정하는 바에 따라 변경인가를 받거나 변경등록·변경신고를 하여야 한다. 〈개정 2023. 4. 18.〉

② 제1항에 따른 변경인가 및 변경등록·변경신고의 방법·절차 등에 필요한 사항은 교육부령으로 정한다.

[본조신설 2013. 12. 30.]

제38조의3(신고 등의 처리절차) ① 교육부장관은 제32조제5항, 제33조제3항 후단에 따른 신고를 받은 날부터 20일 이내에 신고수리 여부를 신고인에게 통지하여야 한다.

② 교육감은 제33조제2항 전단, 제35조제2항 전단, 제36조제3항 전단, 제37조제3항 전단 또는 제38조제3항 전단에 따른 신고를 받은 날부터 10일 이내에 신고수리 여부를 신고인에게 통지하여야 한다. 제38조의2제1항에 따라 제33조제2항 전단, 제35조제2항 전단, 제36조제3항 전단, 제37조제3항 전단 또는 제38조제3항 전단에 따른 신고 사항에 관한 변경신고를 받은 경우에도 또한 같다.

③ 교육부장관 또는 교육감이 제1항 또는 제2항에서 정한 기간 내에 신고수리 여부 또는 민원 처리 관련 법령에 따른 처리기간의 연장 여부를 신고인에게 통지하지 아니하면 그 기간(민원 처리 관련 법령에 따라 처리기간이 연장 또는 재연장된 경우에는 해당 처리기간을 말한다)이 끝난 날의 다음 날에 신고를 수리한 것으로 본다.

[본조신설 2018. 12. 18.]

제6장 문해교육 〈개정 2014. 1. 28.〉

제39조(문해교육의 실시 등) ① 국가 및 지방자치단체는 성인의 사회생활에 필요한 문해능력 등 기초능력을 높이기 위하여 노력하여야 한다. 〈개정 2023. 4. 18.〉

② 교육감은 대통령령으로 정하는 바에 따라 관할 구역 안에 있는 초·중학교에 성인을 위한 문해교육 프로그램을 설치·운영하거나 지방자치단체·법인 등이 운영하는 문해교육 프로그램을 지정할 수 있다. 〈개정 2014. 1. 28.〉

③ 국가 및 지방자치단체는 문해교육 프로그램을 위하여 대통령령으로 정하는 바에 따라 우선하여 재정적 지원을 할 수 있다. 〈개정 2014. 1. 28.〉

[제목개정 2014. 1. 28.]

제39조의2(문해교육센터 설치 등) ① 국가는 문해교육의 활성화를 위하여 진흥원에 국가문해교육센터를 둔다.

② 시·도교육감 및 시·도지사는 시·도문해교육센터를 설치하거나 지정·운영할 수 있다.

③ 국가문해교육센터 및 시·도문해교육센터의 구성, 기능 및 운영, 그 밖에 필요한 사항은 대통령령으로 정한다.

[본조신설 2016. 2. 3.]

제40조(문해교육 프로그램의 교육과정 등) 제39조에 따라 설치 또는 지정된 문해교육 프로그램을 이수한 자에 대하여는 그에 상응하는 학력을 인정하되, 교육과정 편성 및 학력인정 절차 등에 필요한 사항은 대통령령으로 정한다. 〈개정 2014. 1. 28.〉

[제목개정 2014. 1. 28.]

제40조의2(문해교육종합정보시스템 구축·운영 등) ① 교육부장관은 문해교육의 효율적 지원을 위하여 문해교육종합정보시스템을 구축·운영할 수 있다.

② 교육부장관은 문해교육종합정보시스템 운영업무를 국가문해교육센터에 위탁할 수 있다.

③ 제1항에 따른 문해교육정보시스템의 구축·운영과 제2항에 따른 문해교육정보시스템 운영업무의 위탁 등에 필요한 사항은 대통령령으로 정한다.

[본조신설 2016. 2. 3.]

제7장 성인 진로교육 〈신설 2023. 6. 13.〉

제40조의3(성인 진로교육의 실시) 평생교육기관, 대학, 「진로교육법」 제15조에 따른 국가진로교육센터 및 같은 법 제16조에 따른 지역진로교육센터는 성인 진로교육을 실시할 수 있다.

[본조신설 2023. 6. 13.]

제8장 평생학습 결과의 관리·인정 〈개정 2023. 6. 13.〉

제41조(학점, 학력 등의 인정) ① 이 법에 따라 학력이 인정되는 평생교육과정 외에 이 법 또는 다른 법령의 규정에 따른 평생교육과정을 이수한 사람은 「학점인정 등에 관한 법률」로 정하는 바에 따라 학점 또는 학력을 인정받을 수 있다. 〈개정 2021. 3. 23.〉

② 다음 각 호의 어느 하나에 해당하는 사람은 「학점인정 등에 관한 법률」로 정하는 바에 따라 그에 상응하는 학점 또는 학력을 인정받을 수 있다. 〈개정 2015. 3. 27., 2021. 3. 23., 2023. 8. 8.〉

1. 각급학교 또는 평생교육시설에서 각종 교양과정 또는 자격취득에 필요한 과정을 이수한 사람
2. 산업체 등에서 일정한 교육을 받은 후 사내인정자격을 취득한 사람
3. 국가·지방자치단체·각급학교·산업체 또는 민간단체 등이 실시하는 능력측정검사를 통하여 자격을 인정받은 사람
4. 「무형유산의 보전 및 진흥에 관한 법률」에 따라 인정된 국가무형유산의 보유자와 그 전수교육을 받은 사람
5. 대통령령으로 정하는 시험에 합격한 사람

③ 각급학교 및 평생교육시설의 장은 학습자가 제31조에 따라 국내외의 각급학교·평생교육시설 및 평생교육기관으로부터 취득한 학점·학력 및 학위를 상호 인정할 수 있다.

제9장 보칙 〈개정 2023. 6. 13.〉

제42조(행정처분) ① 교육부장관 또는 교육감은 평생교육시설의 설치자가 다음 각 호의 어느 하나에 해당하는 경우에는 그 시설의 설치인가 또는 등록을 취소하거나 평생교육과정을 폐쇄할 수 있고, 1년 이내의 기간을 정하여 평생교육과정의 전부 또는 일부에 대한 운영의 정지를 명할 수 있다. 다만, 제1호 및 제4호의 경우에는 그 인가 또는 등록을 취소하여야 한다. 〈개정 2008. 2. 29., 2013. 3. 23., 2013. 12. 30., 2015. 3. 27., 2023. 4. 18.〉

1. 거짓이나 그 밖의 부정한 방법으로 인가를 받거나 등록 또는 신고한 경우
2. 인가 또는 등록 시의 기준에 미달하게 된 경우
3. 평생교육시설을 부정한 방법으로 관리·운영한 경우
4. 제28조제2항 각 호의 어느 하나의 결격사유에 해당하는 경우
5. 제34조의2제5항에 따른 시정 또는 변경 명령을 받고도 정당한 사유 없이 지정된 기간 내에 이행하지 아니한 경우
6. 제38조의2를 위반하여 변경인가를 받지 아니하거나 변경등록·변경신고를 하지 아니하고 평생교육시설을 변경하여 운영한 경우

② 교육부장관 또는 교육감은 제1항에 따라 평생교육과정의 전부 또는 일부에 대한 운영의 정지를 명하기 전에 1개월 이상의 기간을 정하여 위반사항의 시정 및 개선을 명할 수 있다. 〈신설 2015. 3. 27.〉

③ 교육부장관이 제1항에 따라 전문대학 또는 대학졸업자와 동등한 학력·학위가 인정되는 평생교육시설의 인가를 취소하는 경우에 해당 시설의 장은 재학생 보호방안 등 대통령령으로 정하는 사항을 갖추어 교육부장관에게 제출하여야 한다. 〈신설 2023. 4. 18.〉

제42조의2(지도·감독) ① 교육부장관 또는 교육감은 이 법에 따라 설치 인가·지정을 하거나 등록 또는 신고를 받은 평생교육시설의 회계 관리 및 운영 실태 등을 지도·감독할 수 있다.

② 교육부장관 또는 교육감은 제1항에 따른 지도·감독을 위하여 필요하면 대통령령으로 정하는 바에 따라 해당 평생교육시설의 장에게 자료의 제출을 요구하거나 그 밖에 필요한 지시를 할 수 있다.

③ 교육부장관 및 지방자치단체의 장은 다음 각 호의 어느 하나에 해당하는 경우에는 소속 공무원으로 하여금 평생교육프로그램의 제공자 또는 관계인에게 장부 등 서류를 조사하게 할 수 있다. 〈신설 2021. 6. 8.〉

1. 평생교육이용권의 발급 및 사용의 적정성 여부 확인을 위하여 필요한 경우
2. 그 밖에 평생교육이용권 사업 수행을 위하여 필요한 경우로서 대통령령으로 정하는 경우

④ 제3항에 따라 조사를 하는 자는 그 권한을 표시하는 증표 및 조사기간, 조사범위, 조사담당자, 관계 법령 등 교육부령으로 정하는 사항이 기재된 서류를 지니고 이를 관계인에게 내보여야 한다. 〈신설 2021. 6. 8.〉

[본조신설 2015. 3. 27.]

제43조(청문) 교육부장관 또는 교육감은 다음 각 호의 어느 하나에 해당하는 처분을 하려는 경우에는 청문을 실시하여야 한다. 〈개정 2008. 2. 29., 2013. 3. 23., 2015. 3. 27., 2016. 5. 29.〉

1. 제24조의2에 따른 평생교육사 자격의 취소
2. 제42조제1항에 따른 인가 또는 등록의 취소

제44조(권한의 위임 및 위탁) ① 교육부장관은 이 법에 따른 권한의 일부를 대통령령으로 정하는 바에 따라 교육감에게 위임할 수 있다. 〈개정 2008. 2. 29., 2013. 3. 23., 2013. 5. 22.〉

② 교육부장관은 다음 각 호에 따른 업무의 전부 또는 일부를 대통령령으로 정하는 바에 따라 진흥원에 위탁할 수 있다. 〈신설 2013. 5. 22., 2021. 6. 8., 2023. 4. 18.〉

1. 제24조에 따른 평생교육사의 양성 및 평생교육사 자격증의 교부·재교부
2. 제25조에 따른 평생교육사 양성기관의 지정
3. 제16조의2 및 제16조의3에 따른 평생교육이용권의 발급 및 사용 관리
4. 제18조의2에 따른 평생교육 종합정보시스템의 구축·운영
5. 제30조제1항에 따라 「고등교육법」 제2조에 따른 학교의 장이 설치한 평생교육시설의 현황 관리

③ 교육감은 이 법에 따른 권한의 일부를 대통령령으로 정하는 바에 따라 소관 교육장에게 위임할 수 있다. 〈신설 2013. 5. 22.〉

[제목개정 2013. 5. 22.]

제45조(유사 명칭의 사용 금지) 이 법에 따른 진흥위원회·진흥원·평생교육협의회·평생학습관·평생학습센터·국가문해교육센터 및 시·도문해교육센터가 아니면 이와 비슷한 명칭을 사용하지 못한다. 〈개정 2014. 1. 28., 2016. 2. 3.〉

제45조의2(벌칙) 제31조제2항에 따른 학력인정 평생교육시설을 설치·운영하는 자가 다음 각 호의 어느 하나에 해당하는 경우에는 2년 이하의 징역 또는 2천만원 이하의 벌금에 처한다.

1. 제31조제8항에 따라 준용되는 「사립학교법」 제28조를 위반한 경우
2. 제31조제8항에 따라 준용되는 「사립학교법」 제29조제6항을 위반한 경우

[본조신설 2015. 3. 27.]

제45조의3(벌칙) 다음 각 호의 어느 하나에 해당하는 자는 1년 이하의 징역 또는 1천만원 이하의 벌금에 처한다. 〈개정 2021. 6. 8.〉

1. 거짓 또는 그 밖의 부정한 방법으로 평생교육이용권을 발급받거나 다른 사람으로 하여금 평생교육이용권을 발급받게 한 자
2. 제16조의3제3항을 위반하여 평생교육이용권을 판매·대여하거나 부정한 방법으로 사용한 자
3. 제24조제5항을 위반하여 자격증을 빌려주거나 빌린 사람 또는 이를 알선한 사람

[본조신설 2019. 12. 3.]

제46조(과태료) ① 다음 각 호의 어느 하나에 해당하는 자에게는 500만원 이하의 과태료를 부과한다. 〈개정 2013. 12. 30., 2015. 3. 27., 2016. 2. 3., 2021. 3. 23., 2021. 6. 8.〉

1. 제16조의3제2항을 위반하여 정당한 사유 없이 평생교육프로그램의 제공을 거부한 자
2. 제18조제2항을 위반하여 자료를 제출하지 아니하거나 거짓의 자료를 제출한 자
3. 제28조제4항을 위반하여 학습비 반환 등의 조치를 하지 아니한 자
4. 제32조제5항, 제33조제2항·제3항, 제35조제2항, 제36조제3항, 제37조제3항 및 제38조제3항에 따른 신고를 게을리한 자
5. 제42조제2항에 따른 명령을 위반한 평생교육시설 또는 설치자
6. 제45조를 위반하여 유사 명칭을 사용한 자

② 제1항에 따른 과태료는 대통령령으로 정하는 바에 따라 관할청이 부과·징수한다.

③ 삭제 〈2018. 12. 18.〉
④ 삭제 〈2018. 12. 18.〉
⑤ 삭제 〈2018. 12. 18.〉

부칙 〈제19588호, 2023. 8. 8.〉 (무형유산의 보전 및 진흥에 관한 법률)

제1조(시행일) 이 법은 2024년 5월 17일부터 시행한다.

제2조부터 제6조까지 생략

제7조(다른 법률의 개정) ①부터 ⑤까지 생략

⑥ 평생교육법 일부를 다음과 같이 개정한다.
제41조제2항제4호 중 "무형문화재 보전 및 진흥에 관한 법률"을 "무형유산의 보전 및 진흥에 관한 법률"로, "국가무형문화재"를 "국가무형유산"으로 한다.

⑦ 생략

제8조 생략

독학에 의한 학위취득에 관한 법률

독학에 의한 학위취득에 관한 법률
(약칭: 독학학위법)
[시행 2015. 9. 28.] [법률 제13223호, 2015. 3. 27., 일부개정]

제1조(목적) 이 법은 독학자(獨學者)에게 학사학위(學士學位) 취득의 기회를 줌으로써 평생교육의 이념을 구현하고 개인의 자아실현과 국가·사회의 발전에 이바지하는 것을 목적으로 한다.
[전문개정 2007. 12. 21.]

제2조(국가의 임무) 국가는 독학자가 학사학위(이하 "학위"라 한다)를 취득하는 데에 필요한 편의를 제공하여야 한다.
[전문개정 2007. 12. 21.]

제3조(시험의 실시기관 등) ① 교육부장관은 독학자에 대한 학위취득 시험(이하 "시험"이라 한다)을 실시한다. 〈개정 2008. 2. 29., 2013. 3. 23.〉
② 시험의 실시에 필요한 사항은 대통령령으로 정한다.
[전문개정 2007. 12. 21.]

제4조(응시자격) ① 시험에 응시할 수 있는 사람은 고등학교 졸업이나 이와 같은 수준 이상의 학력(學力)이 있다고 인정된 사람이어야 한다. 〈개정 2015. 3. 27.〉
② 제5조제1항에 따른 과정별 인정시험에 관한 응시자격은 대통령령으로 정한다. 〈개정 2015. 3. 27.〉
[전문개정 2007. 12. 21.]

제5조(시험의 과정 및 과목) ① 시험은 다음 각 호의 과정별 시험을 거쳐야 하며, 제4호의 학위취득 종합시험에 응시하려는 사람은 제1호부터 제3호까지의 각 과정별 시험을 모두 거쳐야 한다. 다만, 대통령령으로 정하는 바에 따라 일정한 학력(學歷)이나 자격이 있는 사람에 대하여는 제1호부터 제3호까지의 각 과정별 인정시험 또는 시험과목의 전부 또는 일부를 면제할 수 있다. 〈개정 2015. 3. 27.〉
  1. 교양과정 인정시험
  2. 전공기초과정 인정시험
  3. 전공심화과정 인정시험
  4. 학위취득 종합시험
② 제1항에 따른 과정별 시험과목은 교육부장관이 정한다. 〈개정 2008. 2. 29., 2013. 3. 23.〉
③ 제1항에 따른 시험에 응시하는 사람은 교육부령으로 정하는 수수료를 내야 한다. 〈신설 2015. 3. 27.〉
[전문개정 2007. 12. 21.]
[제목개정 2015. 3. 27.]

제5조의2(부정행위자 등에 대한 조치) ① 교육부장관은 시험에서 부정한 행위를 한 사람이나 응시원서 등에 응시자격에 관한 사항을 거짓으로 적은 사람에 대하여는 그 시험 또는 시험과목 응시를 정지시키거나 무효로 하고, 그 처분이 있은 날부터 3년의 범위에서 해당 시험 또는 시험과목의 응시자격을 정지할 수 있다. 〈개정 2008. 2. 29., 2013. 3. 23., 2015. 3. 27.〉
② 삭제 〈2015. 3. 27.〉
③ 제1항에 따른 부정행위자 등에 대한 조치에 필요한 세부기준·절차 등은 대통령령으로 정한다. 〈신설 2015. 3. 27.〉
[전문개정 2007. 12. 21.]

제6조(학위 수여 등) ① 교육부장관은 「고등교육법」 제35조제1항에도 불구하고 제5조제1항제4호에 따른 학위취득 종합시험에 합격한 사람에게는 학위를 수여한다. 〈개정 2008. 2. 29., 2013. 3. 23., 2015. 3. 27.〉
② 「평생교육법」 제19조에 따른 국가평생교육진흥원장은 제1항에 따른 학위취득 종합시험의 합격증명, 학위증명, 그 밖에 필요한 증명서를 발급하고, 각종 증명서의 발급(발급수수료를 포함한다)에 필요한 사항은 교육부령으로 정한다. 〈신설 2015. 3. 27.〉
③ 제1항에 따른 학위 수여와 그 밖의 학사(學事) 관리에 필요한 사항은 대통령령으로 정한다. 〈개정 2015. 3. 27.〉
[전문개정 2007. 12. 21.]

제7조(권한의 위임) 교육부장관은 대통령령으로 정하는 바에 따라 시험 실시, 학사 관리, 그 밖에 독학에 의한 학위취득에 관한 업무를 그 소속 기관의 장이나 국립학교(전문대학과 고등학교 이하의 각급학교는 제외한다)의 장에게 위임할 수 있다. 〈개정 2008. 2. 29., 2013. 3. 23.〉
[전문개정 2007. 12. 21.]

부칙 〈제13223호, 2015. 3. 27.〉

제1조(시행일) 이 법은 공포한 날부터 시행한다. 다만, 제5조제3항, 제5조의2 및 제6조제2항의 개정규정은 공포 후 6개월이 경과한 날부터 시행한다.

제2조(부정행위자 등에 대한 적용례) 제5조의2의 개정규정은 같은 개정규정 시행 후 최초로 시험에서 부정한 행위를 한 사람 또는 응시원서 등에 응시자격에 관한 사항을 거짓으로 적은 사람부터 적용한다.

기초학력 보장법

기초학력 보장법
[시행 2022. 3. 25.] [법률 제18458호, 2021. 9. 24., 제정]

제1조(목적) 이 법은 학습지원대상학생에게 필요한 지원을 함으로써 모든 학생의 기초학력을 보장하여 능력에 따라 교육을 받을 수 있도록 그 기반을 조성하는 것을 목적으로 한다.

제2조(정의) 이 법에서 사용하는 용어의 뜻은 다음과 같다.
1. "기초학력"이란 「초·중등교육법」 제2조에 따른 학교(이하 "학교"라 한다)의 학생이 대통령령으로 정하는 바에 따라 학교 교육과정을 통하여 갖추어야 하는 최소한의 성취기준을 충족하는 학력을 말한다.
2. "학습지원대상학생"이란 학교의 장이 기초학력을 갖추지 못하였다고 판단하여 제8조제1항에 따라 선정한 학생을 말한다. 다만, 「장애인 등에 대한 특수교육법」 제15조에 따라 학습장애를 지닌 특수교육대상자로 선정된 학생은 제외한다.
3. "학습지원교육"이란 학습지원대상학생에게 개인의 상황과 특성에 맞는 내용과 방법으로 실시하는 맞춤형 교육을 말한다.

제3조(국가 등의 책무) ① 국가와 지방자치단체는 기초학력 보장을 위한 시책을 마련하여야 한다.
② 국가와 지방자치단체는 기초학력 보장을 위하여 학교의 학급당 학생 수를 적정한 수준으로 유지하도록 노력하여야 한다.
③ 국가와 지방자치단체는 기초학력 보장에 관한 시책의 추진에 필요한 재원을 확보하도록 노력하여야 한다.
④ 학교의 장은 교육에 관한 각종 시책을 시행함에 있어서 기초학력 보장을 위하여 노력하여야 한다.

제4조(다른 법률과의 관계) 이 법은 기초학력 보장에 관하여 다른 법률에 우선하여 적용한다.

제5조(기초학력 보장 종합계획의 수립 등) ① 교육부장관은 관계 중앙행정기관의 장 및 특별시·광역시·특별자치시·도·특별자치도의 교육감(이하 "교육감"이라 한다)과 협의한 후 제6조에 따른 기초학력 보장위원회의 심의를 거쳐 5년마다 기초학력 보장 종합계획(이하 "종합계획"이라 한다)을 수립하여야 한다. 종합계획 중 대통령령으로 정하는 중요사항을 변경하는 경우에도 또한 같다.
② 교육감은 종합계획의 내용과 해당 지역의 여건을 고려하여 매년 시·도 기초학력 보장 시행계획(이하 "시행계획"이라 한다)을 수립·시행하여야 한다.
③ 교육감은 전년도 시행계획에 따른 추진실적과 다음 연도 시행계획을 대통령령으로 정하는 바에 따라 매년 교육부장관에게 제출하여야 한다.
④ 그 밖에 종합계획과 시행계획의 수립 및 시행 등에 필요한 사항은 대통령령으로 정한다.

제6조(기초학력 보장위원회의 설치 등) ① 기초학력 보장에 관한 다음 각 호의 사항을 심의하기 위하여 교육부장관 소속으로 기초학력 보장위원회(이하 "위원회"라 한다)를 둔다.
1. 종합계획의 수립
2. 시행계획의 추진실적 평가
3. 기초학력 보장 관련 제도 개선
4. 기초학력 보장과 관련된 각종 조사·연구 및 정책의 분석·평가
5. 그 밖에 기초학력 보장을 위하여 필요한 사항으로서 위원장이 회의에 부치는 사항

② 위원회는 심의와 관련하여 필요한 경우 관계 기관의 장에게 그 소속 공무원의 출석이나 자료의 제출을 요청할 수 있다. 이 경우 요청을 받은 기관의 장은 정당한 사유가 없으면 그 요청에 따라야 한다.
③ 그 밖에 위원회의 구성·운영 등에 필요한 사항은 대통령령으로 정한다.

제7조(기초학력진단검사) ① 학교의 장은 학습지원대상학생을 조기에 발견하고 효과적으로 지원하기 위하여 학생별 기초학력 수준 도달 여부를 진단하는 검사(이하 "기초학력진단검사"라 한다)를 실시할 수 있고, 그 결과를 학생의 보호자에게 통지할 수 있다.
② 그 밖에 기초학력진단검사의 내용 및 실시 등에 필요한 사항은 대통령령으로 정한다.

제8조(학습지원대상학생의 선정 및 학습지원교육) ① 학교의 장은 기초학력진단검사 결과와 학급담임교사 및 해당 교과교사의 추천, 학부모 등 보호자에 대한 상담결과 등에 따라 학습지원교육이 필요하다고 판단되는 학생을 학습지원대상학생으로 선정할 수 있다.
② 학교의 장은 학습지원대상학생의 학력 수준과 기초학력 미달 원인 등을 고려하여 학습지원교육을 실시하여야 한다.
③ 학교의 장은 필요한 경우 보호자에 대한 교육·상담을 실시하거나 학교 외부의 전문기관과 연계하여 학습지원교육을 실시할 수 있다.
④ 학교의 장은 학습지원교육의 효율적인 수행을 위하여 제9조에 따른 학습지원 담당교원, 「학교보건법」 제15조에 따른 보건교사, 「초·중등교육법」 제19조의2에 따른 전문상담교사 등이 함께 학습지원교육을 실시하도록 할 수 있다.
⑤ 학교의 장은 학생들의 기초학력 보장을 위하여 특별한 학습지원이 필요한 교과의 수업에 보조인력을 배치할 수 있다.

⑥ 그 밖에 학습지원대상학생 선정, 학습지원교육 및 보조인력 배치 등에 필요한 사항은 대통령령으로 정한다.

제9조(학습지원 담당교원) ① 학교의 장은 효율적인 학습지원교육의 수행을 위하여 「초·중등교육법」 제19조에 따른 교원 중에서 학습지원교육을 담당하는 교원(이하 "학습지원 담당교원"이라 한다)을 지정할 수 있다.

② 교육부장관 및 교육감은 학습지원 담당교원에게 전문성 함양을 위한 연수를 제공하여야 한다.

③ 그 밖에 학습지원 담당교원의 지정, 연수 등에 필요한 사항은 대통령령으로 정한다.

제10조(기초학력지원센터) ① 교육부장관 및 교육감은 기초학력 보장 제도 개선·연구, 학습지원대상학생 실태조사·지원 및 기초학력 보장 관련 사업의 성과 관리 등을 위하여 기초학력지원센터를 지정·운영할 수 있다.

② 교육부장관 및 교육감은 제1항에 따라 지정된 기초학력지원센터가 다음 각 호의 어느 하나에 해당하는 경우에는 그 지정을 취소할 수 있다. 다만, 제1호에 해당하는 경우에는 그 지정을 취소하여야 한다.

  1. 거짓이나 그 밖의 부정한 방법으로 지정을 받은 경우
  2. 제4항에 따른 지정기준에 적합하지 아니하게 된 경우

③ 교육부장관 및 교육감은 제2항에 따라 기초학력지원센터의 지정을 취소하려면 청문을 하여야 한다.

④ 그 밖에 기초학력지원센터의 지정 및 지정 취소의 기준·절차, 운영 등에 필요한 사항은 대통령령으로 정한다.

제11조(권한의 위임·위탁) ① 이 법에 따른 교육부장관 또는 교육감의 권한은 그 일부를 대통령령으로 정하는 바에 따라 교육감 또는 교육장(「지방교육자치에 관한 법률」 제34조제3항에 따른 교육장을 말한다)에게 위임할 수 있다.

② 이 법에 따른 교육부장관 또는 교육감의 업무는 그 일부를 대통령령으로 정하는 바에 따라 관련 기관·법인이나 단체에 위탁할 수 있다.

부칙 〈제18458호, 2021. 9. 24.〉

이 법은 공포 후 6개월이 경과한 날부터 시행한다.

학교폭력예방 및 대책에 관한 법률

학교폭력예방 및 대책에 관한 법률
(약칭: 학교폭력예방법)
[시행 2024. 3. 1.] [법률 제19942호, 2024. 1. 9., 일부개정]

제1조(목적) 이 법은 학교폭력의 예방과 대책에 필요한 사항을 규정함으로써 피해학생의 보호, 가해학생의 선도·교육 및 피해학생과 가해학생 간의 분쟁조정을 통하여 학생의 인권을 보호하고 학생을 건전한 사회구성원으로 육성함을 목적으로 한다.

제2조(정의) 이 법에서 사용하는 용어의 정의는 다음 각 호와 같다. 〈개정 2009. 5. 8., 2012. 1. 26., 2012. 3. 21., 2021. 3. 23., 2023. 10. 24.〉

1. "학교폭력"이란 학교 내외에서 학생을 대상으로 발생한 상해, 폭행, 감금, 협박, 약취·유인, 명예훼손·모욕, 공갈, 강요·강제적인 심부름 및 성폭력, 따돌림, 사이버폭력 등에 의하여 신체·정신 또는 재산상의 피해를 수반하는 행위를 말한다.
1의2. "따돌림"이란 학교 내외에서 2명 이상의 학생들이 특정인이나 특정집단의 학생들을 대상으로 지속적이거나 반복적으로 신체적 또는 심리적 공격을 가하여 상대방이 고통을 느끼도록 하는 모든 행위를 말한다.
1의3. "사이버폭력"이란 정보통신망(「정보통신망 이용촉진 및 정보보호 등에 관한 법률」제2조제1항제1호의 정보통신망을 말한다)을 이용하여 학생을 대상으로 발생한 따돌림과 그 밖에 신체·정신 또는 재산상의 피해를 수반하는 행위를 말한다.
2. "학교"란 「초·중등교육법」제2조에 따른 초등학교·중학교·고등학교·특수학교 및 각종학교와 같은 법 제61조에 따라 운영하는 학교를 말한다.
3. "가해학생"이란 가해자 중에서 학교폭력을 행사하거나 그 행위에 가담한 학생을 말한다.
4. "피해학생"이란 학교폭력으로 인하여 피해를 입은 학생을 말한다.
5. "장애학생"이란 신체적·정신적·지적 장애 등으로 「장애인 등에 대한 특수교육법」 제15조에서 규정하는 특수교육이 필요한 학생을 말한다.

제3조(해석·적용의 주의의무) 이 법을 해석·적용하는 경우 국민의 권리가 부당하게 침해되지 아니하도록 주의하여야 한다. 〈개정 2021. 3. 23.〉

제4조(국가 및 지방자치단체의 책무) ① 국가 및 지방자치단체는 학교폭력을 예방하고 근절하기 위하여 조사·연구·교육·계도 등 필요한 법적·제도적 장치를 마련하여야 한다.

② 국가 및 지방자치단체는 청소년 관련 단체 등 민간의 자율적인 학교폭력 예방활동과 피해학생의 보호 및 가해학생의 선도·교육 활동을 장려하여야 한다.

③ 국가 및 지방자치단체는 제2항에 따른 청소년 관련 단체 등 민간이 건의한 사항에 대하여는 관련 시책에 반영하도록 노력하여야 한다.

④ 국가 및 지방자치단체는 제1항부터 제3항까지의 규정에 따른 책무를 다하기 위하여 필요한 행정적·재정적 지원을 하여야 한다. 〈개정 2012. 3. 21.〉

제5조(다른 법률과의 관계) ① 학교폭력의 규제, 피해학생의 보호 및 가해학생에 대한 조치에 관하여 다른 법률에 특별한 규정이 있는 경우를 제외하고는 이 법을 적용한다. 〈개정 2021. 3. 23.〉

② 제2조제1호 중 성폭력은 다른 법률에 규정이 있는 경우에는 이 법을 적용하지 아니한다.

제6조(기본계획의 수립 등) ① 교육부장관은 이 법의 목적을 효율적으로 달성하기 위하여 학교폭력의 예방 및 대책에 관한 정책 목표·방향을 설정하고, 이에 따른 학교폭력의 예방 및 대책에 관한 기본계획(이하 "기본계획"이라 한다)을 제7조에 따른 학교폭력대책위원회의 심의를 거쳐 수립·시행하여야 한다. 〈개정 2012. 3. 21., 2013. 3. 23.〉

② 기본계획은 다음 각 호의 사항을 포함하여 5년마다 수립하여야 한다. 이 경우 교육부장관은 관계 중앙행정기관 등의 의견을 수렴하여야 한다. 〈개정 2012. 3. 21., 2013. 3. 23.〉

1. 학교폭력의 근절을 위한 조사·연구·교육 및 계도
2. 피해학생에 대한 치료·재활 등의 지원
3. 학교폭력 관련 행정기관 및 교육기관 상호 간의 협조·지원
4. 제14조제1항에 따른 전문상담교사의 배치 및 이에 대한 행정적·재정적 지원
5. 학교폭력의 예방과 피해학생 및 가해학생의 치료·교육을 수행하는 청소년 관련 단체(이하 "전문단체"라 한다) 또는 전문가에 대한 행정적·재정적 지원
6. 그 밖에 학교폭력의 예방 및 대책을 위하여 필요한 사항

③ 교육부장관은 학교에서 학교폭력에 효과적으로 대응할 수 있도록 학교폭력 사안처리 및 예방교육 등에 관한 안내서를 개발·보급하여야 한다. 〈신설 2023. 10. 24.〉

④ 교육부장관은 대통령령으로 정하는 바에 따라 특별시·광역시·특별자치시·도 및 특별자치도(이하 "시·도"라 한다) 교육청의 학교폭력 예방 및 대책과 그에 대한 성과를 평가하고, 이를 공표하여야 한다. 〈신설 2012. 1. 26., 2013. 3. 23., 2023. 10. 24.〉

제6조의2(학교폭력 대응 전문교육기관 및 센터 운영 등) ① 국가는 학생

치유·회복을 위한 보호시설 운영, 연구 및 교육 등을 수행하는 전문교육기관을 설치·운영할 수 있다.
② 국가는 학교폭력의 효과적인 예방 및 대응을 위한 센터(이하 "학교폭력 예방센터"라 한다)를 지정·운영할 수 있다.
③ 제1항에 따른 전문교육기관의 설치·운영과 제2항에 따른 학교폭력 예방센터의 지정·운영에 관한 사항은 대통령령으로 정한다.
[본조신설 2023. 10. 24.]

제7조(학교폭력대책위원회의 설치·기능) 학교폭력의 예방 및 대책에 관한 다음 각 호의 사항을 심의하기 위하여 국무총리 소속으로 학교폭력대책위원회(이하 "대책위원회"라 한다)를 둔다. 〈개정 2012. 3. 21., 2019. 8. 20.〉
1. 학교폭력의 예방 및 대책에 관한 기본계획의 수립 및 시행에 대한 평가
2. 학교폭력과 관련하여 관계 중앙행정기관 및 지방자치단체의 장이 요청하는 사항
3. 학교폭력과 관련하여 교육청, 제9조에 따른 학교폭력대책지역위원회, 제10조의2에 따른 학교폭력대책지역협의회, 제12조에 따른 학교폭력대책심의위원회, 전문단체 및 전문가가 요청하는 사항

[제목개정 2012. 3. 21.]

제8조(대책위원회의 구성) ① 대책위원회는 위원장 2명을 포함하여 20명 이내의 위원으로 구성한다.
② 위원장은 국무총리와 학교폭력 대책에 관한 전문지식과 경험이 풍부한 전문가 중에서 대통령이 위촉하는 사람이 공동으로 되고, 위원장 모두가 부득이한 사유로 직무를 수행할 수 없을 때에는 국무총리가 지명한 위원이 그 직무를 대행한다.
③ 위원은 다음 각 호의 사람 중에서 대통령이 위촉하는 사람으로 한다. 다만, 제1호의 경우에는 당연직 위원으로 한다. 〈개정 2013. 3. 23., 2014. 11. 19., 2017. 7. 26.〉
1. 기획재정부장관, 교육부장관, 과학기술정보통신부장관, 법무부장관, 행정안전부장관, 문화체육관광부장관, 보건복지부장관, 여성가족부장관, 방송통신위원회 위원장, 경찰청장
2. 학교폭력 대책에 관한 전문지식과 경험이 풍부한 전문가 중에서 제1호의 위원이 각각 1명씩 추천하는 사람
3. 관계 중앙행정기관에 소속된 3급 공무원 또는 고위공무원단에 속하는 공무원으로서 청소년 또는 의료 관련 업무를 담당하는 사람
4. 대학이나 공인된 연구기관에서 조교수 이상 또는 이에 상당한 직에 있거나 있었던 사람으로서 학교폭력 문제 및 이에 따른 상담 또는 심리에 관하여 전문지식이 있는 사람
5. 판사·검사·변호사
6. 전문단체에서 청소년보호활동을 5년 이상 전문적으로 담당한 사람
7. 의사의 자격이 있는 사람
8. 학교운영위원회 활동 및 청소년보호활동 경험이 풍부한 학부모

④ 위원장을 포함한 위원의 임기는 2년으로 하되, 한 차례에 한정하여 연임할 수 있다. 〈개정 2021. 3. 23.〉
⑤ 위원회의 효율적 운영 및 지원을 위하여 간사 1명을 두되, 간사는 교육부장관이 된다. 〈개정 2013. 3. 23.〉
⑥ 위원회에 상정할 안건을 미리 검토하는 등 안건 심의를 지원하고, 위원회가 위임한 안건을 심의하기 위하여 대책위원회에 학교폭력대책실무위원회(이하 "실무위원회"라 한다)를 둔다.
⑦ 그 밖에 대책위원회의 운영과 실무위원회의 구성·운영에 필요한 사항은 대통령령으로 정한다.
[전문개정 2012. 3. 21.]

제9조(학교폭력대책지역위원회의 설치) ① 지역의 학교폭력 문제를 해결하기 위하여 시·도에 학교폭력대책지역위원회(이하 "지역위원회"라 한다)를 둔다. 〈개정 2012. 1. 26.〉
② 특별시장·광역시장·특별자치시장·도지사 및 특별자치도지사는 지역위원회의 운영 및 활동에 관하여 시·도의 교육감(이하 "교육감"이라 한다)과 협의하여야 하며, 그 효율적인 운영을 위하여 실무위원회를 둘 수 있다. 〈개정 2012. 1. 26.〉
③ 지역위원회는 위원장 1인을 포함한 11인 이내의 위원으로 구성한다.
④ 지역위원회 및 제2항에 따른 실무위원회의 구성·운영에 필요한 사항은 대통령령으로 정한다.

제10조(학교폭력대책지역위원회의 기능 등) ① 지역위원회는 기본계획에 따라 지역의 학교폭력 예방대책을 매년 수립한다.
② 지역위원회는 해당 지역에서 발생한 학교폭력에 대하여 교육감 및 시·도경찰청장에게 관련 자료를 요청할 수 있다. 〈개정 2020. 12. 22.〉
③ 교육감은 지역위원회의 의견을 들어 제16조제1항제1호부터 제3호까지나 제17조제1항제5호에 따른 상담·치료 및 교육을 담당할 상담·치료·교육 기관을 지정하여야 한다. 〈개정 2012. 1. 26.〉
④ 교육감은 제3항에 따른 상담·치료·교육 기관을 지정한 때에는 해당 기관의 명칭, 소재지, 업무를 인터넷 홈페이지에 게시하고, 그 밖에 다양한 방법으로 학부모에게 알릴 수 있도록 노력하여야 한다. 〈신설 2012. 1. 26.〉
[제목개정 2012. 1. 26.]

제10조의2(학교폭력대책지역협의회의 설치·운영) ① 학교폭력예방 대책을 수립하고 기관별 추진계획 및 상호 협력·지원 방안 등을 협의하기 위하여 시·군·구에 학교폭력대책지역협의회(이하 "지역협의회"라 한다)를 둔다.
② 지역협의회는 위원장 1명을 포함한 20명 내외의 위원으로 구성한다.
③ 그 밖에 지역협의회의 구성·운영에 필요한 사항은 대통령령으로 정한다.

[본조신설 2012. 3. 21.]

제11조(교육감의 임무) ① 교육감은 시·도교육청에 학교폭력의 예방·대책 및 법률지원을 포함한 통합지원을 담당하는 전담부서를 설치·운영하여야 한다. 〈개정 2023. 10. 24.〉

② 교육감은 관할 구역 안에서 학교폭력이 발생한 때에는 해당 학교의 장 및 관련 학교의 장에게 그 경과 및 결과의 보고를 요구할 수 있다.

③ 교육감은 관할 구역 안의 학교폭력이 관할 구역 외의 학교폭력과 관련이 있는 때에는 그 관할 교육감과 협의하여 적절한 조치를 취하여야 한다.

④ 교육감은 학교의 장으로 하여금 학교폭력의 예방 및 대책에 관한 실시계획을 수립·시행하도록 하여야 한다.

⑤ 교육감은 제12조에 따른 심의위원회가 처리한 학교의 학교폭력빈도를 학교의 장에 대한 업무수행 평가에 부정적 자료로 사용하여서는 아니 된다. 〈개정 2019. 8. 20.〉

⑥ 교육감은 제17조제1항제8호에 따른 전학의 경우 그 실현을 위하여 필요한 조치를 취하여야 하며, 제17조제1항제9호에 따른 퇴학처분의 경우 해당 학생의 건전한 성장을 위하여 다른 학교 재입학 등의 적절한 대책을 강구하여야 한다. 〈개정 2012. 1. 26., 2012. 3. 21.〉

⑦ 교육감은 대책위원회 및 지역위원회에 관할 구역 안의 학교폭력의 실태 및 대책에 관한 사항을 보고하고 공표하여야 한다. 관할 구역 밖의 학교폭력 관련 사항 중 관할 구역 안의 학교와 관련된 경우에도 또한 같다. 〈개정 2012. 1. 26., 2012. 3. 21.〉

⑧ 교육감은 학교폭력의 실태를 파악하고 학교폭력에 대한 효율적인 예방대책을 수립하기 위하여 학교폭력 실태조사를 연 2회 이상 실시하고 그 결과를 공표하여야 한다. 〈신설 2012. 3. 21., 2015. 12. 22.〉

⑨ 교육감은 학교폭력 등에 관한 조사, 상담, 치유프로그램 운영, 학생 치유·회복을 위한 보호시설 운영, 법률지원을 포함한 통합지원 등을 위한 전문기관을 설치·운영하여야 한다. 〈신설 2012. 3. 21., 2023. 10. 24.〉

⑩ 교육감은 제14조제3항에 따른 전담기구 구성원의 학교폭력 관련 전문성 향상을 위한 교육 등을 실시할 수 있다. 〈신설 2023. 10. 24.〉

⑪ 교육감은 관할 구역에서 학교폭력이 발생한 때에 해당 학교의 장 또는 소속 교원이 그 경과 및 결과를 보고하면서 축소 및 은폐를 시도한 경우에는 「교육공무원법」 제50조 및 「사립학교법」 제62조에 따른 징계위원회에 징계의결을 요구하여야 한다. 〈신설 2012. 3. 21., 2021. 3. 23., 2023. 10. 24.〉

⑫ 교육감은 관할 구역에서 학교폭력의 예방 및 대책 마련에 기여한 바가 큰 학교 또는 소속 교원에게 상훈을 수여하거나 소속 교원의 근무성적 평정에 가산점을 부여할 수 있다. 〈신설 2012. 3. 21., 2023. 10. 24.〉

⑬ 교육감은 학교의 장 및 교감을 대상으로 학교폭력 예방 및 대책 등에 관한 교육을 매년 1회 이상 실시하여야 한다. 〈신설 2023. 10. 24.〉

⑭ 제1항에 따라 설치되는 전담부서의 구성과 제8항에 따라 실시하는 학교폭력 실태조사, 제9항에 따른 전문기관의 설치 및 제13항에 따른 교육의 실시에 필요한 사항은 대통령령으로 정한다. 〈개정 2012. 3. 21., 2023. 10. 24.〉

제11조의2(학교폭력 조사·상담 등) ① 교육감은 학교폭력 예방과 사후조치 등을 위하여 다음 각 호의 조사·상담 등을 수행할 수 있다. 〈개정 2021. 3. 23.〉

1. 학교폭력 피해학생 상담 및 가해학생 조사
2. 필요한 경우 가해학생 학부모 조사
3. 학교폭력 예방 및 대책에 관한 계획의 이행 지도
4. 관할 구역 학교폭력서클 단속
5. 학교폭력 예방을 위하여 민간 기관 및 업소 출입·검사
6. 그 밖에 학교폭력 등과 관련하여 필요한 사항

② 교육감은 제1항의 조사·상담 등의 업무를 대통령령으로 정하는 기관 또는 단체에 위탁할 수 있다.

③ 교육감 및 제2항에 따른 위탁 기관 또는 단체의 장은 제1항에 따른 조사·상담 등의 업무 수행에 필요한 경우 관계 기관의 장에게 협조를 요청할 수 있다. 〈개정 2021. 3. 23.〉

④ 제1항에 따라 조사·상담 등을 하는 관계 직원은 그 권한을 표시하는 증표를 지니고 이를 관계인에게 보여주어야 한다.

⑤ 제1항제1호 및 제4호의 조사 등의 결과는 학교의 장 및 보호자에게 통보하여야 한다.

[본조신설 2012. 3. 21.]

제11조의3(관계 기관과의 협조 등) ① 교육부장관, 교육감, 지역 교육장, 학교의 장은 학교폭력과 관련한 개인정보 등을 경찰청장, 시·도경찰청장, 관할 경찰서장 및 관계 기관의 장에게 요청할 수 있다. 〈개정 2013. 3. 23., 2020. 12. 22.〉

② 제1항에 따라 정보제공을 요청받은 경찰청장, 시·도경찰청장, 관할 경찰서장 및 관계 기관의 장은 특별한 사정이 없으면 그 요청을 따라야 한다. 〈개정 2020. 12. 22., 2021. 3. 23.〉

③ 제1항 및 제2항에 따른 관계 기관과의 협조 사항 및 절차 등에 필요한 사항은 대통령령으로 정한다.

[본조신설 2012. 3. 21.]

제11조의4(학교폭력 업무 담당자에 대한 지원 및 면책) ① 학교의 장은 제14조제3항에 따른 책임교사의 활동을 지원하기 위하여 수업시간을 조정하는 등 필요한 조치를 하여야 한다.

② 교육부장관 및 교육감은 학교폭력 예방 및 대응 업무를 수행하는 교원의 활동을 지원하기 위하여 「교원의 지위 향상 및 교육활동 보호를 위한 특별법」 제14조의2에 따른 법률지원단을 통하여 학교폭력과 관련된 상담 및 민사소송이나 형사 고소·고발 등을 당한 경우 이에 대한 상담 등 필요한 법률서비스를 제공할 수 있다.

③ 학교의 장 및 교원이 학교폭력 예방 및 대응을 위하여 「초·중등교육법」 등 관계 법령에 따라 학생생활지도를 실시하는 경우 해

당 학생생활지도가 관계 법령 및 학칙을 준수하여 이루어진 정당한 학교폭력사건 처리 또는 학생생활지도에 해당하는 때에는 학교의 장 및 교원은 그로 인한 민사상·형사상 책임을 지지 아니한다.
[본조신설 2023. 10. 24.]

제12조(학교폭력대책심의위원회의 설치·기능) ① 학교폭력의 예방 및 대책에 관련된 사항을 심의하기 위하여 「지방교육자치에 관한 법률」 제34조 및 「제주특별자치도 설치 및 국제자유도시 조성을 위한 특별법」 제80조에 따른 교육지원청(교육지원청이 없는 경우 해당 시·도 조례로 정하는 기관으로 한다. 이하 같다)에 학교폭력대책심의위원회(이하 "심의위원회"라 한다)를 둔다. 다만, 심의위원회 구성에 있어 대통령령으로 정하는 사유가 있는 경우에는 교육감 보고를 거쳐 둘 이상의 교육지원청이 공동으로 심의위원회를 구성할 수 있다. 〈개정 2012. 1. 26., 2019. 8. 20.〉
② 심의위원회는 학교폭력의 예방 및 대책 등을 위하여 다음 각 호의 사항을 심의한다. 〈개정 2012. 1. 26., 2019. 8. 20.〉
  1. 학교폭력의 예방 및 대책
  2. 피해학생의 보호
  3. 가해학생에 대한 교육, 선도 및 징계
  4. 피해학생과 가해학생 간의 분쟁조정
  5. 그 밖에 대통령령으로 정하는 사항
③ 심의위원회는 해당 지역에서 발생한 학교폭력에 대하여 조사할 수 있고 학교장 및 관할 경찰서장에게 관련 자료를 요청할 수 있다. 〈신설 2012. 3. 21., 2019. 8. 20.〉
④ 심의위원회의 설치·기능 등에 필요한 사항은 지역 및 교육지원청의 규모 등을 고려하여 대통령령으로 정한다. 〈개정 2012. 3. 21., 2019. 8. 20.〉
[제목개정 2019. 8. 20.]

제13조(심의위원회의 구성·운영) ① 심의위원회는 10명 이상 50명 이내의 위원으로 구성하되, 전체위원의 3분의 1 이상을 해당 교육지원청 관할 구역 내 학교(고등학교를 포함한다)에 소속된 학생의 학부모로 위촉하여야 한다. 〈개정 2019. 8. 20.〉
② 심의위원회의 위원장은 다음 각 호의 어느 하나에 해당하는 경우에 회의를 소집하여야 한다. 〈신설 2011. 5. 19., 2012. 1. 26., 2012. 3. 21., 2019. 8. 20.〉
  1. 심의위원회 재적위원 4분의 1 이상이 요청하는 경우
  2. 학교의 장이 요청하는 경우
  3. 피해학생 또는 그 보호자가 요청하는 경우
  4. 학교폭력이 발생한 사실을 신고받거나 보고받은 경우
  5. 가해학생이 협박 또는 보복한 사실을 신고받거나 보고받은 경우
  6. 그 밖에 위원장이 필요하다고 인정하는 경우
③ 심의위원회는 회의의 일시, 장소, 출석위원, 토의내용 및 의결사항 등이 기록된 회의록을 작성·보존하여야 한다. 〈신설 2011. 5. 19., 2019. 8. 20.〉
④ 제2항에 따라 회의가 소집되는 경우 교육장(교육지원청이 없는 경우 해당 시·도 조례로 정하는 기관의 장)은 가해학생·피해학생 및 그 보호자에게 다음 각 호의 사항을 통지하여야 한다. 〈신설 2024. 1. 9.〉
  1. 회의 일시·장소와 안건
  2. 조치 요청사항 등 회의 결과
⑤ 심의위원회는 심의 과정에서 소아청소년과 의사, 정신건강의학과 의사, 심리학자, 그 밖의 아동심리와 관련된 전문가를 출석하게 하거나 서면 등의 방법으로 의견을 청취할 수 있고, 피해학생이 상담·치료 등을 받은 경우 해당 전문가 또는 전문의 등으로부터 의견을 청취할 수 있다. 다만, 심의위원회는 피해학생 또는 그 보호자의 의사를 확인하여 피해학생 또는 그 보호자의 요청이 있는 경우에는 반드시 의견을 청취하여야 한다. 〈신설 2020. 12. 22., 2024. 1. 9.〉
⑥ 그 밖에 심의위원회의 구성·운영에 필요한 사항은 대통령령으로 정한다. 〈개정 2011. 5. 19., 2019. 8. 20., 2020. 12. 22., 2024. 1. 9.〉
[제목개정 2011. 5. 19., 2019. 8. 20.]

제13조의2(학교의 장의 자체해결) ① 제13조제2항제4호 및 제5호에도 불구하고 다음 각 호에 모두 해당하는 경미한 학교폭력에 대하여 피해학생 및 그 보호자가 심의위원회의 개최를 원하지 아니하는 경우 학교의 장은 학교폭력사건을 자체적으로 해결할 수 있다. 이 경우 학교의 장은 지체 없이 이를 심의위원회에 보고하여야 한다. 〈개정 2021. 3. 23., 2023. 10. 24.〉
  1. 2주 이상의 신체적·정신적 치료가 필요한 진단서를 발급받지 않은 경우
  2. 재산상 피해가 없는 경우 또는 재산상 피해가 즉각 복구되거나 복구 약속이 있는 경우
  3. 학교폭력이 지속적이지 않은 경우
  4. 학교폭력에 대한 신고, 진술, 자료제공 등에 대한 보복행위(정보통신망을 이용한 행위를 포함한다)가 아닌 경우
② 학교의 장은 제1항에 따라 사건을 해결하려는 경우 다음 각 호에 해당하는 절차를 모두 거쳐야 한다.
  1. 피해학생과 그 보호자의 심의위원회 개최 요구 의사의 서면 확인
  2. 학교폭력의 경중에 대한 제14조제3항에 따른 전담기구의 서면 확인 및 심의
③ 학교의 장은 제1항에 따른 경미한 학교폭력에 대하여 피해학생 및 그 보호자가 심의위원회의 개최를 원하는 경우 피해학생과 가해학생 사이의 관계회복을 위한 프로그램(이하 "관계회복 프로그램"이라 한다)을 권유할 수 있다. 〈신설 2023. 10. 24.〉
④ 국가 및 지방자치단체는 관계회복 프로그램의 개발·보급 및 운영을 위하여 필요한 경우 행정적·재정적 지원을 할 수 있다. 〈신설 2023. 10. 24.〉
⑤ 그 밖에 학교의 장이 학교폭력을 자체적으로 해결하는 데에 필요한 사항은 대통령령으로 정한다. 〈개정 2023. 10. 24.〉
[본조신설 2019. 8. 20.]

제14조(전문상담교사 배치 및 전담기구 구성) ① 학교의 장은 학교에 대통령령으로 정하는 바에 따라 상담실을 설치하고, 「초·중등교육법」 제19조의2에 따라 전문상담교사를 둔다.

② 전문상담교사는 학교의 장 및 심의위원회의 요구가 있는 때에는 학교폭력에 관련된 피해학생 및 가해학생과의 상담결과를 보고하여야 한다. 〈개정 2019. 8. 20.〉

③ 학교의 장은 교감, 전문상담교사, 보건교사 및 책임교사(학교폭력문제를 담당하는 교사를 말한다), 학부모 등으로 학교폭력문제를 담당하는 전담기구(이하 "전담기구"라 한다)를 구성한다. 이 경우 학부모는 전담기구 구성원의 3분의 1 이상이어야 한다. 〈개정 2012. 3. 21., 2019. 8. 20.〉

④ 학교의 장은 학교폭력 사태를 인지한 경우 지체 없이 전담기구 또는 소속 교원으로 하여금 가해 및 피해 사실 여부를 확인하도록 하고, 전담기구로 하여금 제13조의2에 따른 학교의 장의 자체해결 부의 여부를 심의하도록 한다. 〈신설 2019. 8. 20.〉

⑤ 전담기구는 학교폭력에 대한 실태조사(이하 "실태조사"라 한다)와 학교폭력 예방 프로그램을 구성·실시하며, 학교의 장 및 심의위원회의 요구가 있는 때에는 학교폭력에 관련된 조사결과 등 활동결과를 보고하여야 한다. 〈개정 2012. 3. 21., 2019. 8. 20.〉

⑥ 피해학생 또는 피해학생의 보호자는 피해사실 확인을 위하여 전담기구에 실태조사를 요구할 수 있다. 〈신설 2009. 5. 8., 2012. 3. 21., 2019. 8. 20.〉

⑦ 국가 및 지방자치단체는 실태조사에 관한 예산을 지원하고, 관계 행정기관은 실태조사에 협조하여야 하며, 학교의 장은 전담기구에 행정적·재정적 지원을 할 수 있다. 〈개정 2009. 5. 8., 2012. 3. 21., 2019. 8. 20.〉

⑧ 전담기구는 성폭력 등 특수한 학교폭력사건에 대한 실태조사의 전문성을 확보하기 위하여 필요한 경우 전문기관에 그 실태조사를 의뢰할 수 있다. 이 경우 그 의뢰는 심의위원회 위원장의 심의를 거쳐 학교의 장 명의로 하여야 한다. 〈신설 2012. 1. 26., 2012. 3. 21., 2019. 8. 20.〉

⑨ 그 밖에 전담기구 운영 등에 필요한 사항은 대통령령으로 정한다. 〈신설 2012. 3. 21., 2019. 8. 20.〉

제15조(학교폭력 예방교육 등) ① 학교의 장은 학생의 육체적·정신적 보호와 학교폭력의 예방을 위한 학생들에 대한 교육(학교폭력의 개념·실태 및 대처방안 등을 포함하여야 한다)을 학기별로 1회 이상 실시하여야 한다. 〈개정 2012. 1. 26.〉

② 학교의 장은 학교폭력의 예방 및 대책 등을 위한 교직원 및 학부모에 대한 교육을 학기별로 1회 이상 실시하여야 한다. 〈개정 2012. 3. 21.〉

③ 학교의 장은 학교폭력을 예방하기 위하여 교사·학생·학부모 등 학교구성원이 학교폭력에 대한 책임을 인식하고 실천할 수 있도록 필요한 사항을 정하여 운영할 수 있다. 〈신설 2023. 10. 24.〉

④ 학교의 장은 제1항에 따른 학교폭력 예방교육 프로그램의 구성 및 그 운용 등을 전담기구와 협의하여 전문단체 또는 전문가에게 위탁할 수 있다. 〈개정 2023. 10. 24.〉

⑤ 교육장은 제1항, 제2항 및 제4항에 따른 학교폭력 예방교육 프로그램의 구성과 운용계획을 학부모가 쉽게 확인할 수 있도록 휴대전화를 이용한 문자메시지 전송, 인터넷 홈페이지 게시 및 그 밖에 다양한 방법으로 학부모에게 홍보하여 참여가 활성화될 수 있도록 노력하여야 한다. 〈개정 2012. 1. 26., 2023. 10. 24.〉

⑥ 교육부장관은 학교폭력 예방 및 대책 등에 관한 홍보영상을 제작하여 「방송법」 제2조제3호에 따른 방송사업자에게 배포하고 송출을 요청할 수 있다. 〈신설 2023. 10. 24.〉

⑦ 그 밖에 학교폭력 예방교육의 실시와 관련한 사항은 대통령령으로 정한다. 〈개정 2011. 5. 19., 2023. 10. 24.〉

[제목개정 2011. 5. 19.]

제16조(피해학생의 보호) ① 심의위원회는 피해학생의 보호를 위하여 필요하다고 인정하는 때에는 피해학생에 대하여 다음 각 호의 어느 하나에 해당하는 조치(수 개의 조치를 동시에 부과하는 경우를 포함한다)를 할 것을 교육장(교육장이 없는 경우 제12조제1항에 따라 조례로 정한 기관의 장으로 한다. 이하 같다)에게 요청할 수 있다. 다만, 학교의 장은 학교폭력사건을 인지한 경우 피해학생의 반대의사 등 대통령령으로 정하는 특별한 사정이 없으면 지체 없이 가해자(교사를 포함한다)와 피해학생을 분리하여야 하며, 피해학생이 긴급보호를 요청하는 경우에는 제1호부터 제3호까지 및 제6호의 조치를 할 수 있다. 이 경우 학교의 장은 심의위원회에 즉시 보고하여야 한다. 〈개정 2012. 3. 21., 2017. 4. 18., 2019. 8. 20., 2020. 12. 22., 2021. 3. 23., 2023. 10. 24.〉

1. 학내외 전문가에 의한 심리상담 및 조언
2. 일시보호
3. 치료 및 치료를 위한 요양
4. 학급교체
5. 삭제 〈2012. 3. 21.〉
6. 그 밖에 피해학생의 보호를 위하여 필요한 조치

② 심의위원회는 제1항에 따른 조치를 요청하기 전에 피해학생 및 그 보호자에게 의견진술의 기회를 부여하는 등 적정한 절차를 거쳐야 한다. 〈신설 2012. 3. 21., 2019. 8. 20.〉

③ 제1항에 따른 요청이 있는 때에는 교육장은 피해학생의 보호자의 동의를 받아 7일 이내에 해당 조치를 하여야 한다. 〈개정 2012. 3. 21., 2019. 8. 20.〉

④ 제1항의 조치 등 보호가 필요한 학생에 대하여 학교의 장이 인정하는 경우 그 조치에 필요한 결석을 출석일수에 포함하여 계산할 수 있다. 〈개정 2012. 3. 21., 2021. 3. 23.〉

⑤ 학교의 장은 성적 등을 평가하는 경우 제3항에 따른 조치로 인하여 학생에게 불이익을 주지 아니하도록 노력하여야 한다. 〈개정 2012. 3. 21., 2021. 3. 23.〉

⑥ 피해학생이 전문단체나 전문가로부터 제1항제1호부터 제3호까지의 규정에 따른 상담 등을 받는 데에 사용되는 비용은 가해학생의 보호자가 부담하여야 한다. 다만, 피해학생의 신속한 치료를

위하여 학교의 장 또는 피해학생의 보호자가 원하는 경우에는 「학교안전사고 예방 및 보상에 관한 법률」제15조에 따른 학교안전공제회 또는 시·도교육청이 부담하고 이에 대한 상환청구권을 행사할 수 있다. 〈개정 2012. 1. 26., 2012. 3. 21., 2021. 3. 23.〉

1. 삭제 〈2012. 3. 21.〉
2. 삭제 〈2012. 3. 21.〉

⑦ 학교의 장 또는 피해학생의 보호자는 필요한 경우 「학교안전사고 예방 및 보상에 관한 법률」제34조의 공제급여를 학교안전공제회에 직접 청구할 수 있다. 〈신설 2012. 1. 26., 2012. 3. 21.〉

⑧ 피해학생의 보호 및 제6항에 따른 지원범위, 상환청구범위, 지급절차 등에 필요한 사항은 대통령령으로 정한다. 〈신설 2012. 3. 21., 2021. 3. 23.〉

제16조의2(장애학생의 보호) ① 누구든지 장애 등을 이유로 장애학생에게 학교폭력을 행사하여서는 아니 된다.

② 심의위원회는 피해학생 또는 가해학생이 장애학생인 경우 심의과정에 「장애인 등에 대한 특수교육법」제2조제4호에 따른 특수교육교원 등 특수교육 전문가 또는 장애인 전문가를 출석하게 하거나 서면 등의 방법으로 의견을 청취할 수 있다. 〈신설 2020. 12. 22.〉

③ 심의위원회는 학교폭력으로 피해를 입은 장애학생의 보호를 위하여 장애인전문 상담가의 상담 또는 장애인전문 치료기관의 요양 조치를 학교의 장에게 요청할 수 있다. 〈개정 2019. 8. 20., 2020. 12. 22.〉

④ 제3항에 따른 요청이 있는 때에는 학교의 장은 해당 조치를 하여야 한다. 이 경우 제16조제6항을 준용한다. 〈개정 2012. 3. 21., 2020. 12. 22.〉

[본조신설 2009. 5. 8.]

제16조의3(피해학생 지원 조력인) ① 교육감 또는 교육장은 피해학생 지원을 위하여 피해학생이 필요로 하는 법률, 상담, 보호 등을 위한 서비스 및 지원기관을 연계하는 조력인(이하 "피해학생 지원 조력인"이라 한다)을 지정할 수 있다.

② 교육감 또는 교육장은 피해학생 지원 조력인의 운영을 위한 행정적·재정적 지원을 하여야 한다.

③ 피해학생 지원 조력인의 지정 및 운영에 관한 사항은 대통령령으로 정한다.

[본조신설 2023. 10. 24.]

제16조의4(사이버폭력의 피해자 지원) ① 국가는 사이버폭력에 해당하는 촬영물, 음성물, 복제물, 편집물, 개인정보, 허위사실 등(이하 이 조에서 "촬영물등"이라 한다)이 정보통신망에 유포되어 피해(촬영물등의 대상자가 되어 입은 피해를 말한다)를 입은 학생에 대하여 촬영물등의 삭제를 위한 지원을 할 수 있다.

② 제1항에 따른 피해학생, 그 보호자 또는 피해학생이나 보호자가 지정하는 대리인은 국가에 촬영물등의 삭제를 위한 지원을 요청할 수 있다. 이 경우 피해학생이나 그 보호자가 지정하는 대리인은 대통령령으로 정하는 요건을 갖추어 삭제지원을 요청하여야 한다.

③ 제1항에 따른 촬영물등 삭제지원에 소요되는 비용은 사이버폭력의 가해학생 또는 그 보호자가 부담한다.

④ 국가가 제1항에 따라 촬영물등 삭제지원에 소요되는 비용을 지출한 경우 사이버폭력의 가해학생 또는 그 보호자에게 상환청구권을 행사할 수 있다.

⑤ 제1항 및 제2항에 따른 촬영물등 삭제지원의 내용·방법, 제4항에 따른 상환청구권 행사의 절차·방법 등에 필요한 사항은 대통령령으로 정한다.

[본조신설 2023. 10. 24.]

제17조(가해학생에 대한 조치) ① 심의위원회는 피해학생의 보호와 가해학생의 선도·교육을 위하여 가해학생에 대하여 다음 각 호의 어느 하나에 해당하는 조치(수 개의 조치를 동시에 부과하는 경우를 포함한다)를 할 것을 교육장에게 요청하여야 하며, 각 조치별 적용 기준은 대통령령으로 정한다. 다만, 퇴학처분은 의무교육과정에 있는 가해학생에 대하여는 적용하지 아니한다. 〈개정 2009. 5. 8., 2012. 1. 26., 2012. 3. 21., 2019. 8. 20., 2021. 3. 23., 2023. 10. 24.〉

1. 피해학생에 대한 서면사과
2. 피해학생 및 신고·고발 학생에 대한 접촉, 협박 및 보복행위(정보통신망을 이용한 행위를 포함한다)의 금지
3. 학교에서의 봉사
4. 사회봉사
5. 학내외 전문가, 교육감이 정한 기관에 의한 특별 교육이수 또는 심리치료
6. 출석정지
7. 학급교체
8. 전학
9. 퇴학처분

② 제1항에 따라 심의위원회가 교육장에게 가해학생에 대한 조치를 요청할 때 그 이유가 피해학생이나 신고·고발 학생에 대한 협박 또는 보복행위(정보통신망을 이용한 행위를 포함한다)일 경우에는 같은 항 제6호부터 제9호까지의 조치를 동시에 부과하거나 조치 내용을 가중할 수 있다. 〈신설 2012. 3. 21., 2019. 8. 20., 2021. 3. 23., 2023. 10. 24.〉

③ 제1항제2호부터 제4호까지 및 제6호부터 제8호까지의 처분을 받은 가해학생은 교육감이 정한 기관(대안교육기관을 포함한다)에서 특별교육을 이수하거나 심리치료를 받아야 하며, 그 기간은 심의위원회에서 정한다. 〈개정 2012. 1. 26., 2012. 3. 21., 2019. 8. 20., 2023. 10. 24.〉

④ 학교의 장은 학교폭력을 인지한 경우 지체 없이 제1항제2호의 조치를 하여야 한다. 〈신설 2023. 10. 24.〉

⑤ 학교의 장은 피해학생의 보호와 가해학생의 선도·교육이 긴급하다고 인정할 경우 우선 제1항제1호, 제3호, 제5호부터 제7호까지의 조치를 각각 또는 동시에 부과할 수 있다. 이 경우 심의위원회에 즉시 보고하여 추인을 받아야 한다. 〈개정 2012. 1. 26., 2012. 3.

21., 2019. 8. 20., 2021. 3. 23., 2023. 10. 24.〉

⑥ 학교의 장은 피해학생 및 그 보호자가 요청할 경우 전담기구 심의를 거쳐 제1항제6호 또는 제7호의 조치를 할 수 있다. 이 경우 심의위원회에 즉시 보고하여 추인을 받아야 한다. 〈신설 2023. 10. 24.〉

⑦ 제5항 및 제6항에 따라 학교의 장이 부과하는 제1항제6호 조치의 기간은 심의위원회 조치결정시까지로 정할 수 있다. 〈신설 2023. 10. 24.〉

⑧ 심의위원회는 제1항 또는 제2항에 따른 조치를 요청하기 전에 가해학생 및 보호자에게 의견진술의 기회를 부여하는 등 적정한 절차를 거쳐야 한다. 〈개정 2012. 3. 21., 2019. 8. 20., 2023. 10. 24.〉

⑨ 제1항에 따른 요청이 있는 때에는 교육장은 14일 이내에 해당 조치를 하여야 한다. 〈개정 2012. 1. 26., 2012. 3. 21., 2019. 8. 20., 2023. 10. 24.〉

⑩ 학교의 장이 제4항부터 제6항까지에 따른 조치를 한 때에는 가해학생과 그 보호자에게 이를 통지하여야 하며, 가해학생이 이를 거부하거나 회피하는 때에는 학교의 장은 「초·중등교육법」 제18조에 따라 징계하여야 한다. 〈개정 2012. 3. 21., 2019. 8. 20., 2023. 10. 24.〉

⑪ 제1항제2호의 처분을 받은 가해학생의 보호자는 가해학생이 해당 조치를 적절히 이행할 수 있도록 노력하여야 한다. 〈신설 2023. 10. 24.〉

⑫ 가해학생이 제1항제3호부터 제5호까지의 규정에 따른 조치를 받은 경우 이와 관련된 결석은 학교의 장이 인정하는 때에는 이를 출석일수에 포함하여 계산할 수 있다. 〈개정 2012. 1. 26., 2012. 3. 21., 2021. 3. 23., 2023. 10. 24.〉

⑬ 심의위원회는 가해학생이 특별교육을 이수할 경우 해당 학생의 보호자도 함께 교육을 받게 하여야 하며, 피해학생이 장애학생일 경우 장애인식개선 교육내용을 포함하여야 한다. 〈개정 2012. 3. 21., 2019. 8. 20., 2023. 10. 24.〉

⑭ 가해학생이 다른 학교로 전학을 간 이후에는 전학 전의 피해학생 소속 학교로 다시 전학올 수 없도록 하여야 한다. 〈신설 2012. 1. 26., 2012. 3. 21., 2023. 10. 24.〉

⑮ 제1항제2호부터 제9호까지의 처분을 받은 학생이 해당 조치를 거부하거나 기피하는 경우 심의위원회는 제7항에도 불구하고 대통령령으로 정하는 바에 따라 추가로 다른 조치를 할 것을 교육장에게 요청할 수 있다. 〈신설 2012. 3. 21., 2019. 8. 20., 2023. 10. 24.〉

⑯ 피해학생 및 그 보호자는 제9항, 제10항 및 제15항에 따른 조치 또는 징계가 지연되거나 이행되지 아니할 경우 교육감에게 신고할 수 있으며, 신고하는 경우 교육감은 지체 없이 사실 여부를 확인하기 위하여 대통령령으로 정하는 바에 따라 교육장 또는 학교의 장을 조사하여야 한다. 〈신설 2024. 1. 9.〉

⑰ 가해학생에 대한 조치 및 제11조제6항에 따른 재입학 등에 관하여 필요한 사항은 대통령령으로 정한다. 〈신설 2012. 3. 21., 2023. 10. 24., 2024. 1. 9.〉

제17조의2(행정심판) ① 교육장이 제16조제1항 및 제17조제1항에 따라 내린 조치에 대하여 이의가 있는 피해학생 또는 그 보호자는 「행정심판법」에 따른 행정심판을 청구할 수 있다. 〈신설 2012. 3. 21., 2017. 11. 28., 2019. 8. 20.〉

② 교육장이 제17조제1항에 따라 내린 조치에 대하여 이의가 있는 가해학생 또는 그 보호자는 「행정심판법」에 따른 행정심판을 청구할 수 있다. 〈개정 2012. 3. 21., 2017. 11. 28., 2019. 8. 20.〉

③ 행정심판위원회는 피해학생 또는 그 보호자 및 피·가해학생의 소속 학교에 제2항에 따른 행정심판의 청구 사실을 통지하고 「행정심판법」 제20조에 따른 심판참가에 관한 사항을 문서로 안내하여야 한다. 〈신설 2023. 10. 24.〉

④ 제1항 및 제2항에 따른 행정심판청구에 필요한 사항은 「행정심판법」을 준용한다. 〈개정 2019. 8. 20., 2023. 10. 24.〉

⑤ 삭제 〈2019. 8. 20.〉

⑥ 삭제 〈2019. 8. 20.〉

[본조신설 2012. 1. 26.]
[제목개정 2019. 8. 20.]

제17조의3(행정소송) ① 교육장이 제16조제1항 및 제17조제1항에 따라 내린 조치에 대하여 이의가 있는 피해학생 또는 그 보호자는 「행정소송법」에 따른 행정소송을 제기할 수 있다.

② 교육장이 제17조제1항에 따라 내린 조치에 대하여 이의가 있는 가해학생 또는 그 보호자는 「행정소송법」에 따른 행정소송을 제기할 수 있다.

③ 교육장은 피·가해학생 또는 그 보호자 및 피·가해학생의 소속 학교에 제1항 및 제2항에 따른 행정소송의 제기 사실을 통지하고 「행정소송법」 제16조에 따른 소송참가에 관한 사항을 문서로 안내하여야 한다.

④ 제1항 및 제2항에 따른 행정소송 제기에 필요한 사항은 「행정소송법」을 준용한다.

[본조신설 2023. 10. 24.]

제17조의4(집행정지) ① 행정심판위원회 및 법원이 제17조제1항에 따른 조치에 대하여 「행정심판법」 제30조 또는 「행정소송법」 제23조에 따른 집행정지 결정을 하려는 경우에는 피해학생 또는 그 보호자의 의견을 청취하여야 한다. 다만, 피해학생 또는 그 보호자가 의견진술의 기회를 포기한다는 뜻을 명백히 표시한 경우 등에는 의견청취를 아니할 수 있다.

② 교육감 또는 교육장은 행정심판위원회 또는 법원으로부터 집행정지 신청 사실 및 그 결과를 통보받은 경우 피해학생 또는 그 보호자 및 피·가해학생의 소속 학교에 그 사실 및 결과를 통지하여야 한다.

③ 제17조제1항에 따른 조치에 대한 집행정지 신청이 인용된 경우, 피해학생 및 그 보호자는 학교의 장에게 가해학생과의 분리를 요청할 수 있고, 학교의 장은 전담기구 심의를 거쳐 가해학생과 피해학생을 분리하여야 한다.

④ 제1항에 따른 의견청취의 절차, 방법, 예외 등에 필요한 사항은

「행정심판법」제30조에 따른 집행정지의 경우에는 대통령령으로 정하고, 「행정소송법」제23조에 따른 집행정지의 경우에는 대법원규칙으로 정한다.

[본조신설 2023. 10. 24.]

제17조의5(재판기간에 관한 규정) 교육장이 제17조제1항에 따라 내린 조치에 대하여 이의가 있는 가해학생 또는 그 보호자가 「행정소송법」에 따른 행정소송을 제기한 경우 그 행정소송 사건의 재판은 다른 재판에 우선하여 신속히 하여야 하며, 그 판결의 선고는 제1심에서는 소가 제기된 날부터 90일 이내에, 제2심 및 제3심에서는 전심의 판결의 선고가 있은 날부터 각각 60일 이내에 하여야 한다.

[본조신설 2023. 10. 24.]

제18조(분쟁조정) ① 심의위원회는 학교폭력과 관련하여 분쟁이 있는 경우에는 그 분쟁을 조정할 수 있다. 〈개정 2019. 8. 20.〉

② 제1항에 따른 분쟁의 조정기간은 1개월을 넘지 못한다.

③ 학교폭력과 관련한 분쟁조정에는 다음 각 호의 사항을 포함한다. 〈개정 2019. 8. 20.〉

    1. 피해학생과 가해학생간 또는 그 보호자 간의 손해배상에 관련된 합의조정

    2. 그 밖에 심의위원회가 필요하다고 인정하는 사항

④ 심의위원회는 분쟁조정을 위하여 필요하다고 인정하는 때에는 관계 기관의 협조를 얻어 학교폭력과 관련한 사항을 조사할 수 있다. 〈개정 2019. 8. 20.〉

⑤ 심의위원회가 분쟁조정을 하고자 할 때에는 이를 피해학생·가해학생 및 그 보호자에게 통보하여야 한다. 〈개정 2019. 8. 20.〉

⑥ 시·도교육청 관할 구역 안의 소속 교육지원청이 다른 학생 간에 분쟁이 있는 경우에는 교육감이 직접 분쟁을 조정한다. 이 경우 제2항부터 제5항까지의 규정을 준용한다. 〈개정 2019. 8. 20.〉

⑦ 관할 구역을 달리하는 시·도교육청 소속 학교의 학생 간에 분쟁이 있는 경우에는 피해학생을 감독하는 교육감이 가해학생을 감독하는 교육감과의 협의를 거쳐 직접 분쟁을 조정한다. 이 경우 제2항부터 제5항까지의 규정을 준용한다. 〈개정 2019. 8. 20.〉

제19조(학교의 장의 의무) ① 학교의 장은 제16조, 제16조의2, 제17조에 따른 조치의 이행에 협조하여야 한다.

② 학교의 장은 학교폭력을 축소 또는 은폐해서는 아니 된다.

③ 학교의 장은 교육감에게 학교폭력이 발생한 사실과 제13조의2에 따라 학교의 장의 자체해결로 처리된 사건, 제16조, 제16조의2, 제17조 및 제18조에 따른 조치 및 그 결과를 보고하고, 관계 기관과 협력하여 교내 학교폭력 단체의 결성예방 및 해체에 노력하여야 한다.

④ 학교의 장은 학교폭력 예방을 위하여 필요한 경우 해당 학교의 학교폭력 현황을 조사하는 등 학교폭력 조기 발견 및 대처를 위하여 노력하여야 한다. 〈신설 2023. 10. 24.〉

[전문개정 2019. 8. 20.]

제20조(학교폭력의 신고의무) ① 학교폭력 현장을 보거나 그 사실을 알게 된 자는 학교 등 관계 기관에 이를 즉시 신고하여야 한다.

② 제1항에 따라 신고를 받은 기관은 이를 가해학생 및 피해학생의 보호자와 소속 학교의 장에게 통보하여야 한다. 〈개정 2009. 5. 8.〉

③ 제2항에 따라 통보받은 소속 학교의 장은 이를 심의위원회에 지체 없이 통보하여야 한다. 〈신설 2009. 5. 8., 2019. 8. 20.〉

④ 누구라도 학교폭력의 예비·음모 등을 알게 된 자는 이를 학교의 장 또는 심의위원회에 고발할 수 있다. 다만, 교원이 이를 알게 되었을 경우에는 학교의 장에게 보고하고 해당 학부모에게 알려야 한다. 〈개정 2009. 5. 8., 2012. 1. 26., 2019. 8. 20.〉

⑤ 누구든지 제1항부터 제4항까지에 따라 학교폭력을 신고한 사람에게 그 신고행위를 이유로 불이익을 주어서는 아니 된다. 〈신설 2012. 3. 21.〉

제20조의2(긴급전화의 설치 등) ① 국가 및 지방자치단체는 학교폭력을 수시로 신고받고 이에 대한 상담에 응할 수 있도록 긴급전화를 설치하여야 한다.

② 국가와 지방자치단체는 제1항에 따른 긴급전화의 설치·운영을 대통령령으로 정하는 기관 또는 단체에 위탁할 수 있다. 〈신설 2012. 1. 26.〉

③ 제1항과 제2항에 따른 긴급전화의 설치·운영·위탁에 필요한 사항은 대통령령으로 정한다. 〈개정 2012. 1. 26.〉

[본조신설 2009. 5. 8.]

제20조의3 삭제 〈2023. 10. 24.〉

제20조의4(정보통신망의 이용 등) ① 국가·지방자치단체 또는 교육감은 학교폭력 예방 업무 등을 효과적으로 수행하기 위하여 필요한 경우 정보통신망을 이용할 수 있다.

② 국가·지방자치단체 또는 교육감은 제1항에 따라 정보통신망을 이용하여 학교 또는 학생(학부모를 포함한다)이 학교폭력 예방 업무 등을 수행하는 경우 다음 각 호의 어느 하나에 해당하는 비용의 전부 또는 일부를 지원할 수 있다.

    1. 학교 또는 학생(학부모를 포함한다)이 전기통신설비를 구입하거나 이용하는 데 소요되는 비용

    2. 학교 또는 학생(학부모를 포함한다)에게 부과되는 전기통신역무 요금

③ 그 밖에 정보통신망의 이용 등에 관하여 필요한 사항은 대통령령으로 정한다.

[본조신설 2012. 3. 21.]

제20조의5(학생보호인력의 배치 등) ① 국가·지방자치단체 또는 학교의 장은 학교폭력을 예방하기 위하여 학교 내에 학생보호인력을 배치하여 활용할 수 있다.

② 다음 각 호의 어느 하나에 해당하는 사람은 학생보호인력이 될 수 없다. 〈신설 2013. 7. 30., 2021. 3. 23.〉

    1. 「국가공무원법」 제33조 각 호의 어느 하나에 해당하는 사람

    2. 「아동·청소년의 성보호에 관한 법률」에 따른 아동·청소년 대상 성범죄 또는 「성폭력범죄의 처벌 등에 관한 특례법」에 따른 성폭력범죄를 저질러 벌금형을 선고받고 그 형이 확정

된 날부터 10년이 지나지 아니하였거나, 금고 이상의 형이나 치료감호를 선고받고 그 집행이 끝나거나 집행이 유예·면제된 날부터 10년이 지나지 아니한 사람

 3. 「청소년 보호법」 제2조제5호가목3) 및 같은 목 7)부터 9)까지의 청소년 출입·고용금지업소의 업주나 종사자

③ 국가·지방자치단체 또는 학교의 장은 제1항에 따른 학생보호인력의 배치 및 활용 업무를 관련 전문기관 또는 단체에 위탁할 수 있다. 〈개정 2013. 7. 30.〉

④ 제3항에 따라 학생보호인력의 배치 및 활용 업무를 위탁받은 전문기관 또는 단체는 그 업무를 수행하는 경우 학교의 장과 충분히 협의하여야 한다. 〈개정 2013. 7. 30., 2021. 3. 23.〉

⑤ 국가·지방자치단체 또는 학교의 장은 학생보호인력으로 배치하고자 하는 사람의 동의를 받아 경찰청장에게 그 사람의 범죄경력을 조회할 수 있다. 〈신설 2013. 7. 30.〉

⑥ 제3항에 따라 학생보호인력의 배치 및 활용 업무를 위탁받은 전문기관 또는 단체는 해당 업무를 위탁한 국가·지방자치단체 또는 학교의 장에게 학생보호인력으로 배치하고자 하는 사람의 범죄경력을 조회할 것을 신청할 수 있다. 〈신설 2013. 7. 30.〉

⑦ 학생보호인력이 되려는 사람은 국가·지방자치단체 또는 학교의 장에게 제2항 각 호의 어느 하나에 해당하지 아니한다는 확인서를 제출하여야 한다. 〈신설 2013. 7. 30.〉

[본조신설 2012. 3. 21.]

제20조의6(학교전담경찰관) ① 국가는 학교폭력 예방 및 근절을 위하여 학교폭력 업무 등을 전담하는 경찰관을 둘 수 있다.

② 제1항에 따른 학교전담경찰관의 운영에 필요한 사항은 대통령령으로 정한다.

[본조신설 2017. 11. 28.]

[종전 제20조의6은 제20조의7로 이동 〈2017. 11. 28.〉]

제20조의7(영상정보처리기기의 통합 관제) ① 국가 및 지방자치단체는 학교폭력 예방 업무를 효과적으로 수행하기 위하여 교육감과 협의하여 학교 내외에 설치된 영상정보처리기기(「개인정보 보호법」 제2조제7호에 따른 고정형 영상정보처리기기를 말한다. 이하 이 조에서 같다)를 통합하여 관제할 수 있다. 이 경우 국가 및 지방자치단체는 통합 관제 목적에 필요한 범위에서 최소한의 개인정보만을 처리하여야 하며, 그 목적 외의 용도로 활용하여서는 아니 된다. 〈개정 2023. 3. 14.〉

② 제1항에 따라 영상정보처리기기를 통합 관제하려는 국가 및 지방자치단체는 공청회·설명회의 개최 등 대통령령으로 정하는 절차를 거쳐 관계 전문가 및 이해관계인의 의견을 수렴하여야 한다.

③ 제1항에 따라 학교 내외에 설치된 영상정보처리기기가 통합 관제되는 경우 해당 학교의 영상정보처리기기운영자는 「개인정보 보호법」 제25조제4항에 따른 조치를 통하여 그 사실을 정보주체에게 알려야 한다.

④ 통합 관제에 관하여 이 법에서 규정한 것을 제외하고는 「개인정보 보호법」을 적용한다.

⑤ 그 밖에 영상정보처리기기의 통합 관제에 필요한 사항은 대통령령으로 정한다.

[본조신설 2012. 3. 21.]

[제20조의6에서 이동 〈2017. 11. 28.〉]

제21조(비밀누설금지 등) ① 이 법에 따라 학교폭력의 예방 및 대책과 관련된 업무를 수행하거나 수행하였던 사람은 그 직무로 인하여 알게 된 비밀 또는 가해학생·피해학생 및 제20조에 따른 신고자·고발자와 관련된 자료를 누설하여서는 아니 된다. 〈개정 2012. 1. 26., 2021. 3. 23.〉

② 제1항에 따른 비밀의 구체적인 범위는 대통령령으로 정한다.

③ 제16조, 제16조의2, 제17조, 제17조의2, 제18조에 따른 심의위원회의 회의는 공개하지 아니한다. 다만, 피해학생·가해학생 또는 그 보호자가 회의록의 열람·복사 등 회의록 공개를 신청한 때에는 학생과 그 가족의 성명, 주민등록번호 및 주소, 위원의 성명 등 개인정보에 관한 사항을 제외하고 공개하여야 한다. 〈개정 2011. 5. 19., 2012. 3. 21., 2019. 8. 20.〉

제21조의2(「지방교육자치에 관한 법률」에 관한 특례) 교육장은 「지방교육자치에 관한 법률」 제35조에도 불구하고 이 법에 따른 고등학교에서의 학교폭력 피해학생 보호, 가해학생 선도·교육 및 피해학생과 가해학생 간의 분쟁조정 등에 관한 사무를 위임받아 수행할 수 있다.

[본조신설 2019. 8. 20.]

제22조(벌칙) 제21조제1항을 위반한 자는 1년 이하의 징역 또는 1천만원 이하의 벌금에 처한다.

[전문개정 2017. 11. 28.]

제23조(과태료) ① 제17조제13항에 따른 심의위원회의 교육 이수 조치를 따르지 아니한 보호자에게는 300만원 이하의 과태료를 부과한다. 〈개정 2019. 8. 20., 2023. 10. 24.〉

② 제1항에 따른 과태료는 대통령령으로 정하는 바에 따라 교육감이 부과·징수한다.

[본조신설 2017. 11. 28.]

부칙 〈제19942호, 2024. 1. 9.〉

이 법은 2024년 3월 1일부터 시행한다.

학교안전사고 예방 및 보상에 관한 법률

학교안전사고 예방 및 보상에 관한 법률
(약칭: 학교안전법)
[시행 2022. 3. 25.] [법률 제18463호, 2021. 9. 24., 일부개정]

제1장 총칙

제1조(목적) 이 법은 학교안전사고를 예방하고, 학생·교직원 및 교육활동참여자가 학교안전사고로 인하여 입은 피해를 신속·적정하게 보상하기 위한 학교안전사고보상공제 사업의 실시에 관하여 필요한 사항을 규정함을 목적으로 한다.

제2조(정의) 이 법에서 사용하는 용어의 정의는 다음과 같다. 〈개정 2011. 5. 19., 2012. 1. 26., 2015. 1. 20., 2021. 3. 23.〉

1. "학교"라 함은 다음 각 목의 어느 하나에 해당하는 기관 또는 시설을 말한다.
   가. 「유아교육법」 제2조제2호의 규정에 따른 유치원(이하 "유치원"이라 한다)
   나. 「초·중등교육법」 제2조의 규정에 따른 학교(이하 "초·중등학교"라 한다)
   다. 「평생교육법」 제20조제2항의 규정에 따라 고등학교 졸업 이하의 학력이 인정되는 평생교육시설(이하 "평생교육시설"이라 한다)
   라. 「재외국민의 교육지원 등에 관한 법률」 제2조제3호에 따른 한국학교
2. "학생"이라 함은 학교에 입학하여 수학하고 있는 사람을 말한다.
3. "교직원"이라 함은 고용형태 및 명칭을 불문하고 학교에서 학생의 교육 또는 학교의 행정을 담당하거나 보조하는 교원 및 직원 등을 말한다.
4. "교육활동"이라 함은 다음 각 목의 어느 하나에 해당하는 활동을 말한다.
   가. 학교의 교육과정 또는 학교의 장(이하 "학교장"이라 한다)이 정하는 교육계획 및 교육방침에 따라 학교의 안팎에서 학교장의 관리·감독하에 행하여지는 수업·특별활동·재량활동·과외활동·수련활동·수학여행 등 현장체험활동 또는 체육대회 등의 활동
   나. 등·하교 및 학교장이 인정하는 각종 행사 또는 대회 등에 참가하여 행하는 활동
   다. 그 밖에 대통령령으로 정하는 시간 중의 활동으로서 가목 및 나목과 관련된 활동
5. "교육활동참여자"란 학생 또는 교직원이 아닌 사람으로서 다음 각 목의 어느 하나에 해당하는 사람을 말한다.
   가. 학교장의 승인 또는 학교장의 요청에 따라 교직원의 교육활동을 보조하거나 학생 또는 교직원과 함께 교육활동을 하는 사람
   나. 「비영리민간단체 지원법」 제4조제1항에 따라 등록된 비영리민간단체에서 학생의 등교·하교 시 교통지도활동 참여에 관하여 미리 서면으로 학교장에게 통지하여 학교장의 승인을 받거나 학교장의 요청에 따라 그 단체의 회원으로서 교통지도활동에 참여하는 사람
6. "학교안전사고"라 함은 교육활동 중에 발생한 사고로서 학생·교직원 또는 교육활동참여자의 생명 또는 신체에 피해를 주는 모든 사고 및 학교급식 등 학교장의 관리·감독에 속하는 업무가 직접 원인이 되어 학생·교직원 또는 교육활동참여자에게 발생하는 질병으로서 대통령령으로 정하는 것을 말한다.

제3조(국가 또는 지방자치단체의 지원 등) 국가 또는 지방자치단체는 예산의 범위 안에서 학교안전사고 예방 사업 및 이 법에 따른 학교안전사고보상공제 사업의 운영에 소요되는 경비를 지원할 수 있다.

제2장 학교안전사고 예방

제4조(학교안전사고 예방계획의 수립·시행) ① 교육부장관은 3년마다 학교안전사고 예방에 관한 기본계획(이하 "기본계획"이라 한다)을 수립·시행하여야 한다.
② 기본계획에는 다음 각 호의 사항이 포함되어야 한다.
  1. 학교 안팎의 안전사고 예방정책의 기본방향 및 목표
  2. 학교안전사고를 예방하기 위한 학교 안팎의 교육활동 운영의 기본지침에 관한 사항
  3. 학교안전사고 예방 및 재난대비 훈련 등 학교안전교육에 관한 사항
  4. 삭제 〈2019. 12. 3.〉
  5. 학교 안전문화 확산에 관한 사항
  6. 그 밖에 학교안전사고 예방을 위하여 필요한 사항
③ 교육부장관은 제1항에 따라 수립한 기본계획을 제4조의2에 따른 학교안전사고예방위원회의 심의를 거쳐 공표하여야 한다. 이를 변경하려는 경우에도 또한 같다.
④ 교육부장관은 기본계획을 수립하기 위하여 필요한 경우 관계 중앙행정기관의 장에게 관련 자료의 제출을 요청할 수 있다. 이 경우 요청받은 관계 중앙행정기관의 장은 특별한 사유가 없으면 이에 따라야 한다.

⑤ 교육감은 매년 기본계획에 따라 학교안전사고 예방에 관한 지역계획(이하 "지역계획"이라 한다)을 수립·시행하여야 한다.

⑥ 학교장은 기본계획과 지역계획을 바탕으로 학교의 교육과정 또는 학교장이 정하는 교육계획에 따라 매년 학교안전사고 예방에 관한 학교계획(이하 "학교계획"이라 한다)을 학교운영위원회의 심의를 거쳐 수립·시행하여야 한다.

⑦ 교육감은 매년 해당 연도의 학교계획 및 지난해의 학교계획에 따른 추진실적을 대통령령으로 정하는 바에 따라 평가하여 교육부장관에게 제출하여야 한다.

⑧ 그 밖에 계획 수립·시행 및 평가 등에 필요한 사항은 대통령령으로 정한다.

[본조신설 2015. 1. 20.]

제4조의2(학교안전사고예방위원회 구성) ① 교육부장관은 다음 각 호의 사항을 심의하기 위하여 교육부장관 소속으로 학교안전사고예방위원회(이하 "예방위원회"라 한다)를 둔다.

1. 기본계획의 수립 및 시행에 대한 평가
2. 학교안전교육 프로그램 및 교재 개발
3. 학교안전사고 예방 관련 사업 추진
4. 그 밖에 학교안전사고 예방과 관련하여 위원장이 회의에 부치는 사항

② 예방위원회는 위원장을 포함한 21명 이내의 위원으로 구성한다.

③ 예방위원회의 위원장은 위원 중에서 호선하고, 위원은 학교안전사고 예방과 관련된 전문지식과 경험이 풍부한 사람 중에서 교육부장관이 임명하거나 위촉하되, 다음 각 호의 어느 하나에 해당하는 사람이 각 1명 이상 포함되어야 한다.

1. 학부모 대표
2. 「교육기본법」 제15조제1항에 따른 교원단체가 추천한 사람
3. 「비영리민간단체지원법」 제2조에 따른 비영리민간단체가 추천하는 사람
4. 대통령령으로 정하는 관계 중앙행정기관 소속 공무원

④ 예방위원회의 업무를 효율적으로 수행하기 위하여 예방위원회에 분야별로 분과위원회를 둘 수 있다.

⑤ 예방위원회 및 분과위원회의 운영 등에 필요한 사항은 대통령령으로 정한다.

[본조신설 2015. 1. 20.]

제4조의3(실태조사) ① 교육부장관 및 교육감은 기본계획과 시행계획을 효율적으로 수립·시행하기 위하여 학교안전사고 예방에 대한 실태조사를 할 수 있다.

② 교육부장관 및 교육감은 학교안전사고 예방에 대한 실태조사를 위하여 필요한 때에는 학교장 및 관계 기관 또는 단체의 장에게 관련 자료를 요청할 수 있다.

③ 교육부장관 및 교육감은 제1항에 따른 실태조사를 외부 전문기관에 위탁하여 실시할 수 있다.

④ 제1항에 따른 실태조사의 방법 등에 필요한 사항은 대통령령으로 정한다.

[본조신설 2015. 1. 20.]

제5조(학교안전사고의 예방에 관한 책무) ① 교육부장관, 특별시·광역시·특별자치시·도 및 특별자치도(이하 "시·도"라 한다. 이하 같다)의 교육감(이하 "교육감"이라 한다), 학교장 및 「사립학교법」의 규정에 따라 사립학교를 설치·경영하는 자(이하 "학교장등"이라 한다)는 학교안전사고를 예방하고 학교시설을 안전하게 관리·유지하기 위하여 노력하여야 한다. 〈개정 2008. 2. 29., 2012. 1. 26., 2013. 3. 23.〉

② 교육부장관 및 교육감은 학교안전사고의 예방을 위하여 필요한 시설물을 설치하고 학교안전사고의 발생 위험성이 있는 시설물을 보수·관리하는데 필요한 예산을 우선 지원하는 등 학교안전사고의 예방을 위하여 필요한 조치를 하여야 한다. 〈개정 2008. 2. 29., 2013. 3. 23.〉

제6조 삭제 〈2019. 12. 3.〉

제7조 삭제 〈2019. 12. 3.〉

제8조(학교안전교육의 실시) ① 학교장은 학교안전사고를 예방하기 위하여 교육부령으로 정하는 바에 따라 학생·교직원 및 교육활동참여자에게 학교안전사고 예방 등에 관한 다음 각 호의 교육(이하 "안전교육"이라 한다)을 실시하고 그 결과를 학기별로 교육감에게 보고하여야 한다. 〈개정 2008. 2. 29., 2013. 3. 23., 2015. 1. 20., 2016. 2. 3., 2021. 3. 23.〉

1. 「아동복지법」 제31조에 따른 교통안전교육, 감염병 및 약물의 오남용 예방 등 보건위생관리교육 및 재난대비 안전교육
2. 「학교폭력 예방 및 대책에 관한 법률」 제15조에 따른 학교폭력 예방교육
3. 「성폭력방지 및 피해자보호 등에 관한 법률」 제5조에 따른 성폭력 예방에 필요한 교육
4. 「성매매방지 및 피해자보호 등에 관한 법률」 제5조에 따른 성매매 예방교육
5. 「초·중등교육법」 제23조에 따른 교육과정이 체험중심 교육활동으로 운영되는 경우 이에 관한 안전사고 예방교육
6. 그 밖에 안전사고 관련 법률에 따른 안전교육

② 삭제 〈2015. 1. 20.〉

③ 교육부장관 및 교육감은 다음 각 호의 사항이 포함된 안전교육에 필요한 교재와 프로그램을 개발·보급하고, 학교장의 요청이 있는 경우 교육부령으로 정하는 안전교육을 담당할 강사를 알선하는 등 안전교육에 필요한 지원을 하여야 한다. 〈개정 2008. 2. 29., 2013. 3. 23., 2015. 1. 20.〉

1. 안전사고 예방 및 대책에 관한 사항
2. 재난대비 훈련 및 안전에 관한 사항
3. 그 밖에 교육부장관이 필요하다고 인정하는 사항

④ 학교장은 필요에 따라 안전교육을 이론교육과 실습교육으로

병행하여 실시하되, 안전교육을 효율적으로 실시하기 위하여 교원 또는 교육활동참여자로 하여금 담당하게 하거나 교육부령으로 정하는 바에 따라 전문교육기관·단체 또는 전문가에 위탁하여 실시할 수 있다. 〈개정 2012. 1. 26., 2015. 1. 20.〉

제8조의2(학교장의 교육활동 안전대책 점검·확인 의무) ① 학교장은 교육활동을 직접 실시하는 경우 학교안전사고 예방을 위하여 안전대책을 점검·확인하는 등 필요한 조치를 강구하여야 한다.
② 학교장은 교육활동을 관련 기관 또는 단체 등에 위탁하여 실시하는 경우 학교안전사고 예방을 위하여 다음 각 호의 사항을 점검·확인하여야 한다.
  1. 위탁할 기관 또는 단체 등의 설립 인가·허가 등의 여부
  2. 교육활동 중에 발생하는 사고로 인한 손해배상 책임을 담보하기 위한 보험 등의 가입 여부
  3. 「청소년활동 진흥법」 제10조제1호에 따른 청소년수련시설의 경우 같은 법 제36조에 따라 인증을 받은 청소년수련활동 프로그램을 실시하는지의 여부
  4. 「청소년활동 진흥법」 제10조제1호에 따른 청소년수련시설의 경우 같은 법 제18조, 제18조의2, 제18조의3, 제19조 및 제19조의2에 따른 안전점검 및 안전교육 실시, 종합평가 결과 및 이에 따른 개선조치 이행 등의 여부
  5. 그 밖에 관계 법령에 따라 실시되는 교육활동 프로그램의 안전점검, 안전대책 등의 여부
③ 제2항에 따른 학교장의 점검·확인 요청을 받은 기관 또는 단체의 장, 지방자치단체의 장 등은 이에 따라야 한다.
④ 제1항부터 제3항까지의 규정에 따른 학교장의 교육활동 안전대책 점검·확인의 절차, 방법, 범위, 그 밖에 필요한 사항은 대통령령으로 정한다.
[본조신설 2014. 5. 14.]

제8조의3(학교안전사고 예방·대책 전담부서) 교육감은 시·도교육청에 학교안전사고 예방 및 대책을 담당하는 전담부서를 설치·운영하여야 한다.
[본조신설 2015. 1. 20.]

제9조(명예학교안전요원 위촉) 학교장은 학부모 또는 지역 주민 등을 명예학교안전요원으로 위촉하여 학교안전사고의 예방을 위한 순찰, 교통지도 등의 활동을 하게 할 수 있다.

제10조(안전조치 및 안전사고관리 지침 등) ① 삭제 〈2019. 12. 3.〉
② 삭제 〈2019. 12. 3.〉
③ 교육부장관은 학교 안팎의 교육활동 중에 발생한 사고와 위급상황에 효율적으로 대처하게 하기 위하여 교육활동에 따른 안전사고관리 지침을 제정하여 시·도교육청 및 학교에 보급하여야 한다. 〈신설 2015. 1. 20.〉
④ 학교장 및 인솔교사는 교육활동 중 발생한 사고 및 위급상황에 대하여 안전사고관리 지침에 따라 즉시 안전조치를 취한 후 교육부장관 또는 교육감에게 즉시 보고하여야 하고, 교육부장관 또는 교육감은 지원 대책을 신속하게 수립·시행하여야 한다. 〈신설 2015. 1. 20.〉
[제목개정 2015. 1. 20.]

제10조의2(학교안전사고 예방활동 단체에 대한 지원) ① 교육부장관 및 교육감은 「비영리민간단체 지원법」 제4조제1항에 따라 등록된 비영리민간단체 중 학생의 등교·하교 시 교통지도활동 등 학교안전사고 예방활동에 참여하는 비영리민간단체(이하 이 조에서 "단체"라 한다)에 대하여 그 활동에 필요한 예산을 지원할 수 있다. 〈개정 2013. 3. 23., 2015. 1. 20.〉
② 학교장은 교육부장관이 정하는 바에 따라 단체로부터 학생들의 안전사고 예방과 관련한 의견을 정기적으로 들어야 하며, 그 내용을 학교운영에 반영하여야 한다. 〈개정 2013. 3. 23.〉
③ 학교장은 제2항에 따라 시장·군수·구청장 또는 관할 경찰서장의 협조가 필요하다는 의견을 들은 경우 해당 기관에 협조를 요청하여야 한다.
④ 제3항에 따라 요청을 받은 해당 기관의 장은 특별한 사유가 없으면 협조하여야 한다. 〈개정 2021. 3. 23.〉
[본조신설 2012. 1. 26.]

제10조의3(상담 지원 등) ① 교육부장관 및 교육감은 학교안전사고로 피해를 입은 학생·교직원 및 교육활동참여자, 그 가족에 대하여 심리적 안정과 사회 적응을 위한 상담 및 심리적 치료 등의 필요한 지원을 제공하여야 한다.
② 제1항에 따른 지원대상의 범위 등 지원에 필요한 사항은 대통령령으로 정한다.
[본조신설 2015. 1. 20.]

제3장 학교안전사고보상공제 사업

제11조(학교안전사고보상공제 사업의 실시) ① 교육감은 학교안전사고로 인하여 생명·신체에 피해를 입은 학생·교직원 및 교육활동참여자에 대한 보상을 하기 위하여 학교안전사고보상공제(이하 "학교안전공제"라 한다) 사업을 실시한다. 다만, 제2조제1호라목의 한국학교에 대하여는 교육부장관이 학교안전공제사업을 실시한다. 〈개정 2012. 1. 26., 2013. 3. 23.〉
② 학교안전공제의 사업연도는 정부의 회계연도에 따른다.
③ 제15조의 규정에 따라 설립된 학교안전공제회는 학교안전공제 사업의 사업자가 된다. 다만, 제2조제1호라목의 한국학교에 대한 학교안전공제사업의 사업자는 제28조에 따라 설립된 학교안전공제중앙회로 한다. 〈개정 2012. 1. 26.〉

제12조(학교안전공제의 가입자) 제2조제1호의 규정에 따른 학교의 학교장은 학교안전공제의 가입자가 된다. 다만, 「초·중등교육법」 제60조의2의 규정에 따른 외국인학교의 학교장은 제15조의 규정에 따른 학교안전공제회의 승인을 얻어 학교안전공제에 가입할 수 있다.

제13조(학교안전공제에서의 탈퇴) ① 제12조 단서의 규정에 따라 학교안전공제에 가입한 외국인학교의 학교장은 제15조의 규정에 따른

학교안전공제회의 승인을 얻어 학교안전공제에서 탈퇴할 수 있다.
② 제1항의 규정에 따른 탈퇴의 효력은 학교안전공제회의 탈퇴 승인을 받은 날이 속하는 사업연도가 종료한 때 또는 해당 학교가 폐쇄된 때에 발생한다. 〈개정 2018. 12. 18.〉

제14조(학교안전공제의 피공제자) ① 다음 각 호의 어느 하나에 해당하는 사람은 각각 그 사유가 발생하는 때에 학교안전공제의 피공제자가 된다. 다만, 제12조 단서의 규정에 따른 외국인학교에 재학·재직중인 학생·교직원은 해당 학교가 같은 조의 규정에 따라 학교안전공제에 가입한 때에 학교안전공제의 피공제자가 된다. 〈개정 2018. 12. 18., 2021. 3. 23.〉

1. 학생: 학교안전공제에 가입한 학교에 입학(전입학을 포함한다)한 때
2. 교직원: 학교안전공제에 가입한 학교에 임용되거나 전보된 때
3. 교육활동참여자: 학교안전공제에 가입한 학교의 교육활동에 참여하게 된 때. 다만, 학교장의 명시적인 의사에 반하여 교육활동에 참여한 경우는 제외한다.

② 제1항의 규정에 따른 피공제자는 다음 각 호의 어느 하나에 해당하는 때에는 피공제자의 자격을 잃는다. 다만, 제13조제1항의 규정에 따라 학교안전공제에서 탈퇴하는 학교에 재학·재직중인 학생·교직원은 같은 조 제2항의 규정에 따른 탈퇴의 효력이 발생한 때에 피공제자의 자격을 잃는다.

1. 피공제자가 사망한 때
2. 피공제자인 학생이 학교를 졸업(자퇴 또는 퇴학을 포함한다)하거나 다른 학교로 전학한 때
3. 피공제자인 교직원이 학교에서 퇴직하거나 다른 학교 또는 교육기관 등으로 전보된 때
4. 교육활동참여자가 교육활동에의 참여를 마친 때

제4장 학교안전공제회

제15조(학교안전공제회의 설립 등) ① 교육감은 학교안전공제 사업을 실시하기 위하여 해당 시·도에 학교안전공제회(이하 "공제회"라 한다)를 설립한다.
② 공제회는 법인으로 한다.
③ 공제회는 주된 사무소의 소재지에서 설립등기함으로써 성립된다.

제16조(명칭) 공제회의 명칭에는 교육감이 관할하는 지방자치단체를 표시하는 문자를 사용하여야 한다.

제17조(정관) ① 공제회의 정관에는 다음 각 호의 사항을 기재하여야 한다.

1. 목적
2. 명칭
3. 주된 사무소의 소재지
4. 사업에 관한 사항
5. 이사회에 관한 사항
6. 임원 및 직원의 임면에 관한 사항
7. 조직에 관한 사항
8. 자산 및 회계에 관한 사항
9. 정관 변경에 관한 사항
10. 내부 규정의 제정·개정 및 폐지에 관한 사항
11. 공고에 관한 사항

② 공제회의 정관은 교육감의 인가를 받아야 한다. 이를 변경하고자 하는 때에도 또한 같다.

제18조(공제회의 사업) ① 공제회는 다음 각 호의 사업을 수행한다. 〈개정 2012. 3. 21.〉

1. 공제가입자에 대한 공제료의 부과 및 징수
2. 제34조의 규정에 따른 공제급여의 지급 및 이에 관련된 업무

2의2. 「학교폭력예방 및 대책에 관한 법률」 제16조제6항에 따른 학교폭력 피해학생의 치료비 등의 지급, 구상권 행사 및 이에 관련된 업무

3. 학교안전사고의 예방과 관련된 사업
4. 학교안전사고 예방 및 학교안전공제 사업에 대한 교육·홍보
5. 제58조의 규정에 따른 학교안전공제보상심사위원회의 운영
6. 학교안전공제에 관하여 교육감이 위탁하는 사업
7. 학교안전사고와 관련된 공제가입자 또는 교직원 등의 지원에 관한 사업
8. 그 밖에 학교안전사고 예방 사업 및 학교안전공제 사업을 수행하기 위하여 필요한 사업

② 공제회는 학교안전사고 예방 등 그 목적을 달성하기 위하여 대통령령으로 정하는 범위에서 수익사업을 할 수 있다. 〈신설 2012. 3. 21.〉

제19조(공제회의 임원 등) ① 공제회의 임원으로 이사장 1인을 포함한 7인 이상 15인 이내의 이사와 2인 이내의 감사를 두되, 임원은 비상임으로 한다.
② 공제회의 이사장은 공제회를 대표하고, 공제회의 업무를 총괄한다. 〈개정 2021. 3. 23.〉
③ 공제회의 감사(監事)는 공제회의 업무와 회계를 감사(監査)한다.
④ 감사는 제3항에 따른 감사 결과 부정 또는 미비한 사항이 있는 것을 발견한 때에는 이사회에 보고하여야 하며, 교육감에게 회계감사 또는 직무감사를 요청할 수 있다. 〈신설 2012. 1. 26., 2021. 3. 23.〉
[제목개정 2012. 1. 26.]

제20조(공제회 임원의 임명 등) ① 공제회의 이사장은 이사 중에서 교육감이 임명한다.
② 공제회의 이사는 공제가입자의 추천을 받은 사람과 피공제자 또는 피공제자의 친권자·후견인 그 밖에 다른 법률에 따라 피공제

자를 부양할 의무가 있는 사람(이하 "보호자등"이라 한다) 등을 대표하는 사람 및 다음 각 호의 어느 하나에 해당하는 사람 중에서 교육감이 임명한다. 〈개정 2007. 4. 11., 2021. 3. 23.〉

1. 4급 이상의 국가공무원(「국가공무원법」 제2조의2의 규정에 따른 고위공무원단(이하 "고위공무원단"이라 한다)에 속하는 공무원 및 장학관을 포함한다) 또는 지방공무원으로 재직하였거나 재직하고 있는 사람
2. 변호사 또는 공인회계사의 자격이 있는 사람
3. 「의료법」 제77조의 규정에 따른 전문의(이하 "전문의"라 한다)의 자격이 있는 사람
4. 「고등교육법」 제2조의 규정에 따른 대학, 산업대학, 교육대학, 전문대학, 방송·통신대학, 기술대학 및 각종학교(이하 "대학"이라 한다)에서 부교수 이상의 직에 재직하였거나 재직하고 있는 사람

③ 공제회의 감사는 제2항 각 호의 어느 하나에 해당하는 사람 중에서 교육감이 임명한다. 〈개정 2021. 3. 23.〉
④ 제2항의 규정에 따른 공제가입자의 추천 등 이사의 임명에 관하여 필요한 사항은 공제회의 정관으로 정한다.
⑤ 이사장·이사 및 감사의 임기는 3년으로 하되, 연임할 수 있다.

제21조(공제회 임원의 결격사유 등) ① 「국가공무원법」 제33조제1항 각 호의 어느 하나에 해당하는 사람은 공제회의 임원이 될 수 없다. 〈개정 2021. 3. 23.〉
② 공제회의 임원이 「국가공무원법」 제33조제1항 각 호의 어느 하나에 해당하게 된 때에는 당연히 퇴임한다.
③ 교육감은 공제회의 임원이 다음 각 호의 어느 하나에 해당하게 된 때에는 그 임원을 해임할 수 있다.

1. 신체 또는 정신상의 장애로 직무를 수행할 수 없다고 인정되는 때
2. 공제회의 업무와 관련하여 직무상의 의무를 위반한 때

제22조(이사회) ① 공제회에 이사장 및 이사로 구성하는 이사회를 둔다.
② 이사회는 다음 각호의 사항을 심의·의결한다.

1. 공제회의 사업과 활동을 지원하기 위한 기본계획 등의 수립·변경 및 집행에 관한 사항
2. 공제회의 정관 및 규정의 제정·개정 및 폐지에 관한 사항
3. 제52조의 규정에 따른 학교안전공제및사고예방기금의 관리·운용에 관한 사항
4. 그 밖에 이사회가 공제회의 사업을 위하여 필요하다고 인정하는 사항

③ 이사장은 이사회를 소집하고 그 의장이 된다.
④ 이사회는 재적이사 과반수의 출석과 출석이사 과반수의 찬성으로 의결한다.
⑤ 감사는 이사회에 출석하여 발언할 수 있으며, 공제회의 회계 또는 업무집행에 부정 또는 미비한 사항이 있음을 발견한 때에는 이사장에게 이사회 소집을 요구할 수 있다. 이 경우 이사장은 7일 이내에 이사회를 소집하여야 한다. 〈개정 2012. 1. 26., 2021. 3. 23.〉
⑥ 제1항부터 제5항까지의 규정 외에 이사회의 운영 등에 관하여 필요한 사항은 공제회의 정관으로 정한다. 〈개정 2021. 3. 23.〉

제23조(공제회 직원의 임면) 이사장은 공제회의 정관으로 정하는 바에 따라 직원을 임면한다. 〈개정 2021. 3. 23.〉

제24조(공제회의 재정) 공제회의 재정은 제52조의 규정에 따른 학교안전공제및사고예방기금으로부터의 전입금과 그 밖의 수입으로 충당한다.

제25조(지도·감독) ① 공제회는 매 사업연도 개시 1개월 전에 해당 사업연도의 사업계획서와 예산서를 교육감에게 제출하여야 한다. 〈개정 2018. 12. 18.〉
② 공제회는 사업연도 종료일부터 3개월 이내에 해당 사업연도 결산서를 작성하여 교육감에게 제출하여야 한다. 〈개정 2018. 12. 18.〉
③ 교육감은 공제회에 대하여 그 사업에 관한 보고를 명하거나 사업 또는 재산상황을 검사할 수 있고, 필요하다고 인정하는 때에는 정관의 변경을 명하는 등 필요한 조치를 할 수 있다.

제26조(유사명칭 사용금지) 공제회가 아닌 자는 학교안전공제회 또는 이와 유사한 명칭을 사용하지 못한다.

제27조(「민법」의 준용) 공제회에 관하여 이 법에 규정된 것을 제외하고는 「민법」 중 재단법인에 관한 규정을 준용한다.

제5장 학교안전공제중앙회

제28조(학교안전공제중앙회의 설립) 교육부장관은 학교안전사고 예방사업과 학교안전공제 사업을 효율적으로 수행하기 위하여 학교안전공제중앙회(이하 "공제중앙회"라 한다)를 설립한다. 〈개정 2008. 2. 29., 2013. 3. 23.〉

제29조(공제중앙회의 사업) ① 공제중앙회는 다음 각 호의 사업을 수행한다. 〈개정 2012. 1. 26., 2012. 3. 21., 2021. 9. 24.〉

1. 학교안전사고 예방정책의 수립을 위한 조사·연구
2. 제62조의 규정에 따른 학교안전공제보상재심사위원회의 운영
3. 학교안전공제 제도에 대한 조사·연구
4. 학교안전공제 공제급여의 지급기준 등에 대한 조사·연구
5. 제2조제1호라목의 한국학교에 대한 학교안전공제사업
5의2. 「고등교육법」 제2조에 따른 학교에 대한 안전사고보상공제 사업
6. 그 밖에 학교안전사고 예방 및 학교안전공제 사업의 수행과 관련하여 공제회의 업무를 지원하는데 필요한 사업

② 공제중앙회는 학교안전사고 예방 등 그 목적을 달성하기 위하여 대통령령으로 정하는 범위에서 수익사업을 할 수 있다. 〈신설 2012. 3. 21.〉

제30조(공제중앙회의 임원 등) ① 공제중앙회에 임원으로 이사장 1인을 포함한 19인 이내의 이사와 2인 이내의 감사를 두되, 임원은 비상임으로 한다.

② 이사장은 공제중앙회를 대표하고 공제중앙회의 업무를 총괄한다. 〈개정 2021. 3. 23.〉
③ 감사(監事)는 공제중앙회의 업무와 회계를 감사(監査)한다.

제31조(임원의 선임 및 임기) ① 공제중앙회의 이사장 및 감사는 대통령령으로 정하는 임원추천심사위원회가 추천하는 사람 중에서 교육부장관이 임명한다. 〈개정 2008. 2. 29., 2013. 3. 23., 2021. 3. 23.〉
② 이사장을 제외한 공제중앙회의 이사는 교육부장관이 임명하되, 각 시·도공제회별로 추천하는 사람이 1인씩 총 16인이 포함되어야 한다. 〈개정 2008. 2. 29., 2013. 3. 23., 2021. 3. 23.〉
③ 제1항 및 제2항의 규정에 따른 공제중앙회 임원의 추천에 관하여 필요한 사항은 대통령령으로 정한다.
④ 이사장·이사 및 감사의 임기는 3년으로 하되, 연임할 수 있다.

제32조(공제중앙회의 재정) ① 공제중앙회의 재정은 공제회의 분담금 및 그 밖의 수입으로 충당한다.
② 제1항의 규정에 따른 공제회의 분담금 납부 및 그 밖의 필요한 사항은 대통령령으로 정한다.

제33조(준용규정) 제15조제2항·제3항, 제17조, 제21조부터 제23조까지, 제26조 및 제27조의 규정은 공제중앙회에 관하여 이를 준용한다. 이 경우 "공제회"는 각각 "공제중앙회"로, "학교안전공제회"는 "학교안전공제중앙회"로, "교육감"은 각각 "교육부장관"으로 본다. 〈개정 2008. 2. 29., 2013. 3. 23., 2021. 3. 23.〉

제6장 공제급여

제34조(공제급여의 종류) 공제회가 지급하는 공제급여의 종류는 다음 각 호와 같다. 〈개정 2021. 3. 23.〉
1. 요양급여
2. 장해급여
3. 간병급여
4. 유족급여
5. 장례비

제35조(공제급여액의 결정) ① 공제회는 공제급여의 종류별로 제36조부터 제40조까지의 규정에 따라 공제급여액을 결정한다. 〈개정 2021. 3. 23.〉
② 제1항에도 불구하고 법원의 판결 등으로 학교안전사고로 인하여 피공제자가 입은 피해에 대하여 공제가입자 또는 피공제자가 지급하여야 할 보상액 또는 배상액이 확정되는 경우 그 확정된 보상액 또는 배상액(지연배상금을 포함한다)은 이 법에 따른 공제급여액으로 보아 공제회가 이를 부담한다. 〈개정 2021. 3. 23.〉

제36조(요양급여) ① 요양급여는 학교안전사고로 인하여 피공제자가 부상을 당하거나 질병에 걸린 경우에 피공제자 또는 그 보호자등에게 지급한다.
② 요양급여는 학교안전사고로 인하여 피공제자가 입은 부상 또는 질병의 치료에 소요된 비용 중 「국민건강보험법」제44조에 따라 피공제자 또는 그 보호자등이 부담한 금액으로 한다. 다만, 법원의 판결 등으로 「국민건강보험법」제58조에 따라 공단의 구상권 행사에 따른 손해배상액이 확정된 경우 학교의 장이 부담할 부분은 공제회가 부담한다. 〈개정 2011. 12. 31., 2012. 3. 21.〉
③ 제2항의 규정에 따른 요양급여의 범위는 다음 각 호와 같다. 〈개정 2019. 4. 23., 2021. 3. 23.〉
1. 진찰·검사
2. 약제·치료재료의 지급
3. 처치·수술 그 밖의 치료
4. 재활치료
5. 입원
6. 간호
7. 호송
8. 삭제 〈2021. 9. 24.〉

④ 제1항부터 제3항까지의 규정에도 불구하고 다음 각 호의 비용은 이 법에 따른 요양급여로 보아 공제회가 이를 부담한다. 〈개정 2021. 9. 24.〉
1. 「학교폭력예방 및 대책에 관한 법률」제2조제1호에 따른 행위로 인하여 같은 법 제16조제1항제1호부터 제3호까지의 조치를 이행하는 데 필요한 비용
2. 인공팔다리·틀니, 안경·보청기 등 「장애인복지법」제65조제1항에 따른 장애인보조기구의 처방 및 구입 비용
3. 요양 중인 피공제자의 부상·질병 상태가 의학적으로 다른 사람의 간병이 필요하다고 인정되는 경우의 간병료

⑤ 피공제자의 보호자등이 제4항제3호에 따른 간병을 하는 경우에는 같은 호에도 불구하고 간병에 소요되는 부대경비를 지급한다. 〈신설 2021. 9. 24.〉
⑥ 제1항부터 제5항까지의 규정에 따른 요양급여 및 부대경비의 지급기준 등에 관하여 필요한 사항은 대통령령으로 정한다. 〈개정 2012. 3. 21., 2021. 9. 24.〉

제37조(장해급여) ① 장해급여는 제36조의 규정에 따른 요양급여를 받은 피공제자가 요양을 종료한 후에도 장해가 있는 때에는 「국가배상법」제3조제2항제3호에서 정한 금액 및 같은 법 제3조제5항에서 정한 위자료를 피공제자 또는 그 보호자등에게 지급한다.
② 제1항의 규정에 따른 장해정도의 판정기준·장해급여액의 산정 및 지급방법 등에 관하여 필요한 사항은 대통령령으로 정한다.

제38조(간병급여) ① 간병급여는 제36조의 규정에 따른 요양급여를 받은 사람이 치료를 받은 후에도 의학적으로 상시 또는 수시로 간병이 필요한 경우에 실제로 간병을 받는 피공제자 또는 그 보호자등에게 지급한다. 〈개정 2021. 3. 23.〉
② 제1항의 규정에 따른 간병급여의 지급기준 등에 관하여 필요한 사항은 대통령령으로 정한다.

제39조(유족급여) ① 유족급여는 피공제자가 학교안전사고로 인하여 사망한 경우에 「국가배상법」제3조제1항제1호에서 정한 금액 및 같은 법 제3조제5항에서 정한 위자료를 피공제자의 상속인에게 지급하되, 사실상 혼인관계에 있던 사람을 포함하여 지급한다. 〈개

정 2012. 1. 26., 2021. 3. 23.〉
    1. 삭제 〈2012. 1. 26.〉
    2. 삭제 〈2012. 1. 26.〉
② 제1항의 규정에 따른 유족급여의 지급기준 등에 관하여 필요한 사항은 대통령령으로 정한다.

제40조(장례비) ① 장례비는 피공제자가 학교안전사고로 인하여 사망한 경우에 「국가배상법」 제3조제1항제2호에서 정한 평균임금의 100일분을 그 장례를 행하는 자에게 지급한다. 〈개정 2021. 3. 23.〉
② 제1항의 규정에 따른 장례비의 지급기준 등에 관하여 필요한 사항은 대통령령으로 정한다. 〈개정 2021. 3. 23.〉
[제목개정 2021. 3. 23.]

제40조의2(위로금) ① 공제회는 피공제자인 학생이 교육활동 중에 학교안전사고 이외의 원인을 알 수 없는 사유로 사망한 경우에는 대통령령으로 정하는 위로금을 지급하여야 한다.
② 제1항에 따른 위로금은 제39조제1항에 따른 상속인에게 지급한다.
[본조신설 2012. 3. 21.]

제41조(공제급여의 청구 및 지급 등) ① 제36조부터 제40조까지의 규정에 따른 공제급여를 지급받고자 하는 자는 교육부령으로 정하는 절차와 방식에 따라 공제회에 공제급여의 지급을 청구하여야 한다. 〈개정 2008. 2. 29., 2013. 3. 23., 2021. 3. 23.〉
② 제1항의 규정에 따라 청구를 받은 공제회는 공제급여를 청구받은 날부터 14일 이내에 공제급여의 지급 여부를 결정하여야 한다. 다만, 제42조의 규정에 따른 조사의 필요성 등 정당한 사유가 있어 14일 이내에 공제급여의 지급 여부 결정이 어려운 때에는 14일을 연장할 수 있다.
③ 제2항의 규정에 따라 공제급여에 대한 지급 여부의 결정기간을 연장한 때에는 최초 지급 여부 결정기간이 만료되기 전까지 그 사유를 명시하여 공제급여의 지급을 청구한 자에게 통지하여야 한다.
④ 공제회가 공제급여를 지급하기로 결정한 경우에는 지체 없이 공제급여의 지급을 청구한 자에게 공제급여를 지급하여야 한다. 다만, 공제급여의 지급을 청구한 자의 신청이 있거나 공제회가 필요하다고 인정하는 경우에는 지급결정일 전이라도 공제급여의 전부 또는 일부를 먼저 지급할 수 있다.
⑤ 공제회는 제43조의 규정에 따라 공제급여의 전부 또는 일부를 지급하지 아니하기로 결정한 때에는 공제가입자와 공제급여의 지급을 청구한 자에게 지체 없이 그 이유를 통지하여야 한다. 이 경우 공제회는 공제급여의 지급을 청구한 자에게 제57조의 규정에 따라 심사 청구를 할 수 있다는 사실과 심사 청구 절차 및 기간 등을 알려야 한다.

제42조(학교안전사고의 조사 등) ① 공제회는 공제급여의 지급 여부를 결정하기 위하여 필요하다고 인정하는 경우에는 소속 직원으로 하여금 학교안전사고의 발생 장소를 방문하여 사고경위 등을 조사하게 하거나 사고관계자로 하여금 필요한 서류를 제출하게 하는 등의 조사를 할 수 있다.
② 공제회는 공제급여의 지급 여부를 결정하기 위하여 필요하다고 인정하는 경우에는 「국민건강보험법」 제42조의 규정에 따른 요양기관(이하 "요양기관"이라 한다)에 대하여 관계 진료기록의 열람 또는 필요한 자료의 제출을 요청할 수 있다. 〈개정 2011. 12. 31.〉
③ 제1항의 규정에 따라 조사를 하고자 하는 경우 공제회는 조사의 목적 및 내용 등을 학교안전사고가 발생한 장소의 관리자, 공제가입자, 해당 피공제자 그 밖의 사고관계자 등에게 미리 알려야 하고, 사고 발생 장소를 방문하는 공제회 소속 직원은 신분증을 제시하여야 한다. 〈개정 2018. 12. 18.〉
④ 학교안전사고가 발생한 장소의 관리자, 공제가입자, 해당 피공제자, 요양기관 또는 그 밖의 사고관계자 등은 정당한 사유 없이 제1항 또는 제2항의 규정에 따른 조사를 방해하거나 자료의 제출을 거부하여서는 아니 된다. 〈개정 2018. 12. 18.〉

제43조(공제급여의 제한) ① 공제회는 다음 각 호의 어느 하나에 해당하는 경우에는 이 법에 따른 공제급여의 전부 또는 일부를 지급하지 아니할 수 있다. 다만, 제3호에 해당하는 경우에는 공제급여를 지급하지 아니한다. 〈개정 2021. 3. 23.〉
    1. 피공제자의 자해·자살. 다만, 학교안전사고가 원인이 되어 자해·자살한 경우에는 공제급여의 전부를 지급한다.
    2. 학교안전사고로 인하여 피해를 입은 피공제자 또는 그 보호자등이 정당한 사유 없이 요양기관의 지시를 따르지 아니하여 피공제자의 부상·질병 또는 장해의 상태가 악화되었거나 요양기관의 치료를 방해한 것이 명백한 경우
    3. 학교안전사고와 관련하여 제36조부터 제40조까지의 규정에 따른 공제급여를 받을 권리가 있는 자(이하 "수급권자"라 한다)가 「자동차손해배상 보장법」의 규정에 따른 손해배상을 받은 경우
② 공제회는 제35조에 따라 공제급여액을 결정할 때 피공제자에게 이미 존재하던 질병, 부상 또는 신체장애 등이 학교안전사고로 인하여 악화된 경우에는 이미 존재하던 질병, 부상 또는 신체장애 등의 치료에 필요한 비용을 제외하고 공제급여를 지급할 수 있다. 〈신설 2021. 9. 24.〉
③ 공제회는 제37조부터 제39조까지의 규정에 따른 장해급여, 간병급여 및 유족급여를 산정할 때에는 피공제자에게 과실이 있으면 이를 상계할 수 있다. 〈신설 2021. 9. 24.〉
④ 공제회는 제12조 단서의 규정에 따라 공제회에 가입한 공제가입자가 교육부령으로 정하는 기간 이상 제49조의 규정에 따른 공제료를 체납하고, 그 체납이 피공제자의 귀책사유로 인한 경우에는 그 금액을 모두 납부할 때까지 공제급여를 지급하지 아니할 수 있다. 〈개정 2008. 2. 29., 2013. 3. 23., 2021. 3. 23., 2021. 9. 24.〉
⑤ 제2항 및 제3항에 따른 공제급여 지급제한 대상 및 기준 등 필요한 사항은 대통령령으로 정한다. 〈신설 2021. 9. 24.〉

제44조(피공제자 등에 대한 공제급여금의 청구 등) ① 학교안전사고가 다음 각 호의 어느 하나에 해당하는 사유로 발생하고, 공제회가 수

급권자에게 공제급여를 지급한 경우 공제회는 수급권자에게 지급한 공제급여에 상당하는 금액의 지급을 학교안전사고를 일으킨 자 또는 그 보호자등에게 청구할 수 있다.
1. 피공제자의 고의 또는 중대한 과실로 인하여 학교안전사고가 발생한 경우
2. 피공제자 또는 공제가입자가 아닌 자의 고의·과실로 인하여 학교안전사고가 발생한 경우

② 공제가입자는 학교안전사고가 발생한 때에는 이를 지체 없이 공제회에 통지하여야 한다.

제45조(다른 보상·배상과의 관계) ① 학교안전사고로 인하여 발생한 피해에 대하여 수급권자가 이 법에 따른 공제급여를 받은 경우에는 학교안전사고로 인하여 발생한 피해에 대한 보상 또는 배상의 책임이 있는 국가·지방자치단체·공제가입자 또는 피공제자는 그 공제급여 금액의 범위 안에서 다른 법령에 따른 보상 또는 배상의 책임을 면한다.

② 수급권자가 다른 법령에 따라 이 법의 공제급여에 상당하는 보상 또는 배상을 받은 경우 공제회는 그 보상 또는 배상의 범위 안에서 이 법에 따른 공제급여를 지급하지 아니한다.

제46조(부당이득의 환수) ① 공제회는 공제급여가 다음 각 호의 어느 하나에 해당하는 사유로 지급된 경우에는 그 공제급여액에 상당하는 금액을 환수하여야 한다. 〈개정 2021. 3. 23.〉
1. 거짓이나 그 밖의 부정한 방법으로 공제급여를 받은 경우
2. 요양기관의 거짓 진단에 따라 공제급여가 부당하게 지급된 경우
3. 그 밖에 공제급여가 잘못 지급된 경우

② 제1항제2호의 규정에 해당하는 경우 수급권자와 해당 요양기관은 연대하여 공제급여 상당액을 반환하여야 한다. 〈개정 2018. 12. 18.〉

제47조(수급권의 보호) ① 수급권자의 공제급여를 받을 권리는 피공제자의 사망, 학교안전공제에 가입한 학교에서의 졸업·퇴학 등 신분관계의 변동으로 인하여 소멸되지 아니한다.

② 수급권자의 공제급여를 받을 권리는 이를 양도 또는 압류할 수 없다.

제48조(비용의 보전) ① 공제회는 교직원과 교직원의 업무를 보조하는 자 중 대통령령으로 정하는 자가 학교안전사고와 관련하여 비용을 지출한 경우 이에 대한 비용을 보전할 수 있다. 〈개정 2021. 3. 23.〉

② 제1항의 규정에 따른 비용을 보전하는 경우 그 지급기준·절차 및 보전비용의 산정 등에 관하여 필요한 사항은 교육부령으로 정한다. 〈개정 2008. 2. 29., 2013. 3. 23.〉

제7장 공제료

제49조(공제료) ① 공제가입자는 공제료를 공제회에 납부하여야 한다. 이 경우 공제가입자는 대통령령으로 정하는 바에 따라 피공제자에게 공제료에 충당하기 위한 금액의 전부 또는 일부를 징수할 수 있다. 〈개정 2021. 3. 23.〉

② 공제회는 제1항의 규정에 따라 징수한 공제료를 제52조의 규정에 따른 학교안전공제및사고예방기금의 수입으로 계상하여야 한다.

③ 교육부장관은 대통령령으로 정하는 바에 따라 매 사업연도마다 전전년도 이전 최근 3년간의 학교안전사고의 발생 추이와 공제급여 지급 실적, 전전년도의 공제 사업 및 예방 사업 등의 운영경비와 물가 상승률 등을 반영하여 공제료 산정기준을 정하고 이를 고시하여야 한다. 〈개정 2008. 2. 29., 2013. 3. 23., 2021. 3. 23.〉

④ 공제회는 제3항의 규정에 따라 고시된 공제료 산정기준에 근거하여 관할 구역 내 학교안전사고의 발생 추이와 공제급여의 지급 실적, 학교의 종류 및 규모 등을 고려하여 공제료를 산정하고 이를 공제가입자에게 통보하여야 한다.

⑤ 제4항의 규정에 따라 산정된 공제료를 통보 받은 공제가입자는 통보된 공제료에 대하여 이의가 있을 경우 교육부령으로 정하는 절차와 방식에 따라 공제회에 이의를 신청할 수 있다. 〈개정 2008. 2. 29., 2013. 3. 23., 2021. 3. 23.〉

⑥ 교육부장관 또는 교육감은 제1항에 따른 공제료 납부의무를 이행하지 아니한 공제가입자에 대하여 대통령령으로 정하는 바에 따라 공제료 납부명령 등 그 위반행위의 시정에 필요한 조치를 할 수 있다. 〈신설 2015. 1. 20.〉

제50조(공제료의 납부고지) ① 공제회는 제49조의 규정에 따라 산정된 공제료의 납부를 교육부령으로 정하는 절차와 방식에 따라 공제가입자에게 고지하여야 한다. 〈개정 2008. 2. 29., 2013. 3. 23., 2021. 3. 23.〉

② 제1항의 규정에 따른 공제료의 납부고지서에는 다음 각 호의 사항을 기재하여야 한다.
1. 공제료의 금액
2. 납부기한
3. 납부장소

③ 공제료의 납부기한·납부방법·납부절차 등 공제료의 수납에 관하여 필요한 사항은 교육부령으로 정한다. 〈개정 2008. 2. 29., 2013. 3. 23.〉

제51조(국가 등의 공제료 부담) ① 다음 각 호의 어느 하나에 해당하는 피공제자(제1호 및 제2호의 경우에는 학생인 피공제자를 말한다)에 대한 공제료는 이를 국가 또는 지방자치단체가 부담한다. 〈개정 2007. 7. 27., 2011. 5. 19., 2011. 8. 4., 2011. 9. 15., 2021. 1. 5., 2021. 3. 23.〉
1. 「국민기초생활 보장법」 제12조의 규정에 따른 교육급여를 받는 수급자와 그 자녀인 피공제자 및 같은 법 제24조의 규정에 따른 차상위계층으로 조사된 사람과 그 자녀인 피공제자
2. 「독립유공자예우에 관한 법률」 제15조의 규정에 따라 교육보호를 받는 사람, 「국가유공자 등 예우 및 지원에 관한 법률」 제22조제1항에 따른 교육지원 대상자, 「보훈보상대

자 지원에 관한 법률」 제25조제1항에 따른 교육지원 대상자, 「5·18민주유공자예우 및 단체설립에 관한 법률」 제12조의 규정에 따른 교육지원대상자 및 「특수임무유공자 예우 및 단체설립에 관한 법률」 제11조의 규정에 따른 교육지원대상자인 피공제자

3. 제2조제5호에 따른 교육활동참여자

② 국가 또는 지방자치단체는 예산의 범위 안에서 학생인 피공제자에 대한 공제료를 부담할 수 있다.

③ 제18조제1항제2호의2에 따른 학교폭력 피해학생의 치료비 등의 소요경비는 국가 또는 지방자치단체가 부담한다. 〈신설 2012. 3. 21.〉

제8장 학교안전공제및사고예방기금

제52조(기금의 설치 및 조성) ① 교육감은 학교안전공제 사업 및 학교안전사고의 예방 사업에 필요한 재원을 확보하고, 공제급여에 충당하기 위하여 학교안전공제및사고예방기금(이하 "기금"이라 한다)을 설치한다.

② 기금은 공제료 수입, 국가 및 지방자치단체의 보조금, 기금의 운용수익, 적립금, 결산상 잉여금, 차입금, 기부금과 그 밖의 수입금을 재원으로 하여 이를 조성한다.

제53조(기금의 용도) ① 기금은 다음 각 호의 용도에 사용한다. 〈개정 2012. 3. 21., 2021. 3. 23.〉

1. 공제급여의 지급
2. 공제회의 재정 지원
3. 차입금 및 이자의 상환
4. 학교안전공제제도의 조사·연구·홍보 및 학교안전사고의 예방·교육지원 사업
5. 제18조제1항제2호의2에 따른 학교폭력 피해학생 치료비 등과 관련한 경비의 지급
6. 그 밖에 학교안전사고의 예방 및 학교안전공제와 관련하여 대통령령으로 정하는 사업

② 제1항제5호에 대한 집행 기준, 절차 및 방법 등은 교육부령으로 정한다. 〈신설 2012. 3. 21., 2013. 3. 23.〉

제54조(기금의 관리·운용) ① 기금은 공제회가 관리·운용한다.

② 공제회는 다음 각 호의 방법에 따라 기금을 관리·운용하여야 한다. 〈개정 2021. 3. 23.〉

1. 금융기관 또는 체신관서에의 예입 및 금전신탁
2. 투자신탁 등의 수익증권 매입
3. 국가·지방자치단체 또는 금융기관이 직접 발행하거나 채무이행을 보증하는 유가증권의 매입
4. 그 밖에 기금 증식을 위하여 대통령령으로 정하는 사업

③ 공제회는 기업회계의 원칙에 따라 기금을 회계처리하여야 한다. 〈개정 2018. 12. 18.〉

제55조(기금의 운용계획) 공제회는 매 사업연도마다 교육부장관이 정하는 바에 따라 기금운용계획을 수립하여 교육감의 승인을 얻어야 한다. 〈개정 2008. 2. 29., 2013. 3. 23.〉

제56조(잉여금·손실금·차입금) ① 기금의 결산상 잉여금이 생긴 때에는 이를 적립금으로 계상하고, 결산상 손실금이 생긴 때에는 적립금을 사용할 수 있다.

② 교육감은 기금을 운용하면서 일시적으로 자금의 부족 등이 생긴 때에는 대통령령으로 정하는 절차와 방식에 따라 금융기관 등으로부터 차입 또는 일시 차입을 할 수 있다. 이 경우 일시차입금은 해당 사업연도 내에 상환하여야 한다. 〈개정 2018. 12. 18., 2021. 3. 23.〉

제9장 심사청구 및 재심사청구

제57조(심사청구의 제기) ① 공제회의 공제급여 결정에 대하여 불복하는 자는 제58조의 규정에 따른 학교안전공제보상심사위원회에 심사청구를 할 수 있다. 〈개정 2021. 3. 23.〉

② 제1항의 규정에 따른 심사청구는 공제급여에 관한 결정이 있음을 안 날부터 90일 이내에 하여야 한다. 다만, 천재·지변·전쟁·사변 그 밖의 불가항력적인 사유로 심사를 청구할 수 없는 기간은 심사청구기간에서 제외한다. 〈개정 2021. 3. 23.〉

③ 제1항의 규정에 따른 심사청구에 관하여 필요한 사항은 대통령령으로 정한다.

제58조(학교안전공제보상심사위원회) ① 제57조의 규정에 따른 심사청구를 심리·결정하게 하기 위하여 공제회에 학교안전공제보상심사위원회(이하 "심사위원회"라 한다)를 둔다.

② 심사위원회는 위원장 1인을 포함하여 9인 이상 15인 이내의 위원으로 구성한다.

③ 심사위원회의 위원장은 위원 중에서 교육감이 지명하는 사람이 되고, 위원은 다음 각 호의 어느 하나에 해당하는 사람 중에서 교육감이 임명 또는 위촉한다. 〈개정 2008. 2. 29., 2013. 3. 23., 2021. 3. 23.〉

1. 5급 이상의 국가공무원(고위공무원단에 속하는 공무원 및 장학관을 포함한다) 또는 지방공무원으로 재직하였거나 재직하고 있는 사람
2. 변호사의 자격이 있는 사람
3. 전문의의 자격이 있는 사람
4. 손해사정사 등 보험 업무 분야에서 5년 이상 실무에 종사한 경력이 있는 사람
5. 고등학교 이하의 각급 학교에 재직하고 있는 사람으로서 10년 이상의 교육경력이 있는 사람
6. 대학에서 조교수 이상의 직에 재직하였거나 재직하고 있는 사람
7. 학부모 대표
8. 그 밖에 제1호부터 제5호까지에 준하는 자격이 있는 사람으로서 교육부령으로 정하는 사람

④ 심사위원회 위원의 임기는 2년으로 하되, 연임할 수 있다.

⑤ 심사위원회의 운영 등에 관하여 필요한 사항은 대통령령으로 정한다.

제59조(심사청구에 대한 심리·결정) ① 심사위원회는 제57조의 규정에 따라 심사청구를 받은 날부터 60일 이내에 심사청구에 대한 결정을 하여야 한다. 다만, 부득이한 사유로 인하여 그 기간 내에 결정을 할 수 없는 때에는 한 차례만 1개월을 넘지 아니하는 범위 안에서 그 기간을 연장할 수 있다. 〈개정 2021. 3. 23.〉

② 심사위원회는 심사청구의 심리를 위하여 필요하다고 인정하는 경우에는 심사청구인의 신청 또는 직권에 따라 다음 각 호의 행위를 할 수 있다. 〈개정 2021. 3. 23.〉

1. 심사청구인 또는 관계인을 지정장소에 출석하게 하여 질문하거나 의견을 진술하게 하는 것
2. 심사청구인 또는 관계인에게 증거가 될 수 있는 문서 또는 그 밖의 물건을 제출하게 하는 것
3. 전문적인 지식이나 경험을 가진 사람으로 하여금 감정 또는 진단을 하게 하는 것

제60조(결정의 효력) 심사위원회가 결정을 행한 경우에 심사청구인이 제61조제2항의 규정에 따른 기간 내에 재심사청구 또는 공제급여와 관련된 소송을 제기하지 아니하거나 제기된 재심사청구 또는 소송을 취하한 때에는 공제회와 심사청구인 간에 해당 결정의 내용과 동일한 합의가 성립된 것으로 본다. 〈개정 2018. 12. 18.〉

제61조(재심사청구의 제기) ① 제59조제1항의 규정에 따른 심사청구에 대한 결정에 불복하는 자는 제62조의 규정에 따른 학교안전공제보상재심사위원회에 재심사청구를 할 수 있다. 〈개정 2021. 3. 23.〉

② 제1항의 규정에 따른 재심사청구는 심사청구에 대한 결정서 정본이 심사청구인에게 송달된 날부터 90일 이내에 제기하여야 한다. 이 경우 천재·지변·전쟁·사변 그 밖에 불가항력 등 재심사 청구인의 책임 없는 사유로 재심사를 청구할 수 없는 기간은 재심사 청구기간에서 제외한다. 〈개정 2021. 3. 23.〉

제62조(학교안전공제보상재심사위원회) ① 제61조의 규정에 따른 재심사청구를 심리·재결하기 위하여 공제중앙회에 학교안전공제보상재심사위원회(이하 "재심위원회"라 한다)를 둔다.

② 재심위원회는 위원장 1인을 포함하여 9인 이상 15인 이내의 위원으로 구성한다.

③ 재심위원회의 위원장은 위원 중에서 교육부장관이 지명하는 사람이 되고, 재심위원회 위원은 다음 각 호의 어느 하나에 해당하는 사람 중에서 교육부장관이 임명 또는 위촉한다. 〈개정 2008. 2. 29., 2013. 3. 23., 2021. 3. 23.〉

1. 3급 이상의 국가공무원(고위공무원단에 속하는 공무원 및 장학관을 포함한다) 또는 지방공무원으로 재직하였거나 재직하고 있는 사람
2. 변호사의 자격이 있는 사람
3. 전문의의 자격이 있는 사람
4. 손해사정사 등 보험 업무 분야에서 10년 이상 실무에 종사한 경력이 있는 사람
5. 고등학교 이하의 각급 학교에 재직하고 있는 사람으로서 15년 이상의 교육경력이 있는 사람
6. 대학에서 부교수 이상의 직에 재직하였거나 재직하고 있는 사람
7. 학부모 대표
8. 그 밖에 제1호부터 제5호까지에 준하는 자격이 있는 사람으로서 교육부령으로 정하는 사람

④ 위원의 임기는 2년으로 하되, 연임할 수 있다.

⑤ 재심위원회의 운영 등에 관하여 필요한 사항은 대통령령으로 정한다.

제63조(재심사청구에 대한 심리·재결) 제59조의 규정은 재심사청구에 대한 심리·재결에 관하여 이를 준용한다. 이 경우 "심사위원회"는 각각 "재심위원회"로, "심사청구"는 각각 "재심사청구"로, "심사청구인"은 각각 "재심사청구인"으로, "결정"은 "재결"로 본다.

제64조(재결의 효력) 제63조에 따른 재심사청구에 대한 재결에 불복하는 자가 재심위원회의 재결서 정본을 송달받은 날부터 60일 이내에 공제급여와 관련된 소송을 제기하지 아니하거나 제기한 소송을 취하한 경우에는 공제회와 재심사청구인 간에 해당 재결 내용과 동일한 합의가 성립된 것으로 본다. 〈개정 2016. 5. 29., 2018. 12. 18., 2021. 3. 23.〉

[2016. 5. 29. 법률 제14161호에 의하여 2015. 7. 30. 헌법재판소에서 위헌 결정된 이 조를 개정함.]

제10장 보칙

제65조(시효) ① 공제료의 징수 및 수급권자의 공제급여를 받을 권리는 3년간 행사하지 아니하면 소멸시효가 완성된다.

② 제1항의 규정에 따른 소멸시효에 관하여는 이 법에서 정한 사항 외에는 「민법」의 규정에 따른다. 〈개정 2021. 3. 23.〉

제66조(서류의 송달) 「국세기본법」 제8조부터 제12조까지의 규정은 공제료 그 밖에 이 법에 따른 징수금에 관한 서류의 송달에 관하여 이를 준용한다. 〈개정 2021. 3. 23.〉

제67조(자료의 제공 요청) ① 공제회는 학교장 및 요양기관 등에 대하여 학교안전공제 사업을 운영하기 위하여 필요한 자료의 제공을 요청할 수 있다.

② 제1항의 규정에 따라 자료의 제공을 요청받은 학교장 및 요양기관 등은 성실히 그 요청을 따라야 한다. 〈개정 2021. 3. 23.〉

제68조(진찰요구) 공제회는 공제급여의 결정 등에 관하여 필요하다고 인정하는 때에는 피공제자에 대하여 공제회가 정하는 의료기관에서 진찰을 받도록 할 수 있다.

제69조(비밀의 유지) 다음 각 호에 규정된 직에 종사하는 사람 및 그 직에 종사하였던 사람은 그 업무상 알게 된 비밀을 누설하여서는 아니된다. 〈개정 2021. 3. 23.〉

1. 공제회·공제중앙회의 임원 및 직원
2. 심사위원회 및 재심사위원회의 위원

제11장 벌칙

제70조(벌칙 적용에서의 공무원 의제) 공제회 및 공제중앙회의 임원·직원과 심사위원회와 재심위원회의 위원은 「형법」 제129조부터 제132조까지의 규정을 적용할 때에는 공무원으로 본다. 〈개정 2021. 3. 23.〉

제71조(벌칙) ① 제69조의 규정을 위반한 자는 1년 이하의 징역 또는 1천만원 이하의 벌금에 처한다. 〈개정 2016. 2. 3.〉

② 거짓이나 그 밖의 부정한 방법으로 제41조에 따라 공제급여를 받은 자는 2년 이하의 징역 또는 2천만원 이하의 벌금에 처한다.
〈신설 2016. 2. 3.〉

제72조(과태료) ① 제26조(제33조에 따라 준용되는 경우를 포함한다)를 위반하여 학교안전공제회·학교안전공제중앙회 또는 이와 유사한 명칭을 사용한 자에게는 500만원 이하의 과태료를 부과한다.

② 다음 각 호의 어느 하나에 해당하는 자에게는 50만원 이하의 과태료를 부과한다.

1. 제42조제4항을 위반하여 조사를 방해하거나 자료의 제출을 거부한 자
2. 제44조제2항에 따른 통지를 하지 아니하거나 거짓으로 통지를 한 자
3. 제67조제1항에 따른 자료의 제공 요청을 정당한 사유 없이 거부하거나 제공하지 아니한 자

③ 제1항과 제2항에 따른 과태료는 대통령령으로 정하는 바에 따라 교육감이 부과·징수한다.
[전문개정 2018. 12. 18.]

제73조 삭제 〈2018. 12. 18.〉

부칙 〈제18463호, 2021. 9. 24.〉

제1조(시행일) 이 법은 공포 후 6개월이 경과한 날부터 시행한다.

제2조(간병료 및 부대경비 지급에 관한 특례) 제36조제4항제3호 및 같은 조 제5항의 개정규정은 이 법의 공포일부터 시행일까지의 간병에 따른 간병료 및 부대경비에 대하여도 적용한다.

지방교육자치에 관한 법률

지방교육자치에 관한 법률
(약칭: 교육자치법)

[시행 2023. 10. 19.] [법률 제19343호, 2023. 4. 18., 일부개정]

제1장 총칙

제1조(목적) 이 법은 교육의 자주성 및 전문성과 지방교육의 특수성을 살리기 위하여 지방자치단체의 교육·과학·기술·체육 그 밖의 학예에 관한 사무를 관장하는 기관의 설치와 그 조직 및 운영 등에 관한 사항을 규정함으로써 지방교육의 발전에 이바지함을 목적으로 한다.

제2조(교육·학예사무의 관장) 지방자치단체의 교육·과학·기술·체육 그 밖의 학예(이하 "교육·학예"라 한다)에 관한 사무는 특별시·광역시 및 도(이하 "시·도"라 한다)의 사무로 한다.

제3조(「지방자치법」과의 관계) 지방자치단체의 교육·학예에 관한 사무를 관장하는 기관의 설치와 그 조직 및 운영 등에 관하여 이 법에서 규정한 사항을 제외하고는 그 성질에 반하지 아니하는 범위에서 「지방자치법」의 관련 규정을 준용한다. 이 경우 "지방자치단체의 장" 또는 "시·도지사"는 "교육감"으로, "지방자치단체의 사무"는 "지방자치단체의 교육·학예에 관한 사무"로, "자치사무"는 "교육·학예에 관한 자치사무"로, "행정안전부장관"·"주무부장관" 및 "중앙행정기관의 장"은 "교육부장관"으로 본다. 〈개정 2008. 2. 29., 2013. 3. 23., 2014. 11. 19., 2017. 7. 26., 2021. 3. 23.〉

제2장 삭제 〈2016. 12. 13.〉

제1절 삭제 〈2016. 12. 13.〉

제4조 삭제 〈2016. 12. 13.〉
제5조 삭제 〈2016. 12. 13.〉

제2절 삭제 〈2016. 12. 13.〉

제6조 삭제 〈2016. 12. 13.〉
제7조 삭제 〈2016. 12. 13.〉
제8조 삭제 〈2016. 12. 13.〉
제9조 삭제 〈2016. 12. 13.〉
제10조 삭제 〈2016. 12. 13.〉
제10조의2 삭제 〈2016. 12. 13.〉
제10조의3 삭제 〈2016. 12. 13.〉

제3절 삭제 〈2016. 12. 13.〉

제11조 삭제 〈2016. 12. 13.〉

제4절 회의 및 사무직원

제12조 삭제 〈2015. 6. 22.〉
제13조 삭제 〈2015. 6. 22.〉
제14조 삭제 〈2015. 6. 22.〉
제15조 삭제 〈2015. 6. 22.〉
제16조 삭제 〈2010. 2. 26.〉
제17조 삭제 〈2015. 6. 22.〉

제3장 교육감

제1절 지위와 권한 등

제18조(교육감) ① 시·도의 교육·학예에 관한 사무의 집행기관으로 시·도에 교육감을 둔다.

② 교육감은 교육·학예에 관한 소관 사무로 인한 소송이나 재산의 등기 등에 대하여 해당 시·도를 대표한다. 〈개정 2021. 3. 23.〉

제19조(국가행정사무의 위임) 국가행정사무 중 시·도에 위임하여 시행하는 사무로서 교육·학예에 관한 사무는 교육감에게 위임하여 행한다. 다만, 법령에 다른 규정이 있는 경우에는 그러하지 아니하다.

제20조(관장사무) 교육감은 교육·학예에 관한 다음 각 호의 사항에 관한 사무를 관장한다. 〈개정 2021. 3. 23.〉

1. 조례안의 작성 및 제출에 관한 사항
2. 예산안의 편성 및 제출에 관한 사항
3. 결산서의 작성 및 제출에 관한 사항
4. 교육규칙의 제정에 관한 사항
5. 학교, 그 밖의 교육기관의 설치·이전 및 폐지에 관한 사항
6. 교육과정의 운영에 관한 사항
7. 과학·기술교육의 진흥에 관한 사항
8. 평생교육, 그 밖의 교육·학예진흥에 관한 사항
9. 학교체육·보건 및 학교환경정화에 관한 사항
10. 학생통학구역에 관한 사항
11. 교육·학예의 시설·설비 및 교구(敎具)에 관한 사항
12. 재산의 취득·처분에 관한 사항
13. 특별부과금·사용료·수수료·분담금 및 가입금에 관한 사항
14. 기채(起債)·차입금 또는 예산 외의 의무부담에 관한 사항
15. 기금의 설치·운용에 관한 사항
16. 소속 국가공무원 및 지방공무원의 인사관리에 관한 사항
17. 그 밖에 해당 시·도의 교육·학예에 관한 사항과 위임된 사항

제21조(교육감의 임기) 교육감의 임기는 4년으로 하며, 교육감의 계속 재임은 3기에 한정한다. 〈개정 2021. 3. 23.〉

제22조(교육감의 선거) 교육감의 선거에 관하여는 제6장에서 따로 정한다.

[전문개정 2010. 2. 26.]

제23조(겸직의 제한) ① 교육감은 다음 각 호의 어느 하나에 해당하는 직을 겸할 수 없다. 〈개정 2016. 12. 13.〉
1. 국회의원·지방의회의원
2. 「국가공무원법」 제2조에 규정된 국가공무원과 「지방공무원법」 제2조에 규정된 지방공무원 및 「사립학교법」 제2조의 규정에 따른 사립학교의 교원
3. 사립학교경영자 또는 사립학교를 설치·경영하는 법인의 임·직원

② 교육감이 당선 전부터 제1항의 겸직이 금지된 직을 가진 경우에는 임기개시일 전일에 그 직에서 당연 퇴직된다.

제24조(교육감후보자의 자격) ① 교육감후보자가 되려는 사람은 해당 시·도지사의 피선거권이 있는 사람으로서 후보자등록신청개시일부터 과거 1년 동안 정당의 당원이 아닌 사람이어야 한다. 〈개정 2010. 2. 26., 2021. 3. 23.〉

② 교육감후보자가 되려는 사람은 후보자등록신청개시일을 기준으로 다음 각 호의 어느 하나에 해당하는 경력이 3년 이상 있거나 다음 각 호의 어느 하나에 해당하는 경력을 합한 경력이 3년 이상 있는 사람이어야 한다. 〈신설 2014. 2. 13.〉
1. 교육경력: 「유아교육법」 제2조제2호에 따른 유치원, 「초·중등교육법」 제2조 및 「고등교육법」 제2조에 따른 학교(이와 동등한 학력이 인정되는 교육기관 또는 평생교육시설로서 다른 법률에 따라 설치된 교육기관 또는 평생교육시설을 포함한다)에서 교원으로 근무한 경력
2. 교육행정경력: 국가 또는 지방자치단체의 교육기관에서 국가공무원 또는 지방공무원으로 교육·학예에 관한 사무에 종사한 경력과 「교육공무원법」 제2조제1항제2호 또는 제3호에 따른 교육공무원으로 근무한 경력

제24조의2(교육감의 소환) ① 주민은 교육감을 소환할 권리를 가진다.
② 교육감에 대한 주민소환투표사무는 제44조에 따른 선거관리위원회가 관리한다.
③ 교육감의 주민소환에 관하여는 이 법에서 규정한 사항을 제외하고는 그 성질에 반하지 아니하는 범위에서 「주민소환에 관한 법률」의 시·도지사에 관한 규정을 준용한다. 다만, 이 법에서 「공직선거법」을 준용할 때 「주민소환에 관한 법률」에서 준용하는 「공직선거법」의 해당 규정과 다르게 정하고 있는 경우에는 이 법에서 준용하는 「공직선거법」의 해당 규정을 인용한 것으로 본다.

[본조신설 2010. 2. 26.]

제24조의3(교육감의 퇴직) 교육감이 다음 각 호의 어느 하나에 해당된 때에는 그 직에서 퇴직된다. 〈개정 2021. 1. 12.〉
1. 교육감이 제23조제1항의 겸임할 수 없는 직에 취임한 때
2. 피선거권이 없게 된 때(지방자치단체의 구역이 변경되거나, 지방자치단체가 없어지거나 합쳐진 경우 외의 다른 사유로 교육감이 그 지방자치단체의 구역 밖으로 주민등록을 이전함으로써 피선거권이 없게 된 때를 포함한다)
3. 정당의 당원이 된 때
4. 제3조에서 준용하는 「지방자치법」 제110조에 따라 교육감의 직을 상실할 때

[본조신설 2010. 2. 26.]

제25조(교육규칙의 제정) ① 교육감은 법령 또는 조례의 범위 안에서 그 권한에 속하는 사무에 관하여 교육규칙을 제정할 수 있다.
② 교육감은 대통령령으로 정하는 절차와 방식에 따라 교육규칙을 공포하여야 하며, 교육규칙은 특별한 규정이 없으면 공포한 날부터 20일이 지남으로써 효력이 발생한다. 〈개정 2021. 3. 23.〉

제26조(사무의 위임·위탁 등) ① 교육감은 조례 또는 교육규칙으로 정하는 바에 따라 그 권한에 속하는 사무의 일부를 보조기관, 소속교육기관 또는 하급교육행정기관에 위임할 수 있다. 〈개정 2021. 3. 23.〉
② 교육감은 교육규칙으로 정하는 바에 따라 그 권한에 속하는 사무의 일부를 해당지방자치단체의 장과 협의하여 구·출장소 또는 읍·면·동(특별시·광역시 및 시의 동을 말한다. 이하 이 조에서 같다)의 장에게 위임할 수 있다. 이 경우 교육감은 해당사무의 집행에 관하여 구·출장소 또는 읍·면·동의 장을 지휘·감독할 수 있다. 〈개정 2021. 3. 23.〉
③ 교육감은 조례 또는 교육규칙으로 정하는 바에 따라 그 권한에 속하는 사무 중 조사·검사·검정·관리 등 주민의 권리·의무와 직접 관계되지 아니하는 사무를 법인·단체 또는 그 기관이나 개인에게 위탁할 수 있다. 〈개정 2021. 3. 23.〉
④ 교육감이 위임 또는 위탁받은 사무의 일부를 제1항부터 제3항까지의 규정에 따라 다시 위임 또는 위탁하고자 하는 경우에는 미리 해당사무를 위임 또는 위탁한 기관의 장의 승인을 얻어야 한다. 〈개정 2021. 3. 23.〉

제27조(직원의 임용 등) 교육감은 소속 공무원을 지휘·감독하고 법령과 조례·교육규칙으로 정하는 바에 따라 그 임용·교육훈련·복무·징계 등에 관한 사항을 처리한다. 〈개정 2021. 3. 23.〉

제28조(시·도의회 등의 의결에 대한 재의와 제소) ① 교육감은 교육·학예에 관한 시·도의회의 의결이 법령에 위반되거나 공익을 현저히 저해한다고 판단될 때에는 그 의결사항을 이송받은 날부터 20일 이내에 이유를 붙여 재의를 요구할 수 있다. 교육감이 교육부장관으로부터 재의요구를 하도록 요청받은 경우에는 시·도의회에 재의를 요구하여야 한다. 〈개정 2008. 2. 29., 2010. 2. 26., 2013. 3. 23.〉
② 제1항의 규정에 따른 재의요구가 있을 때에는 재의요구를 받은 시·도의회는 재의에 붙이고 시·도의회 재적의원 과반수의 출석과 시·도의회 출석의원 3분의 2이상의 찬성으로 전과 같은 의결을 하면 그 의결사항은 확정된다. 〈개정 2010. 2. 26.〉
③ 제2항의 규정에 따라 재의결된 사항이 법령에 위반된다고 판단될 때에는 교육감은 재의결된 날부터 20일 이내에 대법원에 제소

할 수 있다.

④ 교육부장관은 재의결된 사항이 법령에 위반된다고 판단됨에도 해당교육감이 소를 제기하지 않은 때에는 해당교육감에게 제소를 지시하거나 직접 제소할 수 있다. 〈개정 2008. 2. 29., 2013. 3. 23.〉

⑤ 제4항의 규정에 따른 제소의 지시는 제3항의 기간이 지난 날부터 7일 이내에 하고, 해당교육감은 제소 지시를 받은 날부터 7일 이내에 제소하여야 한다. 〈개정 2021. 3. 23.〉

⑥ 교육부장관은 제5항의 기간이 지난 날부터 7일 이내에 직접 제소할 수 있다. 〈개정 2008. 2. 29., 2013. 3. 23., 2021. 3. 23.〉

⑦ 제3항 및 제4항의 규정에 따라 재의결된 사항을 대법원에 제소한 경우 제소를 한 교육부장관 또는 교육감은 그 의결의 집행을 정지하게 하는 집행정지결정을 신청할 수 있다. 〈개정 2008. 2. 29., 2013. 3. 23.〉

제29조(교육감의 선결처분) ① 교육감은 소관 사무 중 시·도의회의 의결이 필요한 사항에 대하여 다음 각 호의 어느 하나에 해당하는 경우에는 선결처분을 할 수 있다. 〈개정 2007. 5. 11., 2010. 2. 26., 2021. 1. 12., 2021. 3. 23.〉

1. 시·도의회가 성립되지 아니한 때(시·도의회의원의 구속 등의 사유로 「지방자치법」 제73조의 규정에 따른 의결정족수에 미달하게 된 때를 말한다)
2. 학생의 안전과 교육기관 등의 재산보호를 위하여 긴급하게 필요한 사항으로서 시·도의회가 소집될 시간적 여유가 없거나 시·도의회에서 의결이 지체되어 의결되지 아니한 때

② 제1항의 규정에 따른 선결처분은 지체 없이 시·도의회에 보고하여 승인을 얻어야 한다. 〈개정 2010. 2. 26.〉

③ 시·도의회에서 제2항의 승인을 얻지 못한 때에는 그 선결처분은 그 때부터 효력을 상실한다. 〈개정 2010. 2. 26.〉

④ 교육감은 제2항 및 제3항에 관한 사항을 지체 없이 공고하여야 한다.

제29조의2(의안의 제출 등) ① 교육감은 교육·학예에 관한 의안 중 다음 각 호의 어느 하나에 해당하는 의안을 시·도의회에 제출하고자 할 때에는 미리 시·도지사와 협의하여야 한다.

1. 주민의 재정적 부담이나 의무부과에 관한 조례안
2. 지방자치단체의 일반회계와 관련되는 사항

② 그 밖에 교육·학예에 관한 의안과 청원 등의 제출·심사·처리에 관하여는 「지방자치법」을 준용한다. 이 경우 "지방자치단체의 장"은 "교육감"으로 본다.

[본조신설 2015. 6. 22.]

제29조의3(시·도의회의 교육·학예에 관한 사무의 지원) ① 시·도의회의 교육·학예에 관한 사무를 처리하기 위하여 조례로 정하는 바에 따라 시·도의회의 사무처에 지원조직과 사무직원을 둔다.

② 제1항에 따라 두는 사무직원은 지방공무원으로 보한다.

③ 제1항에 따라 두는 사무직원은 시·도의회의장의 추천에 따라 교육감이 임명한다.

[본조신설 2015. 6. 22.]

제2절 보조기관 및 소속교육기관

제30조(보조기관) ① 교육감 소속하에 국가공무원으로 보하는 부교육감 1인(인구 800만명 이상이고 학생 150만명 이상인 시·도는 2인)을 두되, 대통령령으로 정하는 바에 따라 「국가공무원법」 제2조의2의 규정에 따른 고위공무원단에 속하는 일반직공무원 또는 장학관으로 보한다. 〈개정 2020. 12. 22., 2021. 3. 23.〉

② 부교육감은 해당 시·도의 교육감이 추천한 사람을 교육부장관의 제청으로 국무총리를 거쳐 대통령이 임명한다. 〈개정 2008. 2. 29., 2013. 3. 23., 2021. 3. 23.〉

③ 부교육감은 교육감을 보좌하여 사무를 처리한다.

④ 제1항의 규정에 따라 부교육감 2인을 두는 경우에 그 사무 분장에 관한 사항은 대통령령으로 정한다. 이 경우 그중 1인으로 하여금 특정 지역의 사무를 담당하게 할 수 있다.

⑤ 교육감 소속하에 보조기관을 두되, 그 설치·운영 등에 관하여 필요한 사항은 대통령령으로 정한 범위 안에서 조례로 정한다. 〈개정 2021. 3. 23.〉

⑥ 교육감은 제5항의 규정에 따른 보조기관의 설치·운영에 있어서 합리화를 도모하고 다른 시·도와의 균형을 유지하여야 한다.

제31조(교육감의 권한대행·직무대리) 교육감의 권한대행·직무대리에 관하여는 「지방자치법」 제124조의 규정을 준용한다. 이 경우 "부지사·부시장·부군수·부구청장"은 "부교육감"으로, "지방자치단체의 규칙"은 "교육규칙"으로 본다. 〈개정 2007. 5. 11., 2021. 1. 12.〉

제32조(교육기관의 설치) 교육감은 그 소관 사무의 범위 안에서 필요한 때에는 대통령령 또는 조례로 정하는 바에 따라 교육기관을 설치할 수 있다. 〈개정 2021. 3. 23.〉

제33조(공무원의 배치) ① 제30조제5항의 보조기관과 제32조의 교육기관 및 제34조의 하급교육행정기관에는 제38조의 규정에 따른 해당 시·도의 교육비특별회계가 부담하는 경비로써 지방공무원을 두되, 그 정원은 법령에서 정한 기준에 따라 조례로 정한다. 〈개정 2021. 3. 23.〉

② 제30조제5항의 보조기관과 제32조의 교육기관 및 제34조의 하급교육행정기관에는 제1항 및 지방자치단체에 두는 국가공무원의 정원에 관한 법률」에도 불구하고 대통령령으로 정하는 바에 따라 국가공무원을 둘 수 있다. 〈개정 2021. 3. 23.〉

제3절 하급교육행정기관

제34조(하급교육행정기관의 설치 등) ① 시·도의 교육·학예에 관한 사무를 분장하기 위하여 1개 또는 2개 이상의 시·군 및 자치구를 관할구역으로 하는 하급교육행정기관으로서 교육지원청을 둔다. 〈개정 2013. 12. 30.〉

② 교육지원청의 관할구역과 명칭은 대통령령으로 정한다. 〈개정 2013. 12. 30.〉

③ 교육지원청에 교육장을 두되 장학관으로 보하고, 그 임용에 관하여 필요한 사항은 대통령령으로 정한다. 〈개정 2013. 12. 30.〉

④ 교육지원청의 조직과 운영 등에 관하여 필요한 사항은 대통령령으로 정한다. 〈개정 2013. 12. 30.〉
[제목개정 2013. 12. 30.]

제35조(교육장의 분장 사무) 교육장은 시·도의 교육·학예에 관한 사무 중 다음 각 호의 사무를 위임받아 분장한다. 〈개정 2019. 12. 3.〉
1. 공·사립의 유치원·초등학교·중학교·고등공민학교 및 이에 준하는 각종학교의 운영·관리에 관한 지도·감독
2. 그 밖에 조례로 정하는 사무

제4장 교육재정

제36조(교육·학예에 관한 경비) 교육·학예에 관한 경비는 다음 각 호의 재원(財源)으로 충당한다. 〈개정 2016. 12. 20., 2021. 3. 23.〉
1. 교육에 관한 특별부과금·수수료 및 사용료
2. 지방교육재정교부금
3. 해당지방자치단체의 일반회계로부터의 전입금
4. 유아교육지원특별회계에 따른 전입금
5. 제1호부터 제4호까지 외의 수입으로서 교육·학예에 속하는 수입

제37조(의무교육경비 등) ① 의무교육에 종사하는 교원의 보수와 그 밖의 의무교육에 관련되는 경비는 「지방교육재정교부금법」에서 정하는 바에 따라 국가 및 지방자치단체가 부담한다. 〈개정 2021. 3. 23.〉
② 제1항의 규정에 따른 의무교육 외의 교육에 관련되는 경비는 「지방교육재정교부금법」에서 정하는 바에 따라 국가·지방자치단체 및 학부모 등이 부담한다. 〈개정 2021. 3. 23.〉

제38조(교육비특별회계) 시·도의 교육·학예에 관한 경비를 따로 경리하기 위하여 해당지방자치단체에 교육비특별회계를 둔다. 〈개정 2021. 3. 23.〉

제39조(교육비의 보조) ① 국가는 예산의 범위 안에서 시·도의 교육비를 보조한다.
② 국가의 교육비보조에 관한 사무는 교육부장관이 관장한다. 〈개정 2008. 2. 29., 2013. 3. 23.〉

제40조(특별부과금의 부과·징수) ① 제36조의 규정에 따른 특별부과금은 특별한 재정수요가 있을 때에 조례로 정하는 바에 따라 부과·징수한다. 〈개정 2021. 3. 23.〉
② 제1항의 규정에 따른 특별부과금은 특별부과가 필요한 경비의 총액을 초과하여 부과할 수 없다. 〈개정 2021. 3. 23.〉

제5장 지방교육에 관한 협의

제41조(지방교육행정협의회의 설치) ① 지방자치단체의 교육·학예에 관한 사무를 효율적으로 처리하기 위하여 지방교육행정협의회를 둔다.
② 제1항의 규정에 따른 지방교육행정협의회의 구성·운영에 관하여 필요한 사항은 교육감과 시·도지사가 협의하여 조례로 정한다.

제42조(교육감 협의체) ① 교육감은 상호 간의 교류와 협력을 증진하고, 공동의 문제를 협의하기 위하여 전국적인 협의체를 설립할 수 있다.
② 제1항의 규정에 따른 협의체를 설립한 때에는 해당협의체의 대표자는 이를 지체 없이 교육부장관에게 신고하여야 한다. 〈개정 2008. 2. 29., 2013. 3. 23., 2021. 3. 23.〉
③ 제1항의 규정에 따른 협의체는 지방교육자치에 직접적 영향을 미치는 법령 등에 관하여 교육부장관을 거쳐 정부에 의견을 제출할 수 있으며, 교육부장관은 제출된 의견을 관계 중앙행정기관의 장에게 통보하여야 한다. 〈개정 2008. 2. 29., 2013. 3. 23., 2015. 6. 22.〉
④ 교육부장관은 제3항에 따라 제출된 의견에 대한 검토 결과 타당성이 없다고 인정하면 구체적인 사유 및 내용을 명시하여 협의체에 통보하여야 하며, 타당하다고 인정하면 관계 법령 등에 그 내용이 반영될 수 있도록 적극 협력하여야 한다. 〈신설 2015. 6. 22.〉
⑤ 관계 중앙행정기관의 장은 제3항에 따라 통보받은 내용에 대하여 통보를 받은 날부터 2개월 이내에 타당성을 검토하여 교육부장관에게 그 결과를 통보하여야 하고, 교육부장관은 통보받은 검토 결과를 협의체에 지체 없이 통보하여야 한다. 〈신설 2015. 6. 22.〉
⑥ 제1항에 따른 협의체는 지방교육자치와 관련된 법률의 제정·개정 또는 폐지가 필요하다고 인정하는 경우에는 국회에 서면으로 의견을 제출할 수 있다. 〈신설 2015. 6. 22.〉
⑦ 국가는 제1항에 따른 협의체에 대하여 그 운영 등에 필요한 재정을 지원할 수 있다. 〈신설 2015. 6. 22.〉
⑧ 제1항의 규정에 따른 협의체의 설립신고와 운영 그 밖의 필요한 사항은 대통령령으로 정한다. 〈개정 2015. 6. 22.〉

제6장 교육감선거 〈신설 2010. 2. 26.〉

제43조(선출) 교육감은 주민의 보통·평등·직접·비밀선거에 따라 선출한다.
[본조신설 2010. 2. 26.]

제44조(선거구선거관리) ① 교육감선거에 관한 사무 중 선거구선거사무를 수행할 선거관리위원회(이하 "선거구선거관리위원회"라 한다)는 「선거관리위원회법」에 따른 시·도선거관리위원회로 한다.
② 교육감선거의 선거구선거관리 등에 관하여는 「공직선거법」 제13조제2항부터 제6항까지의 규정을 준용한다.
[본조신설 2010. 2. 26.]

제45조(선거구) 교육감은 시·도를 단위로 하여 선출한다.
[본조신설 2010. 2. 26.]

제46조(정당의 선거관여행위 금지 등) ① 정당은 교육감선거에 후보자를 추천할 수 없다.
② 정당의 대표자·간부(「정당법」 제12조부터 제14조까지의 규정에 따라 등록된 대표자·간부를 말한다) 및 유급사무직원은 특정

후보자(후보자가 되려는 사람을 포함한다. 이하 이 조에서 같다)를 지지·반대하는 등 선거에 영향을 미치게 하기 위하여 선거에 관여하는 행위(이하 이 항에서 "선거관여행위"라 한다)를 할 수 없으며, 그 밖의 당원은 소속 정당의 명칭을 밝히거나 추정할 수 있는 방법으로 선거관여행위를 할 수 없다.

③ 후보자는 특정 정당을 지지·반대하거나 특정 정당으로부터 지지·추천받고 있음을 표방(당원경력의 표시를 포함한다)하여서는 아니 된다.

[본조신설 2010. 2. 26.]

제47조(공무원 등의 입후보) ① 「공직선거법」 제53조제1항 각 호의 어느 하나에 해당하는 사람 중 후보자가 되려는 사람은 선거일 전 90일(제49조제1항에서 준용되는 「공직선거법」 제35조제4항의 보궐선거등의 경우에는 후보자등록신청 전을 말한다)까지 그 직을 그만두어야 한다. 다만, 교육감선거에서 해당 지방자치단체의 교육감이 그 직을 가지고 입후보하는 경우에는 그러하지 아니하다. 〈개정 2016. 12. 13.〉

② 제1항을 적용하는 경우 그 소속 기관·단체의 장 또는 소속 위원회에 사직원이 접수된 때에 그 직을 그만둔 것으로 본다.

[본조신설 2010. 2. 26.]

제48조(투표용지의 후보자 게재순위 등) ① 투표용지에는 후보자의 성명을 표시하여야 하며, 후보자의 성명은 왼쪽부터 오른쪽으로 열거하여 한글로 기재한다. 다만, 한글로 표시된 성명이 같은 후보자가 있는 경우에는 괄호 안에 한자를 함께 기재한다. 〈개정 2014. 2. 13.〉

② 선거구선거관리위원회는 후보자등록마감 후에 후보자나 그 대리인을 현장에 출석시켜 추첨으로 후보자의 투표용지 게재순위를 결정하되, 그 추첨을 시작하는 시각까지 후보자나 그 대리인이 현장에 출석하지 아니한 경우에는 해당 선거구선거관리위원회 위원장이나 그가 지명한 사람이 해당 후보자를 대리하여 추첨한다.

③ 제2항에 따른 투표용지의 후보자 게재순위는 중앙선거관리위원회규칙으로 정하는 바에 따라 자치구·시·군의회의원지역선거구(제주특별자치도는 제주특별자치도의회의원지역선거구를, 세종특별자치시는 세종특별자치시의회의원지역선거구를 말한다)별로 후보자의 투표용지 게재순위가 공명하게 배정될 수 있도록 순차적으로 바꾸어 가는 순환배열 방식으로 결정한다. 〈신설 2014. 2. 13.〉

④ 후보자등록기간이 지난 후에 후보자가 사퇴·사망하거나 등록이 무효로 된 때라도 투표용지에 해당 후보자의 성명은 그대로 둔다. 〈개정 2014. 2. 13.〉

⑤ 투표용지에는 일련번호를 인쇄하여야 한다. 〈개정 2014. 2. 13.〉

[본조신설 2010. 2. 26.]

제49조(「공직선거법」의 준용) ① 교육감선거에 관하여 이 법에서 규정한 사항을 제외하고는 「공직선거법」 제3조부터 제8조까지, 제8조의2부터 제8조의4까지, 제8조의6, 제9조, 제10조, 제10조의2, 제10조의3, 제11조, 제12조, 제14조, 제15조, 제17조부터 제19조까지, 제30조부터 제46조까지, 제48조부터 제50조까지, 제52조, 제54조부터 제57조까지, 제58조부터 제60조까지, 제60조의2부터 제60조의4까지, 제61조, 제62조부터 제74조까지, 제79조부터 제82조까지, 제82조의2, 제82조의4부터 제82조의7까지, 제85조, 제86조(제2항제2호 단서·제3호 및 제6항 단서는 제외한다), 제87조부터 제108조까지, 제108조의2, 제109조부터 제122조까지, 제122조의2, 제135조(제1항 단서는 제외한다), 제135조의2, 제146조, 제146조의2, 제147조부터 제149조까지, 제149조의2, 제151조부터 제159조까지, 제161조부터 제166조까지, 제166조의2, 제167조부터 제186조까지, 제191조부터 제206조까지, 제211조부터 제217조까지, 제219조부터 제262조까지, 제262조의2, 제262조의3, 제263조부터 제265조까지, 제265조의2, 제266조부터 제270조까지, 제270조의2, 제271조, 제271조의2, 제272조, 제272조의2, 제272조의3, 제273조부터 제277조까지, 제277조의2, 제278조, 제279조 중 시·도지사 및 시·도지사선거에 관한 규정을 준용한다. 이 경우 정당추천후보자와 무소속후보자에게 적용되는 규정이 다른 경우에는 무소속후보자에 관한 규정을 준용한다.

② 교육감선거와 관련하여 「공직선거법」의 벌칙(과태료를 포함한다. 이하 이 항에서 같다)을 준용하는 경우 「공직선거법」의 벌칙 외의 규정 중 이 법에서 준용하고 있지 아니한 규정에 대한 벌칙은 준용하지 아니한다.

③ 제1항에 따라 「공직선거법」을 준용하는 경우 다음 각 호에 따른다. 〈개정 2021. 3. 23., 2022. 4. 20.〉

1. 「공직선거법」 제49조제4항제5호 중 "증명서류"는 "증명서류 및 「지방교육자치에 관한 법률」 제24조제2항에 따른 경력에 관한 증명서류"로 본다.

2. 「공직선거법」 제52조제1항제5호 중 "제53조제1항부터 제3항까지 또는 제5항을 위반하여 등록된 것이 발견된 때"는 "「지방교육자치에 관한 법률」 제47조제1항을 위반하여 등록된 것이 발견된 때"로 본다.

3. 「공직선거법」 제60조제1항제4호 단서 중 "정당의 당원이 될 수 있는 공무원(국회의원과 지방의회의원외의 정무직공무원은 제외한다)"은 "정당의 당원이 될 수 있는 공무원(정무직공무원, 국회의원의 보좌관·선임비서관·비서관, 국회교섭단체의 정책연구위원은 제외한다)"으로 본다.

4. 「공직선거법」 제60조의2제2항제2호·제3항 전단 및 제4항제1호의2 중 "증명서류"는 각각 "증명서류 및 「지방교육자치에 관한 법률」 제24조제2항에 따른 경력에 관한 증명서류"로 본다.

5. 「공직선거법」 제60조의2제4항제2호 중 "제53조제1항부터 제3항까지 또는 제5항"은 "「지방교육자치에 관한 법률」 제47조제1항"으로 본다.

6. 「공직선거법」 제61조제5항 중 "공중위생영업소"는 "공중위생영업소, 국회의원 및 지방의회의원의 사무소와 「정치

자금법」에 따른 국회의원후원회의 사무소"로 본다.

7. 「공직선거법」 제65조제9항 중 "제150조(투표용지의 정당·후보자의 게재순위등)의 규정에 따라 투표용지에 게재할 후보자의 기호순"은 "「지방교육자치에 관한 법률」 제48조에 따른 후보자의 투표용지 게재순"으로 본다.
8. 「공직선거법」 제86조제1항 각 호 외의 부분 중 "공무원(국회의원과 그 보좌관·선임비서관·비서관 및 지방의회의원은 제외한다)"은 "공무원"으로 본다.
9. 「공직선거법」 제111조제1항을 준용하는 경우 국회의원 또는 지방의회의원은 교육감선거의 선거기간 중에 직무상의 행위, 그 밖의 어떤 명목으로도 인터넷에 의정활동보고서를 게재하는 방법 외의 방법으로 의정활동을 보고할 수 없다.
10. 「공직선거법」 제112조제2항제2호자목 본문 중 "상장(부상은 제외한다. 이하 이 목에서 같다)"은 "상장(부상은 제외하되, 각급 학교의 졸업식 등 학생을 대상으로 하는 행사에서 부상을 수여하는 행위를 포함한다. 이하 이 목에서 같다)"으로 본다.
11. 「공직선거법」 제14장의 해당 규정을 준용하는 경우 같은 법 제202조제1항에 따른 구역에서 교육감선거와 「공직선거법」에 따른 공직선거를 동시에 실시하는 경우에는 그 교육감선거와 공직선거를 동시선거로 본다.
12. 「공직선거법」 제11조제2항·제3항, 제135조의2제2항·제4항, 제262조의2제1항, 제264조, 제266조제1항, 제267조제2항, 제268조제1항 본문, 제272조제1항·제5항 전단·제7항 전단, 제273조제1항의 "죄" 또는 "범죄"에는 "「지방교육자치에 관한 법률」 제59조에 규정된 죄"를 각각 포함하며, 「공직선거법」 제260조제1항 중 "제259조"는 "제259조, 「지방교육자치에 관한 법률」 제59조"로 본다.
13. 「공직선거법」 제18조제2항, 제269조 본문, 제270조, 제270조의2제1항의 "선거범"에는 "「지방교육자치에 관한 법률」 제59조에 규정된 죄를 저지른 자"를 포함한다.
14. 「공직선거법」 제271조제1항 전단, 제271조의2제1항, 제272조의2제5항, 제272조의3제1항·제2항·제4항의 "이 법"에는 "「지방교육자치에 관한 법률」의 교육감선거에 관한 규정"을 포함한다.

[본조신설 2010. 2. 26.]

제50조(「정치자금법」의 준용) 교육감선거에 관하여는 「정치자금법」의 시·도지사선거에 적용되는 규정을 준용한다.

[본조신설 2010. 2. 26.]

제50조의2(교육감직인수위원회의 설치) ① 이 법에 따라 교육감으로 당선된 사람(이하 "교육감당선인"이라 한다)은 이 법에서 정하는 바에 따라 교육감직의 인수를 위하여 필요한 권한을 갖는다. 〈신설 2023. 4. 18.〉
② 교육감당선인을 보좌하여 교육감직의 인수와 관련된 업무를 담당하기 위하여 해당 시·도 교육청에 교육감직인수위원회(이하 이 조에서 "인수위원회"라 한다)를 둘 수 있다. 〈개정 2023. 4. 18.〉
③ 인수위원회는 교육감당선인으로 결정된 때부터 교육감의 임기 개시일 이후 30일의 범위까지 존속할 수 있다. 〈개정 2023. 4. 18.〉
④ 인수위원회는 다음 각 호의 업무를 수행한다. 〈개정 2023. 4. 18.〉
  1. 해당 시·도의 교육·학예에 관한 사무의 현황 파악
  2. 해당 시·도의 교육기조를 설정하기 위한 준비
  3. 그 밖에 교육감직의 인수에 필요한 사항
⑤ 인수위원회는 위원장 1명, 부위원장 1명 및 10명 이내의 위원으로 구성한다. 〈개정 2023. 4. 18.〉
⑥ 제5항에 따른 위원장·부위원장 및 위원은 명예직으로 하고, 교육감당선인이 임명하거나 위촉한다. 〈개정 2023. 4. 18.〉
⑦ 「교육공무원법」 제10조의4 각 호의 어느 하나에 해당하는 사람은 인수위원회의 위원장·부위원장 및 위원이 될 수 없다. 〈신설 2023. 4. 18.〉
⑧ 인수위원회의 위원장·부위원장 및 위원과 그 직에 있었던 사람은 그 직무와 관련하여 알게 된 비밀을 다른 사람에게 누설하거나 교육감직의 인수 업무 외의 다른 목적으로 이용할 수 없으며, 직권을 남용하여서는 아니 된다. 〈신설 2023. 4. 18.〉
⑨ 그 밖에 인수위원회의 조직과 운영 등에 필요한 사항은 대통령령으로 정하는 바에 따라 해당 지방자치단체의 조례로 정한다. 〈개정 2023. 4. 18.〉
⑩ 인수위원회의 위원장·부위원장·위원과 그 직에 있었던 사람 중 공무원이 아닌 사람에 대하여 인수위원회의 업무와 관련하여 「형법」이나 그 밖의 법률에 따른 벌칙을 적용할 때에는 공무원으로 본다. 〈개정 2023. 4. 18.〉

[본조신설 2013. 4. 5.]

제7장 삭제 〈2016. 12. 13.〉

제51조 삭제 〈2016. 12. 13.〉
제52조 삭제 〈2016. 12. 13.〉
제53조 삭제 〈2016. 12. 13.〉
제54조 삭제 〈2016. 12. 13.〉
제55조 삭제 〈2016. 12. 13.〉
제56조 삭제 〈2016. 12. 13.〉
제57조 삭제 〈2016. 12. 13.〉
제58조 삭제 〈2016. 12. 13.〉

제8장 벌칙 〈신설 2010. 2. 26.〉

제59조(벌칙) 제46조를 위반한 자는 2년 이하의 징역 또는 2천만원 이하의 벌금에 처한다. 〈개정 2016. 12. 13., 2019. 12. 3.〉

[본조신설 2010. 2. 26.]

부칙 〈제19343호, 2023. 4. 18.〉

제1조(시행일) 이 법은 공포 후 6개월이 경과한 날부터 시행한다.

제2조(교육감직인수위원회에 관한 적용례) 제50조의2의 개정규정은 이 법 시행 이후 교육감직인수위원회를 설치하는 경우부터 적용한다.

지방교육재정교부금법

지방교육재정교부금법
(약칭: 지방교육교부금법)

[시행 2024. 1. 1.] [법률 제19938호, 2023. 12. 31., 일부개정]

제1조(목적) 이 법은 지방자치단체가 교육기관 및 교육행정기관(그 소속기관을 포함한다. 이하 같다)을 설치·경영하는 데 필요한 재원(財源)의 전부 또는 일부를 국가가 교부하여 교육의 균형 있는 발전을 도모함을 목적으로 한다.
[전문개정 2017. 4. 18.]

제2조(정의) 이 법에서 사용하는 용어의 뜻은 다음과 같다.
1. "기준재정수요액"이란 지방교육 및 그 행정 운영에 관한 재정수요를 제6조에 따라 산정한 금액을 말한다.
2. "기준재정수입액"이란 교육·과학·기술·체육, 그 밖의 학예(이하 "교육·학예"라 한다)에 관한 모든 재정수입으로서 제7조에 따른 금액을 말한다.
3. "측정단위"란 지방교육행정을 부문별로 설정하여 그 부문별 양(量)을 측정하기 위한 단위를 말한다.
4. "단위비용"이란 기준재정수요액을 산정하기 위한 각 측정단위의 단위당 금액을 말한다.

[전문개정 2017. 4. 18.]

제3조(교부금의 종류와 재원) ① 국가가 제1조의 목적을 위하여 지방자치단체에 교부하는 교부금(이하 "교부금"이라 한다)은 보통교부금과 특별교부금으로 나눈다.
② 교부금 재원은 다음 각 호의 금액을 합산한 금액으로 한다. 〈개정 2022. 12. 31.〉
1. 해당 연도 내국세[목적세 및 종합부동산세, 담배에 부과하는 개별소비세 총액의 100분의 45 및 다른 법률에 따라 특별회계의 재원으로 사용되는 세목(稅目)의 해당 금액은 제외한다. 이하 같다] 총액의 1만분의 2,079
2. 해당 연도 「교육세법」에 따른 교육세 세입액 중 「유아교육지원특별회계법」 제5조제1항에서 정하는 금액 및 「고등·평생교육지원특별회계법」 제6조제1항에서 정하는 금액을 제외한 금액

③ 보통교부금 재원은 제2항제2호에 따른 금액에 같은 항 제1호에 따른 금액의 100분의 97을 합한 금액으로 하고, 특별교부금 재원은 제2항제1호에 따른 금액의 100분의 3으로 한다. 〈개정 2017. 12. 30., 2019. 12. 31.〉
④ 국가는 지방교육재정상 부득이한 수요가 있는 경우에는 국가예산으로 정하는 바에 따라 제1항 및 제2항에 따른 교부금 외에 따로 증액교부할 수 있다. 〈신설 2019. 12. 3.〉

[전문개정 2017. 4. 18.]

제4조(교부율의 보정) ① 국가는 의무교육기관 교원 수의 증감 등 불가피한 사유로 지방교육재정상 필요한 인건비가 크게 달라질 때에는 내국세 증가에 따른 교부금 증가 등을 고려하여 제3조제2항제1호에서 정한 교부율을 보정(補正)하여야 한다.
② 제1항에 따라 교부율을 보정하여야 하는 경우 그 교부방법 등에 관한 사항은 대통령령으로 정한다.

[전문개정 2017. 4. 18.]

제5조(보통교부금의 교부) ① 교육부장관은 기준재정수입액이 기준재정수요액에 미치지 못하는 지방자치단체에 대해서는 그 부족한 금액을 기준으로 하여 보통교부금을 총액으로 교부한다.
② 교육부장관은 제1항에 따라 보통교부금을 교부하려는 경우에는 해당 특별시·광역시·특별자치시·도 및 특별자치도(이하 "시·도"라 한다)의 교육감에게 그 교부의 결정을 알려야 한다. 이 경우 교육부장관은 보통교부금의 산정기초, 지방자치단체별 명세 및 관련 자료를 작성하여 각 시·도 교육감에게 송부하여야 한다. 〈개정 2021. 12. 28.〉

[전문개정 2017. 4. 18.]

제5조의2(특별교부금의 교부) ① 교육부장관은 다음 각 호의 구분에 따라 특별교부금을 교부한다. 〈개정 2017. 12. 30.〉
1. 「지방재정법」 제58조에 따라 전국에 걸쳐 시행하는 교육 관련 국가시책사업으로 따로 재정지원계획을 수립하여 지원하여야 할 특별한 재정수요가 있거나 지방교육행정 및 지방교육재정의 운용실적이 우수한 지방자치단체에 대한 재정지원이 필요할 때: 특별교부금 재원의 100분의 60
2. 기준재정수요액의 산정방법으로 파악할 수 없는 특별한 지역교육현안에 대한 재정수요가 있을 때: 특별교부금 재원의 100분의 30
3. 보통교부금의 산정기일 후에 발생한 재해로 인하여 특별한 재정수요가 생기거나 재정수입이 감소하였을 때 또는 재해를 예방하기 위한 특별한 재정수요가 있는 때: 특별교부금 재원의 100분의 10

② 교육부장관은 제1항제2호 또는 제3호에 해당하는 사유가 발생하여 시·도의 교육감이 특별교부금을 신청하면 그 내용을 심사한 후 교부한다. 다만, 제1항제1호에 해당하는 사유가 발생한 경우 또는 교육부장관이 필요하다고 인정하는 경우에는 신청이 없어도 일정한 기준을 정하여 특별교부금을 교부할 수 있다. 〈개정 2021. 12. 28.〉
③ 제1항에 따른 특별교부금의 사용에 대해서는 조건을 붙이거나 용도를 제한할 수 있다.

④ 시·도의 교육감은 제3항에 따른 조건이나 용도를 변경하여 특별교부금을 사용하려면 미리 교육부장관의 승인을 받아야 한다. 〈개정 2021. 12. 28.〉

⑤ 교육부장관은 시·도의 교육감이 제3항에 따른 조건이나 용도를 위반하여 특별교부금을 사용하거나 2년 이상 사용하지 아니하는 경우에는 그 반환을 명하거나 다음에 교부할 특별교부금에서 해당 금액을 감액할 수 있다. 〈개정 2021. 12. 28.〉

⑥ 제1항제1호에 따른 우수한 지방자치단체의 선정기준 및 선정방법과 특별교부금의 교부시기 등 절차에 관한 사항은 대통령령으로 정한다. 〈개정 2017. 12. 30.〉

[전문개정 2017. 4. 18.]

제5조의3(교부금의 재원 배분 및 특별교부금의 교부에 관한 특례) ① 제3조제3항에도 불구하고 2026년 12월 31일까지는 보통교부금 재원은 같은 조 제2항제2호에 따른 금액에 같은 항 제1호에 따른 금액의 1,000분의 962를 합한 금액으로 하고, 특별교부금 재원은 같은 호에 따른 금액의 1,000분의 38로 한다.

② 제5조의2제1항에도 불구하고 교육부장관은 제1항에 따라 배분된 특별교부금을 다음 각 호의 구분에 따라 교부한다.
  1. 「지방재정법」 제58조에 따라 전국에 걸쳐 시행하는 교육 관련 국가시책사업으로 따로 재정지원계획을 수립하여 지원하여야 할 특별한 재정수요가 있거나 지방교육행정 및 지방교육재정의 운용실적이 우수한 지방자치단체에 대한 재정지원이 필요할 때: 특별교부금 재원의 380분의 180
  2. 기준재정수요액의 산정방법으로 파악할 수 없는 특별한 지역교육현안에 대한 재정수요가 있을 때: 특별교부금 재원의 380분의 90
  3. 보통교부금의 산정기일 후에 발생한 재해로 인하여 특별한 재정수요가 생기거나 재정수입이 감소하였을 때 또는 재해를 예방하기 위한 특별한 재정수요가 있는 때: 특별교부금 재원의 380분의 30
  4. 다음 각 목의 어느 하나에 해당하는 사유로 특별한 재정수요가 있거나 재정지원이 필요할 때: 특별교부금 재원의 380분의 80
     가. 「초·중등교육법」 제21조에 따른 교원에 대한 인공지능 기반 교수학습 역량 강화 사업 등 디지털 기반 교육혁신을 위한 특별한 재정수요가 있는 때
     나. 초등학교·중학교·고등학교 방과후학교 사업 등 방과후 교육의 활성화를 위한 특별한 재정수요가 있는 때
     다. 가목 또는 나목과 관련하여 디지털 기반 교육혁신 또는 방과후 교육 활성화 성과가 우수한 지방자치단체에 대한 재정지원이 필요할 때

③ 제2항제4호에 따라 교부되는 특별교부금의 교부시기, 절차 및 우수한 지방자치단체의 선정기준 등 필요한 사항은 대통령령으로 정한다.

[본조신설 2023. 12. 31.]

[법률 제19938호(2023. 12. 31.) 제5조의3의 개정규정은 같은 법 부칙 제2조의 규정에 의하여 2026년 12월 31일까지 유효함]

제6조(기준재정수요액) ① 기준재정수요액은 각 측정항목별로 측정단위의 수치를 그 단위비용에 곱하여 얻은 금액을 합산한 금액으로 한다.

② 측정항목과 측정단위는 대통령령으로 정하고, 단위비용은 대통령령으로 정하는 기준 이내에서 물가변동 등을 고려하여 교육부령으로 정한다.

[전문개정 2017. 4. 18.]

제7조(기준재정수입액) ① 기준재정수입액은 제11조에 따른 일반회계 전입금 등 교육·학예에 관한 지방자치단체 교육비특별회계의 수입예상액으로 한다.

② 제1항에 따른 수입예상액 중 지방세를 재원으로 하는 것은 「지방세기본법」 제2조제1항제6호에 따른 표준세율에 따라 산정한 금액으로 하되, 산정한 금액과 결산액의 차액은 다음다음 회계연도의 기준재정수입액을 산정할 때에 정산하며, 그 밖의 수입예상액 산정방법은 대통령령으로 정한다.

[전문개정 2017. 4. 18.]

제8조(교부금의 조정 등) ① 교부금이 산정자료의 착오 또는 거짓으로 인하여 부당하게 교부되었을 때에는 교육부장관은 해당 시·도가 정당하게 받을 수 있는 교부금액을 초과하는 금액을 다음에 교부할 교부금에서 감액한다.

② 지방자치단체가 법령을 위반하여 지나치게 많은 경비를 지출하였거나 확보하여야 할 수입의 징수를 게을리하였을 때에는 교육부장관은 그 지방자치단체에 교부할 교부금을 감액하거나 이미 교부한 교부금의 일부를 반환할 것을 명할 수 있다. 이 경우 감액하거나 반환을 명하는 교부금의 금액은 법령을 위반하여 지출하였거나 징수를 게을리하여 확보하지 못한 금액을 초과할 수 없다.

[전문개정 2017. 4. 18.]

제9조(예산 계상) ① 국가는 회계연도마다 이 법에 따른 교부금을 국가예산에 계상(計上)하여야 한다.

② 추가경정예산에 따라 내국세나 교육세의 증감이 있는 경우에는 교부금도 함께 증감하여야 한다. 다만, 내국세나 교육세가 줄어드는 경우에는 지방교육재정 여건 등을 고려하여 다음다음 회계연도까지 교부금을 조절할 수 있다.

③ 내국세 및 교육세의 예산액과 결산액의 차액으로 인한 교부금의 차액은 늦어도 다음다음 회계연도의 국가예산에 계상하여 정산하여야 한다.

[전문개정 2017. 4. 18.]

제10조(행정구역 변경 등에 따른 조치) 교육부장관은 시·도가 폐지·설치·분리·병합되거나 관할구역이 변경된 경우에는 대통령령으로 정하는 바에 따라 해당 시·도에 대한 교부금을 조정하여 교부하여야 한다.

[전문개정 2017. 4. 18.]

제11조(지방자치단체의 부담) ① 시·도의 교육·학예에 필요한 경비는 해당 지방자치단체의 교육비특별회계에서 부담하되, 의무교육과 관련된 경비는 교육비특별회계의 재원 중 교부금과 제2항에 따른 일반회계로부터의 전입금으로 충당하고, 의무교육 외 교육과 관련된 경비는 교육비특별회계 재원 중 교부금, 제2항에 따른 일반회계로부터의 전입금, 수업료 및 입학금 등으로 충당한다. 〈개정 2019. 12. 31.〉

② 공립학교의 설치·운영 및 교육환경 개선을 위하여 시·도는 다음 각 호의 금액을 각각 매 회계연도 일반회계예산에 계상하여 교육비특별회계로 전출하여야 한다. 추가경정예산에 따라 증감되는 경우에도 또한 같다. 〈개정 2019. 12. 31., 2020. 12. 29.〉

1. 「지방세법」 제151조에 따른 지방교육세에 해당하는 금액
2. 담배소비세의 100분의 45[도(道)는 제외한다]
3. 서울특별시의 경우 특별시세 총액(「지방세기본법」 제8조제1항제1호에 따른 보통세 중 주민세 사업소분 및 종업원분, 같은 항 제2호에 따른 목적세 및 같은 법 제9조에 따른 특별시분 재산세, 「지방세법」 제71조제3항제3호가목에 따라 특별시에 배분되는 지방소비세에 해당하는 금액은 제외한다)의 100분의 10, 광역시 및 경기도의 경우 광역시세 또는 도세 총액(「지방세기본법」 제8조제2항제2호에 따른 목적세, 「지방세법」 제71조제3항제3호가목에 따라 광역시 및 경기도에 배분되는 지방소비세에 해당하는 금액은 제외한다)의 100분의 5, 그 밖의 도 및 특별자치도의 경우 도세 또는 특별자치도세 총액(「지방세기본법」 제8조제2항제2호에 따른 목적세, 「지방세법」 제71조제3항제3호가목에 따라 그 밖의 도 및 특별자치도에 배분되는 지방소비세에 해당하는 금액은 제외한다)의 1천분의 36

③ 특별시장·광역시장·특별자치시장·도지사 및 특별자치도지사(이하 "시·도지사"라 한다)는 제2항 각 호에 따른 세목의 월별 징수내역을 다음 달 말일까지 해당 시·도의 교육감에게 통보하여야 한다. 〈개정 2021. 12. 28.〉

④ 시·도는 제2항 각 호에 따른 세목의 월별 징수액 중 같은 항에 따라 교육비특별회계로 전출하여야 하는 금액의 100분의 90 이상을 다음 달 말일까지 교육비특별회계로 전출하되, 전출하여야 하는 금액과 전출한 금액의 차액을 분기별로 정산하여 분기의 다음 달 말일(마지막 분기는 분기의 말일로 한다)까지 전출하여야 한다.

⑤ 예산액과 결산액의 차액으로 인한 전출금(轉出金)의 차액은 늦어도 다음다음 회계연도의 예산에 계상하여 정산하여야 한다.

⑥ 시·도의 교육감은 제2항부터 제5항까지에 따른 일반회계로부터의 전입금으로 충당되는 세출예산을 편성할 때에는 미리 해당 시·도지사와 협의하여야 한다. 〈개정 2021. 12. 28.〉

⑦ 시·도교육위원회는 제6항에 따라 편성된 세출예산을 감액하려면 미리 해당 교육감 및 시·도지사와 협의하여야 한다. 〈개정 2021. 12. 28.〉

⑧ 시·도 및 시·군·자치구는 대통령령으로 정하는 바에 따라 관할구역에 있는 고등학교 이하 각급학교의 교육에 드는 경비를 보조할 수 있다.

⑨ 시·도 및 시·군·자치구는 관할구역의 교육·학예 진흥을 위하여 제2항 및 제8항 외에 별도 경비를 교육비특별회계로 전출할 수 있다. 〈개정 2019. 12. 31., 2021. 12. 28.〉

⑩ 시·도지사는 제2항부터 제5항까지에 따른 교육비특별회계로의 회계연도별·월별 전출 결과를 매년 2월 28일까지 교육부장관에게 제출하고, 교육부장관은 매년 3월 31일까지 국회 소관 상임위원회에 보고하여야 한다.

[전문개정 2017. 4. 18.]

[법률 제16848호(2019. 12. 31.) 제11조제2항제3호의 개정규정 중 「지방세법」 제71조제3항제3호가목에 따라 특별시에 배분되는 지방소비세, 광역시 및 경기도에 배분되는 지방소비세, 그 밖의 도 및 특별자치도에 배분되는 지방소비세 부분은 같은 법 부칙 제2조의 규정에 의하여 이 법 시행일부터 2022년 12월 31일까지 유효함]

제12조(교부금의 보고) 교육부장관은 매년 3월 31일까지 다음 각 호의 사항을 국회 소관 상임위원회에 보고하여야 한다. 〈개정 2023. 10. 24.〉

1. 보통교부금의 배분기준·배분내용·배분금액, 그 밖에 보통교부금의 운영에 필요한 주요사항
2. 특별교부금의 전년도 배분기준·배분내용·집행실적 등 특별교부금의 운영에 따른 결과

[전문개정 2017. 4. 18.]

[제목개정 2023. 10. 24.]

제13조(교부금액 등에 대한 이의신청) ① 시·도의 교육감은 제5조제2항에 따라 보통교부금의 결정 통지를 받은 경우에 해당 지방자치단체의 교부금액 산정기초 등에 대하여 이의가 있으면 통지를 받은 날부터 30일 이내에 교육부장관에게 이의를 신청할 수 있다. 〈개정 2021. 12. 28.〉

② 교육부장관은 제1항에 따른 이의신청을 받은 날부터 30일 이내에 그 내용을 심사하여 결과를 해당 지방자치단체의 교육감에게 알려야 한다. 〈개정 2021. 12. 28.〉

[전문개정 2017. 4. 18.]

제14조(고등학교 등의 무상교육 경비 부담에 관한 특례) ① 국가는 「초·중등교육법」 제10조의2에 따른 고등학교 등의 무상교육에 필요한 비용 중 1,000분의 475에 해당하는 금액을 제3조제4항에 따라 따로 증액교부하여야 한다.

② 시·도 및 시·군·구는 「초·중등교육법」 제10조의2에 따른 고등학교 등의 무상교육에 필요한 비용 중 1,000분의 50에 해당하는 금액을 대통령령으로 정하는 바에 따라 교육비특별회계로 전출하여야 한다.

[본조신설 2019. 12. 3.]

[법률 제16673호(2019. 12. 3.) 제14조의 개정규정은 같은 법 부칙 제2조의 규정에 의하여 2020년 1월 1일부터 2024년 12월 31일까지 유효함]

부칙 〈제19938호, 2023. 12. 31.〉

제1조(시행일) 이 법은 2024년 1월 1일부터 시행한다.
제2조(유효기간) 제5조의3의 개정규정은 2026년 12월 31일까지 효력을 가진다.

교육공무원법

교육공무원법
[시행 2024. 9. 20.] [법률 제20377호, 2024. 3. 19., 타법개정]

제1장 총칙 〈개정 2011. 9. 30.〉

제1조(목적) 이 법은 교육을 통하여 국민 전체에게 봉사하는 교육공무원의 직무와 책임의 특수성에 비추어 그 자격·임용·보수·연수 및 신분보장 등에 관하여 교육공무원에게 적용할 「국가공무원법」 및 「지방공무원법」에 대한 특례를 규정함을 목적으로 한다.
[전문개정 2011. 9. 30.]

제2조(정의) ① 이 법에서 "교육공무원"이란 다음 각 호의 어느 하나에 해당하는 사람을 말한다.
  1. 교육기관에 근무하는 교원 및 조교
  2. 교육행정기관에 근무하는 장학관 및 장학사
  3. 교육기관, 교육행정기관 또는 교육연구기관에 근무하는 교육연구관 및 교육연구사

② 이 법에서 "교육전문직원"이란 제1항제2호 및 제3호에 따른 교육공무원을 말한다. 〈신설 2012. 12. 11.〉

③ 이 법에서 "교육기관"이란 다음 각 호의 어느 하나에 해당하는 국립 또는 공립의 학교 또는 기관을 말한다. 〈개정 2012. 12. 11., 2015. 3. 27.〉
  1. 「유아교육법」 제2조제2호의 유치원, 「초·중등교육법」 제2조 및 「고등교육법」 제2조의 학교
  2. 제39조제1항에 따른 연수기관
  3. 교육 관계 법령이나 교육 관계 조례에 따라 설치된 학생수련기관 등 교육연수기관

④ 이 법에서 "교육행정기관"이란 국가교육위원회, 교육부 및 그 소속 기관과 특별시·광역시·특별자치시·도 또는 특별자치도(이하 "시·도"라 한다)의 교육 관서를 말한다. 〈개정 2012. 12. 11., 2013. 3. 23., 2015. 3. 27., 2021. 7. 20.〉

⑤ 이 법에서 "교육연구기관"이란 교육에 관하여 전문적으로 조사·연구를 하기 위하여 설립된 국립 또는 공립의 기관을 말한다. 〈개정 2012. 12. 11.〉

⑥ 이 법에서 "임용"이란 신규채용, 승진, 승급, 전직(轉職), 전보(轉補), 겸임, 파견, 강임(降任), 휴직, 직위해제, 정직(停職), 복직, 면직, 해임 및 파면을 말한다. 〈개정 2012. 12. 11.〉

⑦ 이 법에서 "직위"란 1명의 교육공무원에게 부여할 수 있는 직무와 책임을 말한다. 〈개정 2012. 12. 11.〉

⑧ 이 법에서 "전직"이란 교육공무원의 종류와 자격을 달리하여 임용하는 것을 말한다. 〈개정 2012. 12. 11.〉

⑨ 이 법에서 "전보"란 교육공무원을 같은 직위 및 자격에서 근무기관이나 부서를 달리하여 임용하는 것을 말한다. 〈개정 2012. 12. 11.〉

⑩ 이 법에서 "강임"이란 같은 종류의 직무에서 하위 직위에 임용하는 것을 말한다. 〈개정 2012. 12. 11.〉

⑪ 이 법에서 "복직"이란 휴직, 직위해제 또는 정직 중에 있는 교육공무원을 직위에 복귀시키는 것을 말한다. 〈개정 2012. 12. 11.〉
[전문개정 2011. 9. 30.]

제2장 교육공무원 인사위원회 〈개정 2011. 9. 30.〉

제3조(인사위원회의 설치) ① 교육공무원(공립대학에 근무하는 교육공무원 및 교육감 소속 교육전문직원은 제외한다. 이하 이 조 및 제4조에서 같다)의 인사에 관한 중요 사항에 관하여 교육부장관이 자문할 수 있도록 교육부에 교육공무원 인사위원회(이하 "인사위원회"라 한다)를 둔다. 〈개정 2012. 12. 11., 2013. 3. 23.〉

② 인사위원회는 위원장 1명을 포함한 7명의 위원으로 구성한다.

③ 위원장은 교육부차관이 되고, 위원은 7년 이상의 교육경력 또는 교육행정경력이 있고 인사행정에 관한 식견이 풍부한 사람 중에서 교육부장관의 제청으로 대통령이 위촉한다. 〈개정 2013. 3. 23.〉

④ 인사위원회의 운영에 필요한 사항은 대통령령으로 정한다.
[전문개정 2011. 9. 30.]

제4조(인사위원회의 기능) 교육부장관은 다음 각 호의 사항에 대하여는 인사위원회의 심의를 거쳐야 한다. 〈개정 2013. 3. 23.〉
  1. 교육공무원의 인사행정에 관한 방침 및 기준의 결정과 기본계획 수립에 관한 사항
  2. 교육공무원의 인사에 관한 법령의 제정·개정 또는 폐지에 관한 사항
  3. 그 밖에 교육공무원의 인사에 관한 중요한 사항

[전문개정 2011. 9. 30.]

제5조(대학인사위원회) ① 다음 각 호의 사항을 심의하기 위하여 「고등교육법」 제2조 각 호의 학교(이하 "대학"이라 한다. 다만, 제11조의5제3항부터 제5항까지, 제24조, 제24조의2, 제24조의3 및 제25조부터 제27조까지는 제외한다)에 인사위원회(이하 "대학인사위원회"라 한다)를 둔다. 〈개정 2011. 7. 21., 2016. 1. 27., 2018. 12. 18., 2020. 1. 29.〉
  1. 부총장, 대학원장 및 단과대학장에 대한 보직 동의
  2. 교수, 부교수 및 조교수에 대한 임용 동의
  3. 그 밖에 대학 교원 인사에 관한 중요 사항

② 대학인사위원회의 구성·기능 및 운영에 필요한 사항은 대통령령으로 정하되, 위원의 일정 비율 이상은 여성으로 한다.
[전문개정 2011. 9. 30.]

제3장 자격 〈개정 2011. 9. 30.〉

제6조(교사의 자격) 교사는 「유아교육법」 제22조제2항 및 「초·중등교육법」 제21조제2항에 따른 자격이 있는 사람이어야 한다.
[전문개정 2011. 9. 30.]

제6조의2(수석교사의 자격) 수석교사는 「유아교육법」 제22조제3항 및 「초·중등교육법」 제21조제3항의 자격이 있는 사람이어야 한다.
[본조신설 2011. 7. 25.]

제7조(교장·교감 등의 자격) 교장·교감·원장·원감은 「유아교육법」 제22조제1항 및 「초·중등교육법」 제21조제1항에 따른 자격이 있는 사람이어야 한다.
[전문개정 2011. 9. 30.]

제8조(교수 등의 자격) 교수, 부교수, 조교수 및 조교는 「고등교육법」 제16조에 따른 자격이 있는 사람이어야 한다. 〈개정 2011. 7. 21.〉
[전문개정 2011. 9. 30.]

제9조(교육전문직원의 자격) 교육전문직원은 별표 1의 기준에 따른 자격이 있는 사람이어야 한다. 〈개정 2012. 12. 11.〉
[전문개정 2011. 9. 30.]

제4장 임용 〈개정 2011. 9. 30.〉

제10조(임용의 원칙) ① 교육공무원의 임용은 그 자격, 재교육성적, 근무성적, 그 밖에 실제 증명되는 능력에 의하여 한다.
② 교육공무원의 임용은 교원으로서의 자격을 갖추고 임용을 원하는 모든 사람에게 능력에 따른 균등한 임용의 기회가 보장되어야 한다.
[전문개정 2011. 9. 30.]

제10조의2(외국인 교원) 대학은 교육이나 연구를 위하여 외국인을 교원으로 임용할 수 있다.
[전문개정 2011. 9. 30.]

제10조의3(채용의 제한) ① 이 법에 따른 교원(제32조에 따른 기간제교원을 포함한다), 「사립학교법」에 따른 사립학교 교원(「사립학교법」 제54조의4에 따른 기간제교원을 포함한다), 「유아교육법」 제23조에 따른 강사 등 또는 「초·중등교육법」 제22조에 따른 산학겸임교사등으로 재직하는 동안 다음 각 호의 어느 하나의 행위로 인하여 파면·해임되거나 금고 이상의 형을 선고받은 사람(집행유예의 형을 선고받은 후 그 집행유예기간이 지난 사람을 포함한다)은 「유아교육법」 제2조제2호의 유치원 및 「초·중등교육법」 제2조의 학교(이하 "고등학교 이하 각급학교"라 한다)의 교원으로 채용될 수 없다. 다만, 제50조제1항에 따른 교육공무원징계위원회에서 해당 교원의 반성 정도 등을 고려하여 교원으로서 직무를 수행할 수 있다고 의결한 경우에는 그러하지 아니하다. 〈개정 2010. 4. 15., 2011. 5. 19., 2015. 3. 27., 2021. 3. 23., 2022. 10. 18.〉
  1. 삭제 〈2012. 1. 26.〉
  2. 금품 수수(授受) 행위
  3. 시험문제 유출 및 성적조작 등 학생성적 관련 비위 행위
  4. 학생에 대한 신체적 폭력 행위
② 제1항 단서에 따른 교육공무원징계위원회의 의결은 재적위원 3분의 2 이상의 출석과 출석위원 과반수의 찬성으로 한다.
[본조신설 2008. 3. 14.]

제10조의4(결격사유) 다음 각 호의 어느 하나에 해당하는 사람은 교육공무원으로 임용될 수 없다. 〈개정 2016. 1. 27., 2021. 3. 23., 2022. 10. 18.〉
  1. 「국가공무원법」 제33조 각 호의 어느 하나에 해당하는 사람
  2. 미성년자에 대한 다음 각 목의 어느 하나에 해당하는 행위로 파면·해임되거나 형 또는 치료감호를 선고받아 그 형 또는 치료감호가 확정된 사람(집행유예를 선고받은 후 그 집행유예기간이 지난 사람을 포함한다)
    가. 「성폭력범죄의 처벌 등에 관한 특례법」 제2조에 따른 성폭력범죄 행위
    나. 「아동·청소년의 성보호에 관한 법률」 제2조제2호에 따른 아동·청소년대상 성범죄 행위
  3. 성인에 대한 「성폭력범죄의 처벌 등에 관한 특례법」 제2조에 따른 성폭력범죄 행위로 파면·해임되거나 100만원 이상의 벌금형이나 그 이상의 형 또는 치료감호를 선고받아 그 형 또는 치료감호가 확정된 사람(집행유예를 선고받은 후 그 집행유예기간이 지난 사람을 포함한다)
  4. 마약·대마 또는 향정신성의약품 중독자
[본조신설 2012. 1. 26.]

제10조의5(벌금형의 분리 선고) 「형법」 제38조에도 불구하고 교육공무원에게 다음 각 호의 어느 하나에 해당하는 죄와 다른 죄의 경합범(競合犯)에 대한 벌금형을 선고하는 경우에는 이를 분리하여 선고하여야 한다.
  1. 「국가공무원법」 제33조제6호의2 또는 제6호의3에 규정된 죄
  2. 제10조의4제3호에 규정된 죄
[본조신설 2018. 12. 18.]

제11조(교사의 신규채용 등) ① 교사의 신규채용은 공개전형으로 한다. 이 경우 임용권자는 별표 2에 해당하는 사람에게 제1차 시험성적 만점의 100분의 10 이내의 범위에서 가산점을 줄 수 있다.
② 임용권자는 원활한 결원 보충 및 학교 운영을 위하여 필요한 경우 근무 예정 지역 또는 근무 예정 학교를 미리 정하여 공개전형으로 채용시험을 실시할 수 있다. 이 경우 임용권자는 그 시험에 따라 채용된 교사에 대하여 10년 이내의 범위에서 대통령령으로 정하는 기간 동안 다른 지역 또는 다른 학교로의 전보를 제한할 수 있다.
③ 제1항 및 제2항에 따라 공개전형을 실시하는 경우 국립 학교의 장은 그 전형을 해당 학교가 소재하는 시·도의 교육감에게 위탁하

④ 제1항 및 제2항에 따른 공개전형을 하는 경우 담당할 직무 수행에 필요한 자격요건, 공개전형의 절차·방법 및 평가요소 등 공개전형에 필요한 사항은 대통령령으로 정한다. 〈개정 2016. 1. 27., 2022. 10. 18.〉

[전문개정 2011. 9. 30.]

제11조의2(부정행위자에 대한 조치) ① 제11조에 따른 교사 공개전형 채용시험에서 부정한 행위를 한 사람에 대해서는 그 시험을 정지 또는 무효로 하고 그 처분이 있은 날부터 5년간 이 법에 따른 시험의 응시자격을 정지한다. 〈개정 2021. 3. 23.〉

② 임용권자 및 교육감 등 공개전형 시험을 실시하는 기관의 장은 제1항에 따른 처분을 하였을 때에는 지체 없이 그 이유를 붙여 처분을 받은 사람에게 알리고, 교육부장관과 다른 지방교육행정기관에 그 처분을 받은 사람과 그 처분을 한 이유를 보고 또는 통보하여야 한다. 〈개정 2021. 3. 23.〉

③ 부정행위를 한 사람이 공무원인 경우 공개전형 시험을 실시하는 기관의 장은 관할 징계위원회에 징계의결을 요구하거나 그 공무원의 소속 기관의 장에게 징계를 요구하여야 한다.

[본조신설 2016. 1. 27.]

[종전 제11조의2는 제11조의3으로 이동〈2016. 1. 27.〉]

제11조의3(대학 교원의 신규채용 등) ① 대학의 교원을 신규채용할 때에는 특정 대학에서 학사학위를 취득한 사람이 편중되지 아니하도록 하여야 하며, 그 구체적인 채용 비율 등은 대통령령으로 정한다.

② 대학의 교원을 신규채용할 때에는 심사위원을 임명하거나 위촉하여 객관적이고 공정한 심사를 거쳐야 한다.

③ 제2항에 따른 심사위원의 임명·위촉 방법, 심사단계, 심사방법 및 그 밖에 심사에 필요한 사항은 대통령령으로 정한다.

[전문개정 2011. 9. 30.]

[제11조의2에서 이동, 종전 제11조의3은 제11조의4로 이동〈2016. 1. 27.〉]

제11조의4(계약제 임용 등) ① 대학의 교원은 대통령령으로 정하는 바에 따라 근무기간, 급여, 근무조건, 업적 및 성과 약정 등 계약조건을 정하여 임용할 수 있다.

② 제1항에 따라 임용된 교원의 임용권자는 그 교원의 임용기간이 끝나기 4개월 전까지 임용기간이 끝난다는 사실과 재임용 심의를 신청할 수 있음을 그 교원에게 문서로 통지하여야 한다.

③ 제2항에 따라 통지를 받은 교원이 재임용을 받으려면 통지를 받은 날부터 15일 이내에 임용권자에게 재임용 심의를 신청하여야 한다.

④ 제3항에 따른 재임용 심의를 신청받은 임용권자는 대학인사위원회의 재임용 심의를 거쳐 해당 교원을 재임용할지 결정하고 그 사실을 임용기간이 끝나기 2개월 전까지 그 교원에게 문서로 통지하여야 한다. 이 경우 그 교원을 재임용하지 아니하기로 결정하였을 때에는 재임용하지 아니하겠다는 의사와 재임용 거부 사유를 구체적으로 밝혀 통지하여야 한다.

⑤ 대학인사위원회가 제4항에 따라 해당 교원의 재임용에 대하여 심의할 때에는 다음 각 호의 사항에 관한 평가 등 객관적인 사유로서 학칙으로 정하는 사유에 근거하여야 한다. 이 경우 심의 과정에서 15일 이상의 기간을 정하여 해당 교원에게 지정된 날짜에 대학인사위원회에 출석하여 의견을 진술하거나 서면으로 의견을 제출할 기회를 주어야 한다. 〈개정 2017. 11. 28.〉

1. 학생 교육에 관한 사항
2. 학문 연구에 관한 사항
3. 학생 지도에 관한 사항
4. 「산업교육진흥 및 산학연협력촉진에 관한 법률」 제2조제6호에 따른 산학연협력에 관한 사항

⑥ 대학인사위원회는 교원의 재임용을 심의하는 경우 해당 교원의 평가 등에 제5항 각 호의 사항에 대한 실적과 성과가 「고등교육법」 제15조에 따른 해당 교원의 임무에 비추어 적정하게 반영될 수 있도록 필요한 조치를 취하여야 한다. 〈신설 2017. 11. 28.〉

⑦ 재임용이 거부된 교원이 재임용 거부처분에 불복하려는 경우에는 그 처분이 있음을 안 날부터 30일 이내에 「교원의 지위 향상 및 교육활동 보호를 위한 특별법」 제7조에 따른 교원소청심사위원회에 심사를 청구할 수 있다. 〈개정 2016. 2. 3., 2017. 11. 28.〉

[전문개정 2011. 9. 30.]

[제11조의3에서 이동, 종전 제11조의4는 제11조의5로 이동〈2016. 1. 27.〉]

제11조의5(양성평등을 위한 임용계획의 수립 등) ① 국가와 지방자치단체는 대학의 교원 임용에서 양성평등을 위하여 필요한 정책을 수립·시행하여야 한다.

② 교육부장관과 지방자치단체의 장은 제1항에 따른 정책을 수립하기 위하여 대학의 교원 임용에서 양성평등 관련 실태조사를 실시할 수 있으며, 실태조사의 방법과 내용 등에 필요한 사항은 대통령령으로 정한다. 〈신설 2018. 12. 18.〉

③ 국가는 국가가 설립·경영하는 전체 대학(「고등교육법」 제2조제1호부터 제3호까지 및 제5호의 학교를 말한다. 이하 제4항 및 제5항에서 같다) 교원 중 특정 성별이 4분의 3을 초과하지 아니하도록 노력하여야 한다. 이 경우 교원의 성별 구성에 관한 연도별 목표 비율은 대통령령으로 정한다. 〈신설 2020. 1. 29.〉

④ 지방자치단체는 해당 지방자치단체가 설립·경영하는 전체 대학 교원 중 특정 성별이 4분의 3을 초과하지 아니하도록 노력하여야 한다. 이 경우 교원의 성별 구성에 관한 연도별 목표 비율은 해당 지방자치단체의 조례로 정한다. 〈신설 2020. 1. 29.〉

⑤ 대학의 장은 대학의 교원을 임용할 때 특정 성별에 편중되지 아니하도록 3년마다 계열별 임용 목표비율이 제시된 임용계획 등 적극적 조치를 시행하기 위하여 필요한 계획을 교육부장관(지방자치단체가 설립·경영하는 대학의 경우에는 해당 지방자치단체의 장을 말한다. 이하 이 항에서 같다)과 협의하여 수립한 후 시행하여야 한다. 이 경우 그 추진 실적을 매년 교육부장관에게 제출하여야 한다. 〈개정 2013. 3. 23., 2018. 12. 18., 2020. 1. 29.〉

⑥ 국가와 지방자치단체는 제5항에 따른 계획 및 그 추진 실적을 매년 평가하여 공표하여야 하며, 평가결과를 반영하여 행정적·재

정적 지원을 할 수 있다. 〈개정 2018. 12. 18., 2020. 1. 29.〉

⑦ 교육부장관과 지방자치단체의 장은 제1항에 따른 정책 수립과 제2항에 따른 실태조사 및 제6항에 따른 평가를 위하여 관계 중앙행정기관의 장 및 대학의 장 등 관련 기관·단체의 장에게 필요한 자료 요청을 할 수 있으며, 요청받은 관련 기관·단체의 장은 특별한 사유가 없으면 이에 협조하여야 한다. 〈신설 2018. 12. 18., 2020. 1. 29.〉

⑧ 제5항에 따른 계열별 구분과 계획의 수립 및 제6항에 따른 평가의 방법·절차 등 필요한 사항은 대통령령으로 정한다. 〈개정 2018. 12. 18., 2020. 1. 29.〉

[전문개정 2011. 9. 30.]
[제11조의4에서 이동 〈2016. 1. 27.〉]

제12조(경력경쟁채용 등) ① 다음 각 호의 어느 하나에 해당하는 경우에는 대통령령으로 정하는 바에 따라 경력 등 응시요건을 정하여 같은 사유에 해당하는 다수인을 대상으로 경쟁의 방법으로 채용하는 시험(이하 "경력경쟁채용시험"이라 한다)으로 교육공무원을 채용할 수 있다. 다만, 제1호, 제4호 및 제5호의 어느 하나에 해당하는 경우 중 다수인을 대상으로 시험을 실시하는 것이 적당하지 아니하여 대통령령으로 정하는 경우에는 다수인을 대상으로 하지 아니하는 시험으로 교육공무원을 채용할 수 있다. 〈개정 2022. 10. 18.〉

1. 제44조제1항제1호의 사유로 인한 휴직기간이 만료되어 퇴직하거나 「국가공무원법」 제70조제1항제3호 또는 「지방공무원법」 제62조제1항제1호의 사유로 퇴직한 교육공무원을 퇴직한 날부터 2년 이내에 퇴직 시에 재직한 직위에 상당하는 직위의 교육공무원으로 임용하는 경우 또는 교육공무원으로 재직하던 중 일반직 국가공무원 또는 지방공무원이 되기 위하여 퇴직한 사람을 퇴직 시에 재직한 직위에 상당하는 직위의 교육공무원으로 임용하는 경우
2. 임용 예정직에 상응하는 연구 실적 또는 근무 실적이 3년 이상인 사람을 임용하는 경우
3. 공개경쟁 채용시험으로 결원을 보충하기 곤란한 도서·벽지 등 특수한 지역에 근무할 사람과 특수한 교과목을 담당할 사람을 임용하는 경우
4. 교육경력, 교육행정경력 또는 교육연구경력이 있는 공무원으로서 공개경쟁 채용시험으로 임용하는 것이 부적당한 경우
5. 사립학교에 근무하는 교원을 교육공무원으로 임용하는 경우

② 경력경쟁채용시험 및 제1항 각 호 외의 부분 단서에 따른 시험의 경우에는 「국가공무원법」 제70조제1항제3호 또는 「지방공무원법」 제62조제1항제1호의 사유로 면직된 사람을 대통령령으로 정하는 바에 따라 우선적으로 채용할 수 있다. 〈개정 2022. 10. 18.〉

[전문개정 2011. 9. 30.]
[제목개정 2022. 10. 18.]

제13조(승진) 교육공무원의 승진임용은 같은 종류의 직무에 종사하는 바로 아래 직급의 사람 중에서 대통령령으로 정하는 바에 따라 경력평정, 재교육성적, 근무성적, 그 밖에 실제 증명되는 능력에 의하여 한다.

[전문개정 2011. 9. 30.]

제14조(승진후보자 명부) ① 교육공무원의 임용권자 또는 임용제청권자는 제13조 및 대통령령으로 정하는 바에 따라 자격별 승진후보자 명부를 순위에 따라 작성하여 갖추어 두어야 한다.

② 교육공무원을 승진임용하거나 승진임용 제청할 때에는 결원된 직위에 대한 승진후보자 명부에 따른 순위가 결원된 직위 중 승진으로 임용하려는 인원의 3배수 이내인 사람 중에서 하여야 한다. 다만, 대통령령으로 정하는 특수자격이 있는 사람을 승진임용하거나 승진임용을 제청할 때에는 그러하지 아니하다. 〈개정 2018. 12. 18.〉

[전문개정 2011. 9. 30.]

제15조(우수 교육공무원 등의 특별 승진) ① 교육공무원이 다음 각 호의 어느 하나에 해당하고, 상위의 자격증을 취득하거나 자격기준을 갖춘 때에는 제13조와 제14조에도 불구하고 특별 승진임용할 수 있다. 다만, 제4호 또는 제5호에 해당하는 경우에는 상위의 자격증이 없거나 자격기준을 갖추지 아니하여도 특별 승진임용할 수 있다. 〈개정 2021. 3. 23.〉

1. 교육자로서 지녀야 할 인품과 창의력이 뛰어나며, 청렴하고 투철한 봉사정신으로 직무에 힘써 교육풍토 쇄신에 다른 교육공무원의 귀감이 되는 사람
2. 교수·지도 및 연구 등 직무 수행 능력이 탁월하여 교육 발전에 큰 공헌을 한 사람
3. 「국가공무원법」 제53조 또는 「지방공무원법」 제78조에 따라 제안이 채택·시행되어 예산을 줄이는 등 행정운영 발전에 현저한 실적이 있는 사람
4. 재직 중 현저한 공적이 있는 사람이 「국가공무원법」 제74조의2 또는 「지방공무원법」 제66조의2에 따라 명예퇴직할 때
5. 재직 중 현저한 공적이 있는 사람이 공무로 인하여 사망하였을 때

② 제1항의 특별 승진의 요건과 그 밖에 필요한 사항은 대통령령으로 정한다.

[전문개정 2011. 9. 30.]

제16조(신체검사) 교육공무원을 신규채용할 때에는 신체검사를 하여야 하며, 임용권자나 임용제청권자는 신체검사 합격기준에 미달하는 사람을 임용하거나 임용제청하여서는 아니 된다. 이 경우 신체검사에 필요한 사항은 대통령령으로 정한다.

[전문개정 2011. 9. 30.]

제17조(보직 등 관리의 원칙) ① 임용권자나 임용제청권자는 법령에서 따로 정하는 경우를 제외하고는 소속 교육공무원에게 그 자격에 상응하는 일정한 직위를 부여하여야 한다.

② 소속 교육공무원에게 보직을 부여할 때에는 그 교육공무원의

자격, 전공분야, 재교육경력, 근무경력 및 적성 등을 고려하여 적절한 직위에 임용하여야 한다.
③ 고등학교 이하 각급학교의 장은 교원에 대한 징계처분의 사유가 「국가공무원법」 제83조의2제1항제1호 각 목의 어느 하나에 해당하는 등 대통령령으로 정하는 사유에 해당하는 경우에는 해당 교원을 징계처분 이후 5년 이상 10년 이하의 범위에서 대통령령으로 정하는 기간 동안 학급을 담당하는 교원(이하 "학급담당교원"이라 한다)으로 배정할 수 없다. 〈신설 2020. 12. 22., 2022. 10. 18.〉
④ 고등학교 이하 각급학교의 장은 제3항에 따른 기간 동안 해당 교원의 학급담당교원 배정 여부 등 제2조제6항에 따른 임용에 관한 사항을 교육부장관 또는 관할 교육감에게 보고하여야 한다. 〈신설 2020. 12. 22.〉
[전문개정 2011. 9. 30.]
[제목개정 2020. 12. 22.]

제18조(겸임) ① 직위와 직무 내용이 유사하고 담당 직무 수행에 지장이 없다고 인정되는 경우에는 교육공무원과 일반직공무원, 교육공무원과 다른 교육공무원, 교육공무원과 다른 특정직공무원 또는 교육공무원과 대통령령으로 정하는 관련 교육·연구 기관이나 그 밖의 관련 기관·단체의 임직원을 서로 겸임하게 할 수 있다. 이 경우 겸임에 필요한 사항은 대통령령으로 정한다. 〈개정 2022. 10. 18.〉
② 제1항에 따라 교육공무원을 겸임하게 하려는 경우에는 그 대상자가 제9조 또는 「초·중등교육법」 제21조제1항·제2항 및 「고등교육법」 제16조에 따른 자격기준을 갖추거나 자격증을 취득한 사람이어야 한다.
[전문개정 2011. 9. 30.]

제19조(겸직 금지) 제2조제3항제1호에 따른 학교의 감독청에 재직하는 사람은 대학의 장 또는 부총장, 대학원장, 단과대학장, 교무처장, 학생처장(또는 교학처장), 교무과장, 학생과장, 교장, 교감, 원장 또는 원감 등의 직위를 겸할 수 없다. 〈개정 2015. 3. 27.〉
[전문개정 2011. 9. 30.]

제19조의2(영리업무 및 겸직금지에 관한 특례) ① 「고등교육법」 제14조제2항에 따른 교수·부교수 및 조교수는 학생의 교육·지도와 학문의 연구에 지장이 없는 범위안에서 소속학교의 장의 허가를 받아 상업·공업·금융업 그 밖에 영리를 목적으로 하는 사기업체의 사외이사(「자본시장과 금융투자업에 관한 법률」 제9조제3항에 따른 해당 회사의 상무에 종사하지 아니하는 이사를 말한다. 이하 이 조에서 같다)를 겸직할 수 있다. 〈개정 2007. 8. 3., 2008. 3. 14., 2011. 7. 21., 2017. 11. 28., 2021. 3. 23.〉
② 제1항에 따라 사외이사를 겸직하는 교수·부교수 및 조교수는 그 해에 「상법」 제388조에 따라 해당 사기업체로부터 받은 보수 전부를 소속학교의 장에게 다음 해 1월 31일까지 보고하여야 한다. 〈신설 2017. 11. 28., 2021. 3. 23.〉
③ 제1항에 따른 허가의 구체적인 기준·방법·절차 및 제2항에 따른 보고의 방법·절차 등은 대통령령으로 정한다. 〈개정 2017. 11. 28.〉
[본조신설 2002. 12. 5.]

제20조(인사교류) ① 전문대학과 중등학교에 근무하는 교육공무원은 서로 전직하거나 전보할 수 있다. 〈개정 2022. 12. 13.〉
② 국가교육위원회의 교육전문직원과 교육부 및 그 소속 기관의 교육전문직원 간에는 서로 전직하거나 전보할 수 있다. 〈신설 2022. 12. 13.〉
[전문개정 2011. 9. 30.]

제21조(전직 등의 제한) ① 교육공무원의 임용권자 또는 임용제청권자는 다음 각 호의 경우를 제외하고는 소속 교육공무원이 그 직위에 임용된 날부터 1년 이내에 다른 직위에 임용하거나 근무지를 변경하는 인사조치를 하여서는 아니 된다.
  1. 기구의 개편이나 직제의 개정·폐지 또는 정원의 변경이 있는 경우
  2. 해당 교육공무원의 승진 또는 강임으로 인한 경우
  3. 그 밖에 대통령령으로 정하는 특별한 사유가 있는 경우
② 제1항에도 불구하고 교육공무원의 임용권자 또는 임용제청권자는 제29조의3에 따라 임용된 공모 교장·원장에 대하여는 징계처분을 받은 경우 등 교장·원장으로서 직무를 수행하기 어려운 대통령령으로 정하는 중대한 사유에 해당하는 경우를 제외하고는 임기 중 다른 직위에 임용하거나 근무지를 변경하는 인사조치를 하여서는 아니 된다. 〈개정 2012. 3. 21.〉
[전문개정 2011. 9. 30.]

제22조(교육연수기관 등에의 교원 배치) 교육부장관 또는 교육감은 교육이나 교육에 관한 전문적인 조사·연구를 위하여 특히 필요하다고 인정하는 경우에는 교육연구기관과 제2조제3항제3호에 따른 교육연수기관에 교원을 둘 수 있다. 〈개정 2012. 12. 11., 2013. 3. 23.〉
[전문개정 2011. 9. 30.]

제22조의2(교육행정기관에의 순회교사 배치) ① 교육감은 교원의 적정한 배치와 교육과정의 원활한 운영을 위하여 둘 이상의 인근 학교를 순회하면서 학생의 교육을 담당할 교사가 특히 필요하다고 인정하는 경우에는 시·도 교육행정기관에 교사를 둘 수 있다.
② 제1항에 따라 시·도 교육행정기관에 배치되는 교사는 소속 기관의 장이 지정하는 학교에서 교육을 담당하고, 그 학교의 장의 지도·감독을 받는다.
[전문개정 2011. 9. 30.]

제23조(인사기록) ① 교육기관, 교육행정기관 또는 교육연구기관의 장은 소속 교육공무원의 인사기록을 작성·유지·보관하여야 한다.
② 제1항에 따른 인사기록의 작성·유지·보관에 필요한 사항은 교육부령으로 정한다. 〈개정 2013. 3. 23.〉
[전문개정 2011. 9. 30.]

제23조의2(인사관리의 전자화) ① 교육부장관은 교육공무원의 인사관리를 과학화하기 위하여 교육공무원의 인사기록을 데이터베이스화하여 관리하고 인사 업무를 전자적으로 처리할 수 있는 시스템을 구축하여 운영할 수 있다. 〈개정 2013. 3. 23.〉

② 제1항에 따른 시스템의 구축·운영 등에 필요한 사항은 대통령령으로 정한다.

[전문개정 2011. 9. 30.]

제24조(대학의 장의 임용) ① 대학(「고등교육법」 제2조 각 호의 학교를 말하되, 공립대학은 제외한다. 이하 이 조, 제24조의2, 제24조의3 및 제25조부터 제27조까지에서 같다)의 장은 해당 대학의 추천을 받아 교육부장관의 제청으로 대통령이 임용한다. 다만, 새로 설립되는 대학의 장을 임용하거나 대학의 장의 명칭 변경으로 인하여 학장으로 재직 중인 사람을 해당 대학의 총장으로, 총장으로 재직 중인 사람을 해당 대학의 학장으로 그 임기 중에 임용하는 경우에는 교육부장관의 제청으로 대통령이 임용한다. 〈개정 2013. 3. 23.〉

② 제1항 본문에 따른 대학의 장의 임용추천을 위하여 대학에 대학의 장 임용추천위원회(이하 "추천위원회"라 한다)를 둔다.

③ 추천위원회는 해당 대학에서 정하는 바에 따라 다음 각 호의 어느 하나의 방법에 따라 대학의 장 후보자를 선정하여야 한다. 〈개정 2021. 9. 24.〉

1. 추천위원회에서의 선정
2. 해당 대학 교원, 직원 및 학생의 합의된 방식과 절차에 따른 선정

④ 추천위원회의 구성·운영 등에 필요한 사항은 대통령령으로 정하되, 위원의 일정 비율 이상은 여성으로 한다.

⑤ 제1항에도 불구하고 대학의 장의 임기가 끝난 후 3개월 이내에 해당 대학이 대학의 장 후보자를 추천하지 아니하는 경우 해당 대학의 장은 교육부장관의 제청으로 대통령이 임용한다. 〈개정 2013. 3. 23.〉

⑥ 제1항과 제5항에 따라 교육부장관이 대학의 장을 임용제청하려는 경우에는 인사위원회에 자문을 하여야 한다. 〈개정 2013. 3. 23.〉

⑦ 대학의 교원으로 재직 중에 해당 대학의 장으로 임용된 사람이 제28조제1호의 임기를 마친 경우에는 제25조에도 불구하고 대학의 장의 임기가 끝나는 날의 다음 날에 대학의 장으로 임용되기 직전의 교원으로 임용된 것으로 본다.

[전문개정 2011. 9. 30.]

제24조의2(선거운동의 제한) ① 누구든지 자기 또는 특정인을 대학의 장 후보자로 당선되게 하거나 당선되지 아니하게 할 목적으로 다음 각 호의 어느 하나에 해당하는 행위를 할 수 없다.

1. 선거인(선거인 명부 작성 전에는 선거인 명부에 오를 자격이 있는 사람을 포함한다)에게 대학의 장 후보자 선거일 전 180일부터 선거일까지 금전·물품·향응이나 그 밖의 재산상의 이익 또는 공사(公私)의 직위를 제공하거나 제공할 의사표시를 하거나 제공할 것을 약속하는 행위
2. 대학의 장 후보자 선거에서 후보자가 되려는 사람에게 후보자가 되지 아니하도록 하거나 후보자에게 사퇴를 하게 할 목적으로 하는 제1호에 규정된 행위
3. 제1호 또는 제2호에 규정된 이익이나 직위를 제공받거나 그 제공 의사를 승낙하는 행위 또는 그 제공을 요구하거나 알선하는 행위

② 누구든지 대학의 장 후보자 선거와 관련하여 선거인을 호별(戶別) 방문하거나 방문하게 하는 행위 또는 선거인을 특정 장소에 모이게 하거나 모이게 하도록 하는 행위를 할 수 없다.

③ 누구든지 대학의 장 후보자 선거와 관련하여 연설·벽보 및 그 밖의 방법으로 거짓 사실을 공표하거나 공공연하게 구체적인 사실을 드러내서 후보자를 비방할 수 없다.

④ 누구든지 대학의 장 후보자 선거와 관련하여 다음 각 호의 방법 외의 행위를 할 수 없다.

1. 선전벽보의 부착
2. 선거공보의 배부
3. 소형 인쇄물의 배부
4. 합동연설회 또는 공개토론회의 개최
5. 전화·컴퓨터 통신을 이용한 지지 호소

[전문개정 2011. 9. 30.]

제24조의3(대학의 장 후보자 추천을 위한 선거사무의 위탁) ① 대학의 장 후보자를 추천할 때 제24조제3항제2호에 따라 해당 대학 교원, 직원 및 학생의 합의된 방식과 절차에 따라 직접선거로 선정하는 경우 해당 대학은 선거관리에 관하여 그 소재지를 관할하는 「선거관리위원회법」에 따른 구·시·군선거관리위원회(이하 "구·시·군선거관리위원회"라 한다)에 선거관리를 위탁하여야 한다. 〈개정 2021. 9. 24.〉

② 중앙선거관리위원회는 제1항에 따라 구·시·군선거관리위원회가 대학의 장 후보자 추천 선거를 위탁받아 관리할 때의 후보자 등록, 선거기간, 선거운동, 선거비용, 투표, 개표 등 필요한 사항에 관하여 「공공단체등 위탁선거에 관한 법률」 제79조(시행규칙)에 따라 중앙선거관리위원회규칙으로 정하려는 경우에는 미리 교육부장관과 협의하여야 한다. 이 경우 교육부장관은 각 대학의 의견을 들어야 한다. 〈개정 2013. 3. 23., 2014. 6. 11.〉

③ 제1항에 따라 구·시·군선거관리위원회가 대학의 장 후보자 추천 선거를 위탁받아 관리하는 경우 이 법의 위반행위에 대한 조사 등에 관하여는 「공공단체등 위탁선거에 관한 법률」 **제73조(위반행위에 대한 조사 등)**를 적용한다. 〈개정 2014. 6. 11.〉

④ 대학의 장 후보자 추천을 위한 선거관리에 드는 비용은 해당 대학에서 부담하게 할 수 있다.

[전문개정 2011. 9. 30.]

제25조(교수 등의 임용) ① 교수·부교수는 대학의 장의 제청으로 교육부장관을 거쳐 대통령이 임용하고, 조교수는 대학의 장의 제청으로 교육부장관이 임용한다. 〈개정 2013. 3. 23.〉

② 대학의 장이 제1항의 교육공무원을 임용제청할 때에는 해당 대학인사위원회의 동의를 받아야 한다. 다만, 대학인사위원회를 구성할 수 없는 신설 대학은 대학인사위원회가 구성될 때까지 인사위원회의 동의를 받아야 한다.

③ 제1항의 교육공무원의 전보는 해당 대학인사위원회의 동의를 받아 대학의 장의 제청으로 교육부장관이 한다. 〈개정 2013. 3. 23.〉

[전문개정 2011. 9. 30.]

제26조(조교의 임용) ① 조교는 대학의 장이 임용한다. 〈개정 2011. 7. 21.〉

② 삭제 〈2011. 7. 21.〉

[전문개정 2011. 9. 30.]

[제목개정 2011. 7. 21.]

제27조(부총장·대학원장·단과대학장의 보직) ① 부총장은 교수 중에서, 대학원장·단과대학장은 교수 또는 부교수 중에서 대학의 장의 제청으로 교육부장관이 임명한다. 〈개정 2013. 3. 23.〉

② 대학의 장이 교육공무원을 제1항에 따라 임명할 것을 제청할 때에는 해당 대학인사위원회의 동의를 받아야 한다.

[전문개정 2011. 9. 30.]

제28조(대학의 장 등의 임기) 대학의 장 및 부총장·대학원장·단과대학장의 임기는 다음과 같다. 다만, 제24조제1항 단서 또는 제55조제1항 단서에 따라 임용되는 사람의 임기는 제1호에도 불구하고 해당 대학의 장의 임기의 남은 기간으로 한다.

1. 대학의 장: 4년
2. 부총장·대학원장·단과대학장: 2년

[전문개정 2011. 9. 30.]

제29조(장학관 등의 임용) ① 교육부와 그 소속 기관에 근무하는 장학관 및 교육연구관은 교육부장관의 제청으로 대통령이 임용한다. 〈개정 2013. 3. 23.〉

② 제1항에 따라 대통령이 임용하는 교육전문직원의 전보는 교육부장관이 행한다. 〈개정 2012. 12. 11., 2013. 3. 23.〉

[전문개정 2011. 9. 30.]

제29조의2(교장 등의 임용) ① 교장·원장은 교육부장관의 제청으로 대통령이 임용한다. 〈개정 2012. 3. 21., 2013. 3. 23.〉

② 교장·원장의 임기는 4년으로 한다. 〈개정 2012. 3. 21.〉

③ 교장·원장은 한 번만 중임할 수 있다. 다만, 제29조의3에 따라 교장·원장으로 재직하는 횟수는 이에 포함하지 아니한다. 〈개정 2012. 3. 21.〉

④ 임용권자 또는 임용제청권자는 교장·원장으로 1차 임기를 마친 사람에 대해서는 제47조에 따른 정년까지 남은 기간이 4년 미만인 경우에도 특별한 결격사유가 없으면 제3항에 따라 교장·원장으로 다시 임용하거나 임용제청할 수 있다. 〈신설 2015. 3. 27.〉

⑤ 교장·원장의 임기가 학기 중에 끝나는 경우 임기가 끝나는 날이 3월에서 8월 사이에 있으면 8월 31일을, 9월에서 다음 해 2월 사이에 있으면 다음 해 2월 말일을 임기 만료일로 한다. 〈개정 2012. 3. 21., 2015. 3. 27.〉

⑥ 제47조에 따른 정년 전에 임기가 끝나는 교장·원장으로서 교사로 근무할 것을 희망하는 사람(교사자격증을 가진 사람만 해당한다)은 수업 담당 능력과 건강 등을 고려하여 교사로 임용할 수 있다. 〈개정 2012. 3. 21., 2015. 3. 27.〉

⑦ 제6항에 따라 임용된 교사는 대통령으로 정하는 바에 따라 원로교사로 우대하여야 한다. 〈개정 2015. 3. 27.〉

⑧ 제29조의3에 따라 임용된 공모 교장·원장을 제외한 교장·원장은 임기 중에 전보될 수 있으며, 교장·원장의 전보는 교육부장관이 한다. 〈개정 2012. 3. 21., 2013. 3. 23., 2015. 3. 27.〉

⑨ 제4항에 따른 교장·원장의 재임용과 제6항에 따른 교사의 임용에 필요한 세부 사항은 교육부장관이 정한다. 〈신설 2015. 3. 27.〉

[전문개정 2011. 9. 30.]

[제목개정 2012. 3. 21.]

제29조의3(공모에 따른 교장 임용 등) ① 고등학교 이하 각급학교의 장은 학교운영위원회 또는 유치원운영위원회의 심의를 거쳐 다음 각 호의 구분에 따른 사람 중에서 공모를 통하여 선발된 사람을 교장 또는 원장으로 임용하여 줄 것을 임용제청권자에게 요청할 수 있다. 〈개정 2012. 3. 21., 2012. 12. 11., 2015. 3. 27.〉

1. 교장의 경우: 「초·중등교육법」 제21조제1항에 따른 교장자격증을 받은 사람
2. 원장의 경우: 「유아교육법」 제22조제1항에 따른 원장자격증을 받은 사람

② 제1항에도 불구하고 「초·중등교육법」 제61조에 따른 학교의 장은 학교운영위원회의 심의를 거쳐 해당 학교 교육과정에 관련된 교육기관, 국가기관 등에서 3년 이상 종사한 경력이 있는 사람 또는 「초·중등교육법」 제2조의 학교에서 교원으로서 전임으로 근무한 경력(제2조제1항제2호 및 제3호에 따른 교육전문직원으로 근무한 경력을 포함한다)이 15년 이상인 교육공무원이나 사립학교 교원 중에서 공모를 통하여 선발된 사람을 교장으로 임용하여 줄 것을 임용제청권자에게 요청할 수 있다. 이 경우 학교유형별 공모 교장의 자격기준 및 적용 범위 등에 관한 사항은 대통령으로 정한다. 〈개정 2015. 3. 27.〉

③ 제1항 및 제2항에도 불구하고 임용제청권자가 교육제도의 개선 등을 위하여 필요하다고 지정하는 고등학교 이하 각급학교의 장은 공모를 통하여 선발된 사람을 교장·원장으로 임용하여 줄 것을 임용제청권자에게 요청하여야 한다. 〈개정 2012. 3. 21., 2015. 3. 27.〉

④ 제1항부터 제3항까지의 규정에 따라 요청을 받은 임용제청권자는 임용요청된 사람을 해당 학교의 교장·원장으로 임용하여 줄 것을 임용권자에게 제청한다. 다만, 교장·원장 임용 관계 법령 위반 등 특별한 사유가 있는 경우에는 그러하지 아니하다. 〈개정 2012. 3. 21., 2015. 3. 27.〉

⑤ 제1항부터 제3항까지의 규정에 따라 공모로 임용되는 교장·원장(이하 "공모 교장·원장"이라 한다)의 임기는 4년으로 하되 공모 교장·원장으로 재직하는 횟수를 제한하지 아니한다. 〈개정 2012. 3. 21.〉

⑥ 공모 교장·원장의 임기가 끝나는 경우 공모 교장·원장으로 임용될 당시 교육공무원이었던 사람은 공모 교장·원장으로 임용되기 직전의 직위로 복귀한다. 다만, 임용되기 직전의 직위가 교장·원장인 사람으로서 중임한 사람은 교장·원장으로 복귀하지 아니한다. 〈개정 2012. 3. 21.〉

⑦ 임용제청권자는 공모 교장·원장에 대하여 직무 수행, 실적 등을 평가하고 그 결과를 연수 등 인사에 관한 자료로 활용할 수 있

다. 〈개정 2012. 3. 21.〉

⑧ 제1항부터 제7항까지에서 정한 사항 외에 공모 교장·원장의 공모 방법, 임용, 평가 등 필요한 사항은 대통령령으로 정한다. 〈개정 2012. 3. 21.〉

[본조신설 2011. 9. 30.]

[종전 제29조의3은 제29조의4로 이동 〈2011. 9. 30.〉]

제29조의4(수석교사의 임용 등) ① 수석교사는 교육부장관이 임용한다. 〈개정 2013. 3. 23.〉

② 수석교사는 최초로 임용된 때부터 4년마다 대통령령으로 정하는 업적평가 및 연수실적 등을 반영한 재심사를 받아야 하며, 심사기준을 충족하지 못한 경우 대통령령으로 정하는 바에 따라 수석교사로서의 직무 및 수당 등을 제한할 수 있다.

③ 수석교사는 대통령령으로 정하는 바에 따라 수업부담 경감, 수당 지급 등에 대하여 우대할 수 있다.

④ 수석교사는 임기 중에 교장·원장 또는 교감·원감 자격을 취득할 수 없다.

⑤ 수석교사의 운영 등 그 밖에 필요한 사항은 대통령령으로 정한다.

[본조신설 2011. 7. 25.]

[제29조의3에서 이동 〈2011. 9. 30.〉]

제30조(교감·교사·장학사 등의 임용) 다음 각 호의 교육공무원은 교육부장관이 임용한다. 〈개정 2012. 12. 11., 2013. 3. 23.〉

1. 제24조, 제25조, 제26조, 제29조의2, 제29조의3 및 제55조에 규정된 사람을 제외한 교원
2. 교육부와 그 소속 기관에 근무하는 장학사와 교육연구사

[전문개정 2011. 9. 30.]

제31조(초빙교원) ① 대학은 국가기관, 연구기관, 공공단체 또는 산업체 등에서 근무하거나 외국에 거주하고 있는 사람 또는 외국인 중 「고등교육법」 제16조에 따른 자격이 있는 사람을 초빙교원으로 임용할 수 있다. 다만, 특수한 교과를 교수(教授)하기 위한 초빙교원으로 임용하는 경우에는 「고등교육법」 제16조를 적용하지 아니할 수 있다.

② 고등학교 이하 각급학교의 장은 교사자격증을 가진 사람 중에서 해당 학교에 특별히 필요한 사람을 교사로 초빙하려는 경우에는 임용권자에게 초빙교사로 임용하여 줄 것을 요청할 수 있다.

③ 제2항에 따라 임용 요청을 받은 임용권자는 임용이 요청된 사람 중에서 해당 학교의 초빙교사를 임용할 수 있다.

④ 초빙교원의 임용·보수·복무 등에 관하여 필요한 사항은 대통령령으로 정한다.

[전문개정 2011. 9. 30.]

제32조(기간제교원) ① 고등학교 이하 각급학교 교원의 임용권자는 다음 각 호의 어느 하나에 해당하는 경우에는 예산의 범위에서 기간을 정하여 교원 자격증을 가진 사람을 교원으로 임용할 수 있다. 〈개정 2012. 3. 21.〉

1. 교원이 제44조제1항 각 호의 어느 하나의 사유로 휴직하게 되어 후임자의 보충이 불가피한 경우
2. 교원이 파견·연수·정직·직위해제 등 대통령령으로 정하는 사유로 직무를 이탈하게 되어 후임자의 보충이 불가피한 경우
3. 특정 교과를 한시적으로 담당하도록 할 필요가 있는 경우
4. 교육공무원이었던 사람의 지식이나 경험을 활용할 필요가 있는 경우
5. 유치원 방과후 과정을 담당하도록 할 필요가 있는 경우

② 제1항에 따라 임용된 교원(이하 "기간제교원"이라 한다)은 정규 교원 임용에서 어떠한 우선권도 인정되지 아니하며, 같은 항 제4호에 따라 임용된 사람을 제외하고는 책임이 무거운 감독 업무의 직위에 임용될 수 없다.

③ 기간제교원에 대하여는 제43조제2항·제3항, 제43조의2, 제44조부터 제47조까지 및 제49조부터 제51조까지, 「국가공무원법」 제16조, 제70조, 제73조, 제73조의2부터 제73조의4까지, 제75조, 제76조, 제78조, 제78조의2, 제79조, 제80조, 제82조, 제83조제1항·제2항 및 제83조의2를 적용하지 아니하며, 임용기간이 끝나면 당연히 퇴직한다. 〈개정 2018. 12. 18.〉

④ 기간제교원의 임용에 관하여는 제10조의3제1항 및 제10조의4를 준용한다. 〈개정 2012. 1. 26., 2021. 3. 23.〉

[전문개정 2011. 9. 30.]

제32조의2(장학금 지급 및 의무복무) ① 교육감은 교원을 안정적으로 확보하기 위하여 시·도의 조례로 정하는 기준을 충족한 사람을 교육대학의 장에게 교육대학 입학 또는 편입학 대상자로 추천할 수 있다.

② 교육감은 제1항에 따른 추천을 받아 교육대학에 입학하거나 편입학한 사람에게 장학금을 지급할 수 있다.

③ 교육감은 제2항에 따라 장학금을 받는 사람에 대하여 교육대학을 졸업한 후 4년의 범위에서 해당 관할지역에서 실시되는 교사 공개전형에 응시하여 합격한 경우에는 장학금을 받은 기간의 2배의 범위에서 시·도의 조례로 정하는 기간 동안 교육감이 정하는 지역에서 복무하도록 의무를 부과할 수 있다.

④ 교육감은 제2항에 따라 장학금을 받고 있거나 받은 사람이 다음 각 호의 어느 하나에 해당하는 경우에는 시·도의 조례로 정하는 바에 따라 본인에게 장학금의 전부 또는 일부를 반납할 것을 명할 수 있고, 본인이 반납하지 아니할 경우 그의 보증인(「보험업법」에 따라 보증보험증권을 발행한 보험회사를 포함한다)에게 보증채무의 이행을 청구할 수 있으며 반납하지 아니하면 지방세 체납처분의 예에 따라 징수할 수 있다. 다만, 의무복무기간 중 공무상 질병으로 퇴직한 경우 등 시·도의 조례로 정하는 불가피한 사유가 있는 경우에는 그러하지 아니하다. 〈개정 2022. 10. 18.〉

1. 퇴학 또는 자퇴하거나 다른 학교로 편입학한 경우
2. 공무원 임용 결격사유에 해당하게 된 경우
3. 재학 중 장학금 수령을 거부한 경우
4. 제3항에 따른 기간 동안 공개전형에 응시하지 아니하거나

의무복무를 이행하지 아니한 경우

[전문개정 2011. 9. 30.]

제33조(임용권의 위임 등) ① 대통령령으로 정하는 바에 따라 대통령은 그 임용권의 일부를 국가교육위원회위원장 또는 교육부장관에게, 교육부장관은 그 임용권의 일부를 교육기관, 교육행정기관 또는 교육연구기관의 장에게 위임할 수 있다. 〈개정 2013. 3. 23., 2022. 10. 18.〉

② 「초·중등교육법」 제62조제2항 및 「고등교육법」 제59조제3항에 따라 학교의 설립 및 운영에 관한 권한이 관계 중앙행정기관의 장에게 위탁된 학교의 소속 교원의 임용에 관하여는 제1항에 따른 임용권의 위임 기준에 준하여 대통령령으로 정하는 바에 따라 임용권자를 따로 정할 수 있다. 〈개정 2012. 1. 26.〉

[전문개정 2011. 9. 30.]

제5장 보수 〈개정 2011. 9. 30.〉

제34조(보수결정의 원칙) ① 교육공무원의 보수는 우대되어야 한다.

② 교육공무원의 보수는 자격, 경력, 직무의 곤란성 및 책임의 정도에 따라 대통령령으로 정한다.

[전문개정 2011. 9. 30.]

제35조(보수에 관한 규정) 제34조제2항의 대통령령에는 「국가공무원법」 제47조 및 「지방공무원법」 제45조에 규정된 사항 외에 다음 각 호의 사항을 규정하여야 한다.

1. 대통령령으로 정하는 학교의 교원이나 학과를 담당하는 교원에 대한 특별수당에 관한 사항
2. 기간제교원의 보수에 관한 사항
3. 연구수당에 관한 사항
4. 교직수당에 관한 사항

[전문개정 2011. 9. 30.]

제36조(명예퇴직) ① 교육공무원으로 20년 이상 근속한 사람이 정년 전에 스스로 퇴직하는 경우에는 예산의 범위에서 명예퇴직수당을 지급할 수 있다.

② 제1항에 따른 교육공무원 중 교장·원장이 임기가 끝나기 전에 스스로 퇴직하는 경우 그 정년은 제47조에 따른 연령으로 본다. 〈개정 2012. 3. 21.〉

③ 제1항의 명예퇴직수당의 지급대상 범위, 지급액 및 지급절차와 그 밖에 필요한 사항은 대통령령으로 정한다.

[전문개정 2011. 9. 30.]

제6장 연수 〈개정 2011. 9. 30.〉

제37조(연수의 기회균등) 교육공무원에게는 연수기관에서 재교육을 받거나 연수할 기회가 균등하게 주어져야 한다.

[전문개정 2011. 9. 30.]

제38조(연수와 교재비) ① 교육공무원은 그 직책을 수행하기 위하여 끊임없이 연구와 수양에 힘써야 한다.

② 국가나 지방자치단체는 교육공무원의 연수와 그에 필요한 시설 및 연수를 장려할 계획을 수립하여 실시하도록 노력하여야 하며, 대통령령으로 정하는 바에 따라 연수에 필요한 교재비를 지급할 수 있다.

③ 국가나 지방자치단체는 제2항에 따른 연수와 그에 필요한 시설 등을 제공하는 경우 장애인인 교육공무원의 연수활동에 불이익이 없도록 「장애인차별금지 및 권리구제 등에 관한 법률」 제14조에 따라 정당한 편의가 제공될 수 있도록 하여야 한다. 〈신설 2021. 9. 24.〉

④ 국가는 제2항에 따라 교재비를 지급하는 지방자치단체에 예산의 범위에서 그 경비의 전부 또는 일부를 보조할 수 있다. 〈개정 2021. 9. 24.〉

[전문개정 2011. 9. 30.]

제39조(연수기관의 설치) ① 교육공무원의 재교육과 연수를 위하여 연수기관을 둔다.

② 제1항의 연수기관 설치 및 운영에 필요한 사항은 대통령령으로 정한다.

[전문개정 2011. 9. 30.]

제40조(특별연수) ① 국가나 지방자치단체는 특별연수계획을 수립하여 교육공무원을 국내외의 교육기관 또는 연구기관에서 일정 기간 연수를 받게 할 수 있다.

② 국가나 지방자치단체는 예산의 범위에서 제1항에 따른 특별연수 경비를 지급할 수 있다.

③ 교육부장관은 제1항에 따라 특별연수를 받고 있는 교육공무원이 연수 목적을 성실하게 수행할 수 있도록 지도·감독하여야 하며, 이를 위하여 필요한 사항은 대통령령으로 정한다. 〈개정 2013. 3. 23.〉

④ 제1항에 따라 특별연수를 받은 교육공무원에게는 6년의 범위에서 대통령령으로 정하는 바에 따라 일정 기간 복무 의무를 부과할 수 있다.

⑤ 교육부장관은 제1항에 따라 특별연수를 받고 있거나 받은 교육공무원이 다음 각 호의 어느 하나에 해당하는 경우에 본인에게 그 특별연수 경비의 전부 또는 일부를 반납할 것을 명할 수 있고, 본인이 반납하지 아니할 경우 그의 보증인(「보험업법」에 따라 보증보험증권을 발행한 보험회사를 포함한다)에게 보증채무의 이행을 청구할 수 있으며, 반납하지 아니하면 그 특별연수 경비의 재원(財源)에 따라 국세 체납처분 또는 지방세 체납처분의 예에 따라 징수할 수 있다. 이 경우 반납에 필요한 사항은 대통령령으로 정한다. 〈개정 2013. 3. 23., 2022. 10. 18.〉

1. 제3항에 따른 지도·감독을 위한 지시 사항을 이행하지 아니한 경우
2. 제4항에 따른 복무 의무를 이행하지 아니한 경우

[전문개정 2011. 9. 30.]

제41조(연수기관 및 근무장소 외에서의 연수) 교원은 수업에 지장을 주지 아니하는 범위에서 소속 기관의 장의 승인을 받아 연수기관이

나 근무장소 외의 시설 또는 장소에서 연수를 받을 수 있다.
[전문개정 2011. 9. 30.]

제42조(연수 실적 및 근무성적의 평정) ① 교육기관, 교육행정기관 및 교육연구기관의 장은 정기적으로 또는 수시로 그 소속 교육공무원의 재교육 및 연수 실적과 근무성적을 평정하여 인사관리에 반영하여야 한다.
② 제1항의 재교육 및 연수 실적과 근무성적 평정에 필요한 사항은 대통령령으로 정한다.
[전문개정 2011. 9. 30.]

제7장 신분보장·징계·소청 〈개정 2011. 9. 30.〉

제43조(교권의 존중과 신분보장) ① 교권(敎權)은 존중되어야 하며, 교원은 그 전문적 지위나 신분에 영향을 미치는 부당한 간섭을 받지 아니한다.
② 교육공무원은 형의 선고나 징계처분 또는 이 법에서 정하는 사유에 의하지 아니하고는 본인의 의사에 반하여 강임·휴직 또는 면직을 당하지 아니한다.
③ 교육공무원은 권고에 의하여 사직을 당하지 아니한다.
[전문개정 2011. 9. 30.]

제43조의2(당연퇴직) ① 교육공무원이 제10조의4에 따른 결격사유에 해당하게 된 경우에는 당연히 퇴직한다. 다만, 「국가공무원법」 제33조제5호는 「형법」 제129조부터 제132조까지 및 직무와 관련하여 「형법」 제355조 및 제356조에 규정된 죄를 저지른 사람으로서 금고 이상의 형의 선고유예를 받은 경우만 해당한다. 〈개정 2021. 3. 23., 2021. 9. 24.〉
② 교육공무원 중 교수, 부교수 및 조교수가 공무원으로 재직기간 중 직무와 관련하여 「형법」 제347조 또는 제351조(제347조의 상습범에 한정한다)에 규정된 죄를 저질러 300만원 이상의 벌금형을 선고받고 그 형이 확정된 경우에는 당연히 퇴직한다. 〈신설 2021. 9. 24.〉
[본조신설 2012. 1. 26.]

제44조(휴직) ① 교육공무원이 다음 각 호의 어느 하나에 해당하는 사유로 휴직을 원하면 임용권자는 휴직을 명할 수 있다. 다만, 제1호부터 제4호까지 및 제11호의 경우에는 본인의 의사와 관계없이 휴직을 명하여야 하고, 제7호, 제7호의2 및 제7호의3의 경우에는 본인이 원하면 휴직을 명하여야 한다. 〈개정 2012. 1. 26., 2013. 3. 23., 2016. 1. 27., 2018. 3. 20., 2018. 12. 18., 2019. 8. 20., 2022. 10. 18.〉
 1. 신체상·정신상의 장애로 장기요양이 필요할 때
 2. 「병역법」에 따른 병역 복무를 위하여 징집되거나 소집된 경우
 3. 천재지변이나 전시·사변 또는 그 밖의 사유로 생사(生死)나 소재(所在)를 알 수 없게 된 경우
 4. 그 밖에 법률에 따른 의무를 수행하기 위하여 직무를 이탈하게 된 경우
 5. 학위취득을 목적으로 해외유학을 하거나 외국에서 1년 이상 연구 또는 연수를 하게 된 경우
 6. 국제기구, 외국기관, 국내외의 대학·연구기관, 다른 국가기관, 재외교육기관(「재외국민의 교육지원 등에 관한 법률」 제2조제2호의 재외교육기관을 말한다) 또는 대통령령으로 정하는 민간단체에 임시로 고용되는 경우
 7. 만 8세 이하 또는 초등학교 2학년 이하의 자녀를 양육하기 위하여 필요하거나 여성 교육공무원이 임신 또는 출산하게 된 경우
 7의2. 만 19세 미만의 아동(제7호에 따른 육아휴직의 대상이 되는 아동은 제외한다)을 입양(入養)하는 경우
 7의3. 불임·난임으로 인하여 장기간의 치료가 필요한 경우
 8. 교육부장관 또는 교육감이 지정하는 연구기관이나 교육기관 등에서 연수하게 된 경우
 9. 조부모, 부모(배우자의 부모를 포함한다), 배우자, 자녀 또는 손자녀를 부양하거나 돌보기 위하여 필요한 경우. 다만, 조부모나 손자녀의 돌봄을 위하여 휴직할 수 있는 경우는 본인 외에 돌볼 사람이 없는 등 대통령령으로 정하는 요건을 갖춘 경우로 한정한다.
 10. 배우자가 국외 근무를 하게 되거나 제5호에 해당하게 된 경우
 11. 「교원의 노동조합 설립 및 운영 등에 관한 법률」 제5조에 따라 노동조합 전임자로 종사하게 된 경우
 12. 「공무원연금법」 제25조에 따른 재직기간 10년 이상인 교원이 자기개발을 위하여 학습·연구 등을 하게 된 경우
② 삭제 〈2013. 12. 30.〉
③ 대학에 재직 중인 교육공무원이 교육공무원 외의 공무원으로 임용되어 휴직을 원하면 임용권자는 휴직을 명할 수 있다. 이 경우 휴직기간은 그 공무원으로 재임하는 기간으로 한다.
④ 임면권자(任免權者)는 제1항제7호 및 제7호의2에 따른 휴직을 이유로 인사상 불리한 처우를 하여서는 아니 되며, 같은 호의 휴직기간은 근속기간에 포함한다. 〈개정 2012. 1. 26.〉
⑤ 제1항의 휴직제도 운영에 필요한 사항은 대통령령으로 정한다.
[전문개정 2011. 9. 30.]

제44조의2(직위해제) ① 임용권자는 다음 각 호의 어느 하나에 해당하는 자에게는 직위를 부여하지 아니할 수 있다.
 1. 직무수행 능력이 부족하거나 근무성적이 극히 나쁜 자
 2. 파면·해임·강등 또는 정직에 해당하는 징계의결이 요구 중인 자
 3. 형사사건으로 기소된 자(약식명령이 청구된 자는 제외한다)
 4. 금품비위, 성범죄 등 다음 각 목의 비위행위로 인하여 감사원 및 검찰·경찰 등 수사기관에서 조사나 수사 중인 자로서 비위의 정도가 중대하고 이로 인하여 정상적인 업무수행을 기대하기 현저히 어려운 자
  가. 「국가공무원법」 제78조의2제1항 각 호의 행위

나. 「성폭력범죄의 처벌 등에 관한 특례법」 제2조에 따른 성폭력범죄 행위

다. 「성매매알선 등 행위의 처벌에 관한 법률」 제4조에 따른 금지행위

라. 「아동·청소년의 성보호에 관한 법률」 제2조제2호에 따른 아동·청소년대상 성범죄 행위

마. 「아동복지법」 제17조에 따른 금지행위

바. 교육공무원으로서의 품위를 크게 손상하여 그 직위를 유지하는 것이 부적절하다고 판단되는 행위

② 제1항에 따라 직위를 부여하지 아니한 경우 그 사유가 소멸되면 임용권자는 지체 없이 직위를 부여하여야 한다.

③ 임용권자는 제1항제1호에 따라 직위해제된 자에게 3개월의 범위에서 대기를 명한다.

④ 임용권자 또는 임용제청권자는 제3항에 따라 대기명령을 받은 자에게 능력 회복이나 근무성적의 향상을 위한 교육훈련 또는 특별한 연구과제의 부여 등 필요한 조치를 하여야 한다.

⑤ 교육공무원에 대하여 제1항제1호의 직위해제 사유와 같은 항 제2호부터 제4호까지의 직위해제 사유가 경합(競合)할 때에는 같은 항 제2호부터 제4호까지의 직위해제 처분을 하여야 한다.

[본조신설 2021. 9. 24.]

제45조(휴직기간 등) ① 휴직기간은 다음 각 호와 같다. 〈개정 2014. 1. 24., 2016. 1. 27., 2018. 3. 20., 2019. 8. 20., 2021. 3. 23., 2022. 10. 18.〉

1. 제44조제1항제1호 및 제7호의3의 사유로 인한 휴직기간은 1년 이내로 하되, 부득이한 경우 1년의 범위에서 연장할 수 있다. 다만, 「공무원 재해보상법」에 따른 공무상 부상 또는 질병으로 인한 휴직기간은 3년 이내로 하되, 의학적 소견 등을 고려하여 대통령령으로 정하는 바에 따라 2년의 범위에서 연장할 수 있다.

2. 제44조제1항제2호 및 제4호의 사유로 인한 휴직기간은 그 복무기간이 끝날 때까지로 한다.

3. 제44조제1항제3호의 사유로 인한 휴직기간은 3개월 이내로 한다.

4. 제44조제1항제5호의 사유로 인한 휴직기간은 3년 이내로 한다. 다만, 학위취득을 하려는 경우에는 3년의 범위에서 연장할 수 있다.

5. 제44조제1항제6호의 사유로 인한 휴직기간은 그 고용기간으로 한다.

6. 제44조제1항제7호의 사유로 인한 휴직기간은 자녀 1명에 대하여 3년 이내로 하되 분할하여 휴직할 수 있다.

6의2. 제44조제1항제7호의2의 사유로 인한 휴직기간은 입양자녀 1명에 대하여 6개월 이내로 한다.

7. 제44조제1항제8호의 사유로 인한 휴직기간은 3년 이내로 한다.

8. 제44조제1항제9호의 사유로 인한 휴직기간은 1년 이내로 하되 재직기간 중 총 3년을 초과할 수 없다.

9. 제44조제1항제10호의 사유로 인한 휴직기간은 3년 이내로 하되 3년의 범위에서 연장할 수 있다. 다만, 총 휴직기간은 배우자의 국외 근무, 해외 유학·연구 또는 연수 기간을 초과할 수 없다.

10. 제44조제1항제11호의 사유로 인한 휴직기간은 그 전임자로 종사하는 기간으로 한다.

11. 제44조제1항제12호의 사유로 인한 휴직기간은 1년 이내로 하되, 재직기간 중 한 차례에 한정한다.

② 대학에 근무하는 교원인 경우에 제1항의 휴직기간은 임용기간 중의 남은 기간을 초과할 수 없다. 다만, 제44조제1항제2호·제4호부터 제7호까지·제7호의2·제8호부터 제10호까지, 같은 조 제2항 및 제3항에 따른 휴직은 그러하지 아니하다.

③ 제1항제6호 또는 제9호에 따라 2년 이상 휴직한 교원은 복직하려면 대통령령으로 정하는 바에 따라 연수를 받아야 한다.

[전문개정 2011. 9. 30.]

제46조(강임자의 우선승진임용 제한) 「국가공무원법」 제73조의4제2항 또는 「지방공무원법」 제65조의4제2항을 교육공무원에게 적용할 때 본인이 동의하여 강임을 조건으로 임용권자 또는 임용제청권자를 달리하는 기관에 전입된 사람은 우선하여 승진임용할 수 없다.

[전문개정 2011. 9. 30.]

제47조(정년) ① 교육공무원의 정년은 62세로 한다. 다만, 「고등교육법」 제14조에 따른 교원인 교육공무원의 정년은 65세로 한다.

② 교육공무원(임기가 있는 교육공무원을 포함한다)은 그 정년에 이른 날이 3월에서 8월 사이에 있는 경우에는 8월 31일에, 9월에서 다음 해 2월 사이에 있는 경우에는 다음 해 2월 말일에 각각 당연히 퇴직한다.

[전문개정 2011. 9. 30.]

제48조(교원의 불체포특권) 교원은 현행범인인 경우를 제외하고는 소속 학교의 장의 동의 없이 학원 안에서 체포되지 아니한다.

[전문개정 2011. 9. 30.]

제49조(고충처리) ① 교육공무원(공립대학에 근무하는 교육공무원은 제외한다. 이하 이 조에서 같다)은 누구나 인사·조직·처우 등 각종 직무조건과 그 밖의 신상문제에 대하여 인사상담이나 고충의 심사를 청구할 수 있으며, 이를 이유로 불이익한 처분이나 대우를 받지 아니한다.

② 제1항에 따라 청구를 받은 임용권자나 임용제청권자(임용추천권자를 포함한다. 이하 같다)는 이를 제3항에 따른 고충심사위원회 회의에 부쳐 심사하게 하거나 소속 공무원으로 하여금 상담하게 하고, 그 결과에 따라 고충의 해소 등 공정한 처리를 위하여 노력하여야 한다.

③ 교육공무원의 고충을 심사하기 위하여 교육부에 교육공무원 중앙고충심사위원회를 두고, 임용권자 또는 임용제청권자 단위로 교육공무원 보통고충심사위원회를 두되 교육공무원 중앙고충심사위원회의 기능은 「교원의 지위 향상 및 교육활동 보호를 위한 특별법」에 따른 교원소청심사위원회에서 관장한다. 〈개정 2013. 3. 23.,

2016. 2. 3.〉

④ 교육공무원 중앙고충심사위원회는 다음 각 호의 사항을 심사한다. 〈개정 2012. 3. 21., 2012. 12. 11., 2022. 12. 13.〉
  1. 교육공무원 보통고충심사위원회의 심사를 거친 재심청구
  2. 다음 각 목에 해당하는 사람의 고충
    가. 부교수 이상의 대학교원
    나. 제29조제1항에 따라 대통령이 임용하는 장학관·교육연구관
    다. 제29조의2제1항에 따라 대통령이 임용하는 교장·원장
    라. 「국가교육위원회 설치 및 운영에 관한 법률」 제20조제4항에 따라 대통령이 임용하는 장학관·교육연구관
  3. 제58조에 따라 교육감이 임용하는 장학관과 교육연구관 중 교육행정기관에 근무하는 과장급 이상의 직위에 해당하는 사람, 교육연수기관의 장, 교육연구기관의 장, 교원연수기관의 장의 고충

⑤ 교육공무원 보통고충심사위원회는 다음 각 호의 사항을 심사한다. 〈개정 2012. 12. 11., 2013. 3. 23., 2021. 3. 23., 2022. 12. 13.〉
  1. 조교수 이하의 대학교원의 고충
  2. 제30조에 따라 교육부장관이 임용하는 교육공무원의 고충
  3. 제58조에 따라 교육감이 임용하는 교육전문직원(제4항제3호에 해당하는 사람은 제외한다)의 고충
  4. 「국가교육위원회 설치 및 운영에 관한 법률」 제20조제4항에 따라 국가교육위원회 위원장이 임용하는 교육공무원의 고충

⑥ 제5항에도 불구하고 같은 항에 규정된 교육공무원의 고충이 임용권자를 달리하는 둘 이상의 기관에 관련된 경우에는 교육공무원 중앙고충심사위원회에서 심사하고, 원래 소속 기관의 교육공무원 보통고충심사위원회에서 고충을 심사하는 것이 부적당하다고 인정되는 경우에는 바로 위 상급기관의 교육공무원 보통고충심사위원회에서 심사할 수 있다.

⑦ 임용권자나 임용제청권자는 심사 결과 필요하다고 인정할 때에는 처분청 또는 관계 기관의 장에게 그 시정을 요청할 수 있으며, 요청을 받은 처분청 또는 관계 기관의 장은 특별한 사유가 없으면 이를 이행하고, 그 처리결과를 통보하여야 한다. 다만, 부득이한 사유로 이행하지 못할 경우에는 그 사유를 통보하여야 한다.

⑧ 교육공무원 고충심사위원회의 구성·권한·심사절차와 그 밖에 필요한 사항은 대통령령으로 정한다.
[전문개정 2011. 9. 30.]

제50조(징계위원회의 설치) ① 교육공무원의 징계처분 및 제10조의3제1항 각 호 외의 부분 단서에 따른 교원의 채용에 관한 사항을 의결하게 하기 위하여 대통령령으로 정하는 교육기관, 교육행정기관, 지방자치단체 및 교육연구기관에 교육공무원 징계위원회(이하 "징계위원회"라 한다)를 둔다.

② 징계위원회의 종류·구성·권한·심의절차, 징계위원회 위원의 제척(除斥)이나 기피(忌避)에 관한 사항 및 징계대상자의 진술권 등 필요한 사항은 대통령령으로 정한다.

③ 징계대상자에게 의견을 진술할 기회를 주지 아니한 징계의 의결은 무효로 한다.
[전문개정 2011. 9. 30.]

제51조(징계의결의 요구) ① 교육기관, 교육행정기관, 지방자치단체 또는 교육연구기관의 장은 그 소속 교육공무원이 「국가공무원법」 제78조제1항 각 호의 징계사유 및 「지방공무원법」 제69조제1항 각 호의 징계사유에 해당한다고 인정하는 경우에는 지체 없이 해당 징계사건을 관할하는 징계위원회에 징계의결을 요구하여야 한다. 다만, 해당 징계사건을 관할하는 징계위원회가 상급기관에 설치되어 있는 경우에는 그 상급기관의 장에게 징계의결의 요구를 신청하여야 한다.

② 제1항의 경우에 징계의결 요구권자 자신에 관한 징계사건은 그 바로 위 감독청의 장이 징계의결을 요구한다.
[전문개정 2011. 9. 30.]

제52조(징계사유의 시효에 관한 특례) 교육공무원에 대한 징계사유가 다음 각 호의 어느 하나에 해당하는 경우에는 「국가공무원법」 제83조의2제1항, 「지방공무원법」 제73조의2제1항에도 불구하고 징계사유가 발생한 날부터 10년 이내에 징계의결을 요구할 수 있다. 〈개정 2018. 4. 17., 2020. 12. 22., 2022. 10. 18.〉
  1. 삭제 〈2022. 10. 18.〉
  2. 삭제 〈2022. 10. 18.〉
  3. 삭제 〈2022. 10. 18.〉
  4. 삭제 〈2022. 10. 18.〉
  5. 「학술진흥법」 제15조제1항에 따른 연구부정행위 및 「국가연구개발혁신법」 제31조제1항에 따른 국가연구개발사업 관련 부정행위
[본조신설 2015. 3. 27.]

제53조(「국가공무원법」과의 관계) ① 「국가공무원법」 제16조제1항을 교육공무원(공립대학에 근무하는 교육공무원은 제외한다. 이하 이 조에서 같다)인 교원에게 적용할 때 같은 항의 "소청심사위원회"는 "교원소청심사위원회"로 본다.

② 「국가공무원법」 제43조제1항을 교육공무원에 적용하는 경우에는 같은 항 본문 중 "제71조제1항제1호·제3호·제5호·제6호, 제71조제2항 또는 제73조의2"는 "「교육공무원법」 제44조제1항제1호·제2호·제4호부터 제7호까지·제7호의3·제8호부터 제12호까지, 같은 조 제2항 또는 제3항"으로 보고, 같은 조 제2항제1호 중 "제71조제1항제1호"는 "「교육공무원법」 제44조제1항제1호"로 보며, 같은 항 제2호 중 "제71조제2항제4호"는 "「교육공무원법」 제44조제1항제7호"로 본다. 〈개정 2016. 1. 27., 2019. 8. 20., 2023. 4. 11.〉

③ 「국가공무원법」 제70조제1항제3호에서의 직제의 개정 또는 폐지와 같은 법 제73조의4제1항에서의 직제의 변경은 「초·중등교육법」 제2조 및 「고등교육법」 제2조의 학교(공립대학은 제외한다)의 학교·학과 또는 학부의 폐지를 포함하는 것으로 본다. 〈개정

2015. 3. 27., 2021. 3. 23.〉

④ 「국가공무원법」제32조의4를 교육공무원에게 적용할 때 같은 조 제1항의 "국가기관의 장"은 "임용권자 또는 임용제청권자"로 본다.
⑤ 「국가공무원법」제6조, 제17조, 제19조의2, 제21조, 제22조, 제22조의2, 제23조, 제24조, 제28조의2, 제28조의3, 제31조, 제31조의2, 제32조, 제32조의2, 제34조, 제36조, 제36조의2제1항제1호, 제37조부터 제39조까지, 제40조의2, 제41조, 제42조제2항 및 제50조는 교육공무원에게, 같은 법 제76조는 교원(공립대학의 교원은 제외한다)에게 각각 적용하지 아니한다. 〈개정 2018. 12. 18.〉
[전문개정 2011. 9. 30.]

제8장 공립대학의 교육공무원 〈개정 2011. 9. 30.〉

제54조(지방교육공무원 인사위원회) ① 공립대학에 근무하는 교육공무원(이하 "공립대학 교육공무원"이라 한다)의 인사에 관한 중요 사항에 대하여 지방자치단체의 장이 자문할 수 있도록 지방자치단체에 지방교육공무원 인사위원회를 둔다.
② 제1항에 따른 지방교육공무원 인사위원회(이하 "지방교육공무원 인사위원회"라 한다)는 위원장 1명을 포함한 7명의 위원으로 구성하며, 위원장은 해당 지방자치단체의 부단체장이 된다. 이 경우 부단체장이 2명 이상인 지방자치단체에서는 대통령령으로 정하는 부단체장을 말한다.
③ 위원은 7년 이상의 교육경력, 교육행정경력 또는 행정경력이 있고 인사행정에 관한 식견이 풍부한 사람 중에서 지방자치단체의 장이 임명하거나 위촉한다.
④ 지방자치단체의 장은 다음 각 호의 사항에 관하여는 지방교육공무원 인사위원회의 심의를 거쳐야 한다.
　1. 공립대학 교육공무원의 인사행정에 관한 방침 및 기준의 결정과 기본계획의 수립에 관한 사항
　2. 공립대학 교육공무원의 인사에 관한 조례 및 규칙의 제정·개정 또는 폐지에 관한 사항
　3. 그 밖에 공립대학 교육공무원의 인사에 관한 중요한 사항
⑤ 지방교육공무원 인사위원회의 구성 및 운영에 필요한 사항은 대통령령으로 정한다.
[전문개정 2011. 9. 30.]

제55조(공립대학의 장 등의 임용) ① 공립대학의 장은 대통령령으로 정하는 바에 따라 해당 공립대학의 추천을 받아 지방교육공무원 인사위원회에 자문하여 지방자치단체의 장이 임용한다. 다만, 새로 설립되는 공립대학의 장을 임용하거나 공립대학의 장의 명칭 변경으로 인하여 학장으로 재직 중인 사람을 해당 공립대학의 총장으로, 총장으로 재직 중인 사람을 해당 공립대학의 학장으로 그 임기 중에 임용하는 경우에는 지방교육공무원 인사위원회에 자문하여 지방자치단체의 장이 임용한다.
② 교수·부교수·조교수는 공립대학의 장의 제청으로 지방자치단체의 장이 임용하고, 조교는 공립대학의 장이 임용한다. 〈개정 2011. 7. 21.〉
③ 제2항에 따라 교수·부교수 및 조교수를 임용제청하려는 경우에는 해당 대학인사위원회의 동의를 받아야 하며, 대학인사위원회를 구성할 수 없는 신설 공립대학은 대학인사위원회가 구성될 때까지 지방교육공무원 인사위원회의 동의를 받아야 한다. 〈개정 2011. 7. 21.〉
④ 부총장은 교수 중에서, 대학원장과 단과대학장은 교수 또는 부교수 중에서 대학인사위원회의 동의를 받아 공립대학의 장이 임명한다.
⑤ 지방자치단체의 장은 제2항에 규정된 권한의 일부를 조례로 정하는 바에 따라 공립대학의 장에게 위임할 수 있다.
⑥ 공립대학의 장의 임용에 관하여는 제24조제7항을 준용한다. 이 경우 "대학"은 "공립대학"으로, "제25조"는 "제55조제2항 및 제3항"으로 본다.
[전문개정 2011. 9. 30.]

제56조(공립대학 교육공무원의 고충처리) ① 공립대학 교육공무원은 누구나 인사·조직·처우 등 각종 직무조건과 그 밖의 신상문제에 대하여 인사상담이나 고충의 심사를 청구할 수 있으며, 이를 이유로 불이익한 처분이나 대우를 받지 아니한다.
② 제1항에 따라 청구를 받은 임용권자나 임용제청권자는 이를 제3항에 따른 고충심사위원회의 회의에 부쳐 심사하게 하거나 소속 공무원으로 하여금 상담하게 하고, 그 결과에 따라 고충의 해소 등 공정한 처리를 위하여 노력하여야 한다.
③ 공립대학 교육공무원의 고충을 심사하기 위하여 지방자치단체에 공립대학교육공무원 고충심사위원회(이하 "공립대학고충위원회"라 한다)를 두고, 공립대학에는 공립대학교육공무원 보통고충심사위원회(이하 "공립대학보통고충위원회"라 한다)를 두되, 공립대학고충위원회의 기능은 지방교육공무원 인사위원회에서 관장한다.
④ 공립대학고충위원회는 공립대학보통고충위원회의 심사를 거친 재심청구와 부교수 이상의 공립대학 교육공무원의 고충을 심사한다.
⑤ 공립대학보통고충위원회는 조교수 이하의 공립대학 교육공무원의 고충을 심사한다.
⑥ 제5항에도 불구하고 같은 항에 규정된 공립대학 교육공무원의 고충이 임용권자를 달리하는 둘 이상의 기관에 관련되거나 원래 소속 기관의 공립대학보통고충위원회에서 고충을 심사하는 것이 부적당하다고 인정되는 경우에는 공립대학고충위원회에서 심사할 수 있다.
⑦ 임용권자나 임용제청권자는 심사 결과 필요하다고 인정할 때에는 처분청 또는 관계 기관의 장에게 그 시정을 요청할 수 있으며, 요청을 받은 처분청 또는 관계 기관의 장은 특별한 사유가 없으면 이를 이행하고, 그 처리결과를 통보하여야 한다. 다만, 부득이한 사유로 이행하지 못할 경우에는 그 사유를 통보하여야 한다.
⑧ 공립대학고충위원회의 구성·권한 및 심사절차와 그 밖에 필요

한 사항은 조례로 정한다.

[전문개정 2011. 9. 30.]

제57조(「지방공무원법」과의 관계) ① 「지방공무원법」 제20조의2를 공립대학 교육공무원인 교원에게 적용할 때 같은 조의 "심사위원회"는 "교원소청심사위원회"로 본다.

② 「지방공무원법」 제41조제1항을 공립대학 교육공무원에게 적용할 때 같은 항 각 호 외의 부분 본문 중 "제63조제1항제1호·제2호·제4호·제5호, 제63조제2항 또는 제65조의2"는 "「교육공무원법」 제44조제1항제1호·제2호·제4호부터 제7호까지·제7호의3·제8호부터 제11호까지 또는 같은 조 제2항 및 제3항"으로 보고, 같은 항 제1호 중 "제63조제1항제1호"는 "「교육공무원법」 제44조제1항제1호"로 보며, 같은 항 제2호 중 "제63조제2항제4호"는 "「교육공무원법」 제44조제1항제7호"로 본다. 〈개정 2019. 8. 20., 2024. 3. 19.〉

③ 「지방공무원법」 제62조제1항제1호나목에서의 직제의 개정 또는 폐지와 같은 법 제65조의4제1항에서의 직제의 변경은 공립대학의 학교·학과 또는 학부의 폐지를 포함하는 것으로 본다. 〈개정 2021. 3. 23.〉

④ 「지방공무원법」 제6조, 제7조부터 제9조까지, 제9조의2, 제10조, 제10조의2, 제10조의3, 제11조, 제22조, 제22조의2, 제23조, 제24조, 제29조의2부터 제29조의5까지, 제30조, 제30조의2, 제32조, 제34조, 제34조의2, 제35조부터 제37조까지, 제39조, 제39조의2, 제40조 및 제74조는 공립대학 교육공무원에게, 같은 법 제67조제2항부터 제7항까지의 규정은 공립대학 교육공무원인 교원에게 각각 적용하지 아니한다. 〈개정 2012. 3. 21.〉

[전문개정 2011. 9. 30.]

제9장 교육감 소속 교육전문직원 〈신설 2012. 12. 11.〉

제58조(교육감 소속 교육전문직원의 임용) 교육감 소속 교육전문직원은 교육감이 임용한다.

[본조신설 2012. 12. 11.]

[종전 제58조는 제62조로 이동 〈2012. 12. 11.〉]

제59조(지방교육전문직원 인사위원회) ① 교육감 소속 교육전문직원의 인사에 관한 중요 사항에 대하여 교육감이 자문할 수 있도록 교육감 소속으로 지방교육전문직원 인사위원회를 둔다.

② 제1항에 따른 지방교육전문직원 인사위원회는 위원장 1명을 포함한 7명의 위원으로 구성하며, 위원장은 부교육감이 된다. 부교육감이 2명인 시·도에서는 대통령령으로 정하는 부교육감을 위원장으로 한다.

③ 위원은 7년 이상의 교육경력 또는 교육행정경력이 있고 인사행정에 관한 식견이 풍부한 사람 중에서 교육감이 임명하거나 위촉한다.

④ 제1항에 따른 지방교육전문직원 인사위원회의 심의사항 등에 관하여는 제54조제4항 및 제5항을 준용한다. 이 경우 "공립대학 교육공무원"은 "교육감 소속 교육전문직원"으로, "지방교육공무원 인사위원회"는 "지방교육전문직원 인사위원회"로 본다.

[본조신설 2012. 12. 11.]

[종전 제59조는 제63조로 이동 〈2012. 12. 11.〉]

제60조(교육감 소속 교육전문직원의 채용 및 전직 등) ① 교육감 소속 교육전문직원과 「유아교육법」 및 「초·중등교육법」에 따른 국립·공립 학교의 교원 간에는 제12조제1항제4호에 따른 채용을 거쳐 상호 전직할 수 있다. 〈개정 2022. 10. 18.〉

② 교육부 및 그 소속 기관의 교육전문직원과 교육감 소속 교육전문직원 간에는 「지방공무원법」 제30조의2에도 불구하고 교육공무원 종류 및 교류인원 등을 달리하여 인사교류를 할 수 있다. 〈개정 2013. 3. 23.〉

③ 국가교육위원회의 교육전문직원과 교육감 소속의 교육전문직원 간에는 서로 전직하거나 전보할 수 있다. 〈신설 2022. 12. 13.〉

[본조신설 2012. 12. 11.]

[제목개정 2022. 10. 18.]

제61조(「지방공무원법」과의 관계) ① 「지방공무원법」 제20조의2를 교육감 소속 교육전문직원에게 적용할 때 "심사위원회"는 "교원소청심사위원회"로 본다.

② 「지방공무원법」 제41조제1항을 교육감 소속 교육전문직원에게 적용할 때 같은 항 각 호 외의 부분 본문 중 "제63조제1항제1호·제2호·제4호·제5호, 제63조제2항 또는 제65조의2"는 "「교육공무원법」 제44조제1항제1호·제2호·제4호부터 제7호까지·제7호의3·제8호부터 제11호까지 또는 같은 조 제2항 및 제3항"으로 보고, 같은 항 제1호 중 "제63조제1항제1호"는 "「교육공무원법」 제44조제1항제1호"로 보며, 같은 항 제2호 중 "제63조제2항제4호"는 "「교육공무원법」 제44조제1항제7호"로 본다. 〈개정 2019. 8. 20., 2024. 3. 19.〉

③ 「지방공무원법」 제7조부터 제9조까지, 제9조의2, 제10조, 제10조의2, 제10조의3, 제11조, 제22조, 제22조의2, 제23조, 제24조, 제29조의2, 제29조의4, 제30조, 제32조, 제34조, 제34조의2, 제35조부터 제37조까지, 제39조, 제39조의2, 제67조제2항부터 제7항까지 및 제74조는 교육감 소속 교육전문직원에게 적용하지 아니한다. 〈개정 2022. 10. 18.〉

[본조신설 2012. 12. 11.]

제10장 벌칙 〈개정 2012. 12. 11.〉

제62조(벌칙) ① 제24조의2제1항을 위반한 사람은 2년 이하의 징역 또는 2천만원 이하의 벌금에 처한다.

② 제24조의2제2항 또는 제4항을 위반한 사람은 1년 이하의 징역 또는 1천만원 이하의 벌금에 처한다.

③ 제24조의3제3항에 따라 적용되는 「공공단체등 위탁선거에 관한 법률」 제73조제3항을 위반하여 출입을 방해하거나 자료 제출 요구에 따르지 아니한 사람 또는 거짓 자료를 제출한 사람은 1년

이하의 징역 또는 1천만원 이하의 벌금에 처한다. 〈개정 2014. 6. 11., 2019. 4. 23.〉

④ 제24조의2제3항을 위반한 사람은 500만원 이상 3천만원 이하의 벌금에 처한다. 다만, 진실한 사실로서 오로지 공공의 이익에 관한 것일 때에는 처벌하지 아니한다.

⑤ 제1항부터 제4항까지에 규정된 죄의 공소시효는 해당 선거일 후 6개월이 지나면 완성된다. 다만, 범인이 도피한 경우에는 그 기간을 3년으로 한다.

[전문개정 2011. 9. 30.]

[제58조에서 이동 〈2012. 12. 11.〉]

제63조(과태료) ① 제24조의3제3항에 따라 적용되는 「공공단체등 위탁선거에 관한 법률」 제73조제4항에 따른 출석 요구를 정당한 사유 없이 따르지 아니한 사람에게는 100만원 이하의 과태료를 부과한다. 〈개정 2014. 6. 11., 2021. 3. 23.〉

② 제1항의 과태료는 구·시·군선거관리위원회가 부과·징수한다.

[전문개정 2011. 9. 30.]

[제59조에서 이동 〈2012. 12. 11.〉]

부칙 〈제20377호, 2024. 3. 19.〉 (지방공무원법)

제1조(시행일) 이 법은 공포 후 6개월이 경과한 날부터 시행한다. 〈단서 생략〉

제2조부터 제5조까지 생략

제6조(다른 법률의 개정) 교육공무원법 일부를 다음과 같이 개정한다.

제57조제2항 중 "같은 항 본문"을 "같은 항 각 호 외의 부분 본문"으로, "같은 항 단서"를 "같은 항 제1호 중 "제63조제1항제1호"는 "「교육공무원법」 제44조제1항제1호"로 보며, 같은 항 제2호"로 한다.

제61조제2항 중 "같은 항 본문"을 "같은 항 각 호 외의 부분 본문"으로, "같은 항 단서"를 "같은 항 제1호 중 "제63조제1항제1호"는 "「교육공무원법」 제44조제1항제1호"로 보며, 같은 항 제2호"로 한다.

교원의 노동조합 설립 및 운영 등에 관한 법률

교원의 노동조합 설립 및 운영 등에 관한 법률
(약칭: 교원노조법)
[시행 2023. 12. 11.] [법률 제18924호, 2022. 6. 10., 일부개정]

제1조(목적) 이 법은 「국가공무원법」 제66조제1항 및 「사립학교법」 제55조에도 불구하고 「노동조합 및 노동관계조정법」 제5조제1항 단서에 따라 교원의 노동조합 설립에 관한 사항을 정하고 교원에 적용할 「노동조합 및 노동관계조정법」에 대한 특례를 규정함을 목적으로 한다. 〈개정 2021. 1. 5.〉
[전문개정 2010. 3. 17.]

제2조(정의) 이 법에서 "교원"이란 다음 각 호의 어느 하나에 해당하는 사람을 말한다. 〈개정 2020. 6. 9., 2021. 1. 5.〉
1. 「유아교육법」 제20조제1항에 따른 교원
2. 「초·중등교육법」 제19조제1항에 따른 교원
3. 「고등교육법」 제14조제2항 및 제4항에 따른 교원. 다만, 강사는 제외한다.

[전문개정 2010. 3. 17.]
[2020. 6. 9. 법률 제17430호에 의하여 2018. 8. 30. 헌법재판소에서 헌법불합치 결정된 이 조를 개정함.]

제3조(정치활동의 금지) 교원의 노동조합(이하 "노동조합"이라 한다)은 어떠한 정치활동도 하여서는 아니 된다. 〈개정 2020. 5. 26.〉
[전문개정 2010. 3. 17.]

제4조(노동조합의 설립) ① 제2조제1호·제2호에 따른 교원은 특별시·광역시·특별자치시·도·특별자치도(이하 "시·도"라 한다) 단위 또는 전국 단위로만 노동조합을 설립할 수 있다. 〈개정 2020. 6. 9.〉
② 제2조제3호에 따른 교원은 개별학교 단위, 시·도 단위 또는 전국 단위로 노동조합을 설립할 수 있다. 〈신설 2020. 6. 9.〉
③ 노동조합을 설립하려는 사람은 고용노동부장관에게 설립신고서를 제출하여야 한다. 〈개정 2010. 6. 4., 2020. 6. 9.〉
[전문개정 2010. 3. 17.]

제4조의2(가입 범위) 노동조합에 가입할 수 있는 사람의 범위는 다음 각 호와 같다.
1. 교원
2. 교원으로 임용되어 근무하였던 사람으로서 노동조합 규약으로 정하는 사람

[본조신설 2021. 1. 5.]

제5조(노동조합 전임자의 지위) ① 교원은 임용권자의 동의를 받아 노동조합으로부터 급여를 지급받으면서 노동조합의 업무에만 종사할 수 있다. 〈개정 2022. 6. 10.〉
② 제1항에 따라 동의를 받아 노동조합의 업무에만 종사하는 사람(이하 "전임자"(專任者)라 한다)은 그 기간 중 「교육공무원법」 제44조 및 「사립학교법」 제59조에 따른 휴직명령을 받은 것으로 본다. 〈개정 2022. 6. 10.〉
③ 삭제 〈2022. 6. 10.〉
④ 전임자는 그 전임기간 중 전임자임을 이유로 승급 또는 그 밖의 신분상의 불이익을 받지 아니한다.
[전문개정 2010. 3. 17.]

제5조의2(근무시간 면제자 등) ① 교원은 단체협약으로 정하거나 임용권자가 동의하는 경우 제2항 및 제3항에 따라 결정된 근무시간 면제 한도를 초과하지 아니하는 범위에서 보수의 손실 없이 제6조제1항 각 호의 구분에 따른 자와의 협의·교섭, 고충처리, 안전·보건활동 등 이 법 또는 다른 법률에서 정하는 업무와 건전한 노사관계 발전을 위한 노동조합의 유지·관리업무를 할 수 있다.
② 근무시간 면제 시간 및 사용인원의 한도(이하 "근무시간 면제 한도"라 한다)를 정하기 위하여 교원근무시간면제심의위원회(이하 이 조에서 "심의위원회"라 한다)를 「경제사회노동위원회법」에 따른 경제사회노동위원회에 둔다.
③ 심의위원회는 다음 각 호의 구분에 따른 단위를 기준으로 조합원(제4조의2제1호에 해당하는 조합원을 말한다)의 수를 고려하되 노동조합의 조직형태, 교섭구조·범위 등 교원 노사관계의 특성을 반영하여 근무시간 면제 한도를 심의·의결하고, 3년마다 그 적정성 여부를 재심의하여 의결할 수 있다.
1. 제2조제1호·제2호에 따른 교원: 시·도 단위
2. 제2조제3호에 따른 교원: 개별학교 단위
④ 제1항을 위반하여 근무시간 면제 한도를 초과하는 내용을 정한 단체협약 또는 임용권자의 동의는 그 부분에 한정하여 무효로 한다.
[본조신설 2022. 6. 10.]

제5조의3(근무시간 면제 사용의 정보 공개) 임용권자는 국민이 알 수 있도록 전년도에 노동조합별로 근무시간을 면제받은 시간 및 사용인원, 지급된 보수 등에 관한 정보를 대통령령으로 정하는 바에 따라 공개하여야 한다.
[본조신설 2022. 6. 10.]

제6조(교섭 및 체결 권한 등) ① 노동조합의 대표자는 그 노동조합 또는 조합원의 임금, 근무 조건, 후생복지 등 경제적·사회적 지위 향상에 관하여 다음 각 호의 구분에 따른 자와 교섭하고 단체협약을 체결할 권한을 가진다. 〈개정 2013. 3. 23., 2020. 6. 9.〉
1. 제4조제1항에 따른 노동조합의 대표자의 경우: 교육부장관, 시·도 교육감 또는 사립학교 설립·경영자. 이 경우 사립학교 설립·경영자는 전국 또는 시·도 단위로 연합하여

교섭에 응하여야 한다.
  2. 제4조제2항에 따른 노동조합의 대표자의 경우: 교육부장관, 특별시장·광역시장·특별자치시장·도지사·특별자치도지사(이하 "시·도지사"라 한다), 국·공립학교의 장 또는 사립학교 설립·경영자

② 제1항의 경우에 노동조합의 교섭위원은 해당 노동조합의 대표자와 그 조합원으로 구성하여야 한다.

③ 삭제 〈2020. 6. 9.〉

④ 노동조합의 대표자는 제1항에 따라 교육부장관, 시·도지사, 시·도 교육감, 국·공립학교의 장 또는 사립학교 설립·경영자와 단체교섭을 하려는 경우에는 교섭하려는 사항에 대하여 권한을 가진 자에게 서면으로 교섭을 요구하여야 한다. 〈신설 2020. 6. 9.〉

⑤ 교육부장관, 시·도지사, 시·도 교육감, 국·공립학교의 장 또는 사립학교 설립·경영자는 제4항에 따라 노동조합으로부터 교섭을 요구받았을 때에는 교섭을 요구받은 사실을 공고하여 관련된 노동조합이 교섭에 참여할 수 있도록 하여야 한다. 〈신설 2020. 6. 9.〉

⑥ 교육부장관, 시·도지사, 시·도 교육감, 국·공립학교의 장 또는 사립학교 설립·경영자는 제4항과 제5항에 따라 교섭을 요구하는 노동조합이 둘 이상인 경우에는 해당 노동조합에 교섭창구를 단일화하도록 요청할 수 있다. 이 경우 교섭창구가 단일화된 때에는 교섭에 응하여야 한다. 〈신설 2020. 6. 9.〉

⑦ 교육부장관, 시·도지사, 시·도 교육감, 국·공립학교의 장 또는 사립학교 설립·경영자는 제1항부터 제6항까지에 따라 노동조합과 단체협약을 체결한 경우 그 유효기간 중에는 그 단체협약의 체결에 참여하지 아니한 노동조합이 교섭을 요구하여도 이를 거부할 수 있다. 〈신설 2020. 6. 9.〉

⑧ 제1항에 따른 단체교섭을 하거나 단체협약을 체결하는 경우에 관계 당사자는 국민여론과 학부모의 의견을 수렴하여 성실하게 교섭하고 단체협약을 체결하여야 하며, 그 권한을 남용하여서는 아니 된다. 〈개정 2020. 6. 9.〉

⑨ 제1항, 제2항 및 제4항부터 제8항까지에 따른 단체교섭의 절차 등에 관하여 필요한 사항은 대통령령으로 정한다. 〈개정 2020. 6. 9.〉

[전문개정 2010. 3. 17.]

제7조(단체협약의 효력) ① 제6조제1항에 따라 체결된 단체협약의 내용 중 법령·조례 및 예산에 의하여 규정되는 내용과 법령 또는 조례에 의하여 위임을 받아 규정되는 내용은 단체협약으로서의 효력을 가지지 아니한다.

② 교육부장관, 시·도지사, 시·도 교육감, 국·공립학교의 장 및 사립학교 설립·경영자는 제1항에 따라 단체협약으로서의 효력을 가지지 아니하는 내용에 대하여는 그 내용이 이행될 수 있도록 성실하게 노력하여야 한다. 〈개정 2013. 3. 23., 2020. 6. 9.〉

[전문개정 2010. 3. 17.]

제8조(쟁의행위의 금지) 노동조합과 그 조합원은 파업, 태업 또는 그 밖에 업무의 정상적인 운영을 방해하는 어떠한 쟁의행위(爭議行爲)도 하여서는 아니 된다. 〈개정 2020. 5. 26.〉

[전문개정 2010. 3. 17.]

제9조(노동쟁의의 조정신청 등) ① 제6조에 따른 단체교섭이 결렬된 경우에는 당사자 어느 한쪽 또는 양쪽은 「노동위원회법」 제2조에 따른 중앙노동위원회(이하 "중앙노동위원회"라 한다)에 조정(調停)을 신청할 수 있다. 〈개정 2021. 1. 5.〉

② 제1항에 따라 당사자 어느 한쪽 또는 양쪽이 조정을 신청하면 중앙노동위원회는 지체 없이 조정을 시작하여야 하며 당사자 양쪽은 조정에 성실하게 임하여야 한다.

③ 조정은 제1항에 따른 신청을 받은 날부터 30일 이내에 마쳐야 한다.

[전문개정 2010. 3. 17.]

제10조(중재의 개시) 중앙노동위원회는 다음 각 호의 어느 하나에 해당하는 경우에는 중재(仲裁)를 한다. 〈개정 2010. 6. 4.〉
  1. 제6조에 따른 단체교섭이 결렬되어 관계 당사자 양쪽이 함께 중재를 신청한 경우
  2. 중앙노동위원회가 제시한 조정안을 당사자의 어느 한쪽이라도 거부한 경우
  3. 중앙노동위원회 위원장이 직권으로 또는 고용노동부장관의 요청에 따라 중재에 회부한다는 결정을 한 경우

[전문개정 2010. 3. 17.]

제11조(교원 노동관계 조정위원회의 구성) ① 교원의 노동쟁의를 조정·중재하기 위하여 중앙노동위원회에 교원 노동관계 조정위원회(이하 "위원회"라 한다)를 둔다.

② 위원회는 중앙노동위원회 위원장이 지명하는 조정담당 공익위원 3명으로 구성한다. 다만, 관계 당사자가 합의하여 중앙노동위원회의 조정담당 공익위원이 아닌 사람을 추천하는 경우에는 그 사람을 지명하여야 한다.

③ 위원회의 위원장은 위원회의 위원 중에서 호선(互選)한다.

[전문개정 2010. 3. 17.]

제12조(중재재정의 확정 등) ① 관계 당사자는 중앙노동위원회의 중재재정(仲裁裁定)이 위법하거나 월권(越權)에 의한 것이라고 인정하는 경우에는 「행정소송법」 제20조에도 불구하고 중재재정서를 송달받은 날부터 15일 이내에 중앙노동위원회 위원장을 피고로 하여 행정소송을 제기할 수 있다.

② 제1항의 기간 이내에 행정소송을 제기하지 아니하면 그 중재재정은 확정된다.

③ 제2항에 따라 중재재정이 확정되면 관계 당사자는 이에 따라야 한다.

④ 중앙노동위원회의 중재재정은 제1항에 따른 행정소송의 제기에 의하여 효력이 정지되지 아니한다.

⑤ 제2항에 따라 확정된 중재재정의 내용은 단체협약과 같은 효력을 가진다.

[전문개정 2010. 3. 17.]

제13조 삭제 〈2022. 6. 10.〉

제14조(다른 법률과의 관계) ① 교원(제4조의2제2호에 해당하는 사람

을 포함한다)에 적용할 노동조합 및 노동관계조정에 관하여 이 법에서 정하지 아니한 사항에 대해서는 제2항에서 정하는 경우를 제외하고는 「노동조합 및 노동관계조정법」에서 정하는 바에 따른다. 이 경우 「노동조합 및 노동관계조정법」 제3조 중 "단체교섭 또는 쟁의행위로"는 "단체교섭으로"로, 같은 법 제4조 본문 중 "단체교섭·쟁의행위"는 "단체교섭"으로, 같은 법 제10조제1항 각 호 외의 부분 중 "연합단체인 노동조합과 2 이상의 특별시·광역시·특별자치시·도·특별자치도에 걸치는 단위노동조합은 고용노동부장관에게, 2 이상의 시·군·구(자치구를 말한다)에 걸치는 단위노동조합은 특별시장·광역시장·도지사에게, 그 외의 노동조합은 특별자치시장·특별자치도지사·시장·군수·구청장(자치구의 구청장을 말한다. 이하 제12조제1항에서 같다)에게"는 "고용노동부장관에게"로, 같은 법 제12조제1항 중 "고용노동부장관, 특별시장·광역시장·특별자치시장·도지사·특별자치도지사 또는 시장·군수·구청장(이하 "행정관청"이라 한다)"은 "고용노동부장관"으로, 같은 법 제24조의2제3항부터 제8항까지 중 "위원회"는 "심의위원회"로, "근로자"는 "교원"으로, "노동단체"는 "노동단체 또는 교원 노동단체"로, "사용자"는 "교육부장관, 시·도지사, 시·도 교육감, 국·공립학교의 장 및 사립학교 설립·경영자"로, "전국적 규모의 경영자단체" 및 "경영자단체"는 각각 "교육부장관"으로, 같은 법 제58조, 제60조제1항부터 제4항까지 및 제61조제3항 중 "조정위원회 또는 단독조정인"은 "교원 노동관계 조정위원회"로, 같은 법 제59조 중 "조정위원회의 위원장 또는 단독조정인"은 "교원 노동관계 조정위원회 위원장"으로, 같은 법 제61조제1항 중 "조정위원 전원 또는 단독조정인"은 "교원 노동관계 조정위원회 위원 전원"으로, 같은 법 제66조제1항, 제67조 및 제68조제2항 중 "중재위원회"는 "교원 노동관계 조정위원회"로, 같은 법 제81조제3호 중 "노동조합의 대표자 또는 노동조합으로부터 위임을 받은 자"는 "노동조합의 대표자"로, 같은 법 제89조제2호 중 "제85조제3항(제29조의4제4항에서 준용하는 경우를 포함한다)"은 "제85조제3항"으로, 같은 법 제90조 중 "제44조제2항, 제69조제4항, 제77조 또는 제81조"는 "제81조"로, 같은 법 제94조 중 "제88조 내지 제93조"는 "제89조제2호, 제90조, 제92조, 제93조"로 보고, 같은 법 중 "근로자"는 "교원(제4조의2제2호에 해당하는 사람을 포함한다)"으로, "사용자"는 "교육부장관, 시·도지사, 시·도 교육감, 국·공립학교의 장, 사립학교의 설립·경영자 또는 교원에 관한 사항에 대하여 교육부장관, 시·도지사, 시·도 교육감, 국·공립학교의 장, 사립학교의 설립·경영자를 위하여 행동하는 사람"으로, "행정관청"은 "고용노동부장관"으로 본다. 〈개정 2010. 6. 4., 2013. 3. 23., 2020. 6. 9., 2021. 1. 5., 2022. 6. 10.〉

② 「노동조합 및 노동관계조정법」 제2조제4호라목, 제24조, 제24조의2제1항·제2항, 제29조제2항부터 제4항까지, 제29조의2부터 제29조의5까지, 제36조부터 제39조까지, 제41조, 제42조, 제42조의2부터 제42조의6까지, 제43조부터 제46조까지, 제51조부터 제57조까지, 제60조제5항, 제62조부터 제65조까지, 제66조제2항, 제69조부터 제73조까지, 제76조부터 제80조까지, 제81조제1항제2호 단서, 제88조, 제89조제1호, 제91조 및 제96조제1항제3호는 이 법에 따른 노동조합에 대해서는 적용하지 아니한다. 〈개정 2021. 1. 5., 2022. 6. 10.〉

[전문개정 2010. 3. 17.]

제15조(벌칙) ① 제8조를 위반하여 쟁의행위를 한 자는 5년 이하의 징역 또는 5천만원 이하의 벌금에 처한다.

② 제12조제3항을 위반하여 중재재정을 따르지 아니한 자는 2년 이하의 징역 또는 2천만원 이하의 벌금에 처한다.

[전문개정 2010. 3. 17.]

부칙 〈제18924호, 2022. 6. 10.〉

제1조(시행일) 이 법은 공포 후 1년 6개월이 경과한 날부터 시행한다.
제2조(근무시간 면제 심의 준비) 경제사회노동위원회는 제5조의2의 개정규정에 따른 교원근무시간면제심의위원회의 구성을 위한 위원 위촉 및 심의 등에 필요한 사항을 이 법 시행 전에 진행할 수 있다.

공교육 정상화 촉진 및 선행교육 규제에 관한 특별법

공교육 정상화 촉진 및 선행교육 규제에 관한 특별법
(약칭: 공교육정상화법)
[시행 2022. 7. 21.] [법률 제18298호, 2021. 7. 20., 타법개정]

제1조(목적) 이 법은 「초·중등교육법」에 따라 공교육을 담당하는 초·중·고등학교의 교육과정이 정상적으로 운영되도록 하기 위하여 교육관련기관의 선행교육 및 선행학습을 유발하는 행위를 규제함으로써 「교육기본법」에서 정한 교육 목적을 달성하고 학생의 건강한 심신 발달을 도모하는 것을 목적으로 한다.

제2조(정의) 이 법에서 사용하는 용어의 뜻은 다음과 같다. 〈개정 2016. 5. 29., 2021. 7. 20.〉

1. "교육관련기관"이란 「초·중등교육법」 제2조에 따른 학교 중 초등학교·중학교·고등학교·각종학교(이하 "학교"라 한다)와 「고등교육법」 제2조에 따른 학교 및 그 밖에 다른 법률에 따른 고등교육기관(이하 "대학등"이라 한다)을 말한다.
2. "선행교육"이란 교육관련기관이 다음 각 목에 따른 교육과정에 앞서서 편성하거나 제공하는 교육 일반을 말한다.
   가. 국가교육과정: 「초·중등교육법」 제23조제2항에 따라 국가교육위원회가 정한 초·중등학교 교육과정
   나. 시·도교육과정: 「초·중등교육법」 제23조제2항에 따라 특별시·광역시·특별자치시·도 및 특별자치도(이하 "시·도"라 한다)의 교육감(이하 "교육감"이라 한다)이 정한 초·중등학교 교육과정
   다. 학교교육과정: 「초·중등교육법」 제23조제1항에 따라 편성·운영되는 단위학교 교육과정
3. "선행학습"이란 학습자가 국가교육과정, 시·도교육과정 및 학교교육과정에 앞서서 하는 학습을 말한다.

제3조(다른 법률과의 관계) 이 법은 선행교육 또는 선행학습에 관하여 다른 법률에 우선하여 적용한다.

제3조의2(해석·적용의 주의의무) 이 법을 해석·적용할 때에는 학교 및 교원의 교육과정 운영에 관한 자율성이 부당하게 침해되지 아니하도록 주의하여야 한다.
[본조신설 2016. 5. 29.]

제4조(국가 및 지방자치단체의 책무) ① 국가 및 지방자치단체는 국가가 정한 교육목표와 내용에 맞게 학교가 교육과정을 편성·운영하고 그 내용에 대하여 공정하게 학생 평가를 할 수 있도록 지도·감독하여야 한다.
② 국가 및 지방자치단체는 선행교육으로 인한 부작용을 예방·시정하기 위하여 조사·연구·분석·교육하고, 개선대책을 수립하는 등 필요한 법적·제도적 장치를 마련하여야 한다.
③ 국가 및 지방자치단체는 제1항 및 제2항에 따른 책무를 다하기 위하여 필요한 행정적·재정적 지원을 하고 적절한 조치를 취하여야 한다.

제5조(학교의 장의 책무) ① 학교의 장은 학생이 편성된 교육과정에 따른 교과용 도서의 내용을 충실히 익힐 수 있도록 하여야 한다.
② 학교의 장은 해당 학교에서 선행교육을 실시하지 아니하도록 지도·감독하여야 한다.
③ 학교의 장은 학부모·학생·교원에게 선행교육 및 선행학습을 예방하기 위한 교육을 정기적으로 실시하여야 한다.
④ 학교의 장은 제3항의 내용을 포함한 선행교육 및 선행학습 예방에 관한 계획을 수립·시행하여야 한다.

제5조의2(교원의 책무) 교원은 학생의 학습권 보호를 위하여 학생의 선행학습을 전제로 수업을 하여서는 아니 된다.
[본조신설 2016. 12. 20.]

제6조(학부모의 책무) 학부모는 자녀가 학교의 교육과정에 따른 학교 수업 및 각종 활동에 성실히 참여할 수 있도록 지원하고, 학교의 정책에 협조하여야 한다.

제7조(교원의 상담활동) 교원은 지도하는 학생이 사교육에 의한 선행학습으로 학교 수업에 영향이 있거나, 신체적 또는 정신적 고통을 호소하는 경우 학부모 등에게 필요한 교육적 조언이나 상담을 할 수 있다.

제8조(선행교육 및 선행학습 유발행위 금지 등) ① 학교는 국가교육과정 및 시·도교육과정에 따라 학교교육과정을 편성하여야 하며, 편성된 학교교육과정을 앞서는 교육과정을 운영하여서는 아니 된다. 방과후학교 과정도 또한 같다.
② 제1항 후단에도 불구하고 방과후학교 과정이 다음 각 호의 어느 하나에 해당하는 경우 편성된 학교교육과정을 앞서는 교육과정을 운영할 수 있다. 〈개정 2019. 3. 26., 2020. 10. 20.〉

1. 「초·중등교육법」 제2조에 따른 고등학교에서 「초·중등교육법」 제24조제4항에 따른 학교의 휴업일 중 편성·운영되는 경우
2. 「초·중등교육법」 제2조에 따른 중학교 및 고등학교 중 농산어촌 지역 학교 및 대통령령으로 정하는 절차 및 방법 등에 따라 지정하는 도시 저소득층 밀집 학교 등에서 운영되는 경우

③ 학교에서는 다음 각 호의 행위를 하여서는 아니 된다. 〈개정 2016. 5. 29.〉

1. 지필평가, 수행평가 등 학교 시험에서 학생이 배운 학교교육과정의 범위와 수준을 벗어난 내용을 출제하여 평가하는 행위

2. 각종 교내 대회에서 학생이 배운 학교교육과정의 범위와 수준을 벗어난 내용을 출제하여 평가하는 행위
3. 그 밖에 이에 준하는 것으로서 대통령령으로 정하는 행위
④ 「학원의 설립·운영 및 과외교습에 관한 법률」 제2조에 따른 학원, 교습소 또는 개인과외교습자는 선행학습을 유발하는 광고 또는 선전을 하여서는 아니 된다. 〈개정 2016. 5. 29.〉
[법률 제16300호(2019. 3. 26.) 제8조제2항의 개정규정은 같은 법 부칙 제2조의 규정에 의하여 2025년 2월 28일까지 유효함]

제9조(학교의 입학전형 등) ① 학교별로 입학전형을 실시하는 학교 중에서 대통령령으로 정하는 학교의 입학전형은 그 내용과 방법이 해당 학교 입학 단계 이전 교육과정의 범위와 수준을 벗어나서는 아니 된다.
② 학교의 장은 제1항의 입학전형을 실시하는 경우 해당 학교의 설립목적과 특성에 맞도록 학교생활기록부 기록을 반영하여야 한다.
③ 학교의 장은 제1항의 입학전형을 실시하는 경우 다음 각 호의 내용을 반영하여서는 아니 된다.
  1. 학교 밖 경시대회 실적
  2. 각종 인증시험 성적
  3. 각종 자격증
  4. 그 밖에 이에 준하는 것으로서 대통령령으로 정하는 사항
④ 학교의 장은 제1항의 입학전형을 실시한 경우 그 입학전형이 선행학습을 유발하는지에 대한 영향평가를 실시하고 그 결과를 다음 연도 입학전형에 반영하여야 한다.
⑤ 학교의 장은 제4항의 영향평가 결과 및 다음 연도 입학전형에의 반영 계획을 관할 교육감에게 제출하여야 한다.
⑥ 교육감은 제5항에 따라 제출받은 영향평가 결과 및 다음 연도 입학전형에의 반영 계획을 시·도의 교육규칙으로 정하는 바에 따라 공표할 수 있다. 〈신설 2016. 5. 29.〉

제10조(대학등의 입학전형 등) ① 대학등의 장은 「고등교육법」 등 관계 법령에 따라 입학전형에서 대학별고사(논술 등 필답고사, 면접·구술고사, 실기·실험고사 및 교직적성·인성검사를 말한다)를 실시하는 경우 고등학교 교육과정의 범위와 수준을 벗어난 내용을 출제 또는 평가하여서는 아니 된다. 〈개정 2016. 5. 29.〉
② 대학등의 장은 제1항의 대학별고사를 실시한 경우 제10조의2에 따른 입학전형 영향평가위원회의 심의를 거쳐 선행학습을 유발하는지에 대한 영향평가를 실시하고 그 결과를 다음 연도 입학전형에 반영하여야 한다. 〈개정 2016. 5. 29.〉
③ 대학등의 장은 제2항의 영향평가 결과 및 다음 연도 입학전형에의 반영 계획을 해당 대학등의 인터넷 홈페이지에 게재하여 공개하여야 한다.

제10조의2(대학등의 입학전형 영향평가위원회) ① 대학등의 장은 제10조제2항에 따른 영향평가 실시 방법, 절차 및 내용 등에 관한 사항을 심의하기 위하여 입학전형 영향평가위원회를 설치·운영하여야 한다.
② 제1항에 따른 입학전형 영향평가위원회의 구성 및 운영에 필요한 사항은 해당 대학등의 학교규칙으로 정한다. 다만, 위원 중 1명 이상은 현직 고등학교 교원으로 하여야 한다.
[본조신설 2016. 5. 29.]

제11조(교육과정정상화심의위원회) ① 국립학교 및 대학등의 선행교육 방지에 관한 주요 사항을 심사·의결하기 위하여 교육부장관 소속으로 교육과정정상화심의위원회(이하 "교육과정위원회"라 한다)를 둔다.
② 교육과정위원회는 다음 각 호의 사항을 심사·의결한다.
  1. 국가교육과정 운영에 관한 사항
  2. 선행교육 방지 대책에 관한 사항
  3. 국립학교 및 대학등의 선행학습 영향평가에 관한 사항
  4. 선행교육 또는 선행학습 유발행위 여부에 관한 사항
  5. 그 밖에 교육부장관이 교육과정위원회에 요청한 사항
③ 교육과정위원회는 제2항 각 호의 사항에 대한 심의 결과를 지체 없이 교육부장관에게 통보하여야 한다.
④ 교육부장관은 제3항의 심의 결과에 따라야 한다. 다만, 심의 결과에 이의가 있는 경우에는 교육과정위원회에 재심을 요청할 수 있고, 그 재심 결과를 수용하여야 한다.
⑤ 교육과정위원회는 위원장 1명과 부위원장 1명을 포함하여 15명 이내의 위원으로 구성한다.
⑥ 위원은 다음 각 호의 어느 하나에 해당하는 사람 중에서 교육부장관이 임명하거나 위촉한다.
  1. 교육부 또는 시·도교육청 소속 관계 공무원
  2. 교육과정, 학습이론 및 대학 입학전형 등 관련 전문지식이 있는 사람
  3. 학부모, 학부모단체 소속 회원, 그 밖에 학식과 경험이 풍부한 사람
⑦ 위원의 임기는 2년으로 하며, 1차에 한하여 연임할 수 있다. 다만, 공무원인 위원의 임기는 임명 당시의 직위에 재직하는 기간으로 한다.
⑧ 그 밖에 교육과정위원회의 구성·운영에 필요한 사항은 대통령령으로 정한다.

제12조(시·도교육과정정상화심의위원회) ① 학교의 선행교육 방지에 관한 주요 사항을 심사·의결하기 위하여 교육감 소속으로 시·도교육과정정상화심의위원회(이하 "시·도교육과정위원회"라 한다)를 둔다. 이 경우 교육감은 지역 여건, 학교 및 학원 수 등을 고려하여 「지방교육자치에 관한 법률」 제34조제1항에 따른 교육지원청별로 교육과정정상화심의위원회를 둘 수 있다.
② 시·도교육과정위원회는 다음 각 호의 사항을 심사·의결한다.
  1. 시·도교육과정 및 학교교육과정 운영에 관한 사항
  2. 학교의 선행교육 방지 대책에 관한 사항
  3. 학교의 선행학습 영향평가에 관한 사항
  4. 선행교육 또는 선행학습 유발행위 여부에 관한 사항
  5. 그 밖에 교육감이 시·도교육과정위원회에 요청한 사항
③ 시·도교육과정위원회는 제2항 각 호의 사항에 대한 심의 결과

를 지체 없이 교육감에게 통보하여야 한다.

④ 교육감은 제3항의 심의 결과에 따라야 한다. 다만, 심의 결과에 이의가 있는 경우에는 시·도교육과정위원회에 재심을 요청할 수 있고, 그 재심 결과를 수용하여야 한다.

⑤ 시·도교육과정위원회는 위원장 1명과 부위원장 1명을 포함하여 15명 이내의 위원으로 구성한다.

⑥ 그 밖에 시·도교육과정위원회의 구성·운영에 필요한 사항은 대통령령으로 정한다.

제13조(교육부장관 또는 교육감의 지도·감독 등) ① 교육부장관 또는 교육감은 제4조제1항의 지도·감독을 위하여 대통령령으로 정하는 바에 따라 교육관련기관이 제8조부터 제10조까지의 규정을 위반하였는지 등을 조사할 수 있다.

② 교육부장관 또는 교육감이 제1항에 따른 조사를 하는 경우 교육관련기관은 교육부장관 또는 교육감의 자료 제출 요구 등에 성실하게 응하여야 한다.

제14조(시정 또는 변경명령) ① 교육부장관 또는 교육감은 교육관련기관이 제8조부터 제10조까지의 규정 및 제10조의2를 위반한 경우 제11조에 따른 교육과정위원회 또는 제12조에 따른 시·도교육과정위원회의 심의 결과에 따라 기간을 정하여 교육관련기관에 시정이나 변경을 명할 수 있다. 〈개정 2016. 5. 29.〉

② 교육부장관 또는 교육감은 제1항에 따른 시정명령이나 변경명령을 받은 교육관련기관이 정당한 사유 없이 지정된 기간에 이를 이행하지 아니하면 대통령령으로 정하는 바에 따라 「교육공무원법」 제50조 또는 「사립학교법」 제62조에 따른 징계위원회에 징계의결을 요구하여야 한다.

③ 교육부장관 또는 교육감은 제1항에 따른 시정명령이나 변경명령을 받은 교육관련기관이 정당한 사유 없이 지정된 기간에 이를 이행하지 아니하고, 사안이 중대한 경우 대통령령으로 정하는 바에 따라 해당 교육관련기관에 대하여 재정지원 중단 또는 삭감, 학생정원 감축, 학급 또는 학과의 감축·폐지 또는 학생 모집 정지 조치 등을 할 수 있다.

제15조(이의신청) 교육관련기관은 제14조제1항에 따른 시정명령·변경명령 또는 같은 조 제3항에 따른 조치 등에 대하여 이의가 있는 경우 대통령령으로 정하는 바에 따라 교육부장관 또는 교육감에게 이의신청을 할 수 있다.

제16조(적용의 배제) 다음 각 호의 어느 하나에 해당하는 경우에는 이 법을 적용하지 아니한다. 〈개정 2019. 3. 26.〉

1. 「영재교육 진흥법」에 따른 영재교육기관의 영재교육
2. 「초·중등교육법」 제27조제1항에 따른 조기진급 또는 조기졸업 대상자
3. 국가교육과정과 시·도교육과정 및 학교교육과정상 체육·예술 교과(군), 기술·가정 교과(군), 실과·제2외국어·한문·교양 교과(군), 전문 교과
4. 초등학교 1학년과 2학년의 영어 방과후학교 과정
5. 그 밖에 대통령령으로 정하는 경우

제17조(권한의 위임) 이 법에 따른 교육감의 권한은 대통령령으로 정하는 바에 따라 그 일부를 교육장에게 위임할 수 있다.

부칙 〈제18298호, 2021. 7. 20.〉 (국가교육위원회 설치 및 운영에 관한 법률)

제1조(시행일) 이 법은 공포 후 1년이 경과한 날부터 시행한다.

제2조부터 제5조까지 생략

제6조(다른 법률의 개정) ① 생략

② 공교육 정상화 촉진 및 선행교육 규제에 관한 특별법 일부를 다음과 같이 개정한다.

제2조제2호가목 중 "교육부장관이"를 "국가교육위원회가"로 한다.

③부터 ⑬까지 생략

디지털 기반의 원격교육 활성화 기본법

디지털 기반의 원격교육 활성화 기본법
(약칭: 원격교육법)

[시행 2022. 3. 25.] [법률 제18459호, 2021. 9. 24., 제정]

제1장 총칙

제1조(목적) 이 법은 원격교육에 관한 기본적 사항과 원격교육 시 교육기관의 책무 및 이에 대한 국가 등의 지원에 관한 사항을 정함으로써 교육기관에서 양질의 원격교육이 운영될 수 있도록 하며, 원격교육을 활용한 디지털 기반의 교육 혁신을 지원하여 미래교육의 변화를 이끌어 가는 데 기여하는 것을 목적으로 한다.

제2조(정의) 이 법에서 사용하는 용어의 뜻은 다음과 같다.

1. "교육기관"이란 다음 각 목의 어느 하나에 해당하는 학교 등을 말한다.
   가. 「유아교육법」 제2조제2호에 따른 유치원
   나. 「초·중등교육법」 제2조에 따른 학교
   다. 「고등교육법」 제2조에 따른 학교
   라. 「평생교육법」 제31조제2항 및 제4항에 따른 학력·학위가 인정되는 평생교육시설
   마. 다른 법령에 따라 설치된 각급학교

2. "정보통신매체"란 유선·무선·광선 또는 그 밖의 방식으로 정보의 검색·수집·저장·가공·처리·송신·수신 및 서비스 제공을 하기 위한 수단으로서 「전기통신사업법」 제2조제2호에 따른 전기통신설비, 「방송통신발전 기본법」 제2조제3호에 따른 방송통신설비, 컴퓨터 또는 우편물 등을 말한다.

3. "원격교육"이란 교육기관이 지능정보기술(「지능정보화 기본법」 제2조제4호에 따른 지능정보기술을 말한다)과 정보통신매체를 이용하여 시간적·공간적 제약에 구애받지 아니하고 실시하는 일체의 교육활동(다수의 교육기관이 공동으로 운영하는 것을 포함한다)을 말한다.

4. "원격교육콘텐츠"란 원격교육을 위하여 사용하는 부호·문자·도형·색채·음성·음향·이미지·영상 및 그 복합체와 관련된 자료 또는 정보를 말한다.

제3조(기본원칙) ① 교육기관의 장은 교육 목적상 필요한 경우 원격교육을 운영할 수 있다.

② 교육기관의 장은 원격교육을 단독으로 운영하거나 대면(對面)교육과 병행함에 있어 학생에게 양질의 교육이 이루어질 수 있도록 노력하여야 한다.

③ 교육기관의 장은 원격교육을 운영할 때 다음 각 호의 사항이 실현되도록 하여야 한다.

1. 학생이 신체적·정신적 장애, 생활수준 또는 국적 등을 이유로 차별받지 아니하도록 할 것
2. 원격교육 운영과 관련하여 학생 또는 부모 등 보호자가 의견을 제시할 수 있도록 할 것
3. 원격교육 운영과 관련한 교원의 전문성을 존중할 것

제4조(국가와 지방자치단체의 책무) ① 국가와 지방자치단체[특별시·광역시·특별자치시·도·특별자치도·시·군·구(자치구를 말한다. 이하 같다) 및 특별시·광역시·특별자치시·도·특별자치도의 교육청을 말한다. 이하 같다]는 원격교육에 관한 정책을 수립·시행하며 원격교육의 질을 향상시키기 위한 정책을 추진하기 위하여 필요한 예산상의 조치를 하여야 한다.

② 국가와 지방자치단체는 「장애인 등에 대한 특수교육법」에 따른 장애학생, 「국민기초생활 보장법」에 따른 수급자의 자녀 등 대통령령으로 정하는 원격교육 취약계층 학생이 원격교육에 참여할 수 있도록 필요한 지원을 하여야 한다.

③ 국가와 지방자치단체는 미래 변화에 대응하여 디지털 기반의 원격교육의 효과와 필요성에 대한 국민의 인식을 제고하고 생애주기별 디지털 역량 개발을 위하여 노력하여야 한다.

제5조(다른 법률과의 관계) 원격교육에 관한 다른 법률을 제정 또는 개정하는 경우에는 이 법에 부합되도록 하여야 한다.

제2장 학교등의 원격교육

제6조(학교등의 원격교육 운영 기준) ① 다음 각 호의 어느 하나에 해당하는 교육기관(이하 "학교등"이라 한다)의 장은 원격교육을 운영할 때 교육부장관이 정하는 범위에서 교육감이 정하는 운영 기준에 따라야 한다.

1. 제2조제1호가목 및 나목의 교육기관
2. 제2조제1호라목의 교육기관 중 「평생교육법」 제31조제2항에 따른 평생교육시설
3. 제2조제1호마목의 교육기관 중 「유아교육법」 및 「초·중등교육법」에 따른 학교교육을 실시하기 위하여 설립된 교육기관

② 교육부장관 또는 교육감은 「재난 및 안전관리 기본법」 제3조제1호에 따른 재난이나 그 밖에 대통령령으로 정하는 사유가 발생하는 경우 원격교육을 운영할 것을 학교등의 장에게 명할 수 있다.

③ 제2항에 따른 명령을 받은 학교등의 장은 특별한 사유가 없으면 원격교육을 운영하여야 한다.

제7조(학교등의 원격교육 인프라) ① 교육부장관 및 교육감은 학교등의 원격교육 인프라 구축을 위하여 대통령령으로 정하는 바에 따라

다음 각 호의 사항을 지원할 수 있다.
1. 디지털 정보통신매체를 이용한 원격교육시스템의 구축·운영
2. 원격교육콘텐츠의 개발·보급
3. 교육용 정보통신기기 등 원격교육에 필요한 교구·장비 및 정보통신망 등 시설(유지관리비용을 포함한다)
4. 원활한 원격교육을 위한 지원인력의 배치
5. 그 밖에 학교등의 원격교육을 위하여 필요한 사항

② 교육부장관 및 교육감은 제1항에 따른 학교등의 원격교육 인프라 구축에 필요한 예산 또는 교구·장비 및 시설의 지원 등을 위하여 관계 중앙행정기관의 장 또는 특별시장·광역시장·특별자치시장·도지사·특별자치도지사·시장·군수·구청장(자치구의 구청장을 말한다)과 협의할 수 있다.

③ 교육부장관은 학교등의 원격교육을 위하여 필요한 경우 관계 중앙행정기관의 장과 협의하여 제1항제3호에 따른 교육용 정보통신기기에 대한 권장 기준을 정하여 공표할 수 있다.

제8조(학교등의 교육과의 연계) ① 학교등의 장은 원격교육 인프라를 이용하여 학교등 내에서 디지털 기반의 다양한 교육과정을 운영할 수 있다.

② 교육부장관 및 교육감은 제1항에 따른 교육과정을 활성화할 수 있도록 필요한 정책을 수립·시행할 수 있다.

제9조(대체학습 등 지원) ① 학교등의 장은 학생이 원격교육에 참여할 수 있도록 노력하여야 하며, 학생이 원격교육에 참여할 수 없는 불가피한 사정이 있는 경우에는 대체학습을 지원하여야 한다.

② 학교등의 장은 원격교육 운영과 관련하여 교육 목적상 필요한 경우 보충학습 등 별도의 교육적 지원을 할 수 있다.

제10조(디지털 미디어 문해 교육 등) ① 학교등의 장은 학생이 원격교육에 자기주도적으로 참여할 수 있도록 다음 각 호의 사항을 포함하는 디지털 미디어 문해 교육 등을 실시하여야 한다.
1. 디지털 미디어에 대한 접근 및 활용 능력 향상
2. 디지털 미디어에 대한 이해 및 비판 능력 향상
3. 디지털 미디어를 통한 사회참여 능력 향상
4. 디지털 미디어를 통한 민주적 소통 능력 향상

② 국가와 지방자치단체는 학생이 정보통신매체 또는 정보통신기기에 신체적·정신적으로 과도하게 의존하지 아니하도록 「지능정보화 기본법」 제54조에 따른 예방 교육을 실시할 수 있다.

제11조(교과 및 특기·적성 원격교육 과정) 학교등(제2조제1호가목의 교육기관은 제외한다)의 장은 정규 교육과정 이외의 교과 및 특기·적성 프로그램 등을 원격으로 운영할 수 있다.

제3장 대학등의 원격교육

제12조(대학등의 원격교육 운영 기준) 다음 각 호의 어느 하나에 해당하는 교육기관(이하 "대학등"이라 한다)의 원격교육 운영 기준은 교육부장관이 정하는 범위에서 학칙으로 정한다.
1. 제2조제1호다목의 교육기관
2. 제2조제1호라목 및 마목의 교육기관 중 학위를 수여하는 교육기관

제13조(대학등의 원격교육 협력 의무) ① 대학등의 장은 다른 국내외 대학등의 장과 원격교육과 관련된 정보 교환, 원격교육콘텐츠 공동개발, 학점 교류 및 제15조제1항에 따른 인프라의 공유 등을 위하여 노력하여야 한다.

② 대학등의 장은 평생교육을 활성화하여 사회에 기여할 수 있도록 다양한 원격교육 과정을 공개강좌로 운영할 수 있다.

제14조(대학등의 원격교육관리위원회) ① 대학등의 장은 원격교육의 원활한 운영·관리를 위하여 교원, 학생, 전문가 등으로 구성된 원격교육관리위원회를 두어야 한다.

② 제1항에 따른 원격교육관리위원회의 구성·운영에 관하여 필요한 사항은 대통령령으로 정한다.

제15조(대학등의 원격교육 인프라) ① 대학등의 장은 원격교육의 질을 향상시키기 위하여 대통령령으로 정하는 바에 따라 교구·장비 및 시설 등 원격교육 인프라의 구축·운영에 필요한 조치를 하여야 한다.

② 국가 및 지방자치단체는 대학등의 원격교육을 위하여 다음 각 호의 사항을 지원할 수 있다.
1. 원격교육콘텐츠 및 관련 기술 개발
2. 원격교육콘텐츠 개발에 필요한 시설 구축
3. 그 밖에 대통령령으로 정하는 사항

③ 국가 및 지방자치단체는 예산의 범위에서 제2항에 따른 대학등의 원격교육 지원에 필요한 경비를 출연할 수 있다.

제16조(대학등의 원격연구 지원) 교육부장관은 대학등에 소속된 교원(연구자를 포함한다)이 원격으로 학문을 연구할 수 있도록 필요한 지원을 할 수 있다.

제4장 원격교육 활성화 여건 조성

제17조(원격교육콘텐츠 품질 관리) ① 교육기관의 장은 해당 교육기관이 운영하는 원격교육콘텐츠의 안정적 품질 관리 및 적정한 품질 수준의 확보를 위하여 노력하여야 한다.

② 교육부장관은 원격교육콘텐츠의 품질 관리를 위하여 품질 진단·평가, 개선 지원 등 필요한 정책을 수립·추진할 수 있다.

제18조(원격교육 통계조사 등) ① 교육부장관은 원격교육 정책의 효율적인 추진과 원격교육 연구를 위한 기초자료 수집을 위하여 원격교육 통계조사를 매년 실시하고 그 결과를 공개하여야 한다.

② 제1항에 따른 원격교육 통계조사와 관련하여 「유아교육법」 제6조의2제2항부터 제8항까지, 「초·중등교육법」 제11조의2제2항부터 제8항까지 및 「고등교육법」 제11조의3제2항부터 제7항까지를 준용한다.

③ 제1항에 따른 원격교육 통계조사의 대상, 절차 및 결과 공개 등에 필요한 사항은 대통령령으로 정한다.

제19조(원격교육 데이터의 처리) ① 교육부장관 및 교육감은 다음 각 호의 목적을 위하여 필요한 경우 제7조제1항제1호에 따른 원격교육

시스템, 「유아교육법」 제19조의2에 따른 유아교육정보시스템 및 「초·중등교육법」 제30조의4에 따른 교육정보시스템 등에서 취득·생산·활용되는 데이터를 대통령령으로 정하는 바에 따라 처리할 수 있다.
1. 학생의 성취수준을 향상시킬 수 있도록 하는 맞춤형 학습 지원
2. 교육기관의 원격교육 질 향상을 위한 교육과정 개발 및 교수·학습방법 개선
3. 그 밖에 교육정책의 수립·개선과 교육행정의 효율적인 집행 및 관리 등을 위하여 필요한 경우로서 대통령령으로 정하는 경우

② 제1항에 따라 처리할 수 있는 원격교육 데이터는 다음 각 호와 같다.
1. 원격교육 과정에서의 학생의 학습량·학습시간·진도율
2. 원격교육 과정에서 학생이 수행한 과제 및 그 과제에 대한 평가 결과
3. 그 밖에 원격교육 과정에서의 학생의 학습에 관한 사항으로서 대통령령으로 정하는 사항

③ 제2항에 따라 처리되는 데이터는 익명처리가 가능한 경우에는 익명처리하거나, 익명처리로 목적을 달성할 수 없는 경우에는 「개인정보 보호법」 제2조제1호의2에 따른 가명처리한 경우에만 정보주체의 동의 없이 이용할 수 있다.

④ 제1항부터 제3항까지에 따른 원격교육 데이터의 수집 절차, 관리 주체, 이용 범위 등에 필요한 사항은 대통령령으로 정한다.

제20조(개인정보 등의 보호) ① 국가와 지방자치단체, 「공공기관의 운영에 관한 법률」 제4조에 따른 공공기관, 법인·단체 및 개인이 원격교육 과정에서 조사하거나 제공받은 개인 또는 법인·단체의 정보는 이 법과 관련 법률에 근거하지 아니하고 처리되어서는 아니 된다.

② 교육부장관 및 교육감은 원격교육의 운영 과정에서 교원 및 학생의 개인정보를 보호하기 위하여 필요한 정책을 마련하여야 한다.

제21조(교원의 원격교육 전념을 위한 환경 조성) 교육부장관·교육감 및 대학등의 장은 교육기관의 교원이 질 높은 원격교육을 위하여 전념할 수 있도록 필요한 지원을 할 수 있다.

제22조(원격교육 전문기관의 지정·운영) ① 교육부장관은 이 법에 따른 업무를 효율적으로 수행하기 위하여 대통령령으로 정하는 바에 따라 원격교육 전문기관(이하 이 조에서 "전문기관"이라 한다)을 지정하여 그 업무를 위탁할 수 있다.

② 전문기관은 다음 각 호에 따른 업무의 전부 또는 일부를 수행한다.
1. 제4조제2항에 따른 원격교육 취약계층의 지원에 관한 사항
2. 교육기관의 원격교육 인프라 지원에 관한 사항
3. 원격교육콘텐츠의 품질 관리에 관한 사항
4. 원격교육 통계조사에 관한 사항
5. 원격교육 데이터의 처리 및 분석에 관한 사항
6. 교원 및 학생의 개인정보 보호 등에 관한 사항
7. 그 밖에 교육부장관이 지정 또는 요청하는 업무

③ 교육부장관은 제1항에 따라 위탁한 업무의 수행에 필요한 경비를 지원할 수 있다.

④ 교육부장관은 전문기관이 다음 각 호의 어느 하나에 해당하는 경우에는 그 지정을 취소할 수 있다. 다만, 제1호에 해당하는 경우에는 지정을 취소하여야 한다.
1. 거짓이나 그 밖의 부정한 방법으로 지정을 받은 경우
2. 제6항에 따른 지정 기준에 적합하지 아니하게 된 경우

⑤ 교육부장관은 제4항에 따라 지정을 취소하려는 경우에는 청문을 하여야 한다.

⑥ 제1항에 따른 전문기관의 지정 기준, 지정 절차 및 그 밖에 필요한 사항은 대통령령으로 정한다.

제23조(민간 및 국제 협력) ① 교육부장관은 원격교육과 관련한 민간 및 다른 국가(국제기구를 포함한다)와의 협력을 통하여 다음 각 호의 업무 등을 추진할 수 있다.
1. 원격교육 기술 정보와 인력의 교류 지원(교육훈련을 포함한다)
2. 원격교육 전문기술의 조사 및 연구
3. 원격교육 산업 생태계 조성을 위한 관련 기술의 개발·응용 및 운영 지원
4. 원격교육 관련 공동 사업의 추진 및 협력체계 구축
5. 그 밖에 원격교육 활성화를 위하여 필요한 민간 및 국제 협력에 관한 사항

② 교육부장관은 예산의 범위에서 제1항에 따른 협력 업무를 추진하는 데 필요한 비용의 전부 또는 일부를 지원할 수 있다.

제5장 보칙

제24조(관계 행정기관 등의 협조 요청) ① 교육부장관은 이 법의 시행을 위하여 필요하면 관계 행정기관의 장이나 그 밖의 관계 기관·단체의 장에게 자료 제공 및 의견 제출 등의 협조를 요청할 수 있다.

② 제1항에 따른 협조를 요청받은 자는 특별한 사정이 없으면 이에 따라야 한다.

제25조(권한의 위임 및 위탁) ① 이 법에 따른 교육부장관의 권한은 대통령령으로 정하는 바에 따라 그 일부를 교육감에게 위임하거나 관계 중앙행정기관의 장에게 위탁할 수 있다.

② 이 법에 따른 교육부장관 또는 교육감의 업무는 그 일부를 대통령령으로 정하는 바에 따라 관련 기관·법인이나 단체에 위탁할 수 있다.

부칙 〈제18459호, 2021. 9. 24.〉

이 법은 공포 후 6개월이 경과한 날부터 시행한다.

memo.